Laura Davis
Verbündete

Ein Handbuch für Partnerinnen und Partner
sexuell mißbrauchter Frauen und Männer

Aus dem amerikanischen Englisch von Karin Ayche

Orlanda Frauenverlag

Originaltitel: Allies in Healing:
When the Person You Love Was Sexually Abused as a Child.
HarperPerennial, New York
© 1991 by Laura Davis

Die Deutsche Bibliothek – CIP-Einheitsaufnahme
Davis, Laura:
Verbündete : ein Handbuch für Partnerinnen und Partner sexuell mißbrauchter Frauen und Männer /
Laura Davis. Aus dem amerik. Engl. von Karin Ayche. – Berlin : Orlanda Frauenverlag, 1992
Einheitssacht.: Allies in healing (dt.)
ISBN 3-922166-81-4
2. Auflage 1995

Für die deutschsprachige Auflage:
© Orlanda Frauenverlag GmbH
Großgörschenstraße 40, 10827 Berlin

Alle Rechte vorbehalten
Lektorat: Andrea Krug
Titelillustration: Susanne P. Radtke
Umschlaggestaltung: Dagmar Schadenberg
Gestaltung: Monika Volke
Texterfassung durch die Übersetzerin
Datenkonvertierung: Comptext Fotosatz und Datenkonvertierung, Berlin
Druck: Fuldaer Verlagsanstalt

Für meine Partnerin, Karyn Bristol

DANKSAGUNG

Ich habe seit einigen Jahren die Gelegenheit und die Ehre, überall in den Vereinigten Staaten Workshops für PartnerInnen von Überlebenden zu leiten. Ich bin den Frauen und Männern, die zu diesen Workshops gekommen sind und ihre Geschichten, Frustrationen, ihren Mut und ihren Schmerz mitgeteilt haben, äußerst dankbar. Ihr Hunger nach Information und ihre Bereitschaft, ihre Erfahrungen mit anderen zu teilen, bilden die Grundlage dieses Buches. Mein Dank gilt auch den VerfasserInnen der Fragen, die einen großen Teil des Buches ausmachen.

Außerdem möchte ich danken:

Meinen LeserInnen Ellen Bass, Susan Bryer, Abe Davis, Susan Frankel, Paula Inwood, Cecily Knepprath, Jim Malone, Leilani Miller, Celine Marie Pascal, Amy Pine, Keith Rand, Geneen Roth, Shauna Smith und Stephanie Smith für ihre ausgezeichneten Vorschläge und ihr Feedback.

Meiner Redakteurin Janet Goldstein für ihre klaren Gedanken und ihre guten Ideen.

Ihrer Assistentin Peternelle van Arsdale, die mir immer wieder Mut gemacht und geholfen hat.

Meiner literarischen Agentin Charlotte Raymond sowie Denise Notzon und Jaimee Karroll, die meine Vortragsreisen organisieren, für ihren Humor, unsere guten Gespräche und ihre Unterstützung bei der Realisierung dieses Buches.

Den OrganisatorInnen der Workshops, deren Engagement und Weitblick mir die Möglichkeit gaben, das vorliegende Material zusammenzustellen und auszuarbeiten. Neben den Freiwilligen, die zahllose Stunden geopfert haben, möchte ich danken: Dino Sierp, Nona Gandelman und Lynn Goulder, Libby Harman und Joan Levin, Susan Stiles Wilson und den Leuten vom Greenbriar Hospital, Darcey Spears, Dorothy Peterson, Maxine Stein und den MitarbeiterInnen des Women's Resource Center, Barbara Debes, Sally Palain, Tam Martin, Denise Wheeler, Cecily Knepprath, Charlotte Watson, Sue Estler und der Universität Maine, Linda Shirley, Jean Vogel, Louise Bauschard und dem Frauenselbsthilfezentrum von St. Louis, Carol Meade und Iowa CASA, Gayle Stringer und dem King County Rape Relief, Catherine Ratte und Wisconsin CASA, Harriet Pickett, Havens Levitt und Wimin in Movement in New Mexico.

Den folgenden PartnerInnen und Überlebenden: Tom und Fran Okerlund, Angela Gleason, Shelly Skye, Scott Chase und Jim Fereira.

Meinen KollegInnen Lynn Bryant, Mimi Farrelly, Randy Fitzgerald, Hank Estrada, Susan Frankel, Eliana Gil, Paul Hansen, Thom Harrigan, Richard Jacobs, Paul Kimmel, Laurel King, Mike Lew, Wendy Maltz, Robin Moulds, Carl Plummer, Andrew Slavin, Douglas Sawin, Susan Schrader, Jim Struve und Louise Wisechild für ihre Unterstützung, ihre klaren Vorschläge und ihren Glauben an dieses Projekt.

Shana Ross, Jaimee Carroll, Barb Gore, Lynn Bryant, Susan Schrader und Monica Gretter für ihre Hilfe bei der Bibliographie.

Shauna Smith für den Buchtitel.

Laura Hough wieder für ein wunderschönes Layout.

▶ DANKSAGUNG ▶

Persönlich möchte ich danken:
Folgenden FreundInnen und HelferInnen:
Kore Archer, George Brooks, Janet Bryer, Susan Bryer, Lauren Crux, Barbara Cymrot, Natalie Devora, Carol Anne Dwight, Steve Eckert, Harriet Elkington, Sue Estler, Laura Giges, Natalie Goldberg, Kay Hagan, Diane Hamer, Kate Hill, Leslie Ingram, Paula Johnson, Shama Khalethia, Aurora Levins Morales, Gilly McBlaze, Jennifer Meyer, Patrick Meyer, Leilani Miller, Robin Moulds, Nona Olivia, Barbara Ohrstrom, Jonathan Pannor, Celine Marie Pascale, Judy Phillips, Bryan Rawles, Paula Ross, Geneen Roth, Roberta Rutkin, Jan Simon, Jeanne Simonoff, Bert Simpson, Shauna Smith, Stephanie Smith, Matt Weinstein, Wendy Williams und Dafna Wu.
Meinen HeilerInnen: Martha Benedict, Maya Clemis, Kathryn Lydecker, Jillellen McKee, Karen Sallowitz und Dan Stickle, die meinen Schmerz gelindert und mir geholfen haben, in meinem Körper zu bleiben.
Ophelia Balderama, weil sie sich um Abe gekümmert hat, wenn ich schreiben mußte.
Ellen Bass für ihr wunderbares Feedback, ihre Freundschaft und die Abendessen, die sie mir vorgesetzt hat.
Karen Zelin, die mir ein paarmal aus dem Schlamassel geholfen hat.
Nona Olivia für ihre Anregungen, ihren Humor, den Spaß, den wir zusammen hatten, und für ihre Freundschaft.
Barbara, Dafna und Ruby danke ich, daß sie Teil meiner Familie sind.
Karyn Bristol danke ich für ihre Geduld, ihre Beharrlichkeit und ihre Liebe.
Temme Davis für ihre Mut, ihre Lebenskraft und ihre Bereitschaft zu wachsen.

Liebe Leserin, lieber Leser,

ich biete Schulungen für Angehörige helfender Berufe, Vorträge über die Heilung von sexuellem Kindesmißbrauch und Workshops für Partnerinnen und Partner an. Solltest Du Interesse daran haben, daß ich in Deine Gegend komme, wende Dich bitte an den:

Orlanda Frauenverlag
Großgörschenstraße 40
1000 Berlin 62
Telefon 030/216 2960

Leider bin ich nicht in der Lage, einzelne Briefe, Telefonate und Anfragen zu beantworten. Aus Gründen der Vertraulichkeit kann ich auch keinen Kontakt zu den Menschen herstellen, deren Geschichten in diesem Buch erscheinen. Ich lese jedoch meine Post, und falls Du mir Deine Meinung zu diesem Buch mitteilen willst, würde ich mich sehr freuen, von Dir zu hören. Ich nehme Dich auch gern in meine Mailing-Liste auf, wenn Du eine kurze Mitteilung an die nachfolgende Adresse schickst.

In diesem heilsamen Sinne,

Laura Davis
P.O. Box 8503
Santa Cruz, CA 95061-8503

INHALT

13
Vorwort

17
Einleitung

Erster Teil
Die Fragen der Partnerinnen und Partner

24
Grundsätzliches
Was ist sexueller Kindesmißbrauch? ▶ Wie wird sich das auf mich auswirken?
Positive Eigenschaften für PartnerInnen ▶ Folgen von sexuellem Mißbrauch
Wie lange dauert es zu heilen? ▶ Der Heilungsverlauf ▶ Selbstvergessenheit
Selbsthilfegruppen ▶ Allen geht es manchmal schlecht

46
Verbündete bei der Heilung
Alles ist anders ▶ Warum ich? ▶ Umgang mit Veränderungen
Warum nicht einfach vergessen? ▶ PartnerInnen und Verleugnung
Überlebende und Verleugnung ▶ Auch PartnerInnen haben eine Geschichte
Beziehungen zwischen Überlebenden ▶ Sich verbünden ▶ Beste FreundInnen

63
Meine Bedürfnisse und Gefühle
Ich habe auch Bedürfnisse ▶ Unrealistische Erwartungen ▶ Was sind Grenzen?
Fürsorglichkeit ▶ Meine Bedürfnisse erkennen ▶ Schuldgefühle ▶ Verärgerung
Es geht mir gut ▶ Heftige Reaktionen ▶ Sexuelle Erregung ▶ Pause machen
Meine Mutlosigkeit ▶ Soll ich gehen?

86
Krisenmanagement
Krise ohne Ende ▶ Wenn du mit dem Täter verwechselt wirst
Ärger und Wut der Überlebenden ▶ Die Verzweiflung der Überlebenden
Regression und das innere Kind ▶ Sicherheit schaffen ▶ Schrecken in der Nacht
Selbstverletzung ▶ Selbstmord

▶ INHALT ▶

104
Mehr über sexuellen Mißbrauch
Erinnerungen tauchen auf ▶ Wenn Erinnerungen fehlen
Wieso kommen die Täter ungeschoren davon? ▶ Fragen ohne Antwort
Vergebung ▶ Feminismus und Mißbrauch ▶ »Du bist genau wie alle anderen Männer!«
Ritueller Mißbrauch ▶ Multiple Persönlichkeiten ▶ Mißbrauch durch Therapeuten

124
Nähe und Kommunikation
Was ist normal? ▶ Sicherheit und Chaos ▶ Distanzierung ▶ Starr und unflexibel
Kontrolle ▶ Vertrauen ▶ Vereinbarungen einhalten ▶ Sie (er) hört nie davon auf!
Er (sie) spricht nicht mit mir! ▶ Mit anderen Menschen darüber sprechen
Jedesmal, wenn wir uns streiten, hält sie (er) sich für schlecht ▶ Angst vor Konflikten
Verhandeln lernen ▶ Liebt sie (er) mich dann noch?

148
Sex
Warum ist es schlimmer geworden?
Wann wird sie (er) bereit sein, an unseren sexuellen Problemen zu arbeiten?
Enthaltsamkeit ▶ Sexuelles Begehren ▶ Erinnerungsblitze (Flashbacks)
Umgang mit Auslösern ▶ Darf ich zeigen, wie frustriert ich bin?
Unterschiedliche sexuelle Bedürfnisse verbinden ▶ Zu viel Sex
Männer als »sexuelle Monster« ▶ Sexuelle Gewaltphantasien
Überlebende zweifeln an ihrer sexuellen Orientierung ▶ Soll ich aufgeben?

176
Familienangelegenheiten
Den Täter mögen? ▶ Der Verlust der Schwiegereltern
Ich würde die Konfrontation am liebsten selbst übernehmen
Mehr über Konfrontationen ▶ Wenn Täter alles abstreiten
Spiegel sein ▶ Familienbesuche ▶ Sind meine Kinder in Gefahr?
Was sollen wir unseren Kindern sagen? ▶ Wenn ein Kind mißbraucht wird
Das Rad des Mißbrauchs zum Stillstand bringen ▶ Lernen, gute Eltern zu sein

195
Abschließende Gedanken
Realistische Erwartungen

▶ *INHALT* ▶

Zweiter Teil
Geschichten von Partnerinnen und Partnern

201
Einführung

203
Jacks Geschichte: Gemeinsam heilen

210
Marises Geschichte: »Sie arbeitet wirklich hart, und ich auch!«

213
Noahs Geschichte: Krise und Kultmißbrauch

218
Erics Geschichte: Die Hilfe anderer

224
Lorraines Geschichte: Wir haben miteinander Schluß gemacht

227
Richards Geschichte: Ein Jahr nach dem anderen

231
Scotts Geschichte: Langsam Vertrauen bilden

237
Virginias Geschichte: Ein festes Bündnis schmieden

245
Auswahlbibliographie

255
Stichwortverzeichnis

VORWORT

Frauen verlieben sich in Frauen. Sie schließen Freundschaften. Frauen verlieben sich in Männer, und Männer verlieben sich in Frauen oder Männer.

Und wenn wir ernst nehmen, was wir bisher wissen, daß nämlich jede dritte Frau und etwa jeder siebte bis elfte Mann von sexuellem Mißbrauch betroffen war, ist die Wahrscheinlichkeit hoch, daß deine beste Freundin oder dein engster Freund, deine Liebe zu den Überlebenden gehört.
Und dann? Was bedeutet das? Kannst du und willst du damit leben?
In Liebesbeziehungen ersehnen wir Vertrauen, Intimität und Erotik, Nähe und Verbundenheit. Gerade hier, aber auch in engen Freundschaften, die keine sexuelle Intimität beinhalten, wird der erlebte Schmerz und der Verlust, den Überlebende erlitten haben, besonders deutlich.
Wenn zentrale Fähigkeiten, wie das Vertrauen in sich selbst und andere, bereits in der Kindheit durch sexuelle Übergriffe im Keim erstickt oder in ihrem Wachstum behindert werden, fehlen wichtige Voraussetzungen für den Aufbau und den Erhalt von Liebesbeziehungen und Freundschaften. Je näher oder enger Beziehungen gestaltet werden, desto deutlicher sind die Folgen erlebter sexueller Gewalt zu spüren. Wenn du deine Beziehung erhalten willst, wirst du dich dem Thema nicht entziehen können. Selbst wenn es dir manchmal lieber wäre.
In den letzten Jahren hat es wachsende Aufmerksamkeit für Überlebende sexueller Gewalt gegeben. Vernachlässigt wurden jedoch bisher weitgehend die Partnerinnen und Partner – das erweckte manchmal den Anschein, als seien Überlebende »allein zuständig« für ihr Problem. Die bisherigen Publikationen thematisieren deren Unterstützung durch Therapie oder durch andere Betroffene. Die sozialen Bezüge wurden dabei vorwiegend aus dem Blickwinkel der Überlebenden gesehen; PartnerInnen und Geliebte wurden ebenfalls aus deren Sicht betrachtet. Wie diese jedoch ihrerseits mit der aufgeworfenen Problematik umgehen könnten, blieb weitestgehend unbeantwortet.
Genau deren Situation ist es, die Laura Davis hier endlich zum Thema macht. Sie tut dies mit der gleichen Anteilnahme, mit all ihrer Wertschätzung für die enorme Leistung von Überlebenden, wie sie es bereits in dem Buch *Trotz allem. Wege zur Selbstheilung für sexuell mißbrauchte Frauen* getan hat. Dieses Buch ist einzigartig und dient vielen Betroffenen als Stütze in ihrem Erinnerungs- und Heilungsprozeß.
Diesmal wendet Laura Davis sich an Partnerinnen und Partner, die sie als Verbündete des Heilungsprozesses anspricht. Sie vermittelt Grundsätzliches über sexuellen Mißbrauch, seine Erscheinungsformen und Folgen. Auf diese Weise stellt sie Wissen zur Verfügung, welches das Zusammenleben mit Überlebenden und die damit verbundenen Konflikte auf dem Hintergrund ihrer Geschichte begreifen läßt. Sie sammelte die Fragen von PartnerInnen, bei denen diese Hilfe und Unterstützung suchen. Diese Fragen stellt sie vor, entwirft

Antworten, zeigt Lösungsmöglichkeiten und gibt Orientierungspunkte in der ihr eigenen respektvollen Haltung.

Manche dieser Fragen werden im alltäglichen Zusammenleben selten oder gar nicht angesprochen, weil PartnerInnen fürchten, daß ihre FreundInnen oder Geliebten mit Empörung, Wut oder gar mit Rückzug reagieren.

»Müssen wir ständig über Mißbrauch reden? Gibt es kein anderes Thema mehr?«
oder:
»Wird es je eine lustvolle Sexualität für uns geben?«
oder:
»Wie schütze ich unsere Tochter vor ihrem Vater?«
oder:
»Mir ist das alles zuviel. Ich möchte die Beziehung lieber beenden. Aber darf ich sie/ihn verlassen?«

Ohne den Überlebenden die Verantwortlichkeit für ihr eigenes Handeln zu nehmen, geht Laura Davis auf die stützende Funktion ein, die Verbündete tatsächlich haben können. Sie unterstreicht gleichzeitig die Verantwortlichkeit der Verbündeten für ihr eigenes Leben. Dabei spielt sie keineswegs die Belastung herunter, die eine Liebesbeziehung erfährt, wenn Überlebende sich mit ihren Erinnerungen konfrontieren. Aus der Entscheidung für ihr Leben und für ihre Heilung erwächst jedoch gleichzeitig eine unschätzbar wertvolle Kraft, von der sie selbst und ihre Verbündeten profitieren, wenn die Auseinandersetzung zur Verbesserung der Lebensqualität von beiden geführt wird – in bezug auf das gemeinsame wie auch das jeweils individuelle Leben.

Laura Davis rückt in ihrem Buch Individuen in den Vordergrund, stärkt die/den einzelne/n. Sie geht im wesentlichen auf innerpsychische Zusammenhänge ein, ohne dabei geschlechtsspezifische Besonderheiten und gesellschaftliche Machtstrukturen ausdrücklich hervorzuheben. Dies geschieht nur indirekt, wenn Frauen oder Männer aus ihrer persönlichen Geschichte berichten. Sie formulieren jeweils ihre Sicht des Erlebten oder der sie umgebenden Verhältnisse. Wenn Laura Davis auf der Ebene sozialer sowie psychischer Zusammenhänge und Prozesse verallgemeinernde Schlüsse zieht, sind diese oft neutral und ohne besondere geschlechtsspezifische Zuordnung abgefaßt. Insofern werden die Lesenden auch an diesem Punkt nicht aus der Verantwortlichkeit entlassen. Es obliegt ihnen selbst zu prüfen, ob die getroffenen Aussagen ihrem Erleben als Frau oder als Mann innerhalb der gesellschaftlichen Strukturen entsprechen.

Abschließend kommen die Partnerinnen und Partner mit ihren Lebensgeschichten, ihren Hoffnungen, ihren Schwierigkeiten und ihrer Liebe zu Wort.

Aus meinen eigenen Erfahrungen seit der Gründung der ersten Selbsthilfegruppe betroffener Frauen 1982 bin ich überzeugt, daß Isolation eines der größten Hindernisse bei der Bewältigung sexueller Gewalterfahrungen ist. Gleiches gilt meines Erachtens für Partnerinnen und Partner. Der aktive Austausch mit anderen wird für dich ein Weg sein aus einem meistens doch sehr einsamen Kampf. Kraft und Energie werden freigesetzt, für die du sicher gute Verwendung hast. Schaff dir einen Ort für deine speziellen Bedürfnisse – das wird nicht nur dich entlasten, sondern auch die Frau oder den Mann an deiner Seite.

Ich bin sicher, daß die Frauen und Männer, die in diesem Buch zu Wort kommen, dir dabei eine Hilfe sein können.

Leider gibt es noch keine Netzwerke oder Organisationen für PartnerInnen, auf die du zurückgreifen könntest. Sie müssen erst geschaffen werden. Eine Suchanzeige in der Zeitung zum Beispiel, ein Aushang in einer Beratungsstelle oder bei einer Veranstaltung können Anfänge dazu sein.

Du kannst den ersten Schritt tun – nutze deine Kreativität. Selbsthilfe im ursprünglichen Sinn ist möglich.

Berlin, im Juli 1992   Marion Mebes

»*Das Ganze war neu für mich.
Ich hab mich vorher nie viel mit Kindesmißbrauch beschäftigt.*«
Mary, sechsundvierzigjährige Partnerin

»*Zuerst war es ein verborgenes Problem,
dann wurde es langsam etwas klarer,
und jetzt ist es allgegenwärtig.
Es ist ein richtiges Monstrum geworden.*«
Eddi, vierunddreißigjähriger Partner

»*Ich saß in meinem Bett, und meine Gefühle tobten,
und ich dachte: 'Ich muß doch damit klarkommen!'
Es gibt nämlich diesen perfekten Typ bei uns,
diesen Superpartner. Ich kam nur im Moment nicht an ihn ran.
Sonst würde ich jetzt liebevoll reagieren.
Ihr kennt den Typ ... Der immer sagt:
'Das macht doch nichts, mein Schatz, wenn wir die nächsten
zwei Jahre nicht miteinander schlafen können.
Das schaffe ich schon.' Ich haßte den Typ.*«
Jack, sechsunddreißigjähriger Partner

EINLEITUNG

Sexueller Kindesmißbrauch ist im Laufe der letzten fünfzehn Jahre als soziales und politisches Problem ins Bewußtsein der Öffentlichkeit gedrungen. Erwachsene, die als Kinder sexuell mißbraucht wurden, brechen ihr Schweigen, sprechen über ihren Mißbrauch, gründen Selbsthilfegruppen und arbeiten mutig und hart daran, den Schmerz zu überwinden, der sie bisher durch ihr Leben begleitet hat. Eine starke Selbsthilfebewegung bietet ihnen Unterstützung, Rückhalt und Beistand.

Eine Gruppe, die ebenfalls massiv betroffen ist, wurde dabei jedoch bisher ständig übersehen: die Partnerinnen und Partner der Überlebenden. PartnerInnen sind Menschen, die in einer engen Beziehung zu Überlebenden stehen: FreundInnen, Ehefrauen und -männer, Geliebte. Jedes dritte Mädchen und jeder siebte Junge wird, bevor sie oder er achtzehn Jahre alt ist, sexuell mißbraucht, und die meisten dieser Überlebenden gehen als Erwachsene eine Beziehung ein. Deine Situation ist also kein Einzelfall. Es gibt überall PartnerInnen von Überlebenden.

Ob du als Kind mißbraucht wurdest oder nicht: Die Tatsache, daß du eine Beziehung mit einer (einem) Überlebenden hast, bedeutet, daß auch du mit den Folgen von Mißbrauch lebst. Überlebende haben oft Schwierigkeiten mit Vertrauen, Verbindlichkeit, Sex und Nähe, und diese Probleme wirken sich auch auf dich und eure Beziehung aus.

Dieses Buch wird dir die Gewißheit vermitteln, daß eine gute und für beide Seiten befriedigende Beziehung mit einer (einem) Überlebenden möglich ist. Es wird dir Mut machen, dich auch um dich selbst zu kümmern, dich lehren, auf deine eigenen Bedürfnisse zu achten, und dir zeigen, wie du die Überlebende in deinem Leben unterstützen kannst, ohne dabei selbst zu kurz zu kommen.

Aber Worte allein sind nicht genug, um dir zu helfen. Bücher können von unschätzbarem Wert sein, aber du kannst sie nicht mitten in der Nacht aus dem Bett klingeln, wenn du nicht mehr weiterweißt. Als Partnerin oder Partner einer (eines) Überlebenden fühlst du dich oft einsam und frustriert, und du brauchst Menschen, die dir helfen, wenn es darauf ankommt. Du solltest unbedingt mit einer Therapeutin oder einem Therapeuten, einer Freundin oder einem Freund darüber sprechen und dir helfen lassen. Oder eine Selbsthilfegruppe gründen (siehe S. 43 und 138f.).

Wo stehe ich?

Ich habe hier einige der häufigsten Gründe aufgelistet, warum du dieses Buch möglicherweise zur Hand genommen hast. Wenn du möchtest, kannst du ankreuzen, was auf dich zutrifft:

○ Ich will mich ernsthaft auf eine Beziehung einlassen. Und meine Freundin ist als Kind sexuell mißbraucht worden.

○ Alles lief wunderbar, bis wir uns näherkamen, plötzlich ging nichts mehr. Ich will herausfinden, warum.

○ Ich hab gerade mit einer Überlebenden Schluß gemacht. Ich will verstehen, was da passiert ist.

- Mein Mann will nicht mehr mit mir schlafen. Ich meine, das hat vielleicht etwas mit den Sachen zu tun, die sein Bruder mit ihm gemacht hat.
- Ich hab eine Beziehung mit einer Frau angefangen, die sexuell mißbraucht worden ist, und ich frage mich, was das für uns bedeuten wird.
- Mein Freund hat gerade »entdeckt«, daß er als Kind sexuell mißbraucht wurde. Ich bin da skeptisch. Ich will, daß er das vergißt, damit alles wieder wird wie vorher.
- Alles dreht sich nur um sie und ihre Erinnerungen. Was ist mit meinen Bedürfnissen?
- Mein Freund hat eine Therapie angefangen und mir vorgeschlagen, dieses Buch zu lesen.
- Meine Geliebte weiß gar nichts mehr aus ihrer Kindheit und kriegt jetzt langsam das Gefühl, da könnte was Schlimmes passiert sein.
- Seit das hochgekommen ist, fühle ich mich wie in einem Alptraum. Wann hört das bloß auf?
- Meine Freundin wurde mit dreizehn von ein paar Nachbarjungen vergewaltigt. Sie sagt, sie habe das einigermaßen verkraftet, aber ich bin da nicht so sicher.
- Mein Mann ist Überlebender, und er erzählt mir nicht viel darüber, was er jetzt durchmacht. Ich dachte, vielleicht hilft uns dieses Buch, miteinander zu reden.
- Es geht uns jetzt ganz gut, meiner Frau und mir. Bloß beim Sex brauchen wir noch Hilfe.
- Ich habe das Gefühl, ich bin der einzige Mensch auf der Welt mit einer Frau, die selbstmordgefährdet ist. Ich habe solche Angst. Ich weiß nicht, was ich machen soll.
- Ich überlege mir, ob ich die Beziehung nicht aufgeben soll. Dieses Buch ist meine letzte Hoffnung.
- Meine Frau und ich, wir sind beide Überlebende. Alles ist so verrückt. Die Hälfte der Zeit benehmen wir uns wie zwei Dreijährige. Wir brauchen Hilfe.
- Ich frage mich, ob mir das guttut, wie ich so auf Distanz gehalten und vernachlässigt werde. Soll ich bleiben oder lieber gehen?
- Ich bin Alkoholiker, und meine Freundin ist von ihrem Vater vergewaltigt worden. Wir streiten uns bloß noch. Ich meine, es liegt an ihr, und sie denkt, es ist meine Schuld.
- Ich bin Überlebende, und jetzt fängt meine Partnerin an, sich zu erinnern. Ich weiß nicht, ob ich das alles noch mal durchmachen will.
- Ich bin Überlebende und will das alles einmal aus der Sicht meines Partners sehen.
- Ich bin Überlebender. Ich will wissen, was auf mich zukommt, wenn ich einmal eine Beziehung anfange.
- Ich bin Therapeutin und suche nach Literatur zu diesem Thema.

Wenn du irgend etwas auf dieser Liste angekreuzt hast, hat dieses Buch dir etwas zu geben. Lies weiter. Du wirst eine Bestätigung deiner Gefühle erfahren, Antworten auf deine dringendsten Fragen bekommen und Strategien für den Umgang mit schwierigen Problemen. Du wirst von Dutzenden von PartnerInnen hören, die in deiner Haut stecken. Ihre Worte werden dir Mut machen und dir die Gewißheit geben, daß du nicht allein bist.

Mit wessen Problemen beschäftigen wir uns hier?

Viele der Probleme, die in diesem Buch angesprochen werden, beschränken sich nicht auf Paare, in denen eine(r) oder beide Überlebende sind. Die meisten Paare haben Schwierigkeiten, was Macht, Nähe, Vertrauen und Sexualität angeht. Du hast diese Probleme nicht nur deshalb, weil du mit einer (einem) Überlebenden zusammen bist. Jeder Mensch bringt Gepäck aus der Vergangenheit mit in eine Beziehung. Deines hat vielleicht nichts mit sexuellem Mißbrauch zu tun, aber es existiert

trotzdem. (Das ist ein wichtiger Punkt; siehe S. 57 und 125).
Seit 1988 *The Courage to Heal* (dt.: *Trotz allem. Wege zur Selbstheilung für sexuell mißbrauchte Frauen,* Berlin 1990) erschienen ist, bin ich durch das Land gereist und habe mit Überlebenden gesprochen, TherapeutInnen geschult und Workshops für PartnerInnen abgehalten. Am Anfang jedes Workshops stelle ich immer ein paar Eingangsfragen: »Wie viele von euch stammen aus einem Zuhause mit mindestens einem alkoholsüchtigen Elternteil?« »Aus einem Zuhause, in dem es körperliche Mißhandlung, physische Gewalt gab?« »Emotionale Mißhandlung oder Vernachlässigung?«
»Wie viele von euch haben mit einem psychisch gestörten Elternteil zusammengelebt?« »Hatten eine Schwester, einen Bruder, die sexuell mißbraucht wurden?« »Wurden selbst sexuell mißbraucht?«
»Wie viele von euch sind drogenabhängig oder AlkoholikerInnen?« »Sind bei den Anonymen Alkoholikern?« »Sind Kriegsveteranen mit eigenen posttraumatischen Schäden?«
Obwohl die TeilnehmerInnen sich nicht melden müssen, gehen überall im Raum die Hände hoch. Die Leute schauen sich um, es wird viel und gemeinschaftlich gelacht. Viele heben mehrmals die Hand. Ein Mann witzelte mittendrin: »Muß ich meinen Arm immer rauf- und runtertun? Kann ich meine Hand nicht einfach für alles obenlassen?«
Schließlich mache ich eine Pause und sage dann: »Ich habe noch eine letzte Frage. Wie viele von euch kommen aus einem Elternhaus, von dem sie meinen, es war im großen und ganzen normal und glücklich?« Von hundert PartnerInnen heben normalerweise zehn die Hand. (Und ich schätze, fünf davon verdrängen vermutlich.)
Vielleicht greifst du zu diesem Buch, weil du mehr über sexuellen Mißbrauch wissen willst und über den Einfluß, den er auf eure Beziehung hat. Vielleicht willst du lernen, diesen Einfluß zu verringern. Oder du brauchst in bestimmten Problembereichen Hilfe. Du wirst deine Antworten bekommen. Das Buch ist voll davon. Aber es wird dich auch auffordern, deinen Blick von der (dem) Überlebenden und ihren (seinen) Problemen weg auf dich selbst zu richten: auf deine Bedürfnisse, deine Gefühle, deine Vergangenheit, die Stellen, an denen du wachsen kannst.

Kürzlich habe ich noch einmal ein paar alte Workshop-Fragebögen durchgeblättert. Auf einem Bogen hatte ein Mann unten hingekritzelt: »Heute habe ich etwas beobachtet. Die Leute, die sich am meisten über das Verhalten der Überlebenden beklagt haben, vertraten auch den Standpunkt, das alles wäre das Problem der Überlebenden. Die Partnerinnen und Partner, die die Krisen durchgestanden haben, waren diejenigen, die auch bereit waren, aufzustehen und zu sagen, sie hätten auch Probleme und müßten auch etwas daran tun.«
Ich kann dem nur von ganzem Herzen zustimmen. Wenn du die Antworten, die Meinungen und die Geschichten in diesem Buch liest, dann verschließ dich nicht. Am besten schafft ihr beiden, die (der) Überlebende und du, diesen Heilungsprozeß, wenn ihr ihn als eine gemeinsame Reise betrachtet.

Über dieses Buch

Zu Beginn jedes Workshops für PartnerInnen bitte ich die TeilnehmerInnen, ihre dringendsten Fragen auf eine Karteikarte zu schreiben. Die Fragen sind immer konkret, präzise und kommen ohne Umschweife zur Sache: »Wieviel Prozent der Überlebenden können geheilt werden, und wie lange dauert das im Durchschnitt?« »Wie kann ich damit aufhören, immer nur Verständnis zu haben und dabei meine eigenen Bedürfnisse zu vernachlässigen?« »Wenn das alles vorbei ist, liebt sie mich dann?« »Woher weiß ich, wann ich das Handtuch werfen muß?«
Im ersten Teil dieses Buches, »Die Fragen der Partnerinnen und Partner«, werden diese und

andere Fragen, die in den Workshops gestellt wurden, beantwortet. Während des Lesens wirst du merken, daß einige der Antworten sehr konkret sind, praktische Vorschläge, Ideen und Strategien für den Umgang mit spezifischen Problemen bieten. Andere sind eher philosophisch: Sie fordern dich auf, deine Überzeugungen, deine Werte und Gefühle zu überprüfen. Und du findest auch eine ganze Reihe von Übungen, die ihr beide zusammen machen könnt.

Die Fragen sind nach Kategorien geordnet: Grundsätzliches, Verbündete bei der Heilung, Meine Bedürfnisse und Gefühle, Krisenmanagement, Mehr über sexuellen Mißbrauch, Nähe und Kommunikation, Sex, Familienangelegenheiten und Abschließende Gedanken. Blättere das Buch durch und sieh dir die Überschriften an. Es ist egal, wo du beginnst. Es gibt vielleicht Kapitel, die du mit der (dem) Überlebenden gemeinsam lesen willst, andere überdenkst du vielleicht lieber allein. Du kannst dieses Buch so benutzen, wie es deinen Bedürfnissen am besten entspricht.

Ganz wichtig ist aber, daß es keine endgültigen Antworten gibt, die für alle Paare gelten. Jede(r) Überlebende steht an einem anderen Punkt des Heilungsprozesses. Jede Partnerin und jeder Partner besitzt eine einzigartige Geschichte und individuelle Bedürfnisse. Was Beziehungen betrifft, so gibt es immer mehr Ausnahmen als Regeln. Ich habe leicht über ideale Lösungen reden, die Wirklichkeit entspricht selten dem Ideal. Für eine erfolgreiche Beziehung mit einer (einem) Überlebenden gibt es kein Rezept, aber dieses Buch kann dir helfen, Antworten zu finden, die für dich richtig sind.

Der zweite Teil, »Geschichten von Partnerinnen und Partnern«, schildert die Konflikte, Erfolgserlebnisse und den Mut von acht PartnerInnen. Ihre Geschichten sind wichtig: Sie sind sehr unterschiedlich, und sie verleihen den Begriffen und Ideen in diesem Buch ein menschliches Gesicht.

Überall in diesem Buch wirst du auf Zitate und Geschichten von Partnerinnen und Partnern stoßen. Sie stammen von den Hunderten von PartnerInnen, die ich in Workshops kennengelernt, und von den fünfundzwanzig, die ich ausführlich für dieses Buch interviewt habe. Die Interviews haben mir eine Fülle von Material geliefert: Ich konnte nicht jede Geschichte vollständig erzählen, aber ich habe von jeder einzelne Teile aufgenommen. Die meisten Zitate sind nicht näher bezeichnet; jedes steht für sich und für die Erfahrung eines Menschen.

Die Sprache in diesem Buch*

Ich habe durchgehend die Bezeichnung »Partnerin« bzw. »Partner« anstelle von »Ehefrau«, »Ehemann«, »Geliebte«, »Geliebter« benutzt. (Nur in den Fragen habe ich die ursprüngliche Formulierung stehenlassen.) »PartnerIn« ist umfassender. Es paßt auf alle Arten von Paaren: auf verheiratete, unverheiratete, lesbische und schwule.

Mit »Überlebenden« bezeichne ich all diejenigen Menschen, die sexuellen Kindesmißbrauch überlebt haben. Ich benutze bewußt den Begriff »Überlebende« statt »Opfer«, weil

---

* Anmerkung des Verlages: In der deutschen Übersetzung haben wir die geschlechtspezifischen Pronomina in den Fragen der Überlebenden am Kapitelanfang und in ihren Zitaten beibehalten, ansonsten aber vorrangig Frauen als sprachlichen Bezug gewählt. Dies schien uns die praktikabelste Lösung angesichts der begrenzten Möglichkeiten der deutschen Sprache. Von den Lesenden verlangt ein solcher Kompromiß die Bereitschaft, gegebenenfalls in Gedanken einen Geschlechtertausch vorzunehmen. Diese Lösung schien uns weniger verwirrend, als der willkürliche Wechsel von Frauen zu Männern wie in der Originalfassung. Wenn von PartnerInnen die Rede ist, haben wir ausdrücklich beide Geschlechter genannt. Als Täter werden vorwiegend Männer genannt, wenngleich sexuelle Übergriffe auch von Frauen ausgeübt werden. Wir hoffen, mit diesen Lösungen der gesellschaftlichen Realität Rechnung getragen und einen sexistischen Sprachgebrauch zu Lasten der Frauen vermieden zu haben.

▶ *EINLEITUNG* ◀

ich meine, daß dieses Wort Kraft und Möglichkeiten vermittelt. Frauen und Männer werden sexuell mißbraucht, Frauen und Männer sind PartnerInnen, und Frauen und Männer mißbrauchen Kinder. Dieses Buch geht beide an.

Besinn dich auf dich selbst und auf deine konkrete Situation, und ändere gegebenenfalls die jeweilige Bezeichnung und die Pronomen in diesem Buch so, wie du sie brauchst. Fühle dich nicht ausgeschlossen.

Wenn du Überlebende(r) bist und dieses Buch liest…

Obwohl dieses Buch für PartnerInnen geschrieben wurde, kannst auch du eine Menge daraus lernen. Es bietet eine Vielzahl von Informationen über sexuellen Mißbrauch, Strategien im Umgang mit Problembereichen, Hinweise für den Aufbau einer besseren Beziehung und Übungen, die du mit deiner Partnerin oder deinem Partner zusammen machen kannst. Wenn du in einer Beziehung lebst, möchtet ihr das Buch vielleicht gemeinsam lesen. (Wenn du noch gar nicht dazu bereit bist oder nur die Abschnitte lesen möchtest, die deine Partnerin oder dein Partner dir vorschlägt, ist das auch in Ordnung.)

Denk aber daran, daß dieses Buch im Hinblick auf die Bedürfnisse der PartnerInnen geschrieben wurde. Und sie lernen hier nicht, die Überlebenden in ihrem Leben treu und brav zu unterstützen, sondern vielmehr, sich selbst anzuschauen, auf ihre eigenen Gefühle zu achten, ihren eigenen Bedürfnisse Ausdruck und Gehör zu verschaffen und für sich zu sorgen. Es ist nicht gesagt, daß du dadurch die Unterstützung bekommst, die du dir wünschst oder erhoffst.

An manchen Stellen wird dich das Lesen Überwindung kosten. Es ist oft davon die Rede, wie schwierig die Beziehung mit einer (einem) Überlebenden ist. Du wirst von PartnerInnen erfahren, die verärgert sind, die genug davon haben, ständig verständnisvoll zu sein, und nichts mehr von sexuellem Mißbrauch hören wollen. Du wirst auf PartnerInnen stoßen, die ihre Beziehungen beendet haben oder ernsthaft darüber nachdenken. Du wirst auch Geschichten lesen, die dir Hoffnung und Mut machen. Und manchmal wirst du dir mutlos und verzweifelt deine eigene Beziehung anschauen oder fürchten, kein Mensch könnte dich jemals lieben.

Ich denke, du solltest mit der gleichen Einstellung an dieses Buch herangehen, wie ich sie Überlebenden nahelege, die in den Workshops ihrer PartnerInnen hospitieren. Schieb deine eigenen Bedürfnisse, Gefühle und Wünsche so gut es geht beiseite. Sieh dich als BeobachterIn, die (der) die Chance hat, die Dinge einmal aus der Perspektive der Partnerin oder des Partners zu sehen. Betrachte es als Gelegenheit, aus dir selbst herauszutreten und zu sehen, daß PartnerInnen auch verletzlich sind.

Wenn du an deiner Heilung von sexuellem Mißbrauch arbeitest, mag es durchaus passieren, daß du an nichts anderes mehr denken kannst und vergißt, daß der Mißbrauch nicht nur dich, sondern auch die Menschen betrifft, die du am meisten liebst. Die Erkenntnis, daß du nicht die (der) einzige bist, deren (dessen) Leben aus den Fugen geraten ist, ist ein wichtiger Schritt, um zu Verbündeten zu werden. Versuch einmal, ob du dieses Buch nicht als ein Werkzeug zum Zuhören benutzen kannst. Mach es zur Grundlage eines offeneren Dialogs mit deiner Partnerin oder deinem Partner.

ERSTER TEIL
Die Fragen
der Partnerinnen und Partner

GRUNDSÄTZLICHES

*»Das ist das Jahr des sexuellen Mißbrauchs.
Seit diese Sache aufgetaucht ist,
scheint es nichts anderes mehr zu geben.«*

*»Ich muß mir immer wieder selbst sagen:
'Nimm es nicht persönlich. Das passiert einfach,
wenn jemand von sexuellem Kindesmißbrauch heilt.'«*

*»Manchmal hätte ich wirklich gern eine Frau,
bei der alles stimmt.
Ich möchte nach Hause kommen, und sie ist da, sieht frisch
und ausgeglichen aus, es duftet nach Kuchen ...
Statt dessen kommt sie mir entgegen, total schlampig, und
muß mir unbedingt von einer neuen Erinnerung erzählen.
Sie ist keine von diesen fröhlichen, adretten Frauen
aus dem Fernsehen.«*

*»Es wird nicht irgendwann einen Knall geben,
und alles ist in Ordnung. Dazu ist es einfach zu groß.«*

Was ist sexueller Kindesmißbrauch?

Sexueller Kindesmißbrauch ist Machtmißbrauch durch einen Menschen, der Macht über einen anderen, verletzlicheren Menschen besitzt. Ein solcher Mißbrauch besitzt sexuellen Charakter, hat jedoch nicht nur mit Sex zu tun. Er ist zugleich ein Vertrauensbruch, eine Grenzverletzung und eine fundamentale Verletzung des Selbstwertgefühls der (des) Überlebenden. Sexueller Mißbrauch ist eine selbstsüchtige, kriminelle Handlung mit verheerenden Folgen. Kennzeichnend für sexuellen Kindesmißbrauch ist vor allem die Erfahrung des Kindes. Es gehört nicht viel dazu, die Welt eines Kindes zu zerstören. Eine einzige Erfahrung kann das Leben eines Kindes nachhaltig prägen. Ein Mann steckt seine Hand in die Unterhose seiner Tochter, streichelt einmal den Penis seines Sohnes, und für das Kind hat die Welt sich für immer verändert. Als Partnerin bzw. Partner ist es entscheidend, daß du der (dem) Überlebenden glaubst und begreifst, welche Folgen Mißbrauch haben kann.

Sexueller Mißbrauch beinhaltet eine ganze Palette von Erfahrungen. Mädchen und Jungen werden von Vätern, Müttern, Stiefeltern, Onkeln, Tanten, Cousins, Cousinen, Geschwistern, Großeltern, FreundInnen der Familie, Pflegeeltern, NachbarInnen, LehrerInnen, TrainerInnen, PfarrerInnen, ÄrztInnen, TherapeutInnen, PolizistInnen, Nachbarskindern und von Fremden mißbraucht. Sexueller Mißbrauch kann im Säuglingsalter beginnen, im Schulalter oder in der Adoleszenz. Er kann einmalig stattfinden oder sich regelmäßig wiederholen.

Es gibt indirekten Mißbrauch ohne körperliche Berührung: Ein junges Mädchen, dessen Brüste sich entwickeln, kleidet sich morgens an. Der Vater schaut mit sexuellem Interesse zu und macht schlüpfrige Bemerkungen über ihren Körper. Ein Junge möchte ins Bad, aber seine Mutter ist immer dabei, fragt ihn, ob er masturbiert und wie. Ein Fußballtrainer besteht darauf, seine Spieler nackt zu sehen, bevor er die Mannschaft zusammenstellt. Er macht grobe, zweideutige Bemerkungen über ihre Penisse. In diesen Fällen berühren die TäterInnen das Kind nicht körperlich. Trotzdem haben die Erlebnisse traumatische Folgen.

Kinder werden gestreichelt, vergewaltigt, zu Zungenkuß, Fellatio und Cunnilingus gezwungen, müssen bei sexuellen Handlungen zusehen oder miteinander Sex haben. Manchmal verbirgt sich Mißbrauch hinter »zärtlichem« Streicheln oder »liebevollen« Berührungen; dann wieder ist er gewaltsam, mit Schlägen oder Folter verbunden. Ritueller Mißbrauch ist besonders furchtbar; er beinhaltet körperlichen, sexuellen und psychologischen Mißbrauch von Kindern durch organisierte Tätergruppen. (Mehr über rituellen Mißbrauch auf S.116ff.)

Wenn du dich mit den furchtbaren Verbrechen, die an Kindern begangen werden, noch nie beschäftigt hast, kannst du das alles vielleicht kaum glauben. Teil meiner Arbeit mit Überlebenden und deines Lebens mit einer (einem) Überlebenden besteht darin, die Tatsache zu akzeptieren, daß Menschen zu solchen Greueltaten fähig sind.

Wenn du selbst nicht mißbraucht worden bist, wenn du in einem »glücklichen« Elternhaus aufgewachsen bist, fällt es dir vielleicht schwer zu glauben, daß Menschen Kinder belästigen, foltern und sexuell mißbrauchen. Es kann eine Weile dauern, bis du die Erlebnisse der (des) Überlebenden ganz akzeptierst. Aber damit machst du einen großen Schritt nach vorn. Eine enge Beziehung mit einer Überlebenden zeigt dir mehr von der Welt. Wenn du dich darauf einläßt, das Übel dieser Welt wirklich wahrzunehmen, erfährst du auch mehr von ihrer Schönheit. Du bleibst nicht mehr an der Oberfläche. Du mußt in die Tiefe gehen. Wenn du eine Beziehung mit jemandem hast, die oder der kämpft, sich wehrt, nicht aufgibt und von Mißbrauch heilt, dann änderst du auch deine Einstellung zum Leben. Ein Partner sagte zu mir: »Ohne diese Erfahrung wäre ich nie aufgewacht.«

Welche Auswirkungen wird eine Beziehung mit einer (einem) Überlebenden für mich haben?

Das hängt zunächst einmal von zwei Faktoren ab: In welchem Stadium ist eure Beziehung, und wo steht die (der) Überlebende in ihrem Heilungsprozeß? Wenn ihr schon länger eine gute und tragfähige Beziehung habt und die Überlebende gerade anfängt, sich mit dem sexuellen Mißbrauch zu beschäftigen, wird es dir anders gehen, als wenn eure Beziehung gerade brandneu ist. Je länger ihr schon zusammen seid, je größere Verbundenheit ihr geschaffen habt, je stärker euer Wille ist, zusammenzubleiben, desto besser seid ihr für die Belastungen gerüstet, die durch die Auseinandersetzung mit dem Mißbrauch auf euch zukommen werden. Das heißt nicht, daß eine neue Beziehung mit einer Überlebenden keine Chance hätte. Es ist nur meistens schwieriger: Ihr habt noch nicht so viel in die Beziehung investiert, was euch tragen könnte, wenn harte Zeiten kommen.

Wenn die (der) Überlebende in deinem Leben gerade erst angefangen hat, sich mit dem Mißbrauch zu befassen, hast du vermutlich einige Jahre vor dir, die ganz schön unberechenbar und wechselhaft sein können. Heilung braucht Zeit, und der Anfang ist oft am schwersten. Wenn die Überlebende dagegen schon seit Jahren an diesen Dingen arbeitet, kannst du von dem Wachstum und der Klarheit, die sie sich schon erarbeitet hat, profitieren.

Es gibt keine zwei Überlebenden, die sich gleichen, und nur du weißt, wie es in eurer Beziehung aussieht. Eines ist jedenfalls klar: Je offener du für die Vorstellung bist, daß eine Beziehung ein Ort sein kann, an dem du gefordert werden, an dir arbeiten und wachsen willst, desto erfolgreicher wird deine Beziehung mit einer (einem) Überlebenden sein. (Mehr darüber, wie du mit Veränderungen in deiner Beziehung umgehen kannst, auf S.50.)

Welche Eigenschaften sollten PartnerInnen von Überlebenden besitzen?

Einfühlungsvermögen, Flexibilität, Selbstbewußtsein und Einfallsreichtum, Geduld, Humor und die Kenntnis der eigenen Bedürfnisse und Grenzen. Wenn du mit jemandem zusammen bist, die oder der sexuell mißbraucht wurde, fühlst du den Schmerz, den Zorn, die Scham und die Trauer mit, bist außer dir über die Niedertracht des Mißbrauchs. Einfühlungsvermögen ist die Fähigkeit, in die Welt eines anderen Menschen einzutreten, von seinem Schmerz berührt zu werden, ohne sich davon verzehren zu lassen. Wenn du eine Überlebende oder einen Überlebenden liebst, liebst du jemanden, dessen Schmerz du kaum beeinflussen kannst und niemals wirklich kennen wirst.

Zu Beginn des Heilungsprozesses geht es im Leben der (des) Überlebenden oft drunter und drüber: Du mußt den Veränderungen folgen, deine Erwartungen anpassen und neue Möglichkeiten finden, deine eigenen vernachlässigten Bedürfnisse zu befriedigen. Da brauchst du deine Flexibilität, dein Selbstbewußtsein, deinen Einfallsreichtum und deine Kreativität.

Heilung braucht Zeit, und es scheint immer, als dauere es ewig, bis sich etwas verändert. Wenn es dir gelingt, Geduld zu entwickeln und gleichzeitig deine eigenen Bedürfnisse und Wünsche für eure Beziehung weiterhin deutlich zu vertreten, unterstützt du die Überlebende (den Überlebenden), ohne dich dabei selbst zu verleugnen.

Humor gewährleistet den notwendigen Gegenpol zum düsteren Ernst der Heilung. Ermutige die Überlebende (den Überlebenden) zu lachen, Pause zu machen, sich zu amüsieren. Wenn das nicht möglich ist, such dir selbst Nischen für Dinge, die dir Spaß machen.

Schließlich mußt du auch deine eigenen Grenzen kennen. Nicht jeder Mensch möchte eine Beziehung mit jemandem haben, die oder der an der Heilung von sexuellem Kindesmißbrauch arbeitet. Erlaube dir, zu gehen oder es dir wenigstens zu überlegen. Wenn du dann bleibst, verleiht die Entscheidung aus freiem Willen dir um so mehr Kraft. (Mehr über die Entscheidung, zu bleiben oder zu gehen, auf S.83ff.)

Wie wirkt sich sexueller Kindesmißbrauch später auf das Leben als Erwachsene(r) aus?

Sexueller Mißbrauch hat schwerwiegende Langzeitfolgen. Es ist wichtig, daß du diese Folgen kennst, damit du ihre Bedeutung für dich und für die Überlebende (den Überlebenden) besser verstehst. Wenn du erforschst, in welcher Weise der Mißbrauch eure Beziehung beeinflußt, bist du vielleicht nicht mehr ganz so verwirrt. Das heißt nicht, daß all eure Probleme auf die Tatsache zurückzuführen sind, daß deine Partnerin oder dein Partner als Kind sexuell mißbraucht wurde. Auch du bringst deine Lebensgeschichte mit in eure Beziehung. (Mehr darüber auf S.57.)

Sexueller Mißbrauch findet nicht in einem Vakuum statt, er ist mit anderen Lebenserfahrungen gekoppelt. Die Dauer des Mißbrauchs, sein Ausmaß, die Nähe des Kindes zum Täter oder zur Täterin, die Familiendynamik, das Vorhandensein oder Nichtvorhandensein von Hilfe für das Kind bestimmen die Folgeschäden des Mißbrauchs. In Familien, in denen Kinder unterstützt, angehört und beschützt werden, sind die Folgen des Mißbrauchs im Erwachsenenalter möglicherweise gering. Wo man Kindern nicht glaubt oder sie weiter mißbraucht, wird der Schaden immer größer.

Andere Lebenserfahrungen (Rassismus, Scheidung, Armut, Krieg, Behinderungen, Aufwachsen als Einzelkind) und andere Funktionsstörungen der Eltern (Alkoholismus, Vernachlässigung oder körperliche Mißhandlung) beeinflussen ebenfalls, welche Auswirkungen sexueller Mißbrauch für ein Kind haben wird. Das Leben des einen Kindes mag vor allem von seinem sexuellen Mißbrauch geprägt sein, für ein anderes ist vielleicht der Tod eines Elternteils bedeutsamer. In manchen Familien verschmelzen die Folgen von Alkoholismus, körperlicher Gewalt und sexuellem Mißbrauch miteinander.

Wenn du dich mit den Folgen sexuellen Mißbrauchs beschäftigst, wirst du merken, daß einige auf die Überlebende (den Überlebenden) in deinem Leben zutreffen, andere nicht. Die Überlebende ist vielleicht beruflich ungewöhnlich tüchtig, hat aber große Schwierigkeiten mit Nähe; oder sie kann gut kommunizieren und ist eine gute Mutter, hat aber Probleme mit Sex. Vielleicht hat sie mit allem Probleme. Ein Partner erzählt: »In unserer Beziehung kommt der Mißbrauch an jeder Ecke hoch. Ich wärme vor dem Essen gern die Teller an. Das finde ich halbwegs normal. Und wir streiten uns deswegen, weil ihr Täter das auch immer gemacht hat. Sie sagt: 'Ich *hasse* es, wenn jemand die Teller anwärmt.'«

Je mehr du über die Langzeitfolgen von Mißbrauch erfährst, desto hilfloser, frustrierter oder deprimierter fühlst du dich vielleicht, weil dir klar wird, wie viele eurer Streitereien als Paar auf den Mißbrauch zurückgehen. Laß dir beim Lesen der nächsten Seiten Zeit. Wenn du mit der Wirkung sexuellen Mißbrauchs nicht vertraut bist, erschreckt es dich vielleicht, wie stark der Einfluß auf dein eigenes Leben ist. Achte ganz besonders auf die Abschnitte über Nähe und Sexualität. Vermutlich sind dies die Bereiche, in denen du am meisten mit den Folgen des Mißbrauchs zu tun haben wirst.

Selbstwertgefühl

Was geschieht in der Kindheit?

Die Grenzen des Kindes werden verletzt. Es empfindet sich als machtlos und empfängt die Botschaft, daß es keinen Wert besitzt. Es wird gedemütigt, seine tatsächlichen Bedürfnisse werden ignoriert. Es kapselt sich von anderen Familienmitgliedern und Kindern seiner Altersgruppe ab. Oft wird das Kind für den Mißbrauch verantwortlich gemacht – Erwachsene sagen ihm, es sei verrückt oder verlogen. Die Realität des Kindes und sein Wahrnehmungsvermögen werden massiv verzerrt.

Was bedeutet das im Erwachsenenalter?

Erwachsene Überlebende glauben, der Mißbrauch sei ihre Schuld, sie seien nicht viel wert und irgendwie anders als andere Leute. Überlebende sagen zum Beispiel: »Es kommt mir vor, als ob da eine Glasscheibe ist, und alle anderen sind auf der anderen Seite und führen ein richtiges, normales Leben. Und ich bin hier auf dieser Seite, ganz allein. Ich komme mir vor wie von einem anderen Stern.« Oder: »Wenn du mich wirklich kennen würdest, würdest du weglaufen.« Überlebende haben oft das Gefühl, sie seien in ihrem Innersten schlecht, schuldig oder schmutzig. Scham und Ekel vor sich selbst sind oft verborgen, sitzen aber tief. Dieser Selbsthaß drückt sich vor allem auf zwei Arten aus: Die (der) Überlebende versucht, nach außen hin gut oder perfekt zu sein, um negative Gefühle im Inneren auszugleichen, und/oder agiert selbstzerstörerische Gefühle durch Selbstmordgedanken oder -versuche aus, durch absichtliche Selbstverletzung, Drogenmißbrauch, unmäßiges Essen, Alkoholmißbrauch, ungeschützten Sex oder eine Vorliebe für gefährliche Menschen oder Situationen. Selbsthaß zeigt sich auch auf subtilere Weise: Die (der) Überlebende sabotiert sich selbst knapp vor einem Erfolg oder gerade dann, wenn sie kurz davor steht, sich auf eine gesunde Beziehung wirklich einzulassen.

Überlebende wissen auch oft nicht, wie sie auf sich aufpassen, wie sie auf ihren Instinkt, ihre Gefühle oder ihre innere Stimme achten können. Sie glauben, sie verdienten es nicht, mit Respekt oder rücksichtsvoll behandelt zu werden. Das vorherrschende Gefühl in ihrem Leben ist Machtlosigkeit. Das kann sie in gefährliche Situationen führen oder mit Menschen in Verbindung bringen, die sie weiter verletzen.

Gefühle

Was geschieht in der Kindheit?

Mißbrauch manipuliert und verdreht den natürlichen Sinn des Kindes für Vertrauen und Liebe. Seine unschuldigen Gefühle werden heruntergespielt oder verspottet, und es lernt, seine Gefühle zu ignorieren. Das Kind kann es sich nicht leisten, die ganze Bandbreite der Gefühle in seinem Körper zu spüren, während es mißbraucht wird: Schmerz, Wut, Haß, Rache, Verwirrung, Erregung. Also schließt es sie kurz und stellt sich taub. Für viele Kinder führt jeder Ausdruck von Gefühlen, und sei es nur eine einzige Träne, zu weiterem und schlimmerem Mißbrauch. Und wieder haben sie nur die Möglichkeit, sich abzuschotten. Die Gefühle tauchen ab.

Was bedeutet das im Erwachsenenalter?

Erwachsenen Überlebenden sind ihre Gefühle oft gar nicht bewußt, oder sie drücken sie nur unangemessen aus. Sie bleiben in einem bestimmten Gefühlszustand stecken (wie Zorn oder Trauer) und sind nicht in der Lage, noch etwas anderes zu fühlen. Sie wissen ihre Gefühle nicht zu schätzen und sagen zum Beispiel: »Ein Gefühl? Ich würde es nicht erkennen, selbst wenn ich darüber stolperte.« Oder: »Gefühle? Die machen doch nur Ärger.« Gefühle machen angst, und Überlebende fürchten, die Kontrolle über sich zu verlieren: »Wenn ich meine Wut mal richtig rauslasse, bringe ich jemanden um.« »Wenn ich wirklich mal heulen würde, könnte ich, glaube ich, nie wieder aufhören.« Aber wir alle haben Gefühle. Ob sie uns bewußt sind oder nicht, sie existieren. Wenn Überlebende ihre Gefühle unterdrücken, bekommen sie Depressionen, Alpträume, Anfälle von Panik, und manchmal werden sie selbst zu MißbraucherInnen. – Viele Überlebende finden »gute« Gefühle – Zufriedenheit, Glück, Spaß, Freude – besonders beängstigend. Immer wenn als Kind zu Hause alles ruhig oder schön war, brach garantiert das Unheil herein.

Körperbewußtsein

Was geschieht in der Kindheit?

Wenn ein Kind mißbraucht wird, erlebt es widersprüchliche Empfindungen (Schmerz, Zorn, Demütigung, Erregung), die es nicht ertragen kann. Anstatt dem Täter die Genugtuung zu geben, daß sein Körper reagiert, macht das Kind dicht und »steigt aus«. Das Resultat ist oft, daß Überlebende ihren Mißbrauch beschreiben, als würden sie einen Film sehen: »Es war, als ob ich unter der Decke schweben und mir die Sachen angucken würde, die da unten einem anderen Kind passierten. Gefühlt habe ich gar nichts.«

Was bedeutet das im Erwachsenenalter?

Als Erwachsene haben Überlebende oft das Gefühl, von ihrem Körper abgespalten zu sein, sie leben nur »vom Hals aufwärts«. »Ich kam mir immer vor wie ein Riesenhirn«, sagte mir eine Frau. »Körper?« sagte ein Mann, »was für ein Körper?« Viele Überlebende hassen ihren Körper und ignorieren oder mißbrauchen ihn. Andere kompensieren den »Verrat ihres Körpers«, indem sie übermäßig Bodybuilding, Gewichtheben oder Gymnastik betreiben. Ihr Körper soll so stark werden, daß niemand sie je wieder verletzen kann.

Viele Überlebende dissoziieren mit der Zeit automatisch, das heißt, sie spalten sich von ihrem Selbst ab. Wenn sie wütend sind, sich bedroht fühlen oder sexuell erregt sind, steigen sie aus. Wenn das passiert, hast du das unheimliche Gefühl, allein zu sein. Es ist fast, als wäre niemand zu Hause. Da ist auch niemand. Die Überlebende hat ihre Aufmerksamkeit abgezogen. Nur ihr Körper ist noch da. (Mehr über dissoziative Reaktionen und ihre Erscheinungsformen auf S. 119ff.)

Nähe und Intimität

Was geschieht in der Kindheit?

Mißbrauchte Kinder empfangen verwirrende Botschaften über Sex und Liebe, Vertrauen und Verrat. Oft sagt der Täter: »Ich mache das, weil ich dich liebhabe.« Und verletzt das Kind dann weiter. Das Kind lernt, daß es den Menschen, die es liebt, nicht trauen kann und daß es nicht selbst entscheiden kann, ob es einem anderen Menschen nahe sein will oder nicht: Die anderen nehmen sich sowieso, was sie wollen. Liebe wird zu einer gefährlichen Macht: verwirrend, schmerzlich, gewalttätig.

Was bedeutet das im Erwachsenenalter?

Die meisten erwachsenen Überlebenden haben Probleme mit Vertrauen: entweder vertrauen sie im Übermaß oder gar nicht. Viele sind extrem isoliert und haben Angst vor Nähe. Beziehungen, die Liebe und Sex miteinander verknüpfen, sind verwirrend und gefahrvoll. Liebe wird nicht als Liebe empfunden – sicher, warm, positiv –, sondern als potentielle Vernichtung. Wenn du zu einer (einem) Überlebenden sagst: »Ich liebe dich«, kannst du die Reaktion nie vorhersagen.

Als Erwachsene entwickeln Überlebende oft ein übertriebenes Bedürfnis nach totaler Kontrolle in ihren Beziehungen. Nur wenn sie alles im Griff haben, können sie sich sicher fühlen. Sie haben auch Probleme, sich auf eine Beziehung, einen Menschen wirklich einzulassen: Wenn sie zu einer Beziehung ja sagen, sind sie wieder in einer Familiensituation gefangen, in der Mißbrauch stattfinden könnte. Also gerät die (der) Überlebende in Panik, wenn eure Beziehung enger wird, und ist sicher, daß etwas Schreckliches passieren wird. Sie zieht sich zurück, weist dich ab oder stellt dich ständig auf die Probe. (Mehr darüber im Kapitel »Nähe und Kommunikation« auf S. 124ff.)

Sexualität

Was geschieht in der Kindheit?

Der sexuelle Mißbrauch eines Kindes kappt seine normale sexuelle Entwicklung. Es wird nach dem Zeitplan eines Erwachsenen zur Sexualität gezwungen. Es spürt nicht seine eigene Lust, seine sexuelle Orientierung, sein Interesse. Und es hat nicht die Möglichkeit, Sexualität so zu erforschen, wie es seinem Alter angemessen wäre. Es lernt, daß Lust (die Lust des Täters) eine schreckliche, unkontrollierbare Macht ist. Seine ersten Erfahrungen mit sexueller Erregung sind mit Scham, Ekel, Schmerz und Erniedrigung verknüpft. Dieser Eindruck bleibt haften. Wenn der Mißbrauch mit liebevoller Zuneigung vermischt war, wird das Kind Zuneigung und Sex, Nähe und Zudringlichkeit auch später nicht unterscheiden können.

Was bedeutet das im Erwachsenenalter?

Viele Überlebende leben enthaltsam, wählen PartnerInnen, die keinen Sex wollen, oder finden andere Wege, ein erfülltes Sexualleben zu vermeiden. Sie haben oft Angst vor Sex, halten ihn im Grunde für »schmutzig« oder für eine lästige Pflicht, die sie erfüllen müssen. Sie »tun, als ob«, obwohl sie gar nichts fühlen, abwesend sind oder Panik verspüren.
Manche Überlebende fühlen sich von gewalttätigen oder destruktiven Phantasien erregt und schämen sich deshalb zutiefst. Oder sie erleben Erinnerungsblitze (Flashbacks) von ihrem Mißbrauch und können dann nicht zwischen dir und dem Täter bzw. der Täterin unterscheiden. Sex wird zu einem Minenfeld voller schmerzlicher Assoziationen und Erinnerungen.
Andere Überlebende agieren ihr Trauma sexuell aus: durch Promiskuität. Man hat ihnen gesagt, daß sie nur zu Sex zu gebrauchen seien, und sie machen dieses Vermächtnis wahr, manchmal ohne Rücksicht auf ihre eigene Sicherheit. Wohlbefinden und Selbstwertgefühl sind für sie mit sexueller Attraktivität verknüpft. Nur wenn Sex im Spiel ist, fühlen sie sich sicher, verbunden, geliebt. Sie haben nie gelernt, zu Sex nein zu sagen, und stehen auf dem Standpunkt: »Wenn mich jemand will, gehe ich selbstverständlich mit ihm (ihr) ins Bett.« Sex wird zu einem Machtinstrument, einem Mittel, Menschen zu manipulieren und Situationen in den Griff zu bekommen. (Mehr darüber im Kapitel »Sex« auf S.148ff.)

Die Herkunftsfamilie

Was geschieht in der Kindheit?

Sexueller Mißbrauch in der Familie findet in einer Atmosphäre der Verschwiegenheit, des Lügens und Schweigens statt. Das Kind lernt, daß seine Familie ein gefährlicher Ort ist, an dem Menschen einander verletzen. Es lernt, daß seine Eltern es nicht beschützen und vielleicht sogar die Ursache seines Schmerzes sind. Meist ist es von den anderen Familienmitgliedern oder anderen Kindern seiner Altersgruppe isoliert. Oft wird es für die Schwierigkeiten innerhalb der Familie verantwortlich gemacht.

Was bedeutet das im Erwachsenenalter?

Wenn der Mißbrauch innerhalb der Familie der (des) Überlebenden stattgefunden hat, ist das Verhältnis zu dieser Familie heute vermutlich nicht das beste. Das generelle Mißtrauen, das Schweigen und der Machtmißbrauch sind wahrscheinlich noch da. Der Mißbrauch ist immer noch geheim und der Täter vielleicht noch aktiv: Jetzt ruiniert er das Leben der nächsten Generation. Das heißt buchstäblich, daß eure Kinder in Gefahr sein können. (Mehr über diese Gefahr auf S.185ff.)
Die (der) Überlebende wird kaum Unterstützung von der Familie bekommen, wenn sie sich mit dem Mißbrauch beschäftigt. Man wird sie zum Sündenbock machen, abweisen

oder ihr die Schuld an den Problemen geben, die die Familie hat. Hinterher hält sie sich vielleicht selbst für verrückt, ist deprimiert oder völlig verunsichert. (Mehr darüber im Kapitel »Familienangelegenheiten« auf S.176ff.)

Überlebende als Eltern

Was geschieht in der Kindheit?

Wenn ein Kind in seinem Elternhaus mißbraucht wird, besitzt es kein positives Rollenmodell als Mutter oder Vater. Es kennt elterliches Verhalten als strafend, streng und oft als gewalttätig. Und häufig sagt man ihm, es sei dazu verurteilt, es später genauso zu machen und die Tradition der Gewalt fortzusetzen.

Was bedeutet das im Erwachsenenalter?

Wegen des verbreiteten (und falschen) Mythos, alle mißbrauchten Kinder würden später ihre eigenen Kinder ebenfalls mißbrauchen, haben viele Überlebende Angst, Kinder zu bekommen. Es ist möglich, daß sie ihre Kinder mißbrauchen oder sie nicht ausreichend beschützen, wenn sie sich ihren eigenen Mißbrauch nicht bewußt gemacht haben. Die meisten Überlebenden behüten ihre Kinder jedoch mit großer Entschlossenheit. Wie wir alle, so können sich auch Überlebende bewußt bemühen, bessere Eltern zu sein: lernen, angemessene Grenzen zu setzen, respektvoll zu kommunizieren und bei ihren Kindern ein gesundes Selbstwertgefühl aufzubauen. Es ist schwieriger, diese Dinge zu leisten, wenn das noch nie jemand für uns getan hat, aber viele Überlebende schaffen es trotzdem, die Begrenztheiten ihrer Eltern zu durchbrechen und für ihre eigenen Kindern besser zu sorgen. (Mehr darüber auf S.193f.)

Arbeit und Beruf

Was geschieht in der Kindheit?

Ein Kind, das mißbraucht wird, hat wenig Zeit, seine Interessen oder Talente auszuprobieren. Seine Erziehung und seine Bildung sind oft lückenhaft, willkürlich, zufällig. In seiner Familie ist es isoliert und muß versuchen, allein zurechtzukommen; es hat kaum Gelegenheit, das Miteinander und die Zusammenarbeit innerhalb einer Gruppe zu lernen.

Was bedeutet das im Erwachsenenalter?

Viele Überlebende wissen nicht genau, was sie gern tun möchten. Sie haben unrealistische berufliche Ziele oder orientieren sich daran, welche Berufsvorstellungen die Familie für sie hat. Wenn sie wenig Selbstvertrauen besitzen, können sie sich nur schwer entscheiden und geben sich möglicherweise immer wieder mit weniger zufrieden, als sie erreichen könnten. Oft spiegelt der Arbeitsplatz ihr Familienleben wider; viele Überlebende landen auf Arbeitsplätzen, an denen eine ähnliche Dynamik herrscht wie in ihrer Herkunftsfamilie. Das kann sich in Problemen mit KollegInnen ausdrücken, in Persönlichkeitskonflikten, Problemen mit ChefInnen und anderen Autoritätspersonen oder ganz allgemein in dem Gefühl, in der Falle zu sitzen. Überlebende lassen sich am Arbeitsplatz besonders leicht ausbeuten.
Manche Überlebende benutzen beruflichen Erfolg, um damit ihre massiven Minderwertigkeitsgefühle zu kompensieren. Ihre Fähigkeit, nie den Überblick zu verlieren, immer alles im Griff zu haben und Probleme zu lösen, hilft ihnen, beruflich voranzukommen. Sie arbeiten härter als alle anderen, keine Aufgabe ist ihnen zu schwierig. Sie bekommen Anerkennung und werden zu Workaholics. Die anderen Bereiche ihres Lebens kommen entsprechend zu kurz.

Diese Liste von Langzeitfolgen hat dich möglicherweise erschüttert. Oder du bist erleichtert, weil so vieles, was du mit der (dem) Überlebenden erlebst, plötzlich einen Sinn bekommt. Vielleicht fühlst du Wut wegen des Mißbrauchs oder Mutlosigkeit angesichts der Dimension des Problems.

Vielleicht hast du auch in deinem eigenen Leben einige dieser Mißbrauchsfolgen wiedererkannt. Wenn du als Kind vernachlässigt oder mißbraucht worden bist, erkennst du jetzt vielleicht, daß diese frühen Erfahrungen dich stärker geprägt haben, als du bisher geglaubt hast. Andere seelische Traumata (zum Beispiel Krieg) können ebenfalls viele der angeführten Folgen hervorrufen; vielleicht fragst du dich aber trotzdem, ob es in deiner Vergangenheit etwas gibt, das du übersehen oder vergessen hast. (Mehr darüber, wie du deine eigene Geschichte erforschen kannst, auf S.57.)

Wenn ihr beide – du und deine Partnerin oder dein Partner – mißbraucht worden seid, hast du vielleicht entdeckt, daß die Folgen des Mißbrauchs bei euch beiden zum Teil ähnlich, zum Teil aber auch unterschiedlich sind. An den Stellen, an denen eure Probleme ineinandergreifen, wird am meisten passieren: Dort werdet ihr eure heftigsten Konflikte erleben, und dort könnt ihr so erfolgreich an euch arbeiten und weiterkommen wie nirgends sonst. (Siehe: »Wenn beide Überlebende sind«, S.58f.)

Das Wichtigste an den Folgeschäden sexuellen Mißbrauchs ist jedoch, daß die meisten von ihnen beseitigt oder doch weitgehend gelindert werden können. Überlebende nehmen den Mißbrauch ja in erster Linie deshalb in Angriff, weil sie die Beschränkungen, die er ihnen auferlegt, überwinden wollen. Und wenn sie fest entschlossen sind zu heilen und echte Unterstützung bekommen, dann sind ungeheure Veränderungen möglich. Die Folgen des Mißbrauchs müssen nicht ewig währen.

Wieviel Prozent der Überlebenden können geheilt werden, und wie lange dauert das im Durchschnitt?

Unter günstigen Bedingungen können hundert Prozent der Überlebenden heilen. Überlebende sind wie junge Pflanzen. Wenn die Bedingungen stimmen – Licht, Luft, Wärme, Nahrung und Wasser –, wachsen Pflanzen. Überlebende sind genauso. Wenn sie den Wunsch zu heilen, die nötigen Informationen, qualifizierte Hilfe und eine sichere Umgebung haben, wachsen sie, wie sie es sich niemals erträumt hätten. Das Traurige ist, daß nicht alle Überlebende solche Bedingungen vorfinden. Viele werden weiterhin mißbraucht, haben keinen Zugang zu Informationen oder Hilfe und sind immer noch schrecklich isoliert. Manche haben versucht, Hilfe zu bekommen, und sind nur aufs neue mißbraucht worden – von den Menschen, die ihnen eigentlich hätten helfen sollen. Andere wollen sich nicht ändern oder glauben, es nicht zu können. Es sind inzwischen immer mehr Informationen zugänglich, es gibt immer mehr Stellen, an die Überlebende sich wenden können, und es ist zu hoffen, daß die Situation sich weiter verbessert, daß Therapien und andere Hilfsleistungen kostengünstiger werden und immer mehr Überlebende die Unterstützung finden, die zur Heilung nötig ist.

Ich könnte nicht mit Überlebenden arbeiten, wenn ich der Meinung wäre, der Schaden, den sexueller Kindesmißbrauch anrichtet, wäre irreparabel. Ich bin fest davon überzeugt, daß Überlebende die Folgen ihres Mißbrauchs überwinden können. Das ist schwierig und dauert lange, aber es ist möglich.

»Wie lange?« ist eine Frage, die ich oft höre, und ich weiß, wie viele Gefühle dahinter verborgen sind. Überlebende wollen es wissen, und du auch: »Wie lange muß ich noch so leben? Lohnt es sich für mich, durchzuhalten? Werde ich in dieser Beziehung irgendwann einmal mehr von dem bekommen, was ich brauche? Gibt es Hoffnung für den Menschen, den ich liebe?«

Die einzige Antwort, die ich auf die Frage »Wie lange?« geben kann, ist, daß Heilung lange Zeit braucht. Wenn du mit jemandem zusammen bist, die (der) wirklich entschlossen und aktiv an ihrer Heilung arbeitet, wird sich alles auch weiterhin ständig ändern und mit der Zeit verbessern. Aber ich kann dir keinen zeitlichen Rahmen nennen. Ich kann nicht sagen: »Na ja, diese Krisenphase dauert noch ein Jahr, und dann ist sie so weit, daß sie an ihrer Sexualität arbeiten kann.« Ich kann nur sagen, daß sehr wenig über lange Zeit gleichbleiben wird. Du wirst heute in zwei Jahren nicht mehr in der gleichen Weise mit der gleichen Krise zu tun haben. Es wird dann vielleicht eine andere Art von Krise sein, oder ihr habt bessere Strategien entwickelt, um mit der gleichen Krise umzugehen, oder ihr erlebt eine Phase der Ruhe und der Nähe, in der der Mißbrauch nicht länger im Mittelpunkt steht. Es ist schwer vorherzusagen. Einige Dinge werden noch schlimmer werden, bevor sie sich bessern, aber wenn ihr durchhaltet, werden sie insgesamt allmählich besser. Das Leben hat wieder mehr mit dem ganzen Leben zu tun, nicht nur mit den Hindernissen.

Die Leute fragen mich immer: »Bist du geheilt?« Ich kann diese Frage nicht mit ja beantworten, denn ich glaube nicht, daß es da einen Endpunkt gibt. Aber ich weiß, wenn ich mich jetzt hinsetzen und die vielen Tagebücher lesen würde, die ich während der ersten zwei Jahre nach dem Auftauchen meiner Mißbrauchserinnerungen geführt habe, käme mir das alles vor wie das Leben eines anderen Menschen. Ich würde nur wenig Ähnlichkeit finden zwischen dem Leid, das ich damals gespürt habe, und meinem Leben heute. Die Unermeßlichkeit meines Schmerzes und mein Bedürfnis, mich nur darauf zu konzentrieren, könnte ich kaum noch nachvollziehen. Ich könnte mich dunkel daran erinnern, daß ich mich so gefühlt habe. Ich könnte sagen: »Ja, ich konnte gar nicht anders«, aber der Schmerz selbst wäre undeutlich und weit weg. Gott sei Dank. Heilung war eine Möglichkeit, durch den Schmerz hindurch zu etwas Neuem zu gelangen. Ich wollte diesen Schmerz nicht auf ewig mit mir herumtragen. Ich wollte weiterkommen – und das habe ich geschafft.

Heilung ist zweifellos möglich. Vor sieben Jahren, als es für mich am schlimmsten war, gab es Zeiten, da wollte ich aufgeben oder wünschte mir, ich wäre tot. Soweit ich sehen konnte, würde mein Leben immer so weitergehen. Der Schmerz erzeugte nur neuen Schmerz. Ich sah einfach keinen Ausweg. Ich weiß noch, wie ich dachte, ich würde nie wieder einen Moment erleben, in dem ich nicht zwanghaft mit Kindesmißbrauch oder mit meiner Heilung beschäftigt wäre oder mich nicht – aus der Gegenwart herauskatapultiert – an irgendeine Greueltat erinnern würde.

Ich habe mich geirrt. Jetzt habe ich ein Leben. Kein perfektes Leben, aber ein gutes. Es ist rund, ich kann mich freuen und bin manchmal richtig glücklich. Ich bin nicht immer glücklich, aber ich bin in der Gegenwart verwurzelt. Ich bin nicht mehr dazu verurteilt, meine Vergangenheit ständig wieder durchzuspielen. Es hat sich gelohnt zu heilen. Und es lohnt sich immer noch.

Ich habe die Tatsache akzeptiert, daß ich mich mein Leben lang mit Dingen beschäftigen werde, die mit meinem Mißbrauch zu tun haben. Nicht immer, aber manchmal. Wenn ich eine neue Herausforderung annehme oder mich auf einen Menschen, den ich liebe, näher einlasse. Ich werde neue Runzeln sehen, weitere Stellen entdecken, an denen der Mißbrauch mich heftig gebeutelt hat. Aber ich habe jetzt Strategien, Kenntnisse und Menschen, die mir helfen, damit umzugehen. Ich höre deswegen nicht auf zu leben. Der Mißbrauch schwächt mich nicht mehr, er raubt mir nicht mehr mein Recht auf ein Leben in der Gegenwart. Ich bin nicht zerbrochen. Ich bin ein ganzer Mensch.

Alle Überlebenden können es bis hierhin schaffen. Ich habe nichts Außergewöhnliches an mir, das nicht jeder andere Mensch auch hätte. Ich wollte es schaffen. Ich hatte das Glück, Hilfe zu finden. Ich habe es mir fest vorgenommen, und ich habe durchgehalten. Es hat Jahre gedauert, aber es hat sich gelohnt. Als Partnerin oder Partner kannst du der (dem) Überlebenden, die du liebst, ein entscheidendes Maß an Unterstützung und Sicherheit bieten. Wenn du daran glaubst, daß es möglich ist, und wenn wir anderen ebenfalls unseren Teil beitragen (und den Überlebenden genügend bezahlbare Anlaufstellen zugänglich machen), dann ist für alles gesorgt. Dann ist Heilung nicht nur das Privileg einiger weniger, sondern eine Revolution, aus der wir alle gestärkt hervorgehen.

Was ist notwendig, um von Mißbrauch zu heilen?

Heilung erfordert harte Arbeit, Entschlossenheit und Zeit. Auch wenn jede(r) Überlebende anders heilt, gibt es bestimmte Stadien, die alle Überlebenden durchlaufen, wenn sie die Folgen des Mißbrauchs in ihrem Leben überwinden wollen. Diese Stadien bilden zusammen den »Heilungsverlauf«. (Ellen Bass und ich haben diese Phasen in *Trotz allem* erstmals vorgestellt.)

Am besten läßt sich der Heilungsverlauf als eine Spirale beschreiben. Die Überlebenden durchlaufen die einzelnen Stadien einmal, möglicherweise auch viele Male. Manchmal in der einen Reihenfolge, manchmal in einer anderen. Jedesmal, wenn sie ein Stadium erneut durchlaufen, geschieht dies auf einer anderen Ebene, sie sind die Spirale hinaufgewandert: Sie können neue Informationen und ein breiteres Spektrum von Gefühlen einbringen, es stehen ihnen mehr Hilfsmittel und HelferInnen zur Verfügung, sie können besser auf sich achten und tiefgreifendere Veränderungen vornehmen.

Die Entscheidung zu heilen

Die (der) Überlebende ist bereit, dem Mißbrauch ins Auge zu sehen und zu erforschen, in welcher Weise er ihr Leben geprägt hat. Sie hat sich fest entschlossen, aktiv an ihrer Heilung zu arbeiten: sich Hilfe zu suchen, die Wahrheit herauszufinden, Unbekanntes auszugraben und sich ihm zu stellen, sich zu ändern und die Gefühle zuzulassen, die notwendig sind, wenn dem Schmerz ein Ende bereitet werden soll. Und jedesmal, wenn sie sich einer neuen Herausforderung stellt und tiefer in ihren Schmerz eindringt, erneuert sie diesen Entschluß.

Wenn du mit einer (einem) Überlebenden zusammen bist, die beschlossen hat zu heilen, heißt das, daß du in deiner Beziehung vermutlich eine ganze Weile mit sexuellem Mißbrauch zu tun haben wirst. Du solltest weiterlesen. Dann weißt du, was du erwarten kannst und was du machen mußt, um für dich zu sorgen.

Krisenstadium

Wenn die (der) Überlebende anfängt, sich zu erinnern oder beschließt zu heilen, wird dies ihr Leben vermutlich (aber nicht immer) in ein totales Chaos stürzen. Sie durchläuft ein Krisenstadium, in dem sie – und mittelbar oft auch du – an nichts anderes mehr denken kann als an ihren Mißbrauch. Die Dauer dieses Chaos-Stadiums, seine Intensität und die Art und Weise der Krisen sind bei jeder Überlebenden unterschiedlich. Wesentlich ist, daß sexueller Mißbrauch buchstäblich das einzige ist, an das die Überlebende denken kann. Es fällt ihr sehr schwer, sich mit irgend etwas anderem zu befassen.

Aufgabe der (des) Überlebenden während dieses Stadiums ist es, die schreckliche Realität, tatsächlich sexuell mißbraucht worden zu sein, allmählich zu erfassen. Überlebende werden häufig von Erinnerungen und unkontrollierbaren Gefühlen überschwemmt und von großem Schmerz zerrissen. Sie erleben die schlimmen Gefühle und Eindrücke aus der Zeit, in der sie mißbraucht wurden, noch einmal. Diese Erfahrung ist so intensiv, daß alles andere in ihrem Leben davon überschattet wird. Überlebende können während dieses Krisenstadiums oft nicht arbeiten, kaum weiterleben, nicht einmal in elementarster Weise auf sich selbst aufpassen. Eventuell haben sie selbstzerstörerische Züge oder Selbstmordgedanken. Der Umgang mit einer Überlebenden während dieses Stadiums kann für dich als Partnerin oder Partner schrecklich sein und dir große Angst machen. (Tips für Krisenzeiten findest du im Kapitel »Krisenmanagement«, S.86ff.)

Das Erinnern

Manche Überlebende haben immer gewußt, was ihnen geschehen ist. Andere schöpfen erst später in ihrem Leben den Verdacht, sie könnten mißbraucht worden sein. Für Überlebende, die es immer gewußt haben, bedeutet das Erinnern, daß sie noch einmal tief in die Gefühle, die sie damals hatten, hinabtauchen, sich die Folgen ansehen und den Schaden anerkennen müssen, den der Mißbrauch ihrem Leben zugefügt hat. Überlebende, die den Mißbrauch vollständig vergessen haben, müssen versuchen, Erinnerungsfragmente, Sinneswahrnehmungen, die Reaktion ihres Körpers auf die Geschichten anderer Menschen, Gespräche mit Familienmitgliedern und andere Hinweise zusammenzusetzen, um zu begreifen, daß sie mißbraucht worden sind. Manche Überlebende haben ganze Phasen intensiver Erinnerungsblitze, in denen sie bestimmte Aspekte ihres Mißbrauchs noch einmal erleben. Andere erinnern sich niemals ganz klar und schaffen es trotzdem, die Hinweise, die sie haben, zu einem Ganzen zusammenzufügen.

Als Partnerin bzw. Partner erlebst du möglicherweise intensiv mit, wie die (der) Überlebende ihre Erinnerungen wiederfindet (siehe »Noahs Geschichte«), oder du hältst dich da lieber ein bißchen heraus (siehe »Virginias Geschichte«). Aber egal, wie ihr damit umgeht, du kommst nicht ungeschoren davon. Der Schmerz, das Entsetzen, die Angst und die Trauer, die diese Erinnerungen auslösen, werden vor eurem gemeinsamen Leben nicht haltmachen. (Mehr über Erinnerungen und Erinnerungsblitze auf S.105f., 107 und 157ff.)

Glauben, daß es geschehen ist

Viele Überlebende haben Schwierigkeiten zu glauben, daß der Mißbrauch tatsächlich geschehen ist. Sie wollen es nicht glauben. Es tut zu weh, darüber nachzudenken. Sie wollen keine Familienmitglieder beschuldigen oder sind nicht bereit, den furchtbaren Verlust hinzunehmen und sich einzugestehen, daß ein Mensch, den sie sehr lieben, sie verletzt hat. Sie wollen die Familie nicht aufstören. Viele Überlebende haben so oft gehört, sie seien verrückt oder LügnerInnen, daß sie sich selbst nicht mehr trauen. »Ich hab mir das bestimmt ausgedacht«, sagte ein Mann. »Ich hatte immer eine lebhafte Phantasie.« Andere haben Probleme, an den Mißbrauch zu glauben, weil ihre Erinnerungen flüchtig oder unvollständig sind. All diese Gründe machen es Überlebenden schwer, konsequent daran zu glauben, daß der Mißbrauch tatsächlich stattgefunden hat. Oftmals schwankt ihre Kraft, an ihrer Überzeugung festzuhalten. Ellen Bass beschreibt das so: »Wenn Überlebende an den Mißbrauch glauben, bedeutet das Schmerz, schreckliche Furcht und eine große innere Qual. Wenn sie nicht daran glauben, spüren sie statt dessen massiven Selbsthaß, weil sie 'das alles nur erfunden' haben. Oft schwanken sie so lange zwischen beiden Standpunkten, bis sie erkennen, daß der Schmerz, sich dem Mißbrauch zu stellen, nicht so schlimm ist wie der Selbsthaß.«

Überlebende sind nicht die einzigen Menschen, denen es schwerfällt, an den Mißbrauch zu glauben. Auch PartnerInnen haben oft große Schwierigkeiten zu akzeptieren, daß der Mißbrauch Realität ist. Wenn es dir Mühe verursacht, der (dem) Überlebenden zu glauben, lies das Kapitel »PartnerInnen und Verleugnung« (S.53f.).

Das Schweigen brechen

Mißbrauch findet in einer Atmosphäre der Heimlichkeit und des Schweigens statt. Um zu heilen, müssen Überlebende über ihren Mißbrauch sprechen. Egal, ob sie es einem Menschen erzählen oder tausend, entscheidend ist, daß das Geheimnis gelüftet und die Wahrheit mit mindestens einem Menschen geteilt wird, der einfühlsam und verständnisvoll zuhört.

Andernfalls bleiben die Überlebenden weiterhin mit diesem grauenvollen Erlebnis allein.
Um das Schweigen zu brechen, kann die (der) Überlebende sich eine Therapeutin oder einen Therapeuten suchen, sich einer Selbsthilfegruppe anschließen, mit FreundInnen darüber sprechen oder dir erzählen, was sie in ihrer Kindheit erlebt hat. Am Anfang bereitet das Erzählen Angst. Viele Überlebende sagen zum Beispiel: »Wenn ich das erzählen muß, dann sterbe ich«, oder »Er kriegt es bestimmt heraus, wenn ich das erzähle.« Aber nach einer Weile fällt es ihnen leichter, über den Mißbrauch zu sprechen. Manchmal geraten sie sogar in eine Phase, in der sie es am liebsten jedem erzählen würden. Eine Zeitlang habe ich das auch getan: »Hallo, ich bin Laura Davis. Schön, dich kennenzulernen. Übrigens bin ich als Kind sexuell mißbraucht worden.«

Und für manche Überlebende ist es irgendwann mehr als nur ein persönlicher Schritt auf ihrer Heilungsreise, wenn sie ihr Schweigen brechen. Es wird zu einer politischen Stellungnahme. Sie gehen an die Öffentlichkeit, um auf diese Weise gegen den Mißbrauch anzukämpfen. Sie organisieren Kunstausstellungen, Versammlungen, Demonstrationen, öffentliche Erklärungen (»Wir sind mißbraucht worden!«), Konferenzen, Medienereignisse und Informationsnetzwerke. Das alles sind stärkende, wirksame Möglichkeiten, das Schweigen zu brechen.

Als Partnerin bzw. Partner wirst du dir bewußt machen müssen, was du davon hältst, wenn jemand kein Blatt vor den Mund nimmt, »schmutzige Wäsche wäscht« und Dinge sagt, die »nicht nett sind«. Du mußt dich auch entscheiden, ob du willst, daß andere Leute wissen, daß du Partnerin bzw. Partner einer (eines) Überlebenden bist. (Mehr über dieses heikle Thema auf S.138f.)

Verstehen, daß es nicht ihre Schuld war

Fast immer glauben Kinder, sie wären für den Mißbrauch verantwortlich. Sie denken, sie wären von Grund auf schlecht oder ein Teil von ihnen wäre verdorben, schmutzig, böse und hätte den Mißbrauch herbeigeführt. Die Täter flößen ihnen diesen Irrglauben ein und verstärken ihn. Die Kinder vertrauen und glauben ihnen.

Kinder können es sich nicht leisten, die Erwachsenen um sie herum für schlecht zu halten. Solange die Überlebenden glaubten, irgendwie trügen sie an allem die Schuld (»ich brauchte die Aufmerksamkeit, wollte liebgehabt werden, hab die Schokolade genommen, bin mit dem Fahrrad gefahren, hab ihn geliebt, hatte einen Orgasmus«), konnten sie an der trügerischen Hoffnung festhalten, durch eine Änderung ihres Verhaltens ließe sich der Täter aufhalten. Dieser Glaube ist – obwohl unsinnig und selbstbetrügerisch – für Kinder leichter zu ertragen als die Gewißheit, daß ihre Bezugspersonen gewalttätig sind oder ihnen Schaden zufügen.

Viele erwachsene Überlebende glauben immer noch, sie trügen die Schuld an ihrem Mißbrauch. Eine der wichtigsten Aufgaben im Rahmen der Heilung ist die Einsicht – nicht nur im Kopf, sondern auch im Bauch –, daß die Täter für den Mißbrauch verantwortlich sind und nicht die Überlebenden, egal, was sie als Kinder (oder als Jugendliche oder junge Erwachsene) getan, gefühlt, gesagt oder nicht getan haben.

Um als Partnerin bzw. Partner wirklich helfen zu können, mußt auch du diese elementare Wahrheit akzeptieren: Egal wie die Umstände sind – die Schuld an dem Mißbrauch liegt immer beim Täter.

Das Kind in ihnen

Die meisten Überlebenden sind zu schnell groß geworden. Die verletzlicheren Anteile ihres kindlichen Selbst gingen in dem Bedürfnis nach Schutz und Unempfindlichkeit verloren. Das Wiederfinden dieses inneren Kindes ist Teil des Heilungsprozesses. Es ist oft im Besitz von Informationen und Gefühlen für die Erwachsene (den Erwachsenen). Wenn sie mit ihm Kontakt aufnimmt, kann sie Erinnerungen und Gefühle wiederfinden, die ein Leben lang verschüttet waren. Einige dieser Gefühle tun weh, andere machen tatsächlich Spaß. Das Kind ist immer noch so verspielt und unschuldig, wie es die Erwachsene nicht sein durfte. Eine Integration des kindlichen Selbst schenkt der Erwachsenen ein volleres, reicheres Leben.

Für PartnerInnen kann die Integration des inneren Kindes manchmal ganz schön verwirrend sein. Wenn du Sehnsucht nach der Erwachsenen hast, die du zu kennen glaubtest, lies das Kapitel »Regression und das innere Kind« (S.94ff.).

Leid und Trauer

Auch die Integration von Gefühlen ist ein wichtiger Teil des Heilungsprozesses. Wenn die Überlebenden langsam das Ausmaß des Schadens begreifen und anfangen, ihre Verluste zu addieren, werden sie eine unfaßbare Traurigkeit spüren. Die Tragödie sexuellen Kindesmißbrauchs erzeugt eine ähnliche Trauer wie andere Verluste. Überlebende müssen um die Kindheit trauern, die sie verloren haben, die Unschuld, die man ihnen gestohlen hat, um verpaßte Gelegenheiten, die fehlende Familie, den Lauf der Welt, heutige kindliche Opfer und tausend andere Verluste. Überlebende, die lange wie taub waren und ihre eigenen Gefühle nicht gespürt haben, brechen während dieser Trauerphase immer wieder in Tränen aus, die viele Jahre lang verschüttet waren.

Als Partnerin oder Partner hast auch du Grund zur Trauer. Vieles, was dir bekannt und vertraut war, verschiebt sich, und du weißt nicht, wie das alles enden wird. Du trauerst mit der (dem) Überlebenden, aber auch um deine eigenen Verluste: Die Beziehung zu deinen Schwiegereltern hat sich verändert, Sex ist plötzlich kompliziert, die Überlebende ist nur noch mit ihrem Mißbrauch befaßt, und die Heilung kostet Geld und Zeit. Jede(r) hat andere Verluste zu beklagen, und welche Verluste du empfindest, das hängt von dir und von eurer Beziehung ab, aber deine eigene Trauerarbeit bleibt dir nicht erspart.

Zorn

Zorn ist die Grundlage der Heilung. Die meisten Überlebenden sind schon seit Jahren zornig und wütend. Entweder richten sie den Zorn gegen sich selbst, oder sie lassen ihn an anderen aus, verhalten sich destruktiv oder verüben selbst Mißbrauch. Während des Heilungsprozesses lernen die Überlebenden, ihren Zorn klar und direkt auf den Täter und auf die Menschen zu richten, die sie nicht beschützt haben. Sie müssen sichere, sie selbst bestärkende Möglichkeiten finden, ihren Zorn auszudrücken und herauszulassen. Das können körperliche Tätigkeiten sein (Squash spielen, auf einem Kissen herumhauen, laufen), politische Arbeit oder die Konfrontation des Täters.

Als Partnerin bzw. Partner bist auch du zornig und wütend: Dein Leben ändert sich, deine Bedürfnisse werden nicht erfüllt, du mußt dich die ganze Zeit mit einem Problem befassen, das du nicht verursacht hast. Es ist verlockend, diesen Zorn an der (dem) Überlebenden auszulassen. Du mußt versuchen, ihn statt dessen auf den Täter oder auch die Täterin zu konzentrieren. (Mehr über den Umgang mit Zorn und Wut auf S.76 und 92.)

Enthüllung und Konfrontation

Eine konstruktive Möglichkeit, Zorn auszudrücken und der Wahrheit Geltung zu verschaffen, besteht darin, den Täter zur Rede zu stellen. Den Täter mit dem Mißbrauch zu konfrontieren kann den Überlebenden helfen, loszulassen, weiterzugehen und unrealistische Versöhnungsphantasien aufzugeben. Nicht alle Überlebenden ziehen den Täter zur Rechenschaft, trotzdem kann das ein entscheidender und heilsamer Schritt sein. Überlebende sollten sich vorher genau überlegen, was passieren kann, und sich vor der Konfrontation darauf vorbereiten.

Will die (der) Überlebende in deinem Leben den Täter oder Familienmitglieder zur Rede stellen, dann bist du gefordert, frei heraus deine Meinung zu sagen und wenn nötig »Ärger zu machen«. Die Konfrontation ist einer der Bereiche, in denen du als Partnerin bzw. Partner wirklich konkrete Hilfe leisten kannst. (Hinweise, wie du helfen kannst, auf S.181.)

Aufarbeiten und Weitergehen

Wenn die (der) Überlebende diese Stadien einige Male durchlaufen hat, kommt die Phase des Aufarbeitens und Weitergehens. Darauf hast du die ganze Zeit gewartet: Die wichtigsten Heilungspunkte sind bewältigt, die zwanghafte Beschäftigung mit dem Mißbrauch läßt nach, und das Leben dreht sich langsam wieder um die Gegenwart. Anstatt zurück auf den Mißbrauch und den Täter zu schauen, kann sich die Überlebende jetzt immer besser auf ihr Leben als Erwachsene konzentrieren. Das Aufarbeitungsstadium ist eine Phase der Integration. Alles stabilisiert sich. Die Überlebende kann dauerhafte Veränderungen in Bereichen wie Nähe, Sexualität, Arbeit oder Elternschaft vornehmen. Ihre Aufmerksamkeit gilt jetzt der Gegenwart und der Frage, wie ihr beide, einzeln und gemeinsam innerhalb eurer Beziehung, vorankommen und wachsen könnt. (Mehr über dieses Stadium auf S.196f.)

Überlebende, die die Heilungsstadien durchlaufen haben, sind wetterfest und unverwüstlich. Wenn sie sich etwas vornehmen oder dir etwas versprechen, dann kannst du dich darauf verlassen, daß sie es einhalten. Sie haben Vertrauen in ihre Fähigkeit gewonnen, auch mit Schicksalsschlägen fertig zu werden. Sie wissen jetzt um die Kostbarkeit des Lebens. Sie können mehr Mitgefühl empfinden, sind liebevoller und fürsorglicher, und sie leben bewußter. Wenn ihr diesen Prozeß gemeinsam durchstehen könnt, stärkt und bereichert das eure Beziehung über alle Maßen. Wenn ihr an einen Punkt kommt, an dem ihr euch umblicken und sagen könnt: »Mensch, wir haben es geschafft!«, dann habt ihr wirklich eure Kraft und Ausdauer, eure Kreativität, euren starken Willen und eure Liebe unter Beweis gestellt.

Wissen Überlebende, wie sehr ihre PartnerInnen leiden?

Wenn die (der) Überlebende in deinem Leben gerade erst anfängt zu heilen, bist du vermutlich durcheinander und ärgerlich, fühlst dich ausgeschlossen und vernachlässigt und hast Angst. Da ist etwas in dein Leben getreten, was du nicht im Griff hast, und hat dein Zuhause, deine Beziehung und deine Familie aus den Angeln gehoben. Das ist eine verwirrende Zeit, und streckenweise kann es dir durchaus vorkommen, als spieltest du angesichts der gewaltigen Kräfte, die ihr Leben neu formen, gar keine Rolle mehr. Und das stimmt auch zum großen Teil. Die heilende Krise findet im Leben der Überlebenden statt und breitet sich von dort weiter aus. Du kannst ihr helfen oder sie begleiten, aber es bleibt ihre Reise. Du kannst beschließen, mit ihr zu gehen, die verborgenen (oder offensichtlichen) Verletzungen in deinem eigenen Leben zu erforschen, die Krise zu nutzen, um an dir selbst zu arbeiten und weiterzukommen, aber erwarte dabei keine große Hilfe von ihr.

Oft dauert es lange, bis die (der) Überlebende aufschauen, deinen Schmerz sehen und sagen kann: »Da leidet ja noch jemand, die (den) ich liebe. Es geht nicht nur um mich.« Eine Partnerin beschrieb das so: »Wenn eine Überlebende in der Krise steckt, kommt eine Zeit, da ist sie nicht mal für sich selbst da, und für jemand anders schon gar nicht.«

Es kann manchmal sein, daß die (der) Überlebende sich überhaupt nichts aus deinem Leben anhören kann, nicht einmal für eine halbe Stunde, weil sie an nichts anderes denken kann als an den Mißbrauch. Zum Glück dauert eine solche Phase nicht ewig, aber wenn sie mittendrin ist, fühlst du dich vielleicht einsam wie nie zuvor. Ein Partner sagte: »Wenn du Verlassenheitsängste hast, solltest du lieber gleich daran arbeiten.«

Wenn ich mit Überlebenden spreche, sage ich ihnen, daß sie innerhalb einer Beziehung immer auch etwas geben müssen, egal, wie sehr sie gerade mit ihrem Mißbrauch beschäftigt sind. Auch wenn es bloß zehn Minuten Aufmerksamkeit in der Woche sind und sie nur sagen: »Ich weiß, du hast auch Gefühle. Und irgendwann will ich mich auch um deine Gefühle kümmern können.« Etwas müssen sie geben. In schlimmen Krisenzeiten ist vielleicht auch das unmöglich, aber es ist unfair, wenn die (der) Überlebende die Einstellung vertritt: »Du bist da, um mir zu helfen. Deine eigenen Gefühle und Bedürfnisse mußt du eben unterdrücken.« Das ist unrealistisch. Auch du bist ein Mensch. Du hast deine eigenen Probleme, und jetzt wirken die Überlebende und ihre Probleme zusätzlich massiv auf dein Leben ein.

Dadurch, daß die (der) Überlebende so ausschließlich mit sich selbst beschäftigt ist (was vielleicht nötig ist), bist du gezwungen, in mancher Hinsicht unabhängig zu werden.

Ein Partner drückte das so aus: »Du brauchst andere Freunde. Es gibt Zeiten, da ist die Überlebende so in ihre eigene Welt vertieft, daß du überhaupt nichts mit ihr teilen kannst.« Jetzt ist nicht der richtige Zeitpunkt, um zu zweit eine autarke Einheit zu bilden und sämtliche Wünsche und Bedürfnisse der (des) anderen ohne Hilfe von außen zu befriedigen. Entweder verlagerst du deine Erwartungen, oder du bist schlecht gelaunt, reizbar und unzufrieden. Du wirst dir andere Quellen erschließen müssen, mehr Hilfe von anderen Menschen brauchen, herausfinden müssen, was du tun kannst, um dich gut zu fühlen und auch das Gefühl zu haben, daß du eigentlich in Ordnung bist und deine Bedürfnisse berechtigt und normal sind. (Übungen dazu auf S.73f. und 143ff.)

Mit der Zeit muß die (der) Überlebende lernen, auch auf dich Rücksicht zu nehmen, aber es kann Jahre dauern, bis eure Beziehung wirklich ausgewogen ist. Inzwischen mußt du lernen, mit den Dingen so zu leben, wie sie sind.

Eine Partnerin hat das gut formuliert:

Das erste halbe Jahr hab ich nur die Luft angehalten und darauf gewartet, daß es vorbeigeht. Dann, nach diesem halben Jahr, wurde mir klar, daß ich nicht ewig die Luft anhalten konnte. Ich konnte mich nicht weiter so klein und unwichtig machen. Ich konnte nicht ewig auf der Bremse stehen. Ich mußte wieder durchatmen. Ich mußte lernen, damit zu leben.

Lernen, damit zu leben, ist ein schmerzlicher und einsamer Prozeß. Wenn du nicht flexibel bist, wenn du nicht fünf gerade sein lassen kannst, wenn du euer Leben, so wie es bisher war, nicht loslassen und euer Leben, wie es jetzt ist, nicht akzeptieren kannst, dann wird dich jeder Zoll eures Weges furchtbar viel Kraft kosten. Es ist wichtig, daß du deine Enttäuschung und deinen Ärger zeigst, aber irgendwann mußt du mit der Realität Frieden schließen. Die (der) Überlebende wird nie wieder zu dem Menschen, der sie vorher war. Und du wirst den schlimmen Verbrechen, die in unseren Familien im Namen der Liebe verübt werden, nie wieder so naiv und arglos gegenüberstehen. Du wirst ihrem Vater (ihrer Mutter) nicht mehr ins Gesicht sehen können, ohne an die furchtbaren Sachen zu denken, die er (sie) mit dem kleinen Mädchen gemacht hat. Du wirst immer wieder nachts aufwachen und dich fragen, ob jemand euren Kindern etwas antut, wenn sie auf dem Weg zur Schule oder zum Kindergarten sind und der Welt arglos und mit staunenden Augen begegnen. Deine Vertrauensseligkeit ist verschwunden, und nichts wird für dich wieder sein wie früher. So ist das, wenn du PartnerIn bist.

Am Anfang können Überlebende ihren Kopf gar nicht lange genug über Wasser halten, um zu erkennen, daß auch du verändert bist, daß auch deine Welt in ihren Grundfesten erschüttert worden ist und daß es dir nicht besonders gut geht. Es ist wichtig, daß du andere Menschen findest, die in der gleichen Situation sind. Sie zeigen dir, daß du nicht allein bist und dein Schmerz auch wichtig ist.

Ist hier noch jemand aus Hintertupfingen?

Ja, Partnerinnen und Partner von Überlebenden gibt es überall. Es kommt bloß darauf an, sie zu finden. Den Überlebenden stehen zunehmend mehr Hilfseinrichtungen zur Verfügung, aber es gibt noch sehr wenige Selbsthilfegruppen und Beratungs- oder Therapieangebote für PartnerInnen. Zum Glück beginnen PsychotherapeutInnen und BeraterInnen, Notrufe für Frauen und Mädchen (die oft ganz hervorragende Arbeit leisten), private, konfessionelle und öffentliche Familienberatungsstellen sowie andere Einrichtungen allmählich, sich mit den Bedürfnissen der Überlebenden *und* ihrer unmittelbaren Familie zu beschäftigen.

Wenn du dich einer Selbsthilfegruppe anschließen willst, kannst du möglicherweise lange warten, bis jemand eine für dich gründet. Ergreif doch selbst die Initiative und baue eine solche Gruppe auf. Ich empfehle das wirklich mit Nachdruck. Es gibt nichts, was auch nur annähernd so gut wäre wie eine Gruppe von Menschen, denen es ähnlich geht wie dir. Wenn du in einer kleinen Gruppe mit zehn anderen PartnerInnen (oder auch nur bei einer Tasse Kaffee und einem Stück Kuchen mit einem anderen Partner oder einer anderen Partnerin) zusammensitzt und über Frust, Erfolge und Fehlschläge oder Strategien im Umgang mit den Schwiegereltern sprechen kannst, verschwindet dieses furchtbare Gefühl der Isolation und Einsamkeit.

Ein Partner sagte:

> Daß da Leute waren, die die gleichen Probleme haben wie ich, das war toll. Und das Gefühl, ich bin nicht allein, ich bin nicht der erste Mensch auf der Welt, der so was durchmacht, und die Möglichkeit, jemand anders anrufen zu können, um mir wieder den nötigen Abstand, die Bestätigung und den Mut zu holen, das war unglaublich wichtig für mich.

Viele von uns glauben, sie müßten mit ihren Sorgen allein fertig werden oder sind es nicht gewohnt, über Familienprobleme zu sprechen. Aber dies ist ein Problem, über das gesprochen werden muß.

Du brauchst mindestens einen anderen Menschen (außer der/dem Überlebenden in deinem Leben), mit dem du offen über deine Gefühle sprechen kannst. (Mehr darüber, wer das sein kann, auf S.138f.) Und wenn du nur ein bißchen gewitzt bist, findest du diesen Menschen – auch in Hintertupfingen.

PartnerInnen-Gruppen können aus eintägigen Workshops entstehen, über eine Anzeige in der Zeitung oder einen Anschlag am Schwarzen Brett der Familienberatung.

Wenn die (der) Überlebende in deinem Leben in einer Selbsthilfegruppe ist, kannst du sie bitten, herauszufinden, ob eventuell auch andere PartnerInnen Interesse daran hätten, sich zu treffen. Wenn ihr euch erst einmal kennengelernt habt, könnt ihr euch überlegen, worüber ihr sprechen wollt, und eure Treffen selbst organisieren oder eine Gruppenleitung engagieren.

Es gibt nichts Wirksameres, als mit jemandem zu sprechen, die oder der in der gleichen Lage ist wie du. Du kannst in einer Einzeltherapie an den Themen deiner eigenen Kindheit arbeiten, oder vielleicht sind dir einige gemeinsame Therapiesitzungen mit deiner Partnerin oder deinem Partner lieber. Beides kann sehr wichtig und hilfreich sein. Aber die Hilfe anderer PartnerInnen sollte deine wichtigste Stütze sein. In einer PartnerInnen-Gruppe dürft ihr jammern, euch beklagen, wütend oder stolz sein, erzählen, protzen, wie toll ihr seid, und einander helfen. Und das klappt überall, in Iowa, in Alaska, in New York City und an deinem Wohnort.

Los! Du brauchst es.

**Manchmal komme ich mir vor, als sei sie in einen Club eingetreten, und mich lassen sie nicht rein.
Ich fühle mich ausgeschlossen und zeitweise ganz schön einsam.**

Das Gefühl gibt es oft. Wenn deine Partnerin (dein Partner) aktiv an ihrer Heilung arbeitet, bietet ihr ihre Identität als Überlebende, auch wenn sie ihr Schmerzen bereitet, einen Weg, über den sie ihr Leben zurückerobern kann. Sie hat Unterstützung, FreundInnen, Informationen, Anlaufstellen, die ihr bei ihrer Heilung helfen. Du hast vielleicht im Vergleich dazu sehr wenig. Ihr Leben ist voll von Heilungsaktivitäten. Dein Leben, das vielleicht einmal mit ihr ausgefüllt war, ist jetzt relativ leer, und du wurdest nicht einmal gefragt. Da kannst du dich schnell einsam fühlen. Nicht nur einsam, sondern manchmal sogar richtig neidisch.

Aus allen meinen Workshops für PartnerInnen kann ich mich an eine Frau besonders gut erinnern. Nach einem Tag voller Tränen und Gelächter, Bündnisschließen und Problemlösen fragte ich, ob noch jemand etwas sagen wolle. Ganz hinten im Raum stand eine Frau auf und hob ihre Hand. »Ich habe da etwas, wovon heute hier niemand gesprochen hat«, sagte sie der Gruppe. »Bevor ich gehe, möchte ich mich vergewissern, daß ich nicht die einzige Partnerin bin, die dieses Gefühl hat.« Sie machte eine Pause. Ihr Stimme zitterte, sie bemühte sich um Festigkeit. »Ich schäme mich, das zu sagen«, fuhr sie zögernd fort. Alle wandten sich ihr zu, signalisierten Verständnis, ließen ihr Raum. »Na ja, das ist ... ich weiß nicht, wie ich es sagen soll, aber manchmal bin ich eifersüchtig. Ich fühle mich ganz mies, weil ich das sage. Sie steckt so tief in ihrem Schmerz und Entsetzen. Sie gibt sich solche Mühe, und ich bin so stolz auf sie. Ich finde es furchtbar, was sie durchmacht und was sie ihr angetan haben. Mein Leben war im Vergleich dazu so einfach. Ich bin nie mißbraucht worden. Mich hat niemals jemand vergewaltigt oder geschlagen oder mir gesagt, ich sei eine dumme Kuh und zu nichts zu gebrauchen. Und um ehrlich zu sein ...« Hier brach ihre Stimme ab. Sie schluckte einmal und fuhr dann leise und zögernd fort: »Manchmal wünsche ich mir, jemand hätte es getan.« Sie hielt inne, suchte nach Worten. »Ich meine das nicht wirklich, und es fällt mir schwer zu sagen, was ich wirklich meine, aber ich glaube, im Grunde ist es die Tatsache, daß sie etwas hat, woran sie ihren Schmerz festmachen kann.« Sie schwieg wieder. In der Stille hörten wir uns mit ihr atmen. »Ich habe nichts, woran ich meinen Schmerz festmachen kann, und ich wollte, ich hätte auch etwas. Ich fühle mich auch manchmal einsam und habe Angst. Ich flippe aus und kriege Panik und fühle, wie die ganze Feindseligkeit der Welt über mich hereinbricht. Ich habe keine Entschuldigung dafür. Ich habe keinen Grund. Ich kann nicht sagen, das ist, weil ich als Kind mißbraucht wurde oder weil mich mein Vater mit einem Gürtel geschlagen hat, wenn er betrunken war. Ich bin nur ein Mensch, und manchmal habe ich einfach Angst oder fühle mich verloren oder allein auf der Welt. Ich komme aus einer harmonischen Familie, und manchmal geht es mir schlecht. Überlebende sind nicht die einzigen, denen es schlechtgeht. Sie haben diesen Zustand nicht für sich gepachtet ...« Sie machte wieder eine Pause und sah sich im Raum unter den PartnerInnen um. Manche nickten schweigend. Einigen liefen Tränen über die Wangen. Sie holte entschlossen Luft und sprach weiter: »Sie hat eine Selbsthilfegruppe und Bücher und eine ganze Gemeinschaft von Überlebenden, die zu ihr halten. Ich gönne ihr das alles. Ich bin froh, daß sie Unterstützung hat. Aber ich wünschte, ich hätte auch welche. Sie kennt ihre Feinde – und ihre Verbündeten. Ich weiß gar nichts, nur daß es mir weh tut. Und darum bin ich eifersüchtig. Ich wünsche mir nicht, ich wäre mißbraucht worden, und ich weiß, was ihr passiert ist, ist schrecklich, aber manchmal bin ich trotzdem eifersüchtig. Ich komme mir dumm vor, daß ich das sage, aber ich muß wissen, ob irgend jemand hier weiß, wovon ich rede.«

Im Raum herrschte Stille. Lange Zeit. Ich brach sie so sanft ich konnte. Ich fragte leise: »Wie viele von euch können etwas mit dem anfangen, was sie gesagt hat?« Überall im Raum gingen Hände hoch. Die TeilnehmerInnen waren wie gebannt, atmeten gemeinsam, waren sich der Wahrheit dessen bewußt, was da gerade zugegeben worden war. »Ja«, sagte ich und wandte mich der Frau zu, die gesprochen hatte. »Deine Gefühle sind völlig normal, und ich bewundere deinen Mut, weil du sie laut geäußert hast.«

Es ist schwer, ein Mensch zu sein. Allen geht es manchmal schlecht. Wir alle haben Angst. Wir alle haben Tage, an denen das Leben qualvoll und mühselig ist. Das ist das Los des Menschen. Manchmal haben Überlebende die irrige Vorstellung, die Heilung werde sie an einen Ort führen, wo sie ständig glücklich sein würden, als ob Glück ein permanentes Ziel wäre, nach dem wir streben könnten. Oder sie gehen davon aus, daß sie sich niemals leer und allein gefühlt hätten, wenn sie nicht mißbraucht worden wären. Jedes negative Gefühl im Leben wird dem sexuellen Mißbrauch angekreidet. Aber das stimmt nicht. Schmerz gehört zum Leben, und keine Heilung wird ihn je ganz beseitigen. Leben bedeutet furchtbare Gewitter, leuchtende Sonnenuntergänge, neblige Tage und sonnige Nachmittage. Daran führt kein Weg vorbei. Das ist alles, was wir haben: jeden Moment, jedes Gefühl und die Beständigkeit der Veränderung.

Wir brauchen für unsere Gefühle keinen Grund. Sie sind einfach da. Wenn du dich euphorisch oder fröhlich oder ruhig und ausgeglichen fühlst, hast du nicht unbedingt etwas Besonderes getan, um dir das zu verdienen. Und nichts mußte passieren, damit du dich so fühlst. Und du kannst nichts tun, um dieses Gefühl festzuhalten. Wenn du eifersüchtig oder einsam oder verzweifelt bist, bedeutet das nicht immer, daß etwas nicht stimmt. Es heißt vielleicht nur, daß du wach bist und lebendig und bereit, wirklich zu leben. Und das ist das Beste, was wir tun können.

▶

VERBÜNDETE
BEI DER HEILUNG

»Du mußt dir klarmachen, daß es auch dein Problem ist.«

»Es ist mit Arbeit verbunden. Es wird ein Kampf werden, aber dieser Kampf kann euch zusammenschweißen.«

Ich habe das Gefühl, ich soll Fußball spielen und kann plötzlich die Regeln nicht mehr. Sie haben sich geändert.

Das ist ein Gefühl, das PartnerInnen gut kennen. Du rechnest mit nichts Bösem, euer Leben hat eine gemeinsame Richtung, und plötzlich ändert sich alles. Der Mensch, den du geliebt und auf den du dich verlassen hast, fällt plötzlich in ein tiefes Loch. Das Loch heißt »Inzest« oder »sexueller Kindesmißbrauch«. Deine Partnerin (dein Partner) betritt eine Welt, über die du nichts weißt. Sie ist kein normaler Mensch mehr, sondern eine »Überlebende« und erforscht jetzt eine neue Identität, die nichts mit dir zu tun hat. Und du wirst gar nicht gefragt. Eure Beziehung ändert sich. Du verstehst nicht, warum. Nichts paßt mehr zusammen. Du bist unsicher und verwirrt.

Es ist ein Schock für dich, wenn du erfährst, daß der Mensch, den du liebst, als Kind sexuell mißbraucht worden ist. Wenn du dich noch nie mit Mißbrauch beschäftigt hast, ist allein der Gedanke, jemand könnte ein Kind mißbrauchen, furchtbar. Und wenn du nie in Verbindung mit deiner Partnerin (deinem Partner) darüber nachgedacht hast, mußt du dich mit einer völlig neuen Realität vertraut machen. Du mußt vielleicht die Tatsache verdauen, daß sie dir nie davon erzählt hat. Vielleicht hast du den Täter sehr gern. Du spielt mit ihm jeden Samstagabend nach dem Essen Karten. Und jetzt sollst du die Tatsache akzeptieren, daß er sie vergewaltigt hat? Kein Wunder, daß du fassungslos bist.

Die Frau (oder der Mann), von der du glaubtest, daß du sie kennst, wie sonst niemanden auf der Welt, ändert sich von Grund auf. Ihre Gefühle, Interessen, ihr Verhalten und ihre Reaktionen auf dich ändern sich. Du merkst, wie du denkst: »Das ist nicht die Frau (der Mann), die ich kenne.« Und du hast nicht unrecht. Sie entdeckt jetzt einen Teil von sich, den sie weit hinter sich zurückgelassen hatte. Der jahrelang verschüttet gewesen war. Und der doch ebenso zu ihr gehört wie der Rest.

Wenn diese Enthüllungen und Veränderungen dich fassungslos gemacht haben, brauchst du Bestätigung. Tatsache ist, daß deine Welt sich verändert hat. Du bist nicht verrückt. Für dich ist tatsächlich deine Welt zusammengebrochen. Du hast es dir nicht ausgesucht, aber dein Leben und eure Beziehung haben sich verändert. Nichts wird jemals wieder so sein wie vorher.

Wenn du jemand bist, die (der) stolz darauf ist, daß sie ihr Leben im Griff hat, und daraus auch einen Teil deiner Sicherheit beziehst, wird dich die Konfrontation mit sexuellem Kindesmißbrauch ganz besonders fordern. Es ist völlig unvorhersehbar, was auf die Überlebende (und mittelbar auch auf dich) in den nächsten paar Jahren zukommt. Du wirst bis an deine Grenzen gehen müssen; aber du wirst auch Gelegenheit haben, über diese Grenzen hinauszuwachsen und eine Nähe zu erfahren, wie du sie noch nie erlebt hast.

Du hast völlig recht. Die Regeln haben sich geändert. Das ist eine verwirrende Zeit. Sieh dich nach Unterstützung um.

Warum ich? Wieso muß ich so viele Zugeständnisse machen für etwas, woran ich nie beteiligt war? Ich habe sie nicht mißbraucht. Wieso muß ich jetzt die Konsequenzen tragen?

Das ist eine schwierige Frage, weil es keine richtige Antwort darauf gibt. Die Tatsache, daß du mit einer oder einem Überlebenden zusammen bist, hat vielleicht sehr viel mit deiner eigenen Kindheitsgeschichte zu tun. Vielleicht aber auch gar nichts.

Ich erinnere mich an eine Diskussion mit Jo-Ann Loulan, der Autorin von *Lesbian Sex* und *Lesbian Passion*.* Sie sprach darüber, wie Paare sich kennenlernen. Sie sagte: »Es ist fast, als wären wir alle in einem großen Zimmer. Jemand hebt die Hand und sagt: 'Ich bin Alkoholiker. Ich suche eine Co-Alkoholikerin.' Die nächste sagt: 'Ich bin als Kind körperlich mißhandelt worden. Steht hier jemand auf Gewalt?' und ein dritter ruft: 'Ich habe wahnsinnige Angst, verlassen zu werden. Ich suche jemanden, der bindungsunfähig ist.' Ich weiß nicht, wie wir einander finden«, fuhr Loulan fort, »aber wir schaffen es anscheinend.«

Die tieferen Gründe für die Wahl von bestimmten PartnerInnen sind uns selten bewußt, wenn wir eine Beziehung beginnen. PartnerInnen, die sich in ihrer eigenen Familie immer um andere gekümmert haben, fühlen sich möglicherweise zu Überlebenden hingezogen, die besonders schutz- oder liebebedürftig wirken, weil sie dann eine Rolle übernehmen können, die sie gut kennen. PartnerInnen, die ein starkes Bedürfnis haben, Kontrolle auszuüben, suchen sich vielleicht Überlebende aus, die passiv und unselbständig scheinen. Und PartnerInnen, die ihren eigenen Schmerz nicht wahrnehmen wollen, mögen sich unbewußt Überlebende suchen, um so von ihren eigenen Problemen abzulenken.

Andererseits ist es vielleicht purer Zufall, daß du dich in deinem Leben mit sexuellem Mißbrauch beschäftigen sollst. Deine Partnerin oder dein Partner hat keine Checkliste mit Vor- und Nachteilen ausgefüllt, als eure Beziehung begann. Du hast dich in jemanden verliebt, die oder der sexuell mißbraucht wurde. Es war einfach ein Zufallstreffer. Es sind so viele Frauen und Männer sexuell mißbraucht worden, daß ich überrascht bin, wenn jemand noch nie eine Beziehung mit einer (einem) Überlebenden hatte.

Zu einer Beziehung gehört, daß ihr euch mit den Problemen beschäftigt, die jede(r) von euch in ihrem (seinem) Leben hat. Zur Zeit ist sexueller Mißbrauch euer Problem, aber es hätte auch ein anderer Schmerz sein können. Deine Partnerin oder dein Partner hätte lebensgefährlich erkranken können. Du würdest plötzlich im Rollstuhl sitzen. Ihr hättet ein Kind verloren oder könntet keins bekommen. Es gibt im Leben viele Tragödien und Prüfungen, und wir können uns nicht aussuchen, welche wir gerne hätten. Bei sexuellem Mißbrauch hast du es wenigstens mit einem Problem zu tun, das zum großen Teil lösbar ist.

Vergiß nicht, Mißbrauch ist etwas, was deiner Partnerin (deinem Partner) zugestoßen ist. Du darfst sie nicht mit ihrem Mißbrauch gleichsetzen. Du bist nicht mit einem beschädigten, zerrütteten Menschen zusammen, sondern mit einem fähigen Menschen, dem etwas Furchtbares passiert ist. Die Überlebenden sind nicht an ihrem Mißbrauch schuld. Sie wollten ihn nicht und haben ihn sich nicht ausgesucht. Sie werden ihn jedoch nicht los, und du im Moment auch nicht. Ihre Aufgabe ist es jetzt, gegen

---

* Der Band *Lesben, Liebe, Leidenschaft. Texte zur feministischen Psychologie und zu Liebesbeziehungen unter Frauen* (Berlin 1992) enthält u.a. sechs Beiträge aus *Lesbian Passion* von JoAnn Loulan, und zwar zu folgenden Themen: lesbische Sexualität und Selbstachtung, Heilung des »Kindes in uns«, sexueller Mißbrauch, Partnerinnen von sexuell mißbrauchten Frauen, Suchtfreiheit und die Rückkehr der Leidenschaft.

die Folgen des Mißbrauchs anzukämpfen. Du kannst dich entscheiden, ihr (ihm) dabei zu helfen. Oder zu gehen. Wenn du gehst, heißt das nicht, daß du im Laufe deines Lebens nicht wieder ein solches Los ziehen wirst. Du kannst ihm nicht entgehen.

Auf die Frage: »Warum ich?« gibt es keine Antwort. Du mußt schon in dich gehen und deine eigenen Antworten finden. Ich persönlich bin Realistin. Ich bin keine Anhängerin der »Alles geschieht nur, damit wir daran wachsen können«-Schule. Ich glaube an die zufällige Tragödie. Ich denke nicht, daß das, was wir erleben, zu einem bestimmten Zweck geschieht (damit wir uns seelisch-geistig entwickeln, etwas lernen, erleuchtet werden). Ich glaube nicht, daß du an eine Überlebende oder einen Überlebenden geraten bist, damit du auf eine »höhere Ebene« gelangst. So etwas passiert einfach. So ist das Leben. Du kannst nur versuchen, der Situation gerecht zu werden, ohne dabei deinen Mut und deine Menschlichkeit zu verlieren.

Ich kenne den Überlebenden nicht mehr wieder, denn er weiß selbst nicht, wer er ist. Was kann ich tun? Wie können wir unsere Beziehung retten?

Erlaube eurer Beziehung, sich zu ändern.

Veränderung ist ein wesentlicher Teil des Lebens. Unser Leben besteht aus Umbrüchen, aus Übergangszeiten: von der Kindheit zur Adoleszenz, zum Erwachsenenalter, zum Alter, zum Tod. Jede Phase birgt Unruhe, Unsicherheit, schmerzliche Ängste, neue Möglichkeiten und schließlich die Auflösung des Problems. Wer aufmerksam und offen dafür ist, merkt, wie das Leben einem Rhythmus von Wachstum und Veränderung folgt. Wir alle erleben Zeiten, in denen uns bohrende Fragen quälen: wer wir sind, was wir tun, und warum. Unser Leben wird in gewissen Abständen umbrochen und neu zusammengefügt. Das haben die Überlebenden nicht exklusiv für sich gepachtet, sondern das kennzeichnet uns als Menschen.

Jede Beziehung muß solchen Krisen standhalten, sonst kann sie nicht von Dauer sein. Und dieses Jahr ist die (der) Überlebende an der Reihe. Nächstes Jahr vielleicht du. Wir können nie wissen, was passiert, wann uns irgendein Ereignis oder Umstand aus der Bahn wirft und wir nur noch fragen können: »Warum?«

Natürlich fänden wir es schön, wenn die Umbrüche und Veränderungen in unserem Leben und dem Leben unserer Partnerin oder unseres Partners zeitgleich verliefen. Das macht es einfacher. (Stimmt das? Manchmal ist es ganz schön, wenn die (der) andere mit beiden Beinen auf der Erde steht.) Aber für eine solche Übereinstimmung gibt es keine Garantie. Manchmal seid ihr auf der gleichen Wellenlänge, und dann wieder hast du eine Zeitlang eine Fremde neben dir, bis ihr euch von neuem kennengelernt habt. Wenn alles gutgeht, übersteht eure Beziehung diese Schübe. Aber manchmal kommt eine(r) von euch an einen Wendepunkt und ändert sich so radikal, daß es einfach nicht mehr stimmt zwischen euch. (Wenn dir das passiert und du dir überlegst, ob du die Beziehung beenden sollst, siehe S.83ff.)

Sei für mögliche Veränderungen offen, soweit du kannst. Wenn du mit einer (einem) Überlebenden zusammen bist, die aktiv an ihrer Heilung von sexuellem Kindesmißbrauch arbeitet, lebst du in einer Beziehung, die wächst, die sich weiterentwickelt; in einer Beziehung, in der Selbst-Bewußtsein, Gefühle und persönliche Bedürfnisse zählen. Einer der Vorteile, die du als Partnerin oder Partner hast, ist, daß du offen bist für neue Teile deiner eigenen Persönlichkeit. Du kannst diese Gelegenheit nutzen und Muster und Annahmen hinterfragen, die für dich und dein Leben bisher selbstverständlich waren.

Auch wenn die Veränderungen der (des) Überlebenden dir angst machen oder dir bedrohlich scheinen, kann ihre Risikobereitschaft dir auf deiner eigenen Reise Mut machen. Verpaß nicht den Anschluß, indem du versuchst, dich an den alten Zustand zu klammern. Erforsche und ändere dich selbst auch ein bißchen. Und laß dich überraschen, wo ihr beide ankommt.

Warum müssen Überlebende ständig in die Therapie und in irgendwelche Selbsthilfegruppen gehen? Ich meine, wenn man über so etwas hinwegkommen will, dann sollte man es einfach loslassen und nicht mehr darüber nachdenken. Mir kommt es vor, als würden diese Gruppen sie nur immer wieder an ihre Vergangenheit erinnern.

So denken viele Menschen, die es gut meinen und helfen wollen, aber nicht wissen, worauf die Heilung von sexuellem Kindesmißbrauch basiert. Ein Mensch, den sie lieben, leidet, und sie möchten, daß es ihr oder ihm bessergeht. Sie sind der irrigen Meinung, der Schmerz habe angefangen, als die (der) Überlebende begann, über den Mißbrauch zu sprechen. Das stimmt nicht. Der Schmerz hat mit dem Täter angefangen und mit den Dingen, die er (oder sie) getan hat. Der Überlebenden ist es die ganze Zeit schlechtgegangen. Und jetzt kennt sie endlich den Grund für diesen Schmerz. Ein Außenstehender kann den Eindruck gewinnen, die Aufmerksamkeit, die dem Problem gewidmet wird, sei das eigentliche Problem, aber die (zeitweilige) Konzentration auf die Verletzung ist tatsächlich die einzige Möglichkeit, den Schmerz zu überwinden.

Verdrängung und Verleugnung sind etwas ganz anderes als Heilung. Wir können etwas verdrängen, das uns weh getan hat, aber es wird so lange weiter an uns nagen, bis wir uns mit der Ursache dieser Verletzung beschäftigen. Viele Überlebende haben ihr Leben lang versucht zu vergessen, »Gras über die Sache wachsen« und »die Vergangenheit ruhen« zu lassen. Leider verschwinden die Folgen sexuellen Mißbrauchs nicht so einfach. Wenn Überlebende den Mißbrauch beiseite schieben, dringt er trotzdem immer wieder in ihr Leben ein: Er taucht in ihrem geringen Selbstwertgefühl auf, ihrem selbstzerstörerischen Verhalten, ihren Beziehungsproblemen, Problemen am Arbeitsplatz und ihren sexuellen Schwierigkeiten.

Wenn es möglich wäre, die Folgen sexuellen Mißbrauchs zu überwinden, indem wir einfach so tun, als sei nichts passiert, oder indem wir es vergessen, würden die meisten Überlebenden sich sofort für einen Kurs in Gedächtnisverlust anmelden. Niemand beschließt leichten Herzens zu heilen. Therapie und Selbsthilfegruppen machen keinen Spaß. Sie sind qualvoll. Ellen Bass erzählte mir neulich, einige Mitglieder ihre Überlebendengruppe hätten unser Buch *Trotz allem* umgetauft: aus *The Courage to Heal* wurde »Die Kutsche zur Hölle«, weil der Heilungsverlauf so unglaublich schmerzvoll ist.

Überlebende brauchen nicht bis an ihr Lebensende in Selbsthilfegruppen zu gehen. Bei der Heilung geht es darum, den Schmerz zu verarbeiten, um dann frei zu sein für andere Bereiche des Lebens. Aber dieser Prozeß läßt sich nicht beschleunigen. Es ist wichtig, daß Überlebende die Unterstützung der Gruppe so lange bekommen, wie sie sie brauchen. Für Außenstehende ist das manchmal schwer zu begreifen, aber nur wenn Überlebende dem Schmerz, dem Zorn, der furchtbaren Angst wirklich ins Auge gesehen haben, können sie loslassen.

Als Partnerin oder Partner mußt du versuchen zu akzeptieren, daß die Arbeit mit dem Mißbrauch notwendig ist. Solange du das nicht kannst, entzweit ihr euch wegen etwas, das die (der) Überlebende dringend braucht. Du bist verärgert, und sie oder er fühlt sich im Stich gelassen. Es ist fruchtlos und tut euch beiden weh, wenn ihr euch so blockiert. Bleib nicht außen vor stehen, scharre ungeduldig mit den Füßen und warte darauf, daß es endlich vorbei ist. Beteilige dich. Vielleicht kannst du auch etwas dabei lernen.

Du brauchst etwas, von dem du zehren kannst, das dir Kraft, Geduld und eine Perspektive verleiht, um diese schwierige Zeit zu überstehen. Geh hinaus in die Natur. Beobachte, wie alles eine Zeitlang brachliegt, kalt und leblos ist, bevor es wieder blühen kann. Ruf dir in Erinnerung, warum du deine Partnerin oder deinen Partner liebst. Dein Glaube – an die Kraft der (des) Überlebenden und an deine eigene Entschlossenheit – kann dir in dieser Zeit durch viele einsame und qualvolle Nächte helfen.

Welche Arten des Verleugnens gibt es bei PartnerInnen?
Was bedeutet das für sie und für die Beziehung?

Prinzipiell ist Verleugnung nicht verkehrt. Wir alle brauchen Abwehrmechanismen, die uns vor Dingen schützen, die uns einzugestehen wir noch nicht bereit sind oder die wir nur in kleinen Dosen ertragen können. Wenn ich mich von der Ärztin untersuchen lasse, um festzustellen, ob ich ernsthaft krank bin, und dann zwei Wochen auf das Ergebnis warten muß, kann ich mich entweder zwei Wochen lang verrückt machen und mich sorgen oder ich kann versuchen, den Gedanken zunächst einmal beiseite zu schieben, bis ich weiß, ich habe wirklich einen Grund, mir Sorgen zu machen. Ich nenne das eine kleine Verleugnung. Eine Überlebenstechnik. Sie ist sinnvoll. PartnerInnen und Überlebende brauchen diese kleine Verleugnung, um ihren Alltag zu bewältigen.

Eine große Verleugnung ist etwas anderes. Sie bedeutet, daß wir etwas, dem wir uns stellen müßten, ständig beiseite schieben; die kleine Verleugnung wird also zum Dauerzustand: Ich lasse mich erst gar nicht untersuchen. Ich weigere mich zu glauben, daß der Mißbrauch jemals passiert ist. Um als Partnerin oder Partner helfen zu können, wirst du dir die große Verleugnung abgewöhnen müssen.

Es gibt zum Beispiel PartnerInnen, die schlicht und einfach bestreiten, daß der Mißbrauch überhaupt stattgefunden hat. Sie glauben den Überlebenden nicht, wenn sie über ihre Kindheitserlebnisse sprechen. Sie weigern sich zu glauben, daß es möglich – und sogar häufig – ist, den Mißbrauch zu vergessen und sich Jahre später wieder daran zu erinnern. Wenn die Überlebenden keine kristallklaren Erinnerungen haben, fegen manche PartnerInnen die vorhandenen Hinweise vom Tisch oder spielen sie herunter. Sie nehmen an, die (der) Überlebende übertreibe oder erfinde alles nur. Sie sagen: »Du sagst das nur, weil Mißbrauch gerade das Modethema ist.« Oder sie denken: »Sie (er) ist verrückt.« Oder sie sagen gar nichts und drücken ihren Unglauben durch ihr Schweigen aus. Verleugnung ist die einfachste und umfassendste Form von Verdrängung.

Andere PartnerInnen nehmen die Information zur Kenntnis, begreifen aber nicht wirklich, daß da etwas Schlimmes geschehen ist. Sie akzeptieren die Fakten des Mißbrauchs, spielen aber das Trauma, die erlittene seelische Verletzung, herunter. Sie sagen:»Ach, das ist so lange her«, oder »Das war doch bloß euer Schwimmlehrer und nur einmal.« Damit leugnen sie, daß der Mißbrauch von Bedeutung war und daß traumatische Ereignisse aus der Kindheit wirkliche und dauerhafte Auswirkungen haben können. Sie gehen davon aus, daß die (der) Überlebende *entscheiden* könne, ob sie sich mit ihrem Mißbrauch beschäftigen will oder nicht, daß sie das alles ebensogut einfach »loslassen« und »abhaken« könnte.

Es gibt auch PartnerInnen, die bestreiten, daß der Mißbrauch sie etwas angehen könnte. Sie mögen zugeben, daß die (der) Überlebende ein Problem hat, sehen aber nicht ein, warum sie sich damit beschäftigen sollten. Sie wollen nicht sehen, welche Folgen der Mißbrauch für sie oder ihre Beziehung hat. Und sie sehen auch nicht, wie sie bei der Heilung der Überlebenden irgendeine Rolle spielen könnten. Sie nehmen sich nicht die Zeit, etwas über die Dynamik sexuellen Kindesmißbrauchs zu erfahren. Sie weigern sich, der Überlebenden entgegenzukommen und Veränderungen in ihrem eigenen Leben vorzunehmen. Lieber fordern sie, die Überlebende solle allein »etwas dagegen tun«, und zwar je eher, desto besser. Um sich selbst zu schützen, wollen PartnerInnen oft nicht begreifen, wie lange eine solche Heilung wirklich dauert. Sie drängen die Überlebende (den Überlebenden) ständig und weigern sich, sich auf eine langfristige Krise einzustellen. »Als wir wußten, was es war«, sagte ein Partner, »wollte ich es hinter uns bringen und dann nichts mehr damit zu tun haben. Ich warte immer noch darauf, daß sie sagt: 'Mir geht's jetzt besser'.« Das ist eine klassische Form von Verleugnung, die es den PartnerInnen ermöglicht, sich herauszuhalten. Parteinahme für den Täter oder die Familie der (des) Überlebenden ist eine Form von Verleugnung, die der Überlebenden ganz besonders schadet. PartnerInnen sagen: »Aber ich kenne soundso doch! Das hätte er dir niemals angetan!« Sie machen den Täter nicht verantwortlich und weigern sich deshalb, ihre Beziehung zu ihm zu ändern, auch wenn dies für die Überlebende enorm wichtig ist. Sie spielen das Bedürfnis der Überlebenden nach einer Trennung von der Familie herunter. Sie glauben nicht, daß es den Kindern schadet, wenn sie allein bei Opa bleiben. Diese Form des Verleugnens kann eine konkrete Tragödie nach sich ziehen, wenn die nächste Generation mißbraucht wird (siehe S.179 und 185ff.).

Und schließlich nutzen manche PartnerInnen die Tatsache, daß die Überlebenden sexuell mißbraucht wurden, um dahinter etwas zu verbergen. Ist der sexuelle Mißbrauch erst einmal erkannt und zum Thema geworden, schieben sie alle Beziehungsprobleme auf den Mißbrauch. Anstatt die Verantwortung für ihren Anteil an den Problemen zu übernehmen, gehen sie davon aus, daß jedes Kommunikationsproblem, jede sexuelle Schwierigkeit und jeder Machtkampf aus der Mißbrauchsvergangenheit der (des) Überlebenden herrührt. Das ist eine bequeme Möglichkeit, sich nicht mit den eigenen Problemen und Mustern beschäftigen und sich nicht selbst ändern zu müssen. Es ist gut möglich, daß sie dabei ihre eigene Mißbrauchserfahrung mitverleugnen.

Wenn du als Partnerin oder Partner helfen willst, mußt du als erstes dein eigenes Leugnen aufbrechen. Es ist nicht leicht, aber es ist möglich, vom Standpunkt der Ungläubigkeit zu verständnisvoller, hilfreicher Akzeptanz zu finden. Oft dauert es eine gewisse Zeit, bis die Überlebenden an ihre eigenen Erinnerungen glauben. Auch du brauchst vielleicht Zeit. Auch wenn du Mühe hast zu glauben, was dir die (der) Überlebende gesagt hat, oder die Tatsache zu akzeptieren, daß der Mißbrauch immer noch auf sie einwirkt, versuch es weiterhin. Mit Unterstützung und Information wirst du es schließlich schaffen, ihr uneingeschränkt zu glauben.

Was ist, wenn ich bereit bin, am Mißbrauch zu arbeiten, aber er nicht?

Wenn du eine Beziehung mit einer (einem) Überlebenden hast, die noch nicht bereit ist, sich aktiv mit dem Mißbrauch auseinanderzusetzen, kannst du nicht viel tun. Du kannst sie ermutigen, auf Stellen hinweisen, die Hilfe oder Information anbieten, sagen, was eine solche Haltung für dich bedeutet, aber letzten Endes muß die Überlebende selbst den Entschluß fassen zu heilen. Und das ist eine schwere Entscheidung. Wenn die Überlebende noch nicht soweit ist oder nicht glaubt, daß das nötig sei, kannst du sie nicht zwingen. Um zu heilen, müssen Überlebende ihren ganzen Willen und ihre ganze Energie einsetzen. Und das können sie nur, wenn sie wirklich sehr motiviert sind.

Normalerweise heilen Menschen nicht freiwillig. Sie beschließen nicht zu heilen, weil das so schön ist. Sie beschließen es, weil es ihnen so schlechtgeht, daß sie einfach keine andere Wahl haben. Die Alternative, nicht zu heilen und weiter dort festzustecken, wo sie jetzt sind, tut irgendwann mehr weh als der Schmerz und die Angst, die eine Heilung mit sich bringt. Das ist der Punkt, an dem sich die meisten Menschen zur Heilung entschließen.

Wenn die (der) Überlebende in deinem Leben diesen Punkt noch nicht erreicht hat, ist sie vielleicht noch nicht soweit, daß sie sich mit dem Mißbrauch auseinandersetzen kann. Vielleicht wird dieser Tag auch niemals kommen. Niemand garantiert dir, daß sie in ein oder zwei Jahren plötzlich aufwacht und bereit ist, sich anzusehen, was der Mißbrauch für ihr Leben bedeutet. Vielleicht lebst du mit einer Überlebenden zusammen, die den Mißbrauch immer verleugnen oder herunterspielen wird. Vielleicht braucht sie aber auch nur noch etwas Zeit.

Wenn du merkst, daß ein Mißbrauch stattgefunden haben muß, der eure Beziehung beeinträchtigt, deine Partnerin oder dein Partner sich jedoch weigert, diese Möglichkeit zu untersuchen, mußt du dir ein paar Fragen stellen: »Will ich eine Beziehung mit jemandem haben, die (der) nicht bereit ist, sich mit etwas zu beschäftigen, was uns vielleicht daran hindert, einander näherzukommen? Wenn sie nicht bereit ist, sich mit dem Mißbrauch auseinanderzusetzen, was macht sie dann mit anderen Problemen, die zwischen uns entstehen können? Bringt mir die Beziehung, so wie sie jetzt ist, auf die Dauer genug?«

Sieh dir auch dich selbst und die Rolle, die du in eurer Beziehung spielst, einmal ganz genau an. Vielleicht tust du gewisse Dinge – subtil oder offen –, die die Überlebende (den Überlebenden) blockieren. Vielleicht hat das Zögern der Überlebenden mit ihrer vermeintlich (oder tatsächlich) fehlenden Sicherheit zu tun. Ihr Widerstreben, das Thema anzugehen, hat vielleicht etwas mit der Angst zu tun, daß du gehst, wenn sie dich übermäßig beansprucht oder zu verletzlich geworden ist. Frag dich ehrlich: »Bleibe ich bei ihr, wenn sie anfängt zu heilen und verstört und unglücklich ist und an nichts anderes mehr denken kann? Hab ich ihr die Botschaft vermittelt, daß sie stark und unkompliziert sein muß?«

Manchmal weigern sich Überlebende auch, sich mit ihrem Mißbrauch zu beschäftigen, weil sie sich unter Druck gesetzt fühlen. Es gibt regelrechte Machtkämpfe innerhalb von Paaren. Frag dich: »Hab ich schon einen Therapieplan für die Überlebende (den Überlebenden) aufgestellt? Glaube ich zu wissen, was für sie am besten ist? Interessieren mich ihre Problembereiche mehr als die Probleme in meinem eigenen Leben?« Wenn du auf eine dieser Fragen mit ja geantwortet hast, hör auf damit. Laß der Überlebenden die Luft, ihr Leben selbst zu prüfen und ihre eigenen Schlußfolgerungen zu ziehen.

Die Leute bei Al-Anon können dir ganz gut

helfen, »loszulassen«. Ursprünglich für die PartnerInnen von AlkoholikerInnen und Drogenabhängigen gedacht, zeigt Al-Anon seinen Mitgliedern, wie sie sich auf ihre eigenen Bedürfnisse und Gefühle konzentrieren können, anstatt auf die Bedürfnisse der Süchtigen in ihrem Leben. Auch wenn die (der) Überlebende vielleicht kein Drogen- oder Alkoholproblem hat, ist Al-Anon doch hervorragend geeignet, dir den Abstand und die Unabhängigkeit zu vermitteln, die du brauchst. Anstatt dich auf die Überlebende und ihre Probleme (oder ihre mangelnde Bereitschaft, sich damit zu beschäftigen) zu fixieren, wirst du hier ermutigt, deine Aufmerksamkeit auf die Dinge zu richten, an denen du für dich arbeiten mußt. Das ist das Beste und einzig Wirksame, was du tun kannst, um eure Beziehung zu ändern.

Passiert es oft, daß PartnerInnen auch Überlebende sind und es nicht merken?

Das ist eine Konstellation, die ich oft erlebt habe. Als ich mich zum ersten Mal an meinen Mißbrauch erinnerte, hatte meine Partnerin große Schwierigkeiten, mit diesem Thema und mit meinen Problemen als Überlebende umzugehen. Nachdem sie sich ein halbes Jahr bemüht hatte, verließ sie mich, weil sie, wie sie sagte, nicht mit einer Frau zusammensein könne, die keinen Sex wollte. Ein paar Jahre später, als ich langsam wieder aus meiner Erinnerungskrise auftauchte, erfuhr ich, daß sie selbst sich jetzt auch erinnerte. Es stellte sich heraus, daß auch sie Überlebende war. Das, was ich erlebt hatte, war ihr zu sehr an die Nieren gegangen. Das ist relativ häufig so. PartnerInnen, die noch keine Erinnerungen haben, fühlen sich massiv bedroht und leugnen die Erfahrung der Überlebenden oder fliehen voller Entsetzen.

Es kann auch vorkommen, daß die Kindheitserinnerungen der (des) Überlebenden die PartnerInnen dazu führen, Dinge zu hinterfragen, die sie vielleicht bisher ausgeblendet haben. Noah, dessen Geschichte im zweiten Teil dieses Buches erscheint, erzählt:

> Ich erlebe immer wieder, wie ich ganz zufällig Dinge entdecke, die mir meine Kindheit in einem neuen Licht zeigen. Eine Überlebende, die jeden Tag über ihre Kindheit spricht, ist meine Erinnerungshilfe. Ich sage gerne: »Du Arme. So war das bei mir nicht.« Aber dann stocke ich und denke: »Na ja, so perfekt bin ich auch nicht. Ich habe eine Menge Probleme. So perfekt kann meine Familie auch nicht gewesen sein.«

Die Tatsache, daß eine(r) von beiden Platz geschaffen hat, um sich alte Wunden anzusehen, gibt auch der Partnerin bzw. dem Partner Raum, bei sich nachzuschauen. Noah fügt hinzu:

> Zu Beginn unserer Beziehung haben wir uns viel gestritten. Sie sagte dann: »Du tust immer dies. Du tust immer jenes.« Mein erster Impuls war: »Nein, das ist alles deine Schuld.« Nach einer Weile begann ich, mich zu fragen: »Warum lüge ich immer?« Ich lüge viel. »Warum verstecke ich so viele Dinge?«

Viele Überlebende erinnern sich, wenn sie hören, wie andere über ihren Mißbrauch sprechen. Ihr Gedächtnis wird durch das Erinnerungsvermögen des anderen Menschen angeregt. Wenn du merkst, daß es dich extrem (über eine normale mitfühlende Reaktion hinaus) verstört, wenn die (der) Überlebende über Mißbrauch spricht, dann schwingt da vielleicht ein verschüttetes Erlebnis aus deinem eigenen Leben mit.

Wenn du eine Beziehung mit einer (einem) Überlebenden hast, muß das nicht zwangsläufig bedeuten, daß du sexuell mißbraucht oder geschlagen wurdest oder ein anderes verborgenes Trauma besitzt, das ausgegraben werden muß. Aber es könnte sein. Wenn du mit jemandem zusammen bist, die aktiv an ihrer Heilung arbeitet, wird dich das ebenfalls beeinflussen. Du hast gar keine andere Wahl, als deine Kindheit ebenfalls etwas genauer zu betrachten. Vielleicht gehörst du zu den glücklichen Menschen, deren Zuhause »im Prinzip ganz in Ordnung« war. Aber sei darauf gefaßt, daß die Selbsterforschung der Überlebenden dazu führen kann, daß auch du auf einen vergrabenen Schmerz stößt. Es ist gut möglich, daß die Überlebende nicht der einzige Mensch in eurer Beziehung ist, der heilen muß. Ein Partner hat das ganz einfach formuliert:

> Am Anfang hab ich sie für alles verantwortlich gemacht. Dann haben wir alles auf den Mißbrauch und auf ihren Vater geschoben. Und dann merkten wir, daß auch ich eine Geschichte habe.

Wenn wir beide Überlebende sind, muß dann nicht eine(r) von uns zu kurz kommen?

Wenn ihr beide Überlebende seid, dann könnt ihr entweder starke Verbündete oder furchtbare GegnerInnen werden. Im günstigsten Fall bietet eine Beziehung zwischen zwei Überlebenden die Möglichkeit, sich einem Menschen anzuvertrauen, der tatsächlich echtes Verständnis hat, dem du nichts zu erklären brauchst, der dich unterstützen und dir Raum zur Heilung geben kann, weil er oder sie weiß, was du durchmachst und wohin du willst. Schlimmstenfalls verwickelt ihr euch in Wettläufe, Vergleiche und Machtkämpfe. Ihr verfangt euch in euren destruktivsten Mustern, und die ganze Mißbrauchsdynamik spielt sich jetzt zwischen euch ab. Wenn ihr beide Überlebende seid, werdet ihr sicherlich beide Extreme von Zeit zu Zeit erleben und auch alles, was dazwischen liegt.

Vieles hängt davon ab, wo jede(r) von euch in ihrem oder seinem Heilungsprozeß steht. Wenn eine(r) von euch seit Jahren an diesem Themenkomplex arbeitet und das Gefühl hat, schon relativ weit gekommen zu sein, und die (der) andere gerade erst anfängt, dann kann die Partnerin (der Partner) mit dem Vorsprung der (dem) anderen natürlich helfen, Informationen geben und Mut machen. Der Haken an der Sache ist, daß die Partnerin (der Partner), die sich mühsam durch ihre Arbeit mit dem sexuellen Mißbrauch hindurchgekämpft und endlich eine relativ stabile Position gewonnen hat, von der aus sie sich auf ihr jetziges Leben konzentrieren könnte, mit diesen Dingen möglicherweise nicht noch einmal von vorn anfangen will. Sie möchte (verdientermaßen) vielleicht erst einmal eine Weile nichts mehr mit sexuellem Mißbrauch zu tun haben (siehe »Lorraines Geschichte«). Sie hat selbst wichtige Themen, an denen sie arbeiten muß, oder versucht gerade, ihr altes Muster, immer für andere dazusein, endlich aufzubrechen. Deshalb möchte sie vielleicht, daß ihre Partnerin (ihr Partner) vorwiegend mit anderen Menschen an ihrer Heilung arbeitet.

Manchmal ist die (der) erste Überlebende auch an einem Punkt, an dem sie es sich leisten kann, großzügiger zu sein, sich weiter einzulassen. Sie möchte diese Sache vielleicht mit ihrer Partnerin (ihrem Partner) zusammen durchstehen und krempelt schon die Ärmel hoch. Dann muß sie sich mit der Frage auseinandersetzen, ob ihr Partner (ihre Partnerin) damit einverstanden ist. Manchmal können Überlebende ihren tiefsten Schmerz nur schwer mit ihren PartnerInnen teilen.

Wenn ihr beide bis über die Ohren in eurer Arbeit an dem Mißbrauch steckt, dann braucht ihr viel Hilfe. Ihr müßt ein gewisses Verhandlungsgeschick entwickeln, wenn ihr noch nicht darüber verfügt, denn es wird oftmals Zeiten geben, an denen du möchtest, daß deine Partnerin (dein Partner) für dich da ist, oder umgekehrt, und das wird dann nicht gehen. (Mehr über Verhandlungstechniken auf S.143ff.) Versucht euch so gut wie möglich abzuwechseln, wenn ihr in eure schmerzvollen Abgründe eintaucht. Wenn ihr beide gleichzeitig hilfsbedürftige Kinder seid, und niemand der (die) Erwachsene ist, dann sind da zwei Kinder, auf die niemand aufpaßt, und das läßt nichts Gutes erwarten.

Geh nicht davon aus, daß deine Partnerin (dein Partner) an den gleichen Themen arbeiten muß wie du. Geh nicht davon aus, daß du genau weißt, was sie fühlt. Sie muß vielleicht anders heilen als du, ihr Weg ist vielleicht ganz anders als deiner. Laß dich nicht verleiten, ihr zu sagen, was sie tun muß und was nicht. Ihr mögt Ähnliches erlebt haben, aber ihr seid nicht in derselben Familie aufgewachsen. Ihr seid unterschiedliche Menschen. Ihr habt unterschiedliche Stärken und Schwächen und habt euch auf unterschiedliche Überlebenstechniken verlassen. Ihr müßt beide euren eigenen

Weg finden. Es gibt keine Regel für die Heilung von sexuellem Kindesmißbrauch.

Deine wichtigste Aufgabe ist es, selbst zu heilen. Geh davon aus, daß es Zeiten geben wird, in denen du dich ausschließlich auf deine eigene Heilung konzentrieren mußt, Zeiten, in denen du deiner Partnerin (deinem Partner) keinerlei Hilfe anbieten kannst. In solchen Zeiten werdet ihr ReisegefährtInnen ähneln, die auf parallelen Wegen unterwegs sind. Du bist mit deiner Arbeit beschäftigt und sie mit ihrer, und ihr werdet vielleicht nicht mehr tun können, als die Veränderungen der oder des anderen zu beobachten. Wenn ihr beide so intensiv mit euch selbst beschäftigt seid und nicht viel zu geben habt, werdet ihr euch eure primäre Hilfe woanders holen müssen. Erwartet sie nicht voneinander, sonst werdet ihr nur enttäuscht und wütend sein und euch verlassen fühlen. Wenn du nicht dasein kannst und nichts zu geben hast, versuch, eine neutrale Beobachterin oder ein neutraler Freund zu sein und kein wütendes Hindernis.

Wenn ihr irgendwann merkt, daß ihr euch einander nur noch von eurer schlechtesten Seite zeigt, müßt ihr Hilfe von außen holen. Ein(e) PaartherapeutIn hilft euch zu analysieren, wo und wie ihr euch festgefahren habt, und entwickelt mit euch Strategien für Krisenzeiten. Sie oder er kann mit euch zusammen Verhaltensregeln aufstellen, die euch ermöglichen, auf eine wohltuendere Weise miteinander umzugehen. (Aber ihr braucht nicht zu warten, bis ihr in einer Krise steckt, um Hilfe in einer Paarberatung zu suchen; alle Paare können ab und zu Hilfe gebrauchen, was Kommunikation, Sex oder Nähe in der Beziehung betrifft.)

Vergeßt nicht, daß mehr zu eurem Leben und zu eurer Beziehung gehört als Heilung. Paßt auf, daß ihr auch Zeit zusammen verbringt, die sich nicht um sexuellen Mißbrauch dreht. Plant Pausen ein, Phasen, in denen ihr vereinbart, nicht darüber zu sprechen. Das ist für euer Überleben als Paar unverzichtbar. Eure Verbindung muß mehr sein als nur eine Verbindung zweier geschlagener Menschen, die versuchen, wieder ganz zu werden. Geht kegeln. Fahrt in Urlaub. Lest euch gegenseitig Krimis vor. Welche gemeinsamen Interessen hattet ihr damals, als ihr frisch verliebt wart? Und vergeßt euren Sinn für Humor nicht. Ich glaube nicht, daß ein Paar diese Belastung, das Drama zweier Menschen, die von sexuellem Mißbrauch heilen, übersteht, wenn die beiden nicht zusammen lachen können.

Die Liebe und das Heilen mit einer (einem) anderen Überlebenden kann nicht zuletzt eine sehr positive Erfahrung sein. Ihr arbeitet auf ein gemeinsames Ziel hin, besitzt ein gemeinsames Bezugssystem, habt beide euer persönliches Wachstum zu eurer Priorität gemacht. Das heißt jedoch nicht, daß eure Beziehung für immer Bestand haben muß: Heilung erfordert die Bereitschaft, Veränderungen zuzulassen und die Bedürfnisse der (des) anderen zu respektieren. Und manchmal merken Paare, wie sie sich in unterschiedliche Richtungen bewegen, und beschließen, sich zu trennen. Das bedeutet nicht, daß sie versagt hätten. Es bedeutet, daß sie so lange gemeinsam gewachsen sind, wie sie konnten.

Andere Paare sind sich, wenn sie die Heilungskrise überstanden haben, näher als jemals zuvor. Die gemeinsame Heilung kann ein starkes Bündnis schaffen und euch großes Vertrauen in eure Fähigkeit, auch schwierige Probleme zu meistern, schenken. Das Wissen, daß ihr gemeinsam harte Zeiten überstanden habt, ist ein unerschütterliches Fundament für die Jahre, in denen sich eure Beziehung nicht mehr um sexuellen Mißbrauch dreht.

Wie kommen wir da am besten durch, ohne einander irgendwann zu hassen? Geht das überhaupt?

Wenn ein Mensch in einer Beziehung (oder beide) von sexuellem Kindesmißbrauch heilt, ist es leicht, zu polarisieren und einander für den Schmerz und die Frustration verantwortlich zu machen, die man fühlt. Ihr müßt euren Zorn und euren Frust unbedingt auf den Täter (die Täterin) richten und auf die Gesellschaft, die erlaubt, daß der Mißbrauch immer weitergeht, und nicht aufeinander. Ihr müßt Verbündete sein, die auf ein gemeinsames Ziel hinarbeiten (auf bessere Kommunikation, auf eine Beziehung, die nicht von sexuellem Mißbrauch überschattet ist, auf gemeinsame sexuelle Nähe). Denkt daran, die (der) Überlebende war das Opfer eines Verbrechens, es ist nicht ihre Schuld, daß sie Erinnerungsblitze hat und im Moment nichts zu eurer Beziehung beitragen kann. Die Überlebende darf nicht vergessen, daß du nicht der Feind, der Täter, bist und auch nicht der oder die perfekte, ewig verständisvolle und hilfsbereite PartnerIn ohne eigene Bedürfnisse.

So paradox es klingt, ein starkes Unabhängigkeitsgefühl kann ein ganz wichtiger Schlüssel für das Zusammenbleiben sein. Je mehr ihr zwei euch ausschließlich aufeinander verlaßt, desto mehr belastet ihr eure Beziehung. Es ist ungeheuer wichtig, daß ihr euch beide auch außerhalb eurer Beziehung Hilfsquellen erschließt. Du brauchst einen Ort (oder Menschen), zu dem du gehen kannst, wenn du deiner Frustration, deinem Zweifel, deinem Zorn Ausdruck verleihen mußt. Die (der) Überlebende braucht die Unterstützung mehrerer unterschiedlicher Menschen und Anlaufstellen, damit du nicht die (der) einzige bist, bei der sie Mut, Trost, Rat und Sicherheit findet.

Du entscheidest dich freiwillig, eine Beziehung mit einer (einem) Überlebenden aufrechtzuerhalten. Mach dir das klar. Dann fühlst du dich weniger gefangen und wirst nicht so schnell ärgerlich. Je mehr du den Heilungsprozeß als eine gemeinsame Reise betrachtest, auf der ihr beide etwas lernen könnt, desto mehr Geduld und Mitgefühl werdet ihr füreinander haben.

Ein Partner, Jack, sagt dazu:

> Richte dich darauf ein, daß du gefordert wirst. Da kommen Dinge auf dich zu, mit denen du niemals gerechnet hättest. Du wirst dich bewähren müssen. Für mich hieß die Botschaft: »Kehr vor deiner eigenen Tür«. Ich habe unsere Beziehung lange polarisiert: Die Überlebende war diejenige, die alle diese Probleme verursachte, und ich war das Opfer. Wenn du glaubst, daß du das Opfer bist, kannst du in Selbstmitleid baden. Du brauchst nichts zu tun. Es fiel mir leicht, die Überlebende in die Rolle des Monsters zu drängen: »Sie ist diejenige, die Sex haßt. Sie ist diejenige, die ausflippt, wenn ich ein falsches Wort sage.« Aber als ich anfing, die Verantwortung für mein emotionales Wohlbefinden, meine eigene Identität und mein eigenes Leben zu übernehmen, kam ich aus dieser Falle heraus. Wir wurden zu Verbündeten statt zu Feinden. (Mehr über Jack im zweiten Teil dieses Buches.)

Die Überlebende in meinem Leben ist meine beste Freundin. Wir haben gar keine sexuelle Beziehung. Wie kann ich ihr helfen?

Ob ihr miteinander eine Beziehung habt und gleichzeitig beste FreundInnen seid oder ob ihr »einfach nur« beste FreundInnen seid, auf jeden Fall spielst du eine wichtige Rolle im Leben der (des) Überlebenden. Und als beste Freundin oder bester Freund kannst du viel tun, um ihr (ihm) zu helfen. Du kannst sie lieben. Du kannst sie daran erinnern, daß der Mißbrauch etwas ist, was ihr passiert ist, und daß du sie nicht mit ihrem Mißbrauch gleichsetzt. Sag ihr, warum sie deine beste Freundin ist.

Laß nicht zu, daß sie (er) sich gerade dann zurückzieht oder dich zurückstößt, wenn sie dich am meisten braucht. Versuch alles, dich in ihr Leben einzubringen. Sei so unwiderstehlich, lieb (und manchmal auch verrückt), wie du nur sein kannst.

Schenk ihr (ihm) Blumen. Koch ihr etwas Schönes zu essen. Biete ihr an, bei ihr zu übernachten, damit ihr lange aufbleiben, Musik hören, tanzen, euch Gedichte vorlesen, kuscheln und über eure Träume sprechen könnt. Laß sie in deinen Armen weinen.

Erlebt etwas zusammen. Mach ihr (ihm) Mut, mehr zu riskieren, sich mehr zu trauen.

Ruf sie (ihn) jeden Tag oder jeden zweiten Tag an. An schlimmen Tagen zweimal oder dreimal. Schick ihr Postkarten mit albernen Bildern auf der Vorderseite und mit Bestätigungen, lieben Worten, die ihr Mut machen, auf der Rückseite.

Sag ihr (ihm), daß irgendwann alles in Ordnung sein wird, daß du sicher bist, sie schafft es und kommt da durch.

Du hast mit deiner besten Freundin (deinem besten Freund) eine gemeinsame Vergangenheit, eine gemeinsame Geschichte geschaffen. Und dadurch bist du ein hervorragendes Maß für die Realität. Du besitzt die Perspektive, den Überblick: Du kannst ihr Maßstab sein. Erinnere sie daran, daß sie tatsächlich im Laufe des letzten Jahres Fortschritte gemacht hat. Zähl ihr die Beweise auf. Als beste Freundin oder bester Freund ist deine Meinung unbezahlbar: Du weißt, wenn sie sich zu jemandem hingezogen fühlt, der gefährlich für sie ist, du kannst sie daran erinnern, daß und wie sie schon mit Anfällen von Panik fertig geworden ist, und ihr anbieten, mit ihr zusammen ihren Bruder zu besuchen, weil du schon weißt, wie schwierig es sein wird.

Überlebende, die beste FreundInnen besitzen, haben festen Boden unter den Füßen. Überlebende können eine Therapeutin bezahlen oder sich einer Selbsthilfegruppe anschließen (beides ist wirklich sehr wertvoll), aber beste FreundInnen sind einfach aus Loyalität da, sie halten zu ihnen, weil sie sie gern haben, nicht weil sie dafür bezahlt werden oder weil sie ein ähnlich schmerzliches Gepäck mit sich herumschleppen. Mit dir als beste Freundin oder bestem Freund lernt die (der) Überlebende viel über echte Liebe und Annahme.

Wenn du nicht außerdem eine Beziehung mit der (dem) Überlebenden hast, dann werte euer Verhältnis oder deine Bedeutung in ihrem Leben nicht ab, weil ihr »nur FreundInnen« seid. Viele Überlebende haben Freundschaften aufrechterhalten, die dauerhafter und einflußreicher waren als jede Liebesbeziehung. Du bist ein entscheidender Teil ihres Bezugssystems, des Netzwerks, aus dem sie die nötige Unterstützung bezieht. Du spielst eine enorme Rolle in ihrem Leben. (Und sie in deinem.)

Kümmere dich regelmäßig um diese Freundschaft. Achte darauf, daß ein Gleichgewicht gewahrt bleibt, damit ihr wirklich beste FreundInnen bleibt. Bitte sie (ihn) auch um Dinge, die du brauchst.

Nehmt eure Freundschaft ernst, ihr müßt euch wirklich aufeinander verlassen können.

Arbeitet an Problemen und Themen, die zwischen euch auftauchen. Beste Freundschaften müssen ebenso ab und zu neu aufeinander abgestimmt werden wie andere Beziehungen auch. Aber vergeßt nicht, euch zusammen zu amüsieren, Spaß zu haben. Wahrscheinlich lacht sie (er) mit niemandem so wie mit dir. Und manchmal ist das die allerbeste Therapie.

MEINE BEDÜRFNISSE UND GEFÜHLE

*»Du sollst nicht für die Überlebende sorgen.
Das ist nicht deine Lebensaufgabe.
Sorge für dich selbst.«*

*»Was machst du, wenn die Überlebende nicht will,
daß du sie anfaßt?
Wie wirst du dich fühlen, wenn es ihr unmöglich ist,
für irgendeinen Bereich ihres Lebens die Verantwortung
zu übernehmen?«*

*»Wenn du nicht aufpaßt, kann der Überlebende
dich mit seinen Bedürfnissen, seinem Schmerz und seinen
Problemen verschlingen.
Du mußt das, was mit dir passiert,
von seinen Sachen trennen. Paß auf dich auf.«*

Wie soll ich meine eigenen Bedürfnisse kennenlernen, wenn sich bei mir zu Hause alles nur um ihren Schmerz und ihre Heilung dreht?

Das ist nicht leicht, aber es ist nötig. Es muß sein. Wenn du mit einem Menschen zusammen bist, der als Kind sexuell mißbraucht wurde, kann es leicht passieren, daß ihr die ganze Energie eurer Beziehung auf die Bedürfnisse der (des) Überlebenden konzentriert. Die Heilung von sexuellem Kindesmißbrauch ist dramatisch, anspruchsvoll und faszinierend. Vor allem zu Beginn habt ihr eine Krise nach der anderen zu bewältigen. Die Überlebende verarbeitet ihre Erinnerungen, stellt Familienmitglieder zur Rede und setzt sich mit dem Schrecken und dem Schmerz ihres sexuellen Mißbrauchs auseinander. Im Vergleich dazu treten deine eigenen Bedürfnisse immer weiter zurück. Natürlich willst du helfen. Du willst für deine Partnerin (deinen Partner) dasein. Also packst du deine Gefühle beiseite und sagst: »Ich kann warten.« Du schiebst deine Bedürfnisse so lange in den Hintergrund, bis sie ganz verschwunden sind. Und das ist der größte Fehler, den du machen kannst, sowohl in bezug auf dich selbst als auch auf die Beziehung.

Selbstverständlich willst du dem Menschen, den du liebst, so konkret wie möglich helfen und ihm Mut machen. Zu einer liebevollen Freundschaft oder einer Partnerschaft gehört die Bereitschaft, der Partnerin (dem Partner) zu helfen und sie zu unterstützen. Es ist völlig in Ordnung, wenn sich deine Partnerin gelegentlich auf dich stützen kann. Solange sie ab und zu auch für dich da ist. Ein Problem entsteht, wenn die Sache einseitig wird und du nur noch gibst, wenn du dich und deine Bedürfnisse ständig zurücknimmst, um dich in den Dienst der (des) anderen zu stellen. Oder wenn du dein »Helfen« als Schutzschild benutzt, um deine eigenen Gefühle, Bedürfnisse und Wahrheiten von dir fernzuhalten.

Du bist die Hälfte der Beziehung, das ist eine Tatsache. Und dir gehört auch die Hälfte der Bedürfnisse. Auch wenn deine Bedürfnisse möglicherweise nicht so faszinierend sind: sie sind trotzdem wichtig. Wenn du immer nur gibst und nichts zurückbekommst, hast du garantiert irgendwann die Nase voll.

Es ist richtig, wenn du in einer kurzfristigen Krise deine Bedürfnisse zurückstellst. Klar, daß du bei einem Todesfall in der Familie, einem medizinischen Notfall oder einer akuten Krankheit einspringst und tust, was nötig ist, ohne dabei an dich selbst zu denken. Hast du es aber mit einer chronischen Krankheit zu tun oder mit einer Krise, die sich über Jahre hinzieht, brauchst du eine andere Strategie. Das ist kein Leben für dich, wenn du ständig in Einsatzbereitschaft bist und deine Gefühle und Bedürfnisse immer nur wegschiebst, sobald sie irgendwo auftauchen.

Sexueller Kindesmißbrauch ist keine kurzfristige Krise. Sicherlich gibt es während des Heilungsprozesses Krisenzeiten mit Notfallcharakter, aber generell hast du es mit einem langsamen Heilen zu tun, das sich über Jahre hinzieht. Du wirst lernen müssen, deine eigenen Bedürfnisse und die Erfordernisse der Situation gegeneinander abzuwägen. Du und die (der) Überlebende, ihr werdet als Paar einen Weg finden müssen, deine Bedürfnisse anzuerkennen, auch wenn sie im Moment nicht ganz befriedigt werden können. Früher oder später werdet ihr lernen, euch abzuwechseln.

Das kann auf die Überlebende (den Überlebenden) sehr bedrohlich wirken. In meinen Gruppen für PartnerInnen stelle ich am Anfang immer eine Reihe von Fragen, um die Atmosphäre etwas zu lockern und um den TeilnehmerInnen zu zeigen, daß die anderen ähnliches erlebt haben wie sie. Gegen Ende der Liste frage ich: »Wer von euch ist völlig freiwillig hergekommen? Wer ist ein bißchen gedrängt worden? Und sehr?« Die Hände gehen hoch, und die Leute lachen. So läßt sich die Situation früh am Morgen entspannen.

Als ich kürzlich in Minneapolis war, meldete sich am Ende meiner Liste ein Mann, um eine weitere Frage hinzuzufügen: »Wer von euch wollte herkommen, aber die Überlebende war dagegen?« Mehrere Hände gingen hoch. Auf diese Frage war ich noch nie gekommen. Ich wollte mehr wissen und fragte einige der PartnerInnen, die aufgezeigt hatten: »Wie meinst du das? Warum wollte deine Partnerin oder dein Partner nicht, daß du kommst?«

»Sie hatte Angst, ich würde zu aufmüpfig.«

»Er dachte, hier kriege ich Rückendeckung und werde noch ungeduldiger und wütender, als ich es jetzt schon bin.«

»Sie hat Angst, ich höre auf, mich so viel um sie zu kümmern. Sie sagt, im Moment haben wir keinen Platz für meine Bedürfnisse.«

»Er will, daß sich die ganze Heilerei um ihn dreht, und nicht um mich.«

Da hatten wir in ein Wespennest gestochen. Überlebende heilen von ihrem Mißbrauch nicht im luftleeren Raum. Wenn die (der) Überlebende deine Liebe und deine Hilfe will, muß sie dich als wirklichen, atmenden, lebenden und fühlenden Menschen anerkennen. Sie kann nicht erwarten, daß du dich so lange auf Eis legst, bis sie mit ihrer Heilung fertig ist. Dein Leben ist von ihrem Mißbrauch stark betroffen, und sie muß dich als einen Menschen mit eigenen, berechtigten Bedürfnissen und Gefühlen gelten lassen. Das heißt nicht, daß du alles bekommst, was du willst, oder daß die Überlebende sofort in der Lage sein wird, dir viel mehr zu geben, als du zur Zeit kriegst, aber du wirst wenigstens nicht unsichtbar sein.

Wieso erwartet der Überlebende, daß ich keine Probleme habe und immer mit allem fertig werde? Er selbst kann das doch auch nicht!

Da ist der Wunsch die Mutter des Gedanken. Die (der) Überlebende ist auf der Suche nach den Eltern, die sie nie hatte. Sie wünscht sich eine Mutter oder einen Vater, die oder der liebevoll und fürsorglich immer für sie da ist und bedingungslos auf ihrer Seite steht. Und diese Rolle hat sie dir jetzt zugewiesen. Du sollst all die unbefriedigten Bedürfnisse erfüllen, die sie noch aus ihrer Kindheit mit sich herumträgt. Aber du bist ihr Partner (ihre Partnerin) und gleichberechtigt, nicht ihre Mutter oder ihr Vater. Sie muß sich ihre elterliche Liebe und Fürsorge in kleinen Mengen woanders holen (wahrscheinlich in der Therapie) und irgendwann lernen, selbst liebevoll für sich zu sorgen.

Wenn Überlebende zu heilen beginnen, sehen sie die Menschen, die sie umgeben, oft verzerrt. Anstatt dich als konkreten Menschen mit eigenen Schwächen, Stärken und Verletzlichkeiten wahrzunehmen, sieht dich die (der) Überlebende vermutlich als den Täter (siehe S.89ff.) oder drängt dich in die Rolle des unfehlbaren Beschützers, weil es das ist, was sie sich von dir wünscht. Ein Partner beschreibt diese Tendenz:

> Um die Überlebende so zu unterstützen, wie sie es von mir erwartet, müßte ich praktisch ein Heiliger sein. Ich hatte Zeiten, da war ich ziemlich heilig drauf, und dann wieder nicht so heilig. Im Moment hab ich eigentlich weniger Lust, ein Heiliger zu sein, als noch vor ein paar Jahren.

Du brauchst kein Heiliger zu sein. Du brauchst auch nicht der perfekte Partner bzw. die perfekte Partnerin zu sein. Die (der) Überlebende hätte das vielleicht gern, aber wenn du den aufopfernden Märtyrer spielst, hat keine(r) von euch etwas davon. Du bist auch nur ein Mensch: mal schlecht gelaunt, selbstsüchtig und bedürftig, mal hilfsbereit, großzügig und mitfühlend. Und ab und zu bist auch du in dich versunken und ganz weit weg.

Du mußt entscheiden, wieviel Hilfe und Unterstützung du der (dem) Überlebenden anbieten kannst, ohne daß du früher oder später überfordert und verärgert bist. Und dann zieh an dieser Stelle eine ganz klare Linie. Eure Beziehung kann nur dann überleben, wenn du in der Lage bist, Grenzen zu setzen.

Du brauchst auch nicht immer begeistert zu sein, nur weil du eine Beziehung mit einer (einem) Überlebenden hast, die aktiv an ihrem Mißbrauch arbeitet. Manchmal bewunderst du sie sicher dafür, daß sie die Schrecken ihrer Vergangenheit in Angriff nimmt. Aber es gibt bestimmt auch Tage, an denen du die Nase voll hast und bedauerst, daß die gute alte Zeit der Verleugnung und Verdrängung vorbei ist. Deine Fähigkeit zu Verständnis und Mitgefühl wird jeden Tag neu davon abhängen, wie bedürftig du dich selbst fühlst. Das ist völlig normal, aber die Überlebende sieht das vielleicht anders. Sie ist es gewohnt, alles schwarzweiß zu sehen (»Du mußt immer zu mir halten, sonst läßt du mich im Stich.«), und steht möglicherweise auf dem Standpunkt: »Wenn du mich wirklich liebst, liebst du auch meinen Mißbrauch.« Den brauchst du nicht zu lieben. Du kannst ihn ruhig manchmal hassen. Du darfst in eure Gespräche auch ruhig einstreuen: »Ich mag das nicht«, »Das ist ganz schön anstrengend« und »Nein«. Das ist völlig in Ordnung.

Vor allem in den frühen Stadien der Heilung reagiert die (der) Überlebende auf solche Äußerungen eventuell mit Zorn oder Verlassenheitsgefühlen: »Ich kann mich nicht auf dich verlassen. Du läßt mich im Stich. Zu mir hat noch nie jemand gehalten, ich hab's immer gewußt. Ich hätte dir nie vertrauen sollen.«

Aber die Überlebende muß im Grunde um die bedingungslose Liebe und Fürsorge trauern, die sie als Kind nicht bekommen hat. Kein Mensch kann in einer Erwachsenenbeziehung immer für den anderen dasein (und sollte es auch nicht müssen). Erinnere die Überlebende daran, daß du ihre Partnerin (ihr Partner) bist, und nicht Mutter, Vater oder TherapeutIn. Sei auch weiterhin ein gleichberechtigter Mensch mit eigenen Gefühlen. Sei aufmerksam und liebevoll, aber steh auch zu deinen eigenen Bedürfnissen. Habe Angst. Verliere deine Selbstbeherrschung, wenn es dir zuviel wird. Du brauchst nicht immer stark zu sein.

Unsere Paar-Therapeutin hat mir gesagt, ich müsse mich besser von meiner Frau abgrenzen. Wovon redet sie?

Eine Grenze ist die Trennlinie zwischen einem Menschen und einem anderen: Du besitzt Gefühle. Die (der) Überlebende hat auch Gefühle. Ihre sind nicht dieselben wie deine. Jede(r) von euch hat ein ganz bestimmtes und unterschiedliches Bündel von Problemen und Verantwortlichkeiten.

Wenn du ein klares Gefühl für deine eigenen Grenzen entwickelst, dann siehst du euch als zwei getrennte, individuelle Persönlichkeiten und nicht als ein amorphes Ganzes. Du erkennst den Unterschied zwischen deinen Bedürfnissen und ihren, deinen und ihren Gefühlen, deinen Problemen und ihren Problemen. Wenn ihr einander gestattet, unterschiedlich zu sein, wird deutlich weniger Verwirrung herrschen. Ihr braucht einander nicht mehr so stark zu kontrollieren. Ihr respektiert euch mehr, habt mehr Raum für wirkliche Nähe, und jede(r) von euch hat bessere Chancen, das zu bekommen, was sie oder er wirklich will (ihr braucht ja nicht mehr so zu tun, als wolltet ihr beide dasselbe).

Dieses Gefühl für deine Grenzen macht Nähe möglich (»Ja, du darfst mir ganz nah kommen.«) und erlaubt dir auch, dich zu schützen (»Ich mag das nicht. Laß mich in Ruhe!«). Wenn du weißt, wo du aufhörst und jemand anders beginnt, kannst du ja sagen zu dem, was du willst, und nein zu dem, was du nicht willst. Du kommunizierst effektiver und kannst besser über unterschiedliche Bedürfnisse verhandeln.

Am einfachsten läßt sich der Begriff der Abgrenzung körperlich demonstrieren. Wenn du stillstehst und jemand anders auf dich zugeht, gibt es einen bestimmten Punkt, an dem du möchtest, daß der oder die andere stehenbleibt: Es ist nicht mehr angenehm, es ist zu nah. Wenn dieser Mensch sich weiter nähert, nimmt dein Gefühl der Unruhe und des Unbehagens zu. Experimentiere einmal damit. Der Grad deines Wohlbefindens wird von der Umgebung (zu Hause, in der Öffentlichkeit, am Arbeitsplatz) und deinem Verhältnis zu dem anderen Menschen abhängen. Je enger die Beziehung ist, desto leichter erträgst du Nähe. Diese körperlichen Grenzen variieren in unterschiedlichen Kulturen, wir besitzen sie jedoch alle.

Kinder entwickeln ihr Gefühl für ihre Grenzen durch die Art und Weise, wie Erwachsene mit ihren Bedürfnissen, Gefühlen und ihrem Körper umgehen. Im Idealfall werden Körper und Geist des Kindes respektiert und bekommen Raum zu wachsen. Sagt das Kind nein, werden seine Gefühle wahrgenommen und anerkannt. Das Kind lernt, daß es das Recht hat, Grenzen zu setzen. Wenn es traurig oder wütend ist, lehren es die Erwachsenen, seine Gefühle zu erkennen und zu benennen. Sie versuchen nicht, sie ihm auszureden: »Nein, du bist gar nicht wütend. Du freust dich, Onkel Bill zu sehen.« Und es lernt, daß seine Gefühle wertvoll sind. Daß sie ihm wichtige Informationen über seine Welt liefern. Wenn das Kind nicht angefaßt werden will, darf es auch nicht angefaßt werden. Es lernt, daß körperlicher Kontakt ungefährlich und angenehm ist und daß sein Körper ihm gehört.

Viele von uns sind jedoch nicht mit so viel liebevoller Fürsorge und mit so viel Respekt aufgewachsen. Wir haben ganz andere Lektionen gelernt: »Du darfst nicht nein sagen.«, »Man kann sich nicht auf seine Gefühle verlassen.«, »Was du denkst, interessiert uns nicht.« Werden Kinder körperlich mißhandelt oder sexuell mißbraucht, geht die Verletzung noch tiefer: »Dein Körper gehört jedem, der ihn will.«, »Du gehörst uns, und wir können mit dir machen, was wir wollen.« Mißbrauchte Kinder empfinden sich nicht als individuelle, eigene Persönlichkeiten. Sie fühlen sich überfallen, und das sehen sie ganz richtig. Um zu überleben, brechen sie den Kontakt zu ihren Gefühlen, ihrer Intuition, ihrer Selbsterfahrung und ihrem Körper ab und verlieren dadurch ihre Mittel, sich selbst kennenzulernen.

Nur wenige von uns besitzen als Erwachsene ein intaktes Gefühl für unsere Grenzen. Entweder sind unsere Grenzen zu starr (»Ich lasse überhaupt niemanden an mich heran.«) oder zu schwach (»Bei mir kann jeder hereinlaufen und sich nehmen, was er will; ich bin immer so, wie man mich gerade haben will.«). Starre Grenzen innerhalb einer Familie führen zu Distanz und Isolation, schwache Grenzen zu übergroßer Abhängigkeit und manchmal zu erneutem Mißbrauch. Ideal ist die Entwicklung flexibler Grenzen, die es ermöglichen, sich den Umständen anzupassen.

Wenn du in eurer Beziehung klarere, flexiblere Grenzen schaffen willst, mußt du mit mehr Aufmerksamkeit und Interesse auf dich selbst hören. Dann erkennst du deine eigenen, einzigartigen Gefühle, Wünsche und Bedürfnisse. Eine einfache Übung kann dir helfen, über deine Bedürfnisse und Gefühle zu sprechen, ohne sie rechtfertigen oder mit dem Partner (der Partnerin) konkurrieren zu müssen. Wenn ihr diese Übung ein paar Minuten macht, wird euch die Illusion vergehen, ihr würdet (oder solltet) beide das gleiche fühlen.

Setz dich mit deiner Partnerin (deinem Partner) irgendwo hin. Nehmt euch ein bißchen Zeit, den Gedanken, Gefühlen und Wahrnehmungen nachzuspüren, die ihr in eurem Inneren fühlt. Erzählt euch abwechselnd, was in eurem Körper und eurem Kopf vorgeht. Eine(r) von euch sagt: »Mir ist warm. Ich habe feuchte Hände.« Und die (der) andere reflektiert diese erste Aussage: »Es ist dir zu warm.« Entweder akzeptiert die erste Person jetzt diese Aussage als zutreffend oder sie korrigiert sie und nähert sie der ursprünglichen Aussage an: »Ich hab nicht gesagt, mir ist zu warm. Ich hab gesagt, ich habe feuchte Hände und mir ist warm.« Die zweite Person versucht es noch einmal, bis es stimmt: »Deine Hände schwitzen, und dir ist warm.« Dann fährt sie mit einer eigenen Wahrnehmung fort: »Meine Kehle ist wie zugeschnürt. Ich glaube, diese Übung macht mir angst.« Die erste Person umschreibt das, die zweite bringt die nötigen Korrekturen an, und die Übung geht weiter. Nach ein paar Minuten wird sehr klar, daß ihr nicht beide das gleiche fühlt und erlebt. Und wenn du die Situation nicht als Wettbewerb um Aufmerksamkeit betrachtest, wirst du bei dir vermutlich echtes Interesse und Neugier entdecken für das, was deine Partnerin oder dein Partner erlebt.

Wenn die (der) Überlebende in deinem Leben noch nicht bereit ist, mit dir gemeinsam eure Grenzen zu erforschen, fang allein an. Als erstes akzeptiere die Tatsache, daß du nicht für die Überlebende heilen kannst. Ihr Schmerz ist ihr Schmerz. Du kannst sie trösten und dich um sie kümmern, aber den Schmerz kannst du ihr nicht abnehmen. Ihre Probleme, ihre Aufgaben und Ziele gehören ihr, du hast deine eigenen. Gib deinen Bedürfnissen mehr Priorität, auch wenn sie nicht so dringend erscheinen. Verhandele mit der Überlebenden über Grenzen. Sag öfter nein: »Nein, ich will im Moment nicht über sexuellen Mißbrauch sprechen.« »Nein, ich bin fix und fertig und kann mir deine Erinnerung jetzt nicht anhören. Kannst du vielleicht jemand aus deiner Gruppe anrufen?« Sag es freundlich und verständnisvoll, aber sag nein. Wenn du bisher immer brav für alles dagewesen bist, bäumt sich die Überlebende jetzt vielleicht auf, aber im Grunde hilft es ihr sehr, wenn sie jemanden hat, dessen klare Grenzen ihr Widerstand bieten (siehe »Erics Geschichte«). Wenn du anfängst, die Verantwortung für deine Bedürfnisse und Gefühle zu übernehmen, gehst du der Überlebenden mit gutem Beispiel voran.

Die Entwicklung flexibler Grenzen funktioniert ausschließlich auf der Basis des Ausprobierens. Oft werden wir, wenn wir gerade erst anfangen, nein zu sagen oder unsere Gefühle und Bedürfnisse wahrzunehmen, schroff, unnachgiebig oder rechthaberisch. Geh davon aus, daß ihr beide von Zeit zu Zeit Fehler machen und einander verletzen werdet. Habt Geduld. Übt. Mit der Zeit werdet ihr lernen, daß es euch durchaus möglich ist, ein Gefühl dafür zu bewahren, wer ihr seid, und gleichzeitig auf die Bedürfnisse (der) des anderen einzugehen. Arbeitet weiter daran, denn die Belohnung wiegt die Schwierigkeiten auf: bessere Kommunikation, mehr Verständnis und Mitgefühl, weniger Konkurrenzempfinden, mehr Respekt für eure unterschiedlichen Bedürfnisse und größere Nähe.

**Ich bin ständig für meinen Partner da.
Seine Bedürfnisse kommen immer zuerst.
Ich bin Sozialarbeiterin und betreue den ganzen Tag irgendwelche Leute.
Und dann komme ich nach Hause und muß mich um ihn kümmern.
Wann bin ich mal dran?**

Wenn Überlebende mitten in einem aktiven Heilungsprozeß stehen, sind sie unglaublich bedürftig. Die (der) Überlebende fühlt sich überwältigt, angsterfüllt, orientierungslos und verzweifelt. Ihr Schmerz überschattet alles andere in ihrem Leben. Sie möchte, daß du diesen Schmerz mit ihr teilst, ihr hindurchhilfst. Es ist leicht möglich, daß du in ihren emotionalen Strudel gerätst und dich der Erfüllung ihrer Bedürfnisse widmest, aber das ist ein sicheres Mittel, um dich irgendwann ausgebrannt zu fühlen und voller Aggressionen zu sein. Doch es ist schwer, nein zu sagen. Viele von uns können nicht gut nein sagen. Wenn wir jemanden lieben, ist es noch viel schwerer. Und wenn sein oder ihr Schmerz so offensichtlich ist, ist es ganz besonders schwierig.

Ein weiterer Grund, warum es uns schwerfällt, Grenzen zu setzen und nein zu sagen, ist die Konditionierung, die wir als Kind erhalten haben. Viele von uns haben gelernt, daß es nichts Wichtigeres in unserem Leben gibt, als immer an andere zu denken. Die Aufopferung zum Wohle anderer gehört zur Standardzurichtung von Frauen und Mädchen. Auch Kinder aus Alkoholikerfamilien oder aus Familien mit kranken Eltern haben diese Lektion verinnerlicht. Wenn du als Kind nicht eingesprungen wärst und nicht die Verantwortung übernommen hättest, hätte deine Familie vielleicht nicht überlebt. Du hast getan, was du tun mußtest, aber du hast oft teuer dafür bezahlt. Du hast deine eigenen Bedürfnisse und Gefühle unterdrückt, um anderen besser zu Diensten sein zu können. Wie ein Partner sagte:

> Ich befinde mich ständig im Zwiespalt: Soll ich eine Beziehung haben oder soll ich ich selbst sein? Ich hab das Gefühl, ich kann das eine nur ohne das andere haben. Ich neige dazu, zugunsten einer Beziehung auf Dinge zu verzichten, die ich gerne machen würde. Das hab ich als Kind gelernt.

Vielleicht nimmst du dir aber auch ein Elternteil zum Vorbild, das immer für andere da war. Eine Frau erzählte:»Ich neige wirklich dazu, mich aufzuopfern. Meine Mutter hat mir beigebracht: 'Lieben heißt geben. Wenn du anderen gibst, dann bist du ein guter Mensch'.«

Als du älter wurdest, brachte deine Rolle möglicherweise auch gewisse Vorteile mit sich. Sie garantierte dein eigenes Überleben oder gab dir die Möglichkeit, eine chaotische Situation wenigstens ein bißchen zu steuern. Du fühltest dich geschätzt und stark. Was du machtest, war wichtig. Du wurdest gebraucht.

Als Erwachsene(r) lebst du vielleicht aus ähnlichen Gründen weiter nach demselben Muster. Wenn du für andere sorgst, tust du möglicherweise etwas, was dir vertraut ist oder was dir Sicherheit vermittelt (»Wenn ich mich um andere kümmere, brauchen sie mich, und dann verlassen sie mich nicht.«). Vielleicht bietet es dir auch Gelegenheit, dich gut zu fühlen, oder es vermittelt dir das Gefühl, dein Leben im Griff zu haben. Aber du zahlst auch dafür. Übertriebene Fürsorge kann einer der Gründe sein, warum deine Bedürfnisse heute vernachlässigt werden.

Stell eine Liste der positiven und negativen Erfahrungen zusammen, die du machst, wenn du für andere da bist. Positiv könnte sein: »Die Leute sagen, ich bin hilfsbereit.« »Ich habe das Gefühl, ich bin ein guter Mensch.« »Niemand ist sauer auf mich.« »Jan bleibt bei mir.«

Negativ wäre zum Beispiel: »Ich unterdrücke meine eigenen Gefühle.« »Insgeheim ärgere ich mich, weil sich niemand Gedanken um mich macht.« »Alles muß ich machen. Das treibt mich zur Erschöpfung.« »Ich riskiere zu wenig. Ich fordere mich nicht, ich entwickele mich nicht weiter.«

Manchmal hat die Tatsache, daß deine Bedürfnisse zu kurz kommen, ebensoviel mit deinen eigenen Mustern zu tun wie mit den realen und oft überwältigenden Bedürfnissen der (des) Überlebenden. Wenn du erkennst, in welcher Weise du deine Fürsorglichkeit bisher benutzt hast, um dich zu schützen, Einfluß zu nehmen oder dich vor schmerzlichen Wahrheiten zu verschließen, wird dir vielleicht klar, wo du mitgeholfen hast, die mißliche Position zu konstruieren, in der du dich befindest.

Du mußt Stück für Stück die Zeit, die du aufwendest, um dich um die Überlebende (den Überlebenden) zu kümmern, reduzieren und dich statt dessen mehr um die Erforschung deiner eigenen Gefühle und Bedürfnisse kümmern.

(Die Übungen auf S.73f. und 143ff. können zu Anfang ganz nützlich sein.)

Ich will nicht mehr der »feine Kerl« sein.
Was kann ich tun, damit meine Bedürfnisse auch befriedigt werden?

Zunächst mußt du herausfinden, was deine Bedürfnisse sind. Und bevor du das tust, mußt du erkennen, daß du Bedürfnisse hast. Manche von euch wissen das bereits. Ihr seid es leid, am Rand zu stehen und nur zu warten, und lest jetzt dieses Buch, um herauszufinden, was ihr tun könnt, damit ihr nicht länger zu kurz kommt. Aber wenn du deine Bedürfnisse jahrelang begraben und nie gelernt hast, sie anzuerkennen, oder wenn du dein Leben zu einem Muster an Genügsamkeit gemacht hast, dann mußt du dir zunächst einmal bewußt machen: »Ich bin ein Mensch. Ich habe Schmerzen. Ich habe Gefühle. Ich habe Bedürfnisse.«

Überleg dir einmal, welche elementaren Dinge du mit allen anderen Menschen gemeinsam hast: den Wunsch nach Gesellschaft, Zuneigung, Liebe, Zugehörigkeit und nach einem Sinn im Leben. Oder fange mit einer Liste der Bedürfnisse an, die sich aus deinem Alltag ergeben: »Ich brauche Hilfe bei der Kinderbetreuung.« »Ich brauche jemand, mit dem ich darüber reden kann, was in unserer Beziehung passiert.« »Ich möchte mehr lachen.«

Schreib alle deine Wünsche und Bedürfnisse auf, die zur Zeit nicht oder nicht zu deiner Zufriedenheit erfüllt werden. Auch konkrete Dinge (»Ich möchte, daß mir jemand hilft, eine Couch zu kaufen.«), gewöhnliche (»Ich möchte, daß jemand die Höhen und Tiefen der Kindererziehung mit mir teilt.«), persönliche (»Ich möchte, daß mich jemand bei einer beruflichen Veränderung unterstützt.«), soziale (»Ich hätte gern jemanden außerhalb unserer Beziehung, der oder dem ich mich anvertrauen kann.«), intime (»Ich möchte mich sexuell begehrt fühlen.«) und seelische Dinge (»Ich möchte stärker daran glauben können, daß alles irgendwann besser wird.«). Kleine und große Dinge, Dinge, die unerfüllbar scheinen, und solche, die bereits in Reichweite sind. Die Liste sollte so vollständig wie möglich sein.

Anstatt im Zusammenhang mit deinem Wunsch eine konkrete Person zu nennen (»Ich möchte, daß Kate sich mehr für meine Arbeit interessiert.«), schreib nur das Bedürfnis auf, ohne es an einen Menschen zu knüpfen (»Ich wünschte, jemand würde sich dafür interessieren, was an meinem Arbeitsplatz passiert.«). Unten stehen ein paar Beispiele. Schreib alles ab, was auf dich zutrifft. Und füge alles hinzu, was dir einfällt.

▷ Ich möchte jemanden haben, die (der) mir bei meinen Problemen hilft.
▷ Ich möchte mehr Spaß haben.
▷ Ich möchte öfter ins Grüne fahren.
▷ Ich möchte Zeiten haben, in denen ich nicht auf jedes Wort achten muß.
▷ Ich möchte mit jemandem darüber sprechen, wie schwer es ist, mit einer (einem) Überlebenden zusammenzusein.
▷ Ich möchte mit jemandem schlafen.
▷ Ich möchte mich sexy fühlen.
▷ Ich möchte spüren, daß mich jemand gern hat.
▷ Ich wünsche mir, daß mir jemand hilft, meine Familie finanziell zu unterhalten.

Es ist unrealistisch zu glauben, eine einzelne Person könnte alle deine Bedürfnisse und Wünsche erfüllen. Deshalb sind wir soziale Wesen: Wir haben Familien, leben in Gemeinschaften und schließen Freundschaften. Doch wir leben in einer Gesellschaft, die die romantische Liebe idealisiert: Wenn wir lange genug suchen, werden wir »den einen« oder »die eine« finden, die verwandte Seele, die perfekt zu uns paßt, die sich in vollkommener Übereinstimmung mit uns entwickeln und verändern wird, die uns genau so liebt, wie wir sind, und nie erwartet, daß wir uns ändern, die uns immer sexuell begehrt, nie Mundgeruch oder schlechte Laune hat und in jeder Hinsicht begehrenswert ist. Wir erwarten, daß unser(e) PartnerIn in intellektueller, körperlicher, sexueller und emotionaler Hinsicht genau zu uns paßt; sie (er) soll Geliebte, beste Freundin, Kamerad, Vertraute, Beichtvater, Therapeutin und Familie sein, und das alles in einer Person. So entstehen ungeheure Erwartungen, die unweigerlich enttäuscht werden. Auch wenn deine Partnerin (dein Partner) keine Überlebende wäre, blieben diese Erwartungen trotzdem unrealistisch. Und doch sind viele von uns unzufrieden, unglücklich oder ärgerlich, wenn unsere PartnerInnen nicht alle unsere Bedürfnisse erfüllen. Nur wenige von uns haben sich ein Netzwerk aufgebaut, das es ihnen erlaubt, ihre Bedürfnisse von unterschiedlichen Menschen erfüllt zu bekommen.

Du brauchst Hilfe bei der Vorbereitung auf eine Prüfung. Du möchtest, daß die (der) Überlebende mit dir paukt und dich abhört, aber sie ist mit ihrer Gruppe beschäftigt. Warum rufst du nicht eine Schulfreundin an und triffst dich mit ihr in der Bibliothek? Du willst wandern. Wenn die Überlebende nicht will, warum fragst du nicht deinen Freund Bill? Vielleicht hättest du es lieber, wenn die Überlebende für alle deine Bedürfnisse da wäre, aber viele davon können von anderen Menschen befriedigt werden (dich selbst eingeschlossen). Warum sollst du das nicht ein bißchen aufteilen? Dann bekommst du ganz bestimmt mehr als jetzt.

Zurück zur Liste deiner Bedürfnisse und Wünsche. Jetzt wird nach folgendem System unterschieden: Alles, was deine Partnerin (deinen Partner) einschließt, aber im Grunde auch von einem anderen Menschen erfüllt werden könnte, markierst du mit einem P. Wenn du dir ein Bedürfnis selbst erfüllen kannst, bekommt es ein S. Hast du ein Bedürfnis, das auch von jemand anderem als dir oder der Überlebenden (dem Überlebenden) befriedigt werden kann, bekommt es ein A. Kann das Bedürfnis nur von deiner Partnerin (deinem Partner) befriedigt werden, schreibst du NP. (Es gibt vermutlich Sachen, die nur deine Partnerin oder dein Partner machen kann, aber das meiste können wahrscheinlich andere Menschen genausogut tun.) Alles, was nicht NP ist, kann mehrere Kennzeichen tragen:

Ich möchte mit jemandem darüber reden, wie schwer das Leben mit einer (einem) Überlebenden im Moment ist .... A,P
Ich möchte mit jemandem schlafen .... NP
Ich möchte mich sexy fühlen .... S,A,P
Ich möchte spüren, daß mich jemand gern hat .... A,P

Sieh dir deine Antworten an. Frag dich: »Sind meine Erwartungen an die Überlebende (den Überlebenden) realistisch? Was müßte sich ändern, damit ich mehr von meinen Bedürfnissen erfüllen könnte? Was müßte sich ändern, damit ein größerer Teil meiner Bedürfnisse von anderen Menschen erfüllt werden könnte?« Wenn du möchtest, daß mehr von deinen Bedürfnissen befriedigt werden, ist eine solche Aufteilung ein guter Anfang. (Wenn du deine Liste der [dem] Überlebenden zeigen willst, siehe »Verhandeln lernen« auf S.143ff.)

Ich fühle mich immer so schuldig. Wieso komme ich mir vor, als wäre ich der Täter, wenn ich meine Bedürfnisse anspreche?

Wahrscheinlich hast du dieses Gefühl, weil die (der) Überlebende dir das direkt oder indirekt mitteilt. Vielleicht empfindet sie jeden Ausdruck deiner Bedürfnisse als Angriff. Wenn sie das glaubt, hat sie unrecht. Nur weil die Bedürfnisse des Täters zudringlich und destruktiv waren, heißt das nicht, daß auch die Bedürfnisse aller anderen Menschen egoistisch und schmerzhaft sein müssen. Wenn sie eine Beziehung mir dir will, muß sie dir Raum für deine Bedürfnisse lassen. (Sexualität und Körperkontakt sind besondere Fälle. Wenn ihr dieses Problem vor allem im sexuellen Bereich habt, siehe das Kapitel »Sex«.)

Du mußt dich auch fragen: »Kenne ich das Gefühl? Ist das ein Muster, das ich mit in die Beziehung gebracht habe? Habe ich als Kind gelernt, daß meine Bedürfnisse unwichtig oder 'übertrieben' sind? Bitte ich um Dinge, die realistisch sind?«

Vergiß nicht, daß zwischen der Formulierung eines Bedürfnisses und einer Forderung ein Unterschied besteht. Es ist unrealistisch zu erwarten, daß alle unsere Bedürfnisse planmäßig erfüllt werden, so wie wir es für das beste halten. Kein Mensch ist verpflichtet, unsere Bedürfnisse zu befriedigen. Vielleicht tut er es freiwillig, weil er uns gern hat, aber nicht, weil er dazu verpflichtet wäre. Wenn du ständig ein Gefühl hast, als wärst du der Täter, solltest du selbst prüfen: »Drücke ich einfach nur aus, daß ich ein Bedürfnis habe, oder stelle ich eine Forderung? Ist eine – direkte oder indirekte – Drohung damit verbunden? In meinem Tonfall oder in der Formulierung?« Die wenigsten von uns haben Erfahrung darin, um das zu bitten, was wir brauchen. Uns allen könnte etwas Übung in der Kunst des Bittens nichts schaden. (Mehr über effektive Kommunikation auf S.143ff.)

► VERÄRGERUNG ►

**Es fällt mir schwer, meine Partnerin um Unterstützung zu bitten.
Ich kann mir nicht vorstellen, daß sie irgendwann
in der Lage sein wird, sich um meine Bedürfnisse zu kümmern.
Ihr eigenen sind so riesengroß.
Und dann werde ich unglaublich wütend auf sie und ihre Familie.
Wie kann ich aus diesem Kreislauf ausbrechen?**

Fang an, um Dinge zu bitten, die du brauchst. (Wenn du nicht weißt, wie du anfangen sollst, siehe S.73f. und 143ff.)

Zeige deinen Ärger. Wenn du deine Verärgerung in Worte faßt, setzt du eindeutige Grenzen. »Ich bin so sauer deswegen. Und ich akzeptiere das nicht. Jetzt weißt du, wie ich mich fühle!« Die (der) Überlebende kann vielleicht nicht die volle Wucht deiner Wut ertragen (das sollte auch niemand müssen, außer deiner Therapeutin vielleicht), aber sie muß wissen, daß du frustriert und wütend bist. Such dir einen sicheren Ort, an dem du deinen größten Zorn ausdrücken kannst: eine PartnerInnen-Gruppe, eine Handballmannschaft oder Körperarbeit zur Freisetzung von Wut bei deiner Therapeutin. Und dann geh zur Überlebenden zurück und sag ihr, daß du sauer bist.

Eine Frau beschrieb, wie die konstruktive Weise, in der sie ihren Zorn ausdrückte, die Luft in ihrer Beziehung reinigt:

Wenn ich sage, ich bin wütend, weil ich so wenig kriege und weil alles so schwierig ist, dann ist die Überlebende erleichtert, die Wahrheit zu hören, auch wenn es nicht leicht für sie zu ertragen ist. Je ehrlicher ich bin, desto weniger kann sie glauben, was sie auf mich projiziert.

Je wirklicher du für die Überlebende bist, desto weniger wird sie dich mit dem Täter verwechseln und als »böse« betrachten.

Zorn kann konstruktiv oder destruktiv sein. Wenn jemand wütend ist, muß das nicht unbedingt zu Gewalttätigkeiten führen, auch wenn viele Menschen, die in gewalttätigen Familien aufgewachsen sind, das glauben. Wenn Zorn dir oder der (dem) Überlebenden angst macht oder ihr ihn als Bedrohung empfindet, sollte euch vielleicht eine gute Therapeutin zeigen, wie ihr in eurer Beziehung Zorn und Ärger auf sichere Weise ausdrücken könnt. (Mehr über den angemessenen Ausdruck von Zorn und Ärger auf S.92.)

Bin ich gemein, wenn es mir gutgeht?
Wie kann ich ihr meine Freude und meinen Kummer zeigen,
ohne daß sie sich schuldig und deprimiert fühlt?

Ob du selbst Freude, Vergnügen, Zufriedenheit oder irgendein anderes Gefühl verspürst, braucht nicht vom Schmerz oder Unglück der (des) Überlebenden abzuhängen. Ihr habt beide eure Gefühle. Deine unterscheiden sich vielleicht im Moment sehr stark von denen der Überlebenden. Daß du dich freust, heißt nicht, daß du rücksichtslos bist. Es bedeutet, daß ihr zwei getrennte menschliche Wesen seid, die zur Zeit in ihrem Leben unterschiedliche Erfahrungen machen.

Du bist nicht verantwortlich für das, was die (der) Überlebende fühlt. Du bist nicht schuld, wenn jemand Schuldgefühle bekommt oder deprimiert ist. Ihre Gefühle gehören ihr, und deine gehören dir. Du brauchst nicht ständig Trauer zu tragen, weil die Überlebende das tut. Ihre Gefühle sind kein Barometer, nach dem du leben mußt. Deine Freude kann eine Erinnerung für sie sein, daß positive Gefühle möglich sind. Was hast du davon, wenn du dich ihr in ihrer Verzweiflung anschließt?

Es ist durchaus möglich, die Gefühle der (des) Überlebenden bewußt wahrzunehmen und sensibel darauf zu reagieren, ohne sie mit ihr oder ihm zu teilen. Eine Frau erklärte: »Wenn ich einen tollen Tag erlebt habe, fühle ich mich gut, auch wenn er deprimiert ist.« Wenn du glücklich bist, dann genieß es, denn Glück hält nicht ewig. Gefühle zeichnen sich dadurch aus, daß sie sich ändern. Und du solltest deinem eigenen emotionalen Rhythmus folgen.

Ein bißchen Feingefühl brauchst du trotzdem. Wenn ich richtig deprimiert bin, finde ich es schwierig, mit jemandem zusammen zu sein, der oder die vor Freude überschäumt. Aber Feingefühl und Verschmelzen sind zwei Paar Schuhe. Zusammensein heißt nicht, daß ihr jede Krise mit denselben Gefühlen und in derselben Geschwindigkeit durchlaufen müßt. Es bedeutet, die Gefühle der (des) Überlebenden zu respektieren und liebevoll und einfühlsam darauf zu reagieren. Das heißt nicht, daß du deine eigenen Erfahrungen und Gefühle unterwegs zurückläßt.

**Wenn sie über den Mißbrauch spricht, bin ich erstaunt,
wie heftig ich darauf reagiere.
Es kommt mir vor, als wäre es mein Schmerz und nicht ihrer.**

Mitgefühl und Anteilnahme sind normal, wenn jemand, die (den) du liebst, dich an ihren schmerzlichen Erfahrungen und Gefühlen teilhaben läßt. Wenn du aber auf die Worte der (des) Überlebenden ständig überreagierst oder das unheimliche Gefühl hast, es ist im Grunde von dir selbst die Rede, dann kann das mehrere Gründe haben. Zum einen bist du möglicherweise zu stark in ihr emotionales Leben verwickelt. Die Grenzen zwischen euch beiden sind verschwommen oder existieren nicht mehr. Du betrachtest und erkennst dich nicht mehr als eigenes Wesen. Ihr habt aufgehört, zwei getrennte Menschen zu sein; ihr seid vielmehr zwei Hälften eines verwundeten Ganzen. Wenn du merkst, daß du denkst: »Ich weiß nicht, wo sie aufhört und wo ich anfange«, bedeutet das, daß eure Gefühle, Vorstellungen und Empfindungen miteinander verschmolzen sind. Die zweite Möglichkeit ist, daß du selbst auch mißbraucht worden bist und daß ihre Erfahrungen bei dir Erinnerungen und Gefühle freisetzen, die mit dem Schmerz deiner eigenen Kindheit zu tun haben. Deine Gefühle stammen vielleicht aus einem Erlebnis, an das du dich noch nicht erinnert oder das du noch nicht als Mißbrauch anerkannt hast. Wenn die Erinnerungen der (des) Überlebenden immer wieder ähnliche Reaktionen bei dir auslösen, solltest du die Möglichkeit in Betracht ziehen, daß dies eventuell mit etwas zu tun hat, was in deinem eigenen Leben geschehen ist. Versuch, dich ein wenig dafür zu öffnen. Sag dir: »Wenn da etwas zu entdecken ist, will ich auch wissen, was es ist.« (Mehr darüber unter »Auch PartnerInnen haben eine Geschichte« auf S.57.)

Ich schäme mich irgendwie, das zu sagen, aber manchmal machen mich Gespräche über sexuellen Mißbrauch richtig an.

Es kostet Mut, zuzugeben, daß dich Bücher oder Gespräche über Inzest und sexuellen Mißbrauch sexuell erregen. Eigentlich geht es vielen Menschen so, aber die wenigsten geben es offen zu. Es ist auch normal, daß du dich deiner Gefühle schämst, aber wenn du zu dieser Erfahrung stehst, brauchst du dich weniger zu schämen.

Deine Erregung kann verschiedene Gründe haben. Zum einen wird sexuelle Ausbeutung in unserer Kultur erotisiert. Sex wird ununterbrochen mit Gewalt, Unterwerfung, Demütigung und Schmerz verknüpft. Das sehen wir auf Buchumschlägen und Plattenhüllen, in Video-Clips, im Fernsehen, auf Zeitschriftentiteln und in der Tageszeitung. Sex – und vor allem Sex, der vom Normalen abweicht – verkauft sich gut. Kinder in erotischen Posen, in Erwachsenenkleidung und mit verführerischen Gesichtsausdrücken verkaufen sich gut. Wir werden alle von solchen Bildern überschwemmt, und sie haben ihren Einfluß auf uns. Es ist schwer, in dieser Kultur aufzuwachsen und Gewalt und Erniedrigung nicht als Stimulans zu empfinden. Die Erregung, die du spürst, wenn du etwas über sexuellen Mißbrauch hörst, ist vielleicht einfach eine Reaktion auf die kulturelle Ausbeutung von Sexualität (und von Kindern), an die wir uns alle gewöhnt haben.

Der zweite Grund für deine Erregung hat vielleicht mit dem Mißbrauch zu tun, den du als Kind erlebt hast. Überlebende erregt es oftmals, wenn sie ihre Geschichte erzählen, etwas über Mißbrauch lesen oder sich Bilder von Mißbrauch vorstellen. Nicht etwa daß sie sich gerne mißbrauchen ließen! Das Gefühl der Erregung ist ihnen einfach gleichzeitig mit Gefühlen des Schmerzes, der Demütigung, der Scham und schrecklicher Angst eingeprägt worden. (Mehr über diesen Zusammenhang auf S.170f.) Auch wenn Überlebende sich gewöhnlich für diese Verbindung zwischen Erregung und Bildern von Mißbrauch schämen, sind solche Assoziationen dennoch vorhanden, zumindest am Anfang. Wenn du merkst, daß dich Schilderungen von Mißbrauch erregen, ist es möglich, daß diese Reaktion auf Erinnerungen hindeutet, die in deinem Körper gespeichert sind.

Drittens ist es eine Tatsache, daß sogenannte Pädophile sich sexuell zu Kindern hingezogen fühlen. Sie werden von Kindern (ihrem Körper, ihrer Verletzlichkeit, ihrer Arglosigkeit) sexuell erregt. Lassen sie sich von dieser Erregung leiten, stürzen sie das Kind in eine tiefe innere Qual. Wenn sie ehrlich sind, geben die meisten Eltern zu, daß sie für ihre Kinder manchmal sinnliche Gefühle verspüren, aber das heißt nicht, daß sie tatsächlich mit einem Kind sexuell verkehren wollen. Wenn Geschichten über Inzest und sexuellen Mißbrauch dich erregen *und* du das Gefühl hast, du würdest vielleicht gerne deinen Gefühlen entsprechend handeln, dann brauchst du professionelle Hilfe. Wenn du schon einmal Sex mit Kindern gehabt hast, *hör auf* und laß dir helfen. Wenn du noch nie ein Kind sexuell mißbraucht hast, aber meinst, es könnte passieren, besorge dir Hilfe. Du willst doch zu einer Lösung des Problems beitragen. Mach es nicht noch größer.

Ob ich wohl einmal einen Tag erlebe, an dem ich mich nicht mit den Problemen des Überlebenden herumschlagen muß?

Ja. Wenn du eine Pause brauchst, nimm sie dir. Wenn die (der) Überlebende nicht aufhören kann, von sexuellem Mißbrauch zu reden, und deine Grenzen erreicht sind, setz dich für eine Weile ab. Fühlst du dich überfordert und ausgelaugt, geh heute abend einen Freund besuchen. Schlaf eine Nacht bei deiner Schwester. Verbringe eine gewisse Zeit mit Leuten, die dir versprechen, nicht über sexuellen Mißbrauch zu reden. Beschränkt euer Gespräch auf die neuesten Filme, gute Bücher und den Klatsch der Zeitgeist-Magazine. Genieße deine kleine Flucht.

Wenn du dich für eine gewisse Zeit fernhältst, bedeutet das nicht, daß du die Überlebende (den Überlebenden) verläßt. Du tust, was nötig ist, damit du das nächste Mal dasein kannst. Liebe heißt nicht, deiner Partnerin oder deinem Partner vierundzwanzig Stunden am Tag – und zwar jeden Tag – zur Verfügung zu stehen. Liebe bedeutet, deine eigenen Bedürfnisse genug zu respektieren, um nicht irgendwann ausgebrannt und der Überlebenden überdrüssig zu sein.

Die (der) Überlebende sieht das möglicherweise anders. Sie fühlt sich im Stich gelassen, wenn du sagst, daß du Zeit für dich selbst brauchst. Sie hat ein Recht auf diese Gefühle, auch wenn sie zum größten Teil mit Kindheitserinnerungen zu tun haben und nicht mit dir. Erkenne ihre Gefühle an, zeige dein Mitgefühl, aber gib ihrem Bedürfnis nicht nach. Auch wenn es dir jetzt besonders schwerfällt, nein zu sagen und an dich selbst zu denken, muß es trotzdem sein. Sonst bekommst du das Gefühl, in der Falle zu sitzen, und beendest irgendwann die Beziehung, weil das dein einziger Ausweg ist.

In einem echten Notfall ist das etwas anderes. Da wäre es angemessen, den Bedürfnissen der (des) Überlebenden Vorrang zu geben. Wenn ihr Leben und ihre Sicherheit auf dem Spiel stehen (meine Definition von Notfall, vielleicht hast du eine andere), kannst du nicht einfach aus der Tür gehen und sagen: »Ich brauche jetzt Raum für mich.« Du mußt dein Bedürfnis nach Abstand und die Situation der Überlebenden, den Grad ihrer Krise und ihrer Verzweiflung, gegeneinander abwägen.

Die Therapeutin Shauna Smith aus Sacramento schlägt zur Verhandlung über unterschiedliche Bedürfnisse folgendes System vor:

Legt rechtzeitig zusammen ein Verhandlungskonzept fest. Jede(r) von euch kann zum Beispiel die Bedeutung einer bestimmten Sache auf einer Skala von eins bis zehn bewerten: eins ist »nicht sehr wichtig«, zehn ist »Notfall«. Die Überlebende bewertet vielleicht ihre innere Unruhe mit fünf und der Partner (die Partnerin) sein Gefühl zu ersticken mit acht. In dieser Situation könnte sich die Überlebende von jemandem aus ihrer Gruppe helfen lassen, und der Partner könnte Abstand gewinnen. Würde sich die Überlebende einer Panik nahe fühlen, hätte sie neun oder zehn gesagt, und der Partner wäre zu Hause geblieben. Das System ist gar nicht schlecht, weil beide Personen die Intensität ihrer Gefühle mit der Zeit immer klarer erkennen und vermitteln können. Die Werte müssen nicht für die Ewigkeit gelten, Gefühle können sich im Nu ändern.

Eine solche Werteskala kann euch helfen, zwischen echten Notfällen und unangenehmen, schmerzlichen Gefühlen zu differenzieren. Wenn die (der) Überlebende den Unterschied erst einmal kennt, hat sie (und du auch) einen wichtigen Schritt in Richtung auf eine größere emotionale Selbständigkeit getan.

Es ist jedoch wichtig, daß ihr euch diese Skala nicht im Streit um die Ohren haut: »Du meinst, du fühlst dich zehn?! Na gut, dann fühle ich mich auch zehn!« Ihr könnt auch Probleme bekommen, wenn eine(r) von euch sich ständig auf Krisenniveau befindet und immer die höheren Werte hat. Das darf nicht sein, egal, wie schlimm die Situation ist. Manchmal muß die Person, der es weniger schlechtgeht, einfach raus. Rücksichtslos.

Wenn du aus einer Situation ausbrechen mußt, die hart an einen Notfall grenzt, sag einer anderen Vertrauensperson (zum Beispiel aus der Selbsthilfegruppe der oder des Überlebenden) Bescheid, bevor du gehst. Wenn du kannst, hilf ihr, selbst zu überlegen, was sie für ihre Sicherheit tun kann. Und dann geh, sag, wohin du gehst und wann du wieder zurücksein wirst.

Dein Job ist hart und anspruchsvoll, du hast Urlaub verdient. Du mußt eine Möglichkeit finden, dir die Zeit und den Raum, die du für dich brauchst, zu verschaffen. Das ist für euch beide von entscheidender Bedeutung.

Wie soll ich durchhalten,
wenn ich gar nichts sehe, woran ich mich festhalten kann?

Du hältst einfach durch. Du atmest. Setzt einen Fuß vor den anderen. Atmest wieder. Findest in dir eine Kraft, von der du gar nicht wußtest, daß du sie besitzt. Du sagst dir: »Einen Tag, eine Stunde, eine Minute nach der anderen.« Wenn deine Welt zusammenbricht, mußt du manchmal einfach innehalten und dich trauernd daneben setzen. Sag dir: »Das ist mein Leben. Ich bin so unglücklich, mir tut alles weh. Ich fühle mich verloren. Ich weiß nicht, was ich machen soll. Ja. Genau so fühle ich mich jetzt.« Atme weiter und sag dir: »Und das geht auch vorbei.«

Ich glaube, Menschen haben ziemlich viel Lebensmut. Wir können viel mehr als wir glauben. Zur Zeit wirst du wirklich bis an deine Grenzen gefordert. Wenn du an etwas glaubst, etwas liebst, eine Leidenschaft für etwas besitzt, was dir Kraft geben kann – das mag Musik sein, Gott oder der Ahornbaum vor deinem Fenster –, dann besinne dich jetzt auf diese Kraft. Bete. Bitte um Hilfe.

Wenn die Welt, die du kanntest, in Scherben liegt, nimm etwas Kleines, Konkretes, Machbares in Angriff. Kauf ein Huhn und steck es mit ein paar Gewürzen in den Backofen. Spül das Geschirr. Streiche eine Tür. Arbeite einen Stuhl auf, etwas, was hinterher fertig und schön und stabil ist. Atme weiter. Und beobachte, wie der Augenblick vorübergeht.

Bitte andere Menschen um Hilfe. Du brauchst jetzt FreundInnen, ZeugInnen, die sagen können: »Ja, das ist schlimm. Du bildest dir das nicht ein. Dein Leben ist im Moment wirklich furchtbar.«

Doch letztlich sind die Möglichkeiten anderer Menschen begrenzt. Wenn wir uns in tiefem Schmerz und großer Verzweiflung befinden, kann uns das niemand nehmen. Diese Gefühle der Hilflosigkeit, der Einsamkeit und der Verwirrung gehören dir. Ich kann sagen, daß ich sie verstehe, aber du mußt sie fühlen. Bleib bei ihnen. Folge ihnen. Manchmal ändert sich unser Schmerz, wenn wir ganz tief hinabtauchen, und wird zu etwas anderem.

Woher weiß ich, wann ich das Handtuch werfen sollte? Wie soll ich mit meinen Schuldgefühlen zurechtkommen, wenn ich die Beziehung beende und die Überlebende im Stich lasse?

Das ist eine Frage, die sich die meisten von uns lieber nicht stellen würden, aber viele PartnerInnen sind tatsächlich damit konfrontiert. Eine Beziehung mit einer (einem) Überlebenden kann deine Grenzen bis zum Äußersten strapazieren. Du fühlst dich ausgeschlossen, frustriert und ausgelaugt. Du willst helfen, merkst aber, daß es dich zuviel kostet. Deine Bedürfnisse werden ignoriert, und du hast das Gefühl, du verlierst dich selbst. Du hast Krisen bewältigt, Verständnis gehabt, wenn du zurückgestoßen wurdest, aber irgendwann ist Schluß. Wenn deine Bedürfnisse nicht erfüllt werden, ist es normal, daß du die Beziehung in Frage stellst und dir überlegst, ob du nicht lieber gehen solltest. Ein Mann erzählte: »Ich kann nicht mehr. Ich sehe kaum eine Veränderung. Sie schon. Alles, was für sie positiv ist, wenn sie zum Beispiel leichter Kontakt zu ihrer Wut bekommt, hat für mich negative Auswirkungen.« Und ein anderer Partner fügte hinzu: »Ich wünsche das keinem Menschen. Es lohnt sich einfach nicht.« Und eine Frau, die mit einer Überlebenden Schluß gemacht hatte: »Ich konnte nicht mehr bedingungslos immer nur geben und nie etwas zurückbekommen.«

PartnerInnen, die in ihrer eigenen Vergangenheit immer nur für andere da waren, stellen manchmal ihren Einsatz für die Überlebende (den Überlebenden) in Frage, wenn sie selbst an sich gearbeitet haben. Sie fragen sich, ob eine Beziehung, in der sie soviel mehr geben als nehmen, gut für sie ist. Und manchmal haben sich auch beide PartnerInnen in so abträgliche, destruktive Muster verstrickt, daß eine Beendigung der Beziehung der einzige Ausweg ist, den sie sehen. Ein Partner erzählte:

Meine eigene Wut und mein eigener Schmerz sind so real, daß ich ihr kaum helfen kann. Wir haben inzwischen eine gemeinsame Geschichte mit diesen ganzen Problemen, und wir haben so viele negative Verhaltensmuster entwickelt. Jetzt reicht schon ein flüchtiger Blick oder eine leichte Berührung, und sofort machen wir beide dicht.

Wenn du mit dem Gedanken spielst, Schluß zu machen, heißt das nicht unbedingt, daß du selbstsüchtig oder unzuverlässig bist. Du bist unglücklich, du leidest, du kämpfst mit unglaublich schwierigen Umständen. Nimm dir die Freiheit zu fragen: »Soll ich gehen oder bleiben?« Wenn du den Gedanken und das Gefühl, du solltest vielleicht gehen, immer nur unterdrückst, fühlst du dich zum Schluß gefangen, hilflos und ärgerlich. Wenn du weißt, daß du Alternativen hast, spürst du, daß du immer noch selbst über dein Leben bestimmen kannst. Und das brauchst du. Frag dich: »Wie lange kann ich so weitermachen? Was kostet es mich, wenn ich mich weiter so aufopfere? Habe auch ich hier Raum, mich zu entwickeln? Was ist mit meinen Bedürfnissen?« Selbst wenn du sicher bist, daß du die Beziehung fortsetzen willst, helfen dir diese Fragen, selbstbewußter auf die Erfüllung deiner Bedürfnisse zu achten.

Deine Entscheidung, zu bleiben oder zu gehen, hängt von einer Reihe von Faktoren ab und nicht nur von der Rolle, die der sexuelle Kindesmißbrauch in eurer Beziehung spielt. Neuere Beziehungen mit weniger Geschichte oder weniger gemeinsamen Zielen und Vorstellungen gehen unter der Belastung der Auseinandersetzung mit sexuellem Mißbrauch eher in die Brüche. Beziehungen mit tiefen Wurzeln, mit einem starken Gefühl der Zusammengehörigkeit und mit PartnerInnen, die mehr Verantwortung miteinander teilen und bereits in der Vergangenheit Krisen gemeistert haben, haben bessere Chancen. Wenn eure Beziehung von Anfang an auf wackeligen Füßen stand, kann sexueller Mißbrauch die Belastung sein, die ihr den Rest gibt.

Stell dir die folgenden Fragen: »Wie neu ist unsere Beziehung? Haben wir einen gemeinsamen Traum? Eine Vorstellung davon, wohin wir wollen, was wir wollen? Ein gemeinsames Ziel, das über die Probleme, die wir haben, hinausgeht? Sind wir beide entschlossen, an dieser Heilung und an unserem Wachstum zu arbeiten? Welche Pflichten und Aufgaben haben wir bisher geteilt? Waren wir sicher, daß wir zusammenbleiben wollten, bevor dies alles anfing?« Deine Antworten auf diese Fragen bilden die Grundlage für die schwierige Entscheidung, die vor dir liegt.

Nicht alle Beziehungen sind der Auseinandersetzung mit sexuellem Mißbrauch gewachsen. Als ich anfing, Erinnerungen zu haben, hatte ich gerade eine neue Beziehung begonnen. Meine Partnerin, eine Frau, die ich sehr liebte, kämpfte sich mit mir durch die ersten sechs Monate meiner Heilung, und dann machte sie Schluß mit mir. Sie sagte, sie könne eine Beziehung ohne Sex, in der ihre wichtigsten Bedürfnisse nicht erfüllt würden, nicht aushalten.

Als sie ging, war ich am Boden zerstört. Ich war sicher, ich stecke so voller Probleme, daß mich niemand jemals wieder lieben würde. Ich konnte nicht glauben, daß sie mich ausgerechnet in dem Moment verlassen hatte, als ich am bedürftigsten und verletzlichsten war. Das war mein Tiefpunkt. Ich hatte ständig Erinnerungsblitze, meine Familie warf mir vor, Lügen über meinen Großvater zu verbreiten, bei der Arbeit konnte ich mich nicht konzentrieren, und die Frau, die ich am meisten liebte, erzählte mir, ich sei ihr zu kaputt.

Wenn ich jetzt an diese Zeit zurückdenke, begreife ich, daß meine Partnerin gehen mußte. Das war für sie am besten. Natürlich wünschte ich mir, sie wäre geblieben, aber Tatsache ist, daß ich ihr Verlassen genutzt habe, um weiter in die Tiefe zu gehen. Ich brauchte nicht mehr zu versuchen, mich um unserer Beziehung willen zusammenzureißen, mit ihr zu schlafen (was doch regelmäßig schiefging) oder so zu tun, als interessierte ich mich für ihre Bedürfnisse und Gefühle. Ich war dazu sowieso nicht in der Lage, und als sie erst einmal fort war, konnte ich in Ruhe zusammenbrechen. Das meine ich so. Ich befand mich in einer furchtbaren Krise, das stimmt, aber jetzt hielt mich nichts mehr davon ab, richtig in meine Abgründe und die schmerzliche Arbeit, die vor mir lag, einzusteigen. Ich wurde nicht mehr von Bedürfnissen abgelenkt, die ich in keiner Weise erfüllen konnte. In den Monaten nach unserer Trennung machte ich enorme Fortschritte.

Natürlich wünschte ich, ich hätte eine Partnerin gehabt, die mir durch die ersten schrecklichen Jahre geholfen hätte. Ich sehnte mich danach, in den Arm genommen und ohne jede Gegenleistung geliebt zu werden. Es war nicht realistisch, aber ich wünschte es mir verzweifelt: auf ganz besondere Weise beschützt und geliebt zu werden, für das, was ich war, und nicht für das, was ich zurückgeben konnte. Das konnte ich nicht bekommen, aber mit der Hilfe meiner Therapeutin, meiner Freundinnen und anderer Überlebender habe ich meinen Weg gefunden. Und unterwegs habe ich eine wichtige Wahrheit über das Leben erfahren: Wir alle sind im Grunde allein. Nicht so allein, wie ich es als Kind war, mit gespreizten Armen und Beinen auf meinem Bett festgenagelt, als es niemand wußte und auch niemanden kümmerte. Jetzt war ich auf eine andere Weise allein. Meine Geliebte hatte mich nicht gerettet. Meine Freundinnen konnten mich nicht retten. Meine Therapeutin konnte mich nicht retten. Es war mein Leben und mein Schmerz. Ich mußte da selbst hindurch. Niemand konnte mir das abnehmen.

Als Kind hat die (der) Überlebende das Schlimmste bereits erlebt. Sie hat den Mißbrauch überlebt, und vermutlich wird sie es auch überleben, wenn du sie verläßt. Dein Weggehen wird kaum über ihr Schicksal entscheiden. Ich möchte die Wirkung, die dein Gehen haben könnte, nicht herunterspielen. Deine Partnerin (dein Partner) wäre am Boden zerstört und tief verletzt. Es würde Erinnerungen an andere Zeiten wachrufen, in denen sie sich verlassen fühlte. Sie würde dir vielleicht Vorwürfe machen und dir die Verantwortung für ihren Schmerz geben, aber Tatsache ist, daß ihr Schmerz ihre Sache ist. Du konntest nicht für sie heilen, als ihr zusammen wart. Und du kannst es auch nicht, nachdem ihr euch getrennt habt. Die eigentliche Arbeit muß sie selbst leisten.

Zu bleiben oder zu gehen ist eine sehr schwerwiegende Entscheidung und stellt dich vor eine schlimme Wahl. Aber es ist besser, mit dir selbst (und der Überlebenden) ehrlich zu sein, als eine Zuverlässigkeit vorzutäuschen, die nicht da ist. Überlebende sind in Familien aufgewachsen, in denen sie belogen wurden. Du solltest der (dem) Überlebenden wenigstens die Wahrheit gönnen. Wenn du mit dem Gedanken spielst, die Beziehung zu beenden, sprich darüber. Und wenn du schließlich zu gehen beschließt, dann steh dazu, daß das deine eigene Entscheidung ist, die du auf der Basis deiner Bedürfnisse, deiner Gefühle und deiner Grenzen getroffen hast. Mach nicht die Überlebende dafür verantwortlich, und sag ihr nicht, es sei ihre Schuld. Laß ihr deine Liebe, deine Unterstützung und ihre Würde. Und wenn du dann gehst, dann weißt du, du hast dein Bestes getan.

KRISENMANAGEMENT

»Egal, wo du hinsiehst, es durchdringt einfach alles.«

*»Wenn ich nicht zu Hause bin, rufe ich sie jede Stunde an,
um mich zu vergewissern, wie es ihr geht.
Ich überlege mir schon, ob ich mir so einen Pieper holen soll.
In einer Stunde kann viel passieren.«*

*»Sie mußte immer wissen, wo ihre Therapeutin war.
Zwei Jahre lang wußte sie immer,
wie und wo sie die Frau erreichen konnte.
Als die Therapeutin einmal für eine Woche in Urlaub fuhr,
war das eine Katastrophe.
Und ich dachte, ich wüßte, was eine Krise ist ...«*

Wie mache ich der Überlebenden klar, daß nicht jede Enttäuschung, jedes Problem und jede Herausforderung eine Frage von Leben und Tod sein muß? Warum werfen die banalsten Dinge sie sofort aus der Bahn?

Wenn wir emotional aufgewühlt sind oder unter Druck stehen, kommen wir mit ganz alltäglichen Problemen lange nicht so gut zurecht wie sonst. Das haben wir alle schon erlebt. Du hast ein krankes Kind zu Haus, kriegst nicht genug Schlaf, dein Chef ist sauer auf dich, du hast Krach mit deinem Mann. Du fährst von der Arbeit nach Hause. Wirst von einem anderen Autofahrer geschnitten. Du fängst an zu schimpfen und zu fluchen und könntest ihn umbringen. Wenn dich so ein Idiot schneidet, ist das kein Grund zum Mord, aber weil du am Ende deiner Nerven bist, weißt du genau, dieser Typ verdient den sofortigen Tod.

Wenn Überlebende aktiv an ihrer Heilung arbeiten, und vor allem, wenn sie sich in einer Krise befinden, sind sie nicht besonders lebenstüchtig. Ich hatte noch letzte Woche so ein paar Tage. In meiner Familie war etwas passiert, was mich an alte Zeiten erinnerte, in denen ich mich hilflos und allein gefühlt hatte. Einige Tage lang fühlte ich mich wie ein verlorenes kleines Kind. Ich konnte nicht mehr verstehen, wieso ich eine Woche vorher noch zufrieden mit mir gewesen war, wußte nicht, wer ich war und was ich mit meinem Leben eigentlich machte. Jeden Morgen ging ich in mein Büro, sah mich um und sagte mir: »Das ist ein Büro für Erwachsene, ich glaube, ich gehöre hier heute nicht hin.« Und dann ging ich ins Bett und weinte. Jede Kleinigkeit wurde zu einem unüberwindbaren Hindernis. Eine Freundin sagte unsere Urlaubspläne ab. Ich war unglücklich und fühlte mich im Stich gelassen. Ich bekam Streit mit meiner Ärztin, weil ich einen Termin hatte und sie zu spät kam. Meine beste Freundin verlieh ein Buch, das ich ihr geschenkt hatte, und ich ging an die Decke. Wie konnte sie mir das antun? Das waren alles nur vergleichsweise kleine Sachen, aber ich hatte so ein dünnes Fell, daß mich alles überforderte. Ich benahm mich wie eine Sechsjährige, nicht wie eine flexible, lebenstüchtige Erwachsene. Als ich wieder ich selbst war, brauchte ich eine Weile, um das alles wieder in Ordnung zu bringen. Ich fand es demütigend, daß mir so etwas nach sieben Jahren Heilung passierte. Ich hatte vergessen, wie es war, so in ein Loch zu fallen. Seit ich das letzte Mal abgestürzt war und den Bezug zur Gegenwart völlig verloren hatte, war ein ganzes Jahr vergangen. Aber selbst in meiner Demut war mir klar, wieviel ich geschafft hatte. Während der ersten zwei Jahre meiner Heilung hatte ich mich ständig klein und verletzlich gefühlt, und der Alltag überforderte mich völlig. Wenn ich jetzt »in ein Loch fiel«, war das wirklich die Ausnahme.

Wenn Überlebende von Erinnerungen und schmerzlichen Gefühlen überflutet werden und in ihren inneren Heilungskampf verstrickt sind, verlieren sie oft (zumindest zeitweise) die Fähigkeit, angemessen auf eine Situation zu reagieren. Ihre emotionale Reaktion ist häufig überzogen, da sie Verletzungen aus Gegenwart und Vergangenheit nicht auseinanderhalten können. Sie verlieren den Überblick und die Geduld. Wie ein alter Ford mit ausgeschlagenen Stoßdämpfern: Die kleinste Bodenwelle nimmt ihm die Bodenhaftung. Eine Partnerin schildert:

> Je mehr er sich des Mißbrauchs bewußt wird, desto mehr leiden wir darunter. Jetzt haben wir gerade eine Phase hinter uns, in der er sehr leicht explodierte. Der kleinste Anlaß genügte.

Vielleicht blüht die (der) Überlebende in Krisensituationen auch auf. Viele Überlebende sind in Familien aufgewachsen, in denen Papa betrunken und Mama mit blauen Flecken übersät und der Strom abgestellt war, und das Baby schrie, weil es nicht gefüttert wurde. Die Gefahr lauerte überall, und die (der) Überlebende war der einzige Mensch in der Familie, der die ganze katastrophale Situation vor dem völligen Zusammenbruch bewahrte.

Wer das Leben als Krise erfahren hat, kann dieses Konzept nur schwer aufgeben. In einer Krise steigt dein Adrenalinspiegel, du bist sehr erregt und hast keine Zeit zu fühlen. Du handelst automatisch. Du reagierst nur. Krisenmanagement kann durchaus ein Mittel sein, dich gut zu fühlen. Wenn alles ruhig ist und du angemessen reagierst, fehlt das Hoch, das eine dramatische Situation begleitet. »Wenn es nicht ganz intensiv ist, fühle ich mich nicht richtig lebendig«, sagen viele Überlebende von sich.

Als Partnerin oder Partner kann das für dich sehr schwierig sein. Du willst nicht, daß jede kleine Unstimmigkeit zu einer großen Krise wird; es gibt genug echte Krisen zu bewältigen. Leider läßt sich an dieser Situation so leicht nichts ändern. Die (der) Überlebende hat alle Hände voll zu tun; sie wird jetzt vielleicht eine Zeitlang nicht sehr gut mit dem Alltag zurechtkommen. Im Rahmen der Heilung rangiert sie alte Überlebenstechniken aus und ersetzt sie durch neue, die besser funktionieren, aber während sie das tut, kann sie manchmal sehr labil und verletzlich sein.

Ein paar Dinge kannst du tun. Erkenne die Gefühle der (des) Überlebenden an. Hör ihr zu. Biete ihr an, für sie die Realitätsprüfung zu übernehmen: »Daß Bob euer Tennis-Match abgesagt hat, ist ganz etwas anderes, als daß dein Vater dich im Stich gelassen hat.« Vertritt deinen Standpunkt: »Ich glaube nicht, daß deine ganze Wut wirklich mit Pauline zu tun hat; ich glaube, du bist auch sehr wütend auf deine Mutter wegen der Dinge, die sie dir angetan hat.« Ist die Überlebende jedoch auf dich wütend, mußt du anders vorgehen. Sie wird nicht begeistert sein, wenn du sagst: »Das hat gar nichts mit mir zu tun. Hier geht es um deine Mutter.« (Alternativen findest du auf S.89ff.)

Zeig der (dem) Überlebenden, daß das Leben nicht als kontinuierliche Krise gelebt werden muß. Dein Beispiel, deine überwiegend ruhige Art, mit den Dingen umzugehen, färbt vielleicht nicht auf die Überlebende ab, aber sie sieht, daß es Alternativen gibt. Aber gib deine eigenen Schwächen ehrlich zu: Wenn du immer ruhig und ausgeglichen bist, kann das auch bedeuten, daß du deine eigenen Gefühle wegschließt. (Das ist eine sehr häufige Reaktion, wenn man mit jemandem zusammen ist, der oder die sich ständig aufregt.)

Vielleicht mußt du auch einfach akzeptieren, daß der Löwenanteil der Problembewältigung eine Zeitlang an dir hängenbleibt. Aber je mehr Schmerz aus der Vergangenheit die (der) Überlebende aufgearbeitet hat, desto besser wird sie in der Lage sein, angemessen mit Themen aus der Gegenwart umzugehen.

**Nichts zu tun scheint das einzig Richtige zu sein.
Alles, was ich mache, ist verkehrt.
Ich habe das Gefühl, sie verwechselt mich ständig mit ihrem Vater.**

PartnerInnen denken oft, egal, was sie tun, sie scheinen alles nur schlimmer zu machen. Wenn du eine Beziehung mit einer (einem) Überlebenden hast, deren Erinnerungen und schmerzliche Gefühle ganz dicht unter der Oberfläche liegen, dann kann der geringste Anlaß Ängste, Erinnerungsblitze und Wut auslösen. Ein Partner schilderte:

> Seit sie die Therapie angefangen hat und in der Selbsthilfegruppe ist, wird sie ungeheuer schnell wütend, und oft geht diese Wut in die falsche Richtung: gegen mich. Alles, was sie auch nur im Entferntesten an ihren Vater erinnert, ist Zündstoff. Ich muß ganz schön viel einstecken.

Wenn du in dieser Situation bist, hat die (der) Überlebende Schwierigkeiten, die Vergangenheit von der Gegenwart zu unterscheiden, und alles verschmilzt miteinander. Das kann für dich als Partnerin bzw. Partner hart sein. Du kannst nicht ewig auf Zehenspitzen herumlaufen und versuchen, vorsichtig zu sein. Irgendwann reicht es dir, und du bist sauer: Du hast keine Lust mehr, in einem Minenfeld herumzuschleichen.

Zum Glück ist das nur eine Phase. Es dauert nicht ewig.

Wenn die (der) Überlebende schnell in die Luft geht, ist das so, als wärst du mit jemandem zusammen, der oder die eine Umweltallergie hat und gegen die meisten Haushaltsprodukte allergisch ist. Du mußt gewissenhaft jede giftige Substanz identifizieren und aus dem Haushalt entfernen: Seife mit Duftstoffen, Parfüm, Kunstfasern, Putz- und Waschmittel. Das kostet Zeit, aber du machst es trotzdem. Und dann gehen die allergischen Reaktionen auch zurück.

Mit Überlebenden ist es ähnlich. Du lokalisierst die Auslöser und versuchst, sie so gut du kannst zu reduzieren. Aber ein Haarspray oder ein Deodorant sind viel leichter loszuwerden. Du kannst deine Gefühle, die unvermeidlichen alltäglichen Konflikte, deine Angewohnheit, dich im Schlaf herumzudrehen, dein Bedürfnis, in deinem eigenen Haus zu leben, nicht einfach abstellen. Wenn die (der) Überlebende gerade eine solche Phase durchlebt, in der sie bei dem geringsten Anlaß die Fassung verliert, kann dein Leben so aussehen: Du kommst fünf Minuten zu spät, und plötzlich bist du ihre Mutter, die nächtelang wegblieb und trank und selten ihre Versprechen einhielt, mit ihr in den Park zu gehen, sich die Schulaufführung anzusehen oder ihrer Tochter eine Gutenachtgeschichte vorzulesen. Du zerbrichst eine Teetasse und wirst mit einer Wut konfrontiert, die eigentlich dem Stiefvater der Überlebenden gebührt, dem Mann, der ihre kleine Katze quälte, als sie acht war. Die Überlebende regt sich zu Recht über etwas auf, und stellt dann eine Verbindung zu sämtlichen Verletzungen ihres gesamten Lebens her.

TherapeutInnen nennen das Übertragung. Du repräsentierst allmählich mehr als nur dich selbst. Die Trennlinie zwischen Vergangenheit und Gegenwart verschwimmt, und die (der) Überlebende kann nicht mehr zwischen dir und einem Menschen aus der Vergangenheit unterscheiden. Alles kann ein Auslöser sein: Du trägst einen Bart, und der Onkel der Überlebenden hatte auch einen. Du bist eine Frau mit großen Brüsten, und die Mutter der Überlebenden, die sie sexuell mißbraucht hat, hatte auch einen vollen Busen. Du wirst laut, wenn du wütend bist, und löst Erinnerungen daran aus, wie ihr Vater sie anschrie, sie wäre dumm und nutzlos. In solchen Momenten vergißt die Überlebende, wer du bist, und verwechselt dich mit dem Täter. Du versuchst, aufmerksam und rücksichtsvoll zu sein, doch alles, was du sagst, wird falsch ausgelegt und mißverstanden. Manchmal sieht sie den Täter buchstäblich vor sich (eine Art von Erinnerungsblitz, als ob du nicht mehr da wärst) oder regrediert zu kindlichem Verhalten: Sie flüchtet in eine Ecke und zieht Kopf und Schultern ein, um ihren Körper zu schützen, als erwartete sie, daß du sie schlägst. Du bist verwirrt – du wärst nie auf den Gedanken gekommen, sie zu schlagen. (Mehr über Regression auf S. 94ff.)

Ein paar Dinge kannst du tun, wenn du mit dem Täter verwechselt wirst. Das Wichtigste ist, daß du in eurer Beziehung stark präsent bist. Wenn du ärgerlich bist, zeig deinen Ärger. Wenn du frustriert bist, sag das. Wenn du dich freust, zeig deine Freude. Wenn du eine Grenze ziehen mußt, dann tu das. Grenzen zeigen der (dem) Überlebenden, wer du bist. Wenn du ein Mensch mit klar erkennbaren Gefühlen, Meinungen, Bedürfnissen und Grenzen bist, unterscheidest du dich von dem Täter. (Siehe »Erics Geschichte«.)

Bitte um eine Pause, wenn du mit dem Täter verwechselt wirst. Geh nicht in die Luft. Erinnere die Überlebende daran, wer du bist. Sag: »Ich weiß, im Moment glaubst du, ich hasse dich, aber das tue ich nicht. Ich bin sehr sauer auf dich, aber ich hasse dich nicht. Ich bin Bob. Ich habe dich gern. Wir haben uns gestritten, und du hast Angst gekriegt.« Hilf ihr, sich zu beruhigen.

Wenn die (der) Überlebende »wieder da« ist, versuche, den Auslöser herauszufinden: das Zimmer war zu dunkel, du bist zu plötzlich auf sie zugegangen, du hast nach Bier gerochen, als du ins Bett kamst, mitten im Streit hast du eine Drohgebärde gemacht. Wenn du die Auslöser kennst, kannst du oft Schritte unternehmen, um sie abzustellen. Du läßt dir die Haare anders schneiden, umarmst die Überlebende nicht mehr von hinten, trinkst nichts mehr, bevor du ins Bett gehst, oder änderst deine Wortwahl bei bestimmten Dingen: Bei »Ich hab dich lieb« gerät die Überlebende vielleicht in Panik, weil es sie an ihre Mutter erinnert, die immer sagte: »Ich hab dich lieb, mein Schatz«, und sie dann mißbrauchte. Wenn du das nächste Mal etwas Liebes flüstern willst, versuch es mit: »Ich liebe dich« oder »Ich habe dich sehr gern«. Und überlege dir, wie du mit ähnlichen Auslösern umgehen wirst. (Überlege dir das, *bevor* es wieder passiert.)

Manchmal steckt aber auch mehr dahinter. Die (der) Überlebende schätzt dich möglicherweise nicht völlig falsch ein, ihre Wahrnehmung mag ein Körnchen Wahrheit enthalten. Sie wird an den Täter erinnert, weil du ihm in gewisser Hinsicht ähnelst. Der Vergleich stimmt. Der Täter verhielt sich irrational und hatte seinen Zorn nicht im Griff. Du hast auch nicht gelernt, mit deinen Gefühlen der Wut und des Ärgers umzugehen. Der Täter hielt die Überlebende in einer Position der Abhängigkeit, indem er ihr Liebe gab und wieder entzog. Das tust du auch. Er schmollte, wenn sie keinen Sex wollte, und du machst dasselbe.

Wir alle suchen uns PartnerInnen aus, die die besten und die schlechtesten Eigenschaften der Bezugspersonen unserer Kindheit widerspiegeln.* Bei Überlebenden überwiegen in der Auswahl leider oft die negativen. Bevor du die Anschuldigungen der (des) Überlebenden rundweg zurückweist, sieht dir die Dynamik eurer Beziehung einmal ehrlich an. Frage dich: »Wie bitte ich, wenn ich etwas will? Stelle ich Forderungen? Demütige oder quäle ich die Überlebende (den Überlebenden)? Drücke ich meinen Ärger auf eine bedrohliche Weise aus? Habe ich je Gewalt angewendet oder damit gedroht?«

Hier kann die Sensibilität der (des) Überlebenden dir helfen, selbst zu heilen. Du hast jetzt die Möglichkeit, destruktive Muster, die du als Kind gelernt hast, zu erforschen und zu ändern. Davon profitiert ihr beide.

Glaubt eine(r) von euch (oder ihr beide), die Dynamik eurer Beziehung könne destruktive

---

* Harville Hendrix: *Getting the Love You Want. A Guide for Couples* (New York 1990) enthält eine gründliche Analyse dieses wichtigen Gedanken.

Züge haben, müßt ihr euch unbedingt Hilfe von außen holen, um euch damit zu befassen.* Wenn ihr euch in einem Machtkampf verfangen habt, ist es schwer, klar zu erkennen, was da passiert. Vielleicht spielt ihr wieder Opfer und Täter, ohne daß euch das bewußt wäre. Holt euch Hilfe, damit ihr damit aufhören könnt.

---

* Wenn in eurer Beziehung Gewalttätigkeiten vorkommen, muß der/die gewalttätige PartnerIn sofort daran gehindert werden, und der/die andere braucht Schutz. Gewalttätiges Verhalten ist unakzeptabel und in keiner Weise Verhandlungsgegenstand für die Paarberatung. Die meisten Beziehungsprobleme werden zwar von beiden PartnerInnen verursacht, aber Gewalttätigkeit bildet eine Ausnahme.

Wie kann ich dem Überlebenden klarmachen, daß er mich nur auf Abstand hält, wenn er ständig wütend ist?

Sag der (dem) Überlebenden das. Sag ihr, was diese Wut wirklich bei dir bewirkt: »Ich kann nichts damit anfangen und fühle mich dir sehr fern.« »Du machst mir richtig angst. Ich kann jetzt nicht bei dir bleiben.« Zeige ihr, wo deine Grenzen liegen: »Ich bleibe nicht hier, wenn du weiter so mit mir redest. Du wirst dir ein anderes Ventil für deine Wut suchen müssen.«

Es ist durchaus angemessen (und notwendig), daß Überlebende wegen des Mißbrauchs Wut verspüren, aber es ist auch wichtig, daß sie lernen, diese Wut auf die richtigen Leute zu lenken. Wenn Überlebende keinen sicheren, angemessenen Ort haben, an dem sie ihre Wut herauslassen können, dann bricht sie über ihre gesamte Umgebung herein und vor allem über dich. Es ist etwas anderes, ob du das gesunde Bedürfnis der (des) Überlebenden, ihre Wut zu fühlen, respektierst, oder ob du dich davon manipulieren oder verletzen läßt. Ständige Wut kann eine Methode sein, dich auszuschließen. Natürlich willst du dich davor schützen. Warum solltest du jemandem nahe sein wollen, der oder die ständig wegen irgendwas zornig ist.

Es ist wichtig, in bezug auf Ärger und Wut klare Grenzen zu ziehen. Egal, wie heilsam Wut für die Überlebende oder den Überlebenden ist: Wenn sie dir schadet, ist etwas verkehrt. Wenn du diese Wut zum Teil verdient hast, dann beschäftige dich mit diesem Teil, aber bilde dir nicht ein, du müßtest den gesamten Zorn der (des) Überlebenden in voller Wucht über dich ergehen lassen. Sie kann ihre Wut nicht einfach herauslassen, wo und bei wem es ihr gerade paßt, nur weil sie wütend ist.

Viele Überlebende, vor allem Männer, haben gelernt, daß sie nur ein Gefühl zeigen dürfen: Wut. Sie müssen lernen, auch Trauer, Kummer und Verletzlichkeit zu empfinden und auszudrücken. Die Erweiterung ihres emotionalen Repertoires ist eines der Heilungsziele. Sie müssen neue Emotionen kennenlernen und dürfen Wut nicht länger als einzige Möglichkeit betrachten, starke Gefühle auszudrücken. Wenn du Grenzen setzt und klar zeigst, was der Ärger des Überlebenden mit dir macht, hilfst du ihm, dieses Ziel zu erreichen.

Normalerweise denken wir bei Gewalttätigkeit und unkontrollierter Wut innerhalb von Beziehungen an Männer, die ihre Wut an Frauen auslassen. Es ist aber ganz wichtig zu erkennen, daß auch Frauen fähig sind, ihre Wut destruktiv auszudrücken. Auch in lesbischen und schwulen Beziehungen wird geschlagen, und es gibt seelische Mißhandlung und Gewalt. Wenn ihr innerhalb einer lesbischen oder schwulen Beziehung mit Gewalt oder destruktivem Verhalten zu kämpfen habt, werdet ihr weniger Anlaufstellen finden, an die ihr euch wenden könnt, aber ihr müßt euch unbedingt helfen lassen und dem destruktiven oder gewalttätigen Zorn Einhalt gebieten. (Bücher zu diesem Thema auf S.248f.)

Was machst du, wenn die Überlebende ständig sagt: »Ich sehe überhaupt keinen Fortschritt. Ich werde nie heilen!« Sie wird immer deprimierter.

Phasen der Verzweiflung sind ganz natürlich, wenn sich jemand mit sexuellem Kindesmißbrauch beschäftigt. Aber selbst wenn oft alles hoffnungslos scheint, ist es das nicht. Veränderungen geschehen langsam, aber sie finden statt. Der Schmerz bleibt nicht unverändert, die meisten Verletzungen sind nicht von Dauer.

Manchmal haben Gefühle der Hoffnungslosigkeit weniger mit dem zu tun, was in der Gegenwart passiert, als vielmehr mit den emotionalen Erinnerungen an die Zeit des Mißbrauchs. Die (der) Überlebende fühlt noch einmal die Verzweiflung, die sie als Kind erlebt hat. Es kann die Verzweiflung der Überlebenden manchmal lindern, wenn sie zwischen den Erinnerungen an alten Schmerz und dem, was tatsächlich in der Gegenwart geschieht, zu unterscheiden versucht.

Das beste Mittel gegen Hoffnungslosigkeit ist ein Mensch, der Hoffnung anbietet. Wenn die (der) Überlebende sich in einem Tief befindet, braucht sie etwas, das ihr Mut macht, sie anrührt und ihr wieder neuen Glauben an das Leben schenkt. Dein Glaube an sie kann ihr helfen, durchzuhalten, aber das allein wird nicht reichen. Sie braucht einen Weg aus der Wirrnis, einen Leitfaden, eine Schlepptrosse, die ihr hilft, vorwärtszukommen, wenn sie zu sinken glaubt.

Überlebende brauchen Vorbilder und Beispiele, die ihnen zeigen, daß Heilung möglich ist. Wenn sie sich mit Menschen identifizieren können, die auf demselben Weg schon ein Stückchen weiter sind als sie selbst, dann können sie diesem Weg weiter folgen.

Versinkt die (der) Überlebende immer tiefer in ihrer Depression, dann mußt du dafür sorgen, daß sie zu einer qualifizierten Therapeutin oder einem Therapeuten geht. Es ist normal, wenn die Überlebende deprimiert ist, weil sie sich mit ihrer Heilung enorm viel vorgenommen hat, aber eine Depression, die länger andauert und sich verschlimmert, ist ein Zeichen akuter Not.

Wenn du Angst hast oder dich um den Lebenswillen der (des) Überlebenden sorgst, braucht *ihr beide* qualifizierte Hilfe. Und falls die Überlebende so deprimiert ist, daß Selbstmordgefahr besteht, lies das Kapitel »Selbstmord« (S.102f.).

Wie lange dauert es, bis eine erwachsene Frau vom Kind zur Erwachsenen wird? Muß sie jedes einzelne Jahr ihres Lebens wiederholen, um die Fehlfunktion in ihrer Vergangenheit wiedergutzumachen? Ich bin langsam so frustriert. Ich weiß nicht, wie ich weiterhin Partnerin und gleichzeitig Elternteil für sie sein soll.

Überlebende müssen im Laufe ihres Heilungsprozesses oft zurückgehen und bestimmte Aspekte ihrer Kindheit noch einmal erleben. Die meisten Überlebenden hatten überhaupt nie die Möglichkeit, Kind zu sein. Ihr Vertrauen und ihre Arglosigkeit wurden durch den Mißbrauch zerstört. Viele lebten in Familien, in denen sie gezwungen waren, schon früh die Verantwortung von Erwachsenen zu tragen. Sie wurden dadurch zu schnell erwachsen und verpaßten unterwegs eine Fülle von Erfahrungen und Möglichkeiten zu lernen. Zur Heilung gehört das Rückerobern jener verlorenen Bereiche des Selbst, das Aufsammeln der Stücke, die zurückbleiben mußten.

Wir alle können von einer solchen Reintegration, der Wiederherstellung unseres vollständigen Selbst, profitieren. In uns allen wohnt ein Kind, ein Teil von uns, der albern oder arglos oder verletzlich ist, ein Teil, den wir vielleicht abgespalten haben, um zu überleben. Hast du dich schon einmal ertappt, wie du dich benahmst oder klangst, als seist du jünger als sonst? In den Spiegel geschaut und in deinem Gesicht einen Ausdruck gesehen, den du aus deiner Kindheit kanntest? Dich wie eine Zehnjährige gefühlt, als du mit deinen eigenen Kindern spieltest? Das sind Spuren des Kindes in dir.

Manche von uns finden leicht Zugang zu diesem Kind: Wir haben den Kontakt zu unseren jüngeren Seiten nie verloren. Bei anderen haben traumatische Erlebnisse, Schmerz und strenge Erziehung das Kind in den Untergrund getrieben, es ist abgespalten und schwerer zu erreichen. Und in Fällen besonders schlimmen Mißbrauchs wird die Verbindung zu den kindlichen Anteilen manchmal vollständig durchschnitten. Dieser prinzipiell konstruktive Überlebensmechanismus kann zur Entwicklung multipler Persönlichkeiten führen. (Mehr über diese einzigartige Überlebensstrategie auf S.119ff.)

Für Überlebende ist die Kontaktaufnahme mit dem Kind in ihnen ein wichtiger Bestandteil der Heilung. Oft hat dieses Kind die Erinnerungen und Gefühle für die Erwachsene oder den Erwachsenen aufbewahrt. Und wenn die (der) Überlebende jetzt auf dieses Kind hört, tauchen Erinnerungen auf: oft schmerzhaft oder erschütternd, manchmal auch angenehm. Wird der Schmerz des Kindes anerkannt und losgelassen, braucht die erwachsene Überlebende die einengenden Überlebensstrategien, die sie in der Kindheit angenommen hat, nicht mehr. Und vielleicht erobert sie sich ja sogar eine gewisse arglose oder spielerische Unbekümmertheit zurück.

Von außen kann dieser Rückgewinnungsprozeß ganz schön verrückt erscheinen. Überlebende regredieren oft: Sie fühlen und verhalten sich plötzlich wie Kinder statt wie Erwachsene. Für dich als Partnerin oder Partner bedeutet das, daß die (der) Erwachsene sich plötzlich wie ein Kind benimmt und entsprechend reagiert. Manchmal ist dieser Wechsel ganz erfrischend: Deine normalerweise eher etwas steife Partnerin ist bereit zu lachen, zu spielen und Neues auszuprobieren. Wenn du dich jetzt mit deiner eigenen kindlichen Begeisterung gleichfalls hineinstürzen kannst, habt ihr sicher viel Spaß. Aber zu anderen Zeiten können diese Veränderungen auch schlimm sein. Du willst mit einer gleichaltrigen Partnerin zusammensein und siehst dich aus heiterem Himmel mit einem verängstigten, zurückgezogenen oder widerspenstigen Kind konfrontiert. Was ist aus der Erwachsenen geworden, mit der du vor fünf Minuten noch gesprochen hast?

Das Umschalten auf die kindliche Ebene kann durch eine Vielzahl von Dingen ausgelöst werden, die die Überlebende (den Überlebenden) an ihre Kindheit erinnern: ein ärgerlicher Tonfall, die Farbe deines Hemdes, eine Körpererinnerung. Es passiert oft, wenn die Überlebende Angst hat, ärgerlich, aufgebracht oder sexuell erregt ist. Ein solches Umschalten kann auch auf eine multiple Persönlichkeit hindeuten.

Eine Regression kann etwa so aussehen: Du willst gerade mit der (dem) Überlebenden schlafen, bist mitten in einem Streit oder willst zur Arbeit gehen, und ihr Gesicht verändert sich vor deinen Augen. Plötzlich siehst du eine Siebenjährige vor dir oder ein Kleinkind. Manchmal sind die Änderungen offensichtlich, manchmal subtil. Einfache, kindliche Sprache oder Änderungen der Körperhaltung können Hinweise sein. Regrediert die Überlebende bis ins Babyalter, spricht sie vielleicht gar nicht, sondern rollt sich nur zusammen und lutscht am Daumen. In dem Moment hast du es nicht mehr mit einer (einem) Erwachsenen zu tun.

Für die Überlebende ist Regression im Prinzip nicht gefährlich. Es schadet ihr nicht, wenn sie sich wie ein Kind fühlt und verhält (solange das Kind keine selbstzerstörerischen Gefühle hat, wenn kein Erwachsener aufpaßt). Erhält das Kind in der (dem) Überlebenden in einer sicheren Umgebung Raum zu existieren, kann das eine interessante, heilsame Erfahrung sein, die wertvolle Informationen liefert.

Als Partnerin oder Partner siehst du das vielleicht etwas anders. Du dachtest, die (der) Überlebende sei dir ebenbürtig, und plötzlich hast du ein Kind mehr. Du bist verärgert, besorgt und fühlst dich im Stich gelassen. So hattest du dir das nicht gedacht. Du weißt gar nicht, wie du mir ihr umgehen sollst. Du hast Angst und fühlst dich allein.

Es gibt zwei Möglichkeiten, mit einer Regression umzugehen: Mach mit, krempel deine Ärmel auf und geh mit der (dem) Überlebenden zusammen hindurch, oder gewährleiste, daß ihr nichts passieren kann (hilf ihr, in die Realität zurückzufinden, sorg dafür, daß sich jemand anders um sie kümmert), und kümmere dich dann um dich selbst. Du hast die Wahl, und du kannst dich jeden Tag neu entscheiden. PartnerInnen unterscheiden sich in ihrer Belastbarkeit und ihren Bedürfnissen. Es ist wichtig, daß du deine kennst. Frage dich: »Bin ich bereit, diese Regression mit ihr durchzustehen? Ihr durch die Erinnerungen hindurchzuhelfen, die vielleicht hochkommen? Oder muß ich zur Arbeit gehen, das Essen machen, mich um mich selbst kümmern?« »Wieviel Angst habe ich?« »Kann ich das im Moment schaffen?« Du mußt deine Grenzen kennen. Wenn du versuchst, dazusein, ohne es aber eigentlich zu wollen, wird es schiefgehen. Leg Grenzen fest, die deine tatsächlichen Bedürfnisse widerspiegeln.

Wenn du beschließt, mit der (dem) Überlebenden zusammen durch eine Regression zu gehen, kannst du dich an folgenden Richtlinien orientieren: Sprich mit ihr, als würdest du mit einem Kind in einem vergleichbaren Alter reden. Versichere ihr, daß sie sich jetzt gefahrlos erinnern kann: daß ihr nichts passieren wird und daß du bei ihr bleibst. Hat sie einen Erinnerungsblitz, dann hör zu und merk dir, was sie erzählt. Frag sie, was sie sieht und fühlt. Frag sie, wo sie ist, ob jemand bei ihr ist. Manchmal wird sie dir sagen, was da geschieht, manchmal wird sie es nicht wollen. Sie erlebt vielleicht Gefühle oder Körpererinnerungen, an die keinerlei Worte gebunden sind. Und manchmal kannst du diesem Kind nur als ZeugIn dienen: Es erfährt etwas über seine Geschichte, dort, zusammengekauert in seiner Ecke. Hilf dem Kind und hab es lieb, aber gib ihm Luft zu atmen (siehe »Noahs Geschichte«).

Wenn du die Regression der (des) Überlebenden nicht mitmachen willst, dann gibt es ein paar Möglichkeiten, wie du ihr helfen kannst, wieder in der Gegenwart Fuß zu fassen: Bitte sie, die Augen zu öffnen, dich anzusehen, auf den Klang deiner Stimme zu achten, ein paar Schritte zu laufen, zu beschreiben, was sich im Zimmer befindet. Erinnere sie daran, wer sie ist und wer du bist. Mach ihr eine Tasse Tee. Bring ihr einen Teddybär und eine Decke. Pack sie fürsorglich in die Decke ein. Lies ihr eine Geschichte vor. Streiche ihr über den Kopf. Ruf ihre Therapeutin oder jemanden aus der Selbsthilfegruppe an, damit sie mit ihr reden kann. (Vielleicht fühlt sich die Überlebende dadurch bedrängt, wenn ihr das nicht vorher abgesprochen habt.) Manche TherapeutInnen besprechen für ihre KlientInnen eine Cassette mit einer beruhigenden Geschichte oder mit Anweisungen für eine Entspannungsübung. Wenn die Überlebende das Band hört, fällt es ihr leichter, auf sich aufzupassen. Erkundige dich, ob die Therapeutin der Überlebenden bereit ist, so eine Cassette aufzunehmen. Experimentiere. Finde heraus, was die Überlebende am besten in die Gegenwart zurückbringt. (Was bei der einen Überlebenden gut funktioniert, kann die andere verstören.)

Zum Glück dauert das Wiederfinden des inneren Kindes nicht so lange wie das reale Aufwachsen. Die (der) Überlebende braucht sich kein ganzes Jahr lang wie eine Vierjährige zu fühlen. Und Pubertät und Jugend werden auch keine zehn Jahre dauern. Das Zusammenfügen geht viel schneller. Zu Beginn haben die Überlebenden wenig oder gar keinen Einfluß auf dieses Umschalten in das Kindheitsstadium und wieder heraus, aber mit der Zeit sollte die Überlebende in der Lage sein, beides bewußt zu steuern, und Fähigkeiten entwickeln, auf das Kind achtzugeben.

Innerhalb des Heilungsprozesses sollten sich regressive Arbeit und das Entwickeln neuer Fähigkeiten und Techniken die Waage halten. Es ist für die Überlebenden ebenso wichtig, ein Erwachsenen-Instrumentarium zu entwickeln (eine Netzwerk von FreundInnen und HelferInnen aufzubauen, zu lernen, gut zu sich selbst zu sein, Kommunikationsfähigkeiten zu entwickeln), wie es das Wiederfinden des Kindes in ihr ist. Qualifizierte TherapeutInnen lassen Regression zu oder fördern sie, lehren die Überlebenden jedoch gleichzeitig, wieder in der Gegenwart Fuß zu fassen und zu Erwachsenen zu werden.

Vergiß nicht, du bist der Partner oder die Partnerin der (des) Überlebenden und kein Elternteil. Du hast die Möglichkeit, sie zu unterstützen oder mit ihr zusammenzusein, wenn sie sich auf ihrer kindlichen Ebene befindet, aber es ist nicht deine Lebensaufgabe, die Bezugsperson ihres inneren Kindes zu sein. Irgendwo muß Schluß sein. Eine Partnerin beschrieb ihre Grenzen so:

> Manchmal nehmen wir uns zu viel vor und glauben, wir müßten das alles schaffen. Ich habe selbst zwiespältige Gefühle. Ich will die »zentrale« Helferin sein, aber ich will auch meinen eigenen Ärger, meinen Frust und meine Verlassenheit spüren. Für mich war es ein wichtiger Schritt, als ich akzeptiert habe, daß ihre Therapeutin für die beständige, langfristige Unterstützung zuständig ist. Das gibt mir die Freiheit, die Partnerin zu sein und mich und meine Bedürfnisse nicht aus den Augen zu verlieren.

Regrediert die (der) Überlebende oft, hilf ihr, kompetente Menschen zu finden, die mit ihr arbeiten und ihr Techniken zeigen können, wie sie allein zurückfindet. Stellt gemeinsam ein Team von HelferInnen (FreundInnen, Mitglieder ihrer Gruppe, andere Überlebende) auf, die bei ihr bleiben können, wenn sie Schwierigkeiten hat, als Erwachsene in der Gegenwart zu bleiben.

Meine Partnerin kann ohne mich nicht mal mitten in der Nacht aufs Klo gehen. Wird sich das nie ändern?

Doch. Wenn Überlebende so stark auf Unterstützung angewiesen sind, befinden sie sich auf einem Krisenhöhepunkt. Die (der) Überlebende durchlebt eine Phase ihres Lebens, in der die Nacht ihr große Angst machte, noch einmal. Vermutlich ist ihr als Kind etwas zugestoßen, als sie mitten in der Nacht zur Toilette ging, und jetzt fürchtet sie jedesmal, es könnte wieder geschehen. Das mag ihr nicht bewußt sein, aber deshalb kann sie deinen Arm nicht loslassen. Gehst du mit, fühlt sie sich sicherer und vor ihren tausend Ängsten beschützt. Das ist so ähnlich, als würde ein Kind seine Mutter bitten, nachzusehen, ob auch niemand im Schrank ist. Deine Partnerin durchlebt jetzt ein bestimmtes Entwicklungsstadium noch einmal neu, und wie ein Kind, das schließlich auf seine Schmusedecke oder seinen Teddybär verzichtet, wird auch sie aus ihrem Bedürfnis nach dieser Art von Sicherheit herauswachsen. Braucht die (der) Überlebende diese Form der Unterstützung nur zeitweilig und kannst du sie bereitwillig leisten, ist alles wunderbar. Fühlst du dich jedoch zermürbt und hast keine Lust mehr, jede Nacht aufzustehen, kannst du ihr dieses Bedürfnis nach deiner körperlichen Präsenz ganz langsam abgewöhnen. Sie könnte vielleicht einen Gegenstand mitnehmen, etwas, das Sicherheit vermittelt, ein Plüschtier oder eine Zauberkugel, die sie selbst entwirft und anfertigt. Ihr könnt auch ein bestimmtes Kleidungsstück, deinen Bademantel oder dein großes ausgeleiertes T-Shirt als Rüstung aussersehen, die sie nachts vor schlimmen Dingen schützt. Trägt sie es, ist sie unbesiegbar. Kauf ein paar Nachtlichter oder laß im Flur das Licht brennen. Laß dir etwas einfallen. Irgend etwas funktioniert bestimmt.

Mit der Zeit entwickelt die (der) Überlebende die Fähigkeit, Sicherheit in sich selbst zu finden, und gleichzeitig wird der Raum, in dem sie sich angstfrei bewegen kann, größer. Im Arbeitsbuch zu *Trotz allem (The Courage to Heal Workbook)* zeige ich Überlebenden, wie sie sich zu Hause einen sicheren Ort schaffen können, an dem keine bösen Geister und Erinnerungen lauern. Das gelingt nicht jedem Menschen auf Anhieb, aber die Überlebende kann allmählich ein Gefühl innerer Sicherheit entwickeln. Du kannst (und willst) nicht jeden Tag und jede Minute bei ihr sein, und sie muß lernen, sich auch allein sicher und geborgen zu fühlen.

Selbstverteidigung ist ein sehr gutes Mittel für Überlebende, sich ein Gefühl der Sicherheit anzueignen. (Wendet euch an den Frauennotruf oder ein Frauenzentrum in eurer Nähe. Dort bekommt ihr Hinweise auf Selbstverteidigungsgruppen oder -kurse. Fragt, ob die Kursleiterinnen gezielt auf die Bedürfnisse von Überlebenden eingehen.) Ein Kurs in Selbstverteidigung kann Ängste abbauen und Überlebenden helfen, besser und selbstbewußter auf sich aufzupassen.

> **Seit er diese Erinnerungen hat, kann mein Partner
> nachts nicht mehr schlafen. Er hat Alpträume,
> und ich soll ihn in den Arm nehmen und ihn festhalten.
> Ich kann das nicht jede Nacht machen.
> Ich brauche meinen Schlaf. Ich bin am Ende meiner Kräfte.**

Überlebende haben vor allem nachts große Probleme (Schlaflosigkeit, Unruhe, Unsicherheit, Anfälle von Panik), weil sexueller Mißbrauch häufig nachts stattfindet. Viele Überlebende kennen panische »Nachtangst«: Sie können nicht schlafen, wachen mitten in der Nacht schwitzend oder schreiend auf (manchmal exakt zur gleichen Zeit, zu der sie vergewaltigt oder überfallen wurden) oder möchten, daß du mit ihnen zur Toilette gehst. Wenn sie überhaupt schlafen können, haben sie Alpträume voller Gewalt und Erinnerungsfragmente. Oft geht einer neuen Erinnerung Schlaflosigkeit voraus, oder sie folgt. Das kann für dich sehr hart sein, aber du mußt verstehen, daß das eine natürliche Folge der Tatsache ist, daß deine Partnerin (dein Partner) sexuell mißbraucht wurde.

Ich ermutige Überlebende, ein bißchen zu experimentieren, wie sie am besten schlafen können: in einem Bett, im Liegestuhl, tagsüber in kleinen Nickerchen, bei Licht, mit einem Hammer unter dem Kopfkissen – Hauptsache, sie finden etwas Ruhe. Ein paar schlaflose Nächte haben noch niemanden umgebracht. Manchmal ist es am besten, nicht dagegen anzukämpfen, sondern sich etwas Langweiliges im Fernsehen anzuschauen oder ein Buch zu lesen (nicht über sexuellen Mißbrauch, Massenmord oder Gewalt). Du kannst der (dem) Überlebenden auch helfen, einige simple Gründe für ihre Schlaflosigkeit zu erkennen: Hat sie etwas Beunruhigendes gelesen, bevor sie ins Bett ging? Habt ihr euch gestritten? Hattet ihr vor dem Einschlafen sexuelle Probleme? Redet ihr als letztes, bevor sie ins Bett geht, über sexuellen Mißbrauch? Die Gründe können auch körperlicher Natur sein: koffeinhaltige Getränke wie Cola oder Kaffee, Zucker oder Schokolade spät am Abend. Vielleicht sollte die Überlebende tagsüber Gymnastik treiben, dann ist ihr Körper abends so müde, daß sie besser schläft.

Möglicherweise müßt ihr diese Phase der »Nachtangst« auch einfach durchstehen. Als wäre die Überlebende ein Kind mit Alpträumen oder ein Kind, das eine Woche lang jede Nacht zweimal zur Toilette muß, weil es einen gruseligen Film gesehen hat – du mußt damit leben und ein Gefühl von Sicherheit und Geborgenheit vermitteln, bis dieses Bedürfnis nachläßt.

Hier ist ein Beispiel für eine gute Lösung:

> Ich habe Nachtschicht. Ich komme nach Hause, wenn sie schläft. Jahrelang ist sie immer schreiend aufgewacht, wenn ich nachts ins Schlafzimmer kam. Keine schöne Begrüßung für mich. Das kann einen Menschen schon verletzen. Jetzt haben wir endlich ein Lösung gefunden. Wir hatten in der Küche so ein tibetanisches Glockenspiel. Ich stoße es ein wenig an, und dann weiß sie, ich bin zu Hause.

Wenn du der (dem) Überlebenden mit einem Gutenachtlied helfen kannst, einer Tasse warmer Milch oder einem tibetanischen Glockenspiel, ist das prima. Aber auch wenn du nur zweimal in der Woche oder am Wochenende, wenn du nicht arbeitest, mit ihr wachen oder aufwachen kannst, ist das in Ordnung. Schlaft manchmal getrennt, damit du den Schlaf bekommst, den du brauchst. Es ist immer besser, wenn du freiwillig, ohne Widerwillen und mit Liebe gibst, was du kannst, als dich zu überfordern und es später zu bedauern.

Als Überlebende möchte ich natürlich lieber, daß jemand für mich da ist, wenn ich nicht schlafen kann. Wenn ich mitten in der Nacht aus einem Alptraum aufwache, hilft es sehr, wenn meine Partnerin mir zuhört, mich beruhigt, mich in den Arm nimmt, mich tröstet und mich wieder in die Realität zurückführt, aber es ist nicht lebenswichtig für mich. Ich hab schon Alpträume und scheußliche Nächte gehabt und bin allein gewesen, und inzwischen weiß ich mir zu helfen. Neben meinem Bett liegt immer ein Walkman mit neuen Batterien und einer Entspannungscassette. Ich stehe auf und mache mir eine Tasse Kamillentee. Ich rufe eine Freundin an, die aus irgendeinem Grunde (oder aus dem gleichen Grund wie ich) nicht schläft. Ich ziehe es vor, wenn mich jemand anders beruhigt oder da rausholt, aber ich hab schon ein paar üble Nächte allein durchgestanden.

Überlebende haben ihren Mißbrauch überlebt. Mit Einfallsreichtum und ein bißchen Unterstützung überleben sie auch noch ein paar schlimme Nächte.

Mein Partner schneidet sich immer wieder ins eigene Fleisch, bis er blutet. Er will sich nicht wirklich umbringen, aber er verletzt sich ständig von neuem. Ich bin völlig fertig. Was kann ich tun, damit er es läßt?

Viele Überlebende verletzen sich bewußt. TherapeutInnen nennen das Selbstverletzung. Überlebende schneiden oder verbrennen sich, schlagen mit der Faust in eine Glasscheibe, fahren betrunken und verunglücken mit dem Auto oder bringen sich auf andere Weise körperlich in Gefahr. Selbstverletzung kann im geheimen stattfinden und verborgen bleiben oder auch offensichtlich sein. Auf jeden Fall sollte Selbstverletzung ernst genommen werden. Versuch nicht, allein damit fertig zu werden.

Auch wenn es dich verstört (und auch gefährlich sein kann) zu sehen, wie sich jemand verletzt: Selbstverletzung ist eine Überlebenstechnik. Manchmal handelt es sich um eine Kopie des tatsächlichen Mißbrauchs. Die ständige Wiederholung einer zerstörerischen Handlung, deren Verletzungsgrad und Schmerz sie jetzt selber steuern können, übt eine seltsam tröstende Wirkung auf Überlebende aus. Sie können dem Schmerz Einhalt gebieten, wann immer sie wollen. Ihr Schmerz ist überschaubar, und diesmal sind sie diejenigen, die ihn steuern.

Andere Überlebende haben eine Gehirnwäsche erlebt und sind darauf programmiert, sich Schmerz zuzufügen oder sich unter bestimmten Umständen zu töten. Die Täter brauchen die Überlebenden gar nicht mehr zu verletzen. Sie erledigen das jetzt selbst. Sie handeln so, wie die Täter sie programmiert haben, und fühlen sich nicht in der Lage, etwas anderes zu tun. Damit sie aufhören können, müssen die selbstzerstörerischen Botschaften gelöscht und durch lebensbejahende ersetzt werden.

Manchmal verletzen Überlebende sich auch, um dem Schmerz, den sie in ihrem Inneren fühlen, Erleichterung zu verschaffen. Ihr Seelenleben ist voll von großer Qual und unerträglichem Leiden. Nach außen hin ist das nicht sichtbar, niemand weiß, wie schlecht sie sich fühlen. Und sie verletzen sich, um den Schmerz sichtbar zu machen. Das Schneiden wird zu einem Schrei nach Hilfe: »He! Mir tut's hier drinnen weh. Merkst du das nicht? Könntest du nicht etwas tun, um mir zu helfen?«

Viele Überlebende fühlen sich erleichtert, wenn sie sich verletzen: Der Druck läßt nach, so als ließe jemand ein bißchen Luft aus einem Ballon, der so voll ist, daß er zu platzen droht. Der körperliche Schmerz tut weniger weh als der emotionale Schmerz und ist daher eine willkommene Ablenkung von der furchtbaren Seelenqual, die Überlebende empfinden.

Wieder andere Überlebende sind so empfindungslos, daß sie die starke physische Stimulation der Selbstverletzung brauchen, um überhaupt etwas zu fühlen. Wenn sie sich selbst bluten lassen, fühlen sie sich lebendig: Es beweist, daß sie Menschen sind und daß sie leben. Nach innen gerichteter Zorn und Selbsthaß können ebenfalls zu Selbstverletzung führen. Schnittverletzungen sind möglicherweise die einzige »ungefährliche« Form, die Überlebende kennen, um ihre Wut auszudrücken. Manchmal schneiden Überlebende sich auch, wenn sie Angst haben oder glauben, sie »verdienten es, bestraft zu werden«: wenn sie mit jemandem schlafen, Sex genießen, über den Mißbrauch sprechen, neue Erinnerungen haben, den Täter zur Rede stellen oder einen anderen Durchbruch in ihrer Heilung erzielen.

Selbstverletzung kann eine zwanghafte Gewohnheit sein, der nur schwer Einhalt zu gebieten ist. Es ist aber möglich, das selbstzerstörische Muster zu unterbrechen. Die (der) Überlebende muß aufhören wollen und wird vermutlich professionelle Hilfe dazu brauchen.

Je enger die (der) Überlebende mit ihren Emotionen und ihrem Zorn in Kontakt kommt und lernt, ihre Gefühle auf andere Weise auszudrücken, desto weniger wird sie den Drang verspüren, sich zu schneiden oder weh zu tun. Körperarbeit zur Freisetzung von Gefühlen ist ein sehr wirksames Mittel gegen Selbstverletzung. Das gleiche gilt für Schreiben, Zeichnen und Malen und andere Formen kreativen Ausdrucks. (Eine Überlebende schrieb sich selbst jedesmal, wenn sie den Drang verspürte, sich zu schneiden, kleine Liebeserklärungen überall auf den Arm.)

Das Leben mit einer (einem) Überlebenden, die sich selbst Schmerz zufügt, kann beängstigend und verwirrend sein. Deine Reaktion wird von der Art und dem Grad der Verletzung abhängen, aber es ist normal, wenn du angesichts einer Überlebenden, die sich mit Absicht selbst verletzt, Angst, Hilflosigkeit und Wut verspürst. Manchmal wirst du dich fragen, was du in dieser Beziehung eigentlich noch verloren hast. Auch das ist normal. Du darfst die Überlebende nicht schützen, indem du mit deinen Gefühlen hinterm Berg hältst. Sag ihr, was du fühlst. Sag ihr, was ihre Taten in dir auslösen.

Selbstverletzung ist normalerweise nicht lebensgefährlich (die Schnitte sind meist eher oberflächlich), kann aber manchmal doch die Grenze zu einem Selbstmordversuch überschreiten. (Mehr über Selbstmord auf S.102f.) Tritt ein Notfall ein, hat die (der) Überlebende sich schwer verletzt und muß ins Krankenhaus, dann ruf einen Krankenwagen oder bring sie selbst hin. Kommt die Überlebende zu dir und sagt: »Ich schneide mich jetzt«, dann bitte sie um die Waffe. Und dann ruf Hilfe herbei. Besorge der (dem) Überlebenden qualifizierte Hilfe, damit ihr euch beide sicherer fühlen könnt. Und laß auch dir helfen. Kapsele dich nicht ab oder versuche, allein mit dieser Sache zurechtzukommen. Du magst dich schämen oder Angst haben, darüber zu sprechen, aber ihr braucht unbedingt Hilfe. (Tips für die Auswahl von geeigneten GesprächspartnerInnen auf S.138f.)

Die Selbstmordgedanken der Überlebenden machen mir solche Angst. Was soll ich tun?

Viele Überlebende spielen mit dem Gedanken an Selbstmord. Bei manchen verstärken Hoffnungslosigkeit und Seelenqual suizidale Gefühle, die eigentlich schon immer da waren. Andere haben solche Gedanken zum ersten Mal, wenn sie sich mit dem Schmerz des Mißbrauchs auseinandersetzen. Und wieder andere sind von ihren Tätern darauf programmiert worden, sich zu einem bestimmten Zeitpunkt (wenn sie über die Tat reden oder wenn sie ein bestimmtes Alter erreichen) selbst zu töten. Bei Überlebenden, die im Rahmen eines Teufelskults mißbraucht wurden, wird die Suizidgefahr oft durch Daten ausgelöst, an die bestimmte Kultrituale gebunden sind.

Selbstmordgedanken gehen oft mit einem Durchbruch in der Heilung der (des) Überlebenden einher (der Konfrontation des Täters mit dem Mißbrauch, der Erkenntnis, daß sie während des Mißbrauchs einen Orgasmus erlebte, dem ersten Zugang zu ihren Schuldgefühlen oder mit der Verarbeitung neuer Erinnerungen). Fast alle Überlebende kennen Momente, in denen sie wünschten, sie wären tot und bräuchten sich nicht mit ihrem Mißbrauch auseinanderzusetzen. Viele denken an Selbstmord, bringen sich aber nicht wirklich um. Andere tun es unglücklicherweise doch und erhöhen die Zahl der Opfer, die es nicht schaffen.

Natürlich willst du tun, was in deinen Kräften steht, um zu verhindern, daß deine Partnerin (dein Partner) sich das Leben nimmt. Ein Partner beschreibt hier seine Erfahrung:

> Ich mußte herausfinden, wie ernst ihre Selbstmordabsichten waren. Ich fragte sie: »Hast du vor, dir weh zu tun? Hast du das Gefühl, du könntest es wirklich tun?« Sie gab es zu. Ich fragte: »Hast du etwas, womit du dich verletzen könntest?« Sie sagte, sie wolle Rasierklingen nehmen, für ihre Pulsadern. Ich bat sie, mir zu versprechen, daß sie es nicht tun würde. Und daß sie mich sofort anrufen würde, wenn sie wieder denkt, sie müßte sich umbringen. Sie hat es mir versprochen. Ich war froh, daß ich in der Lage gewesen war, die Situation richtig einzuschätzen. Aber ich war auch bestürzt und hatte Angst. Ich hatte das Gefühl, meine Partnerin zu verlieren. Und ein paar Monate lang fühlte ich mich wirklich, als hätte ich sie verloren.

Da die meisten von uns für den Umgang mit Selbstmordgefahr nicht ausgebildet sind, mußt du unbedingt Hilfe holen, wenn die (der) Überlebende anfängt, davon zu sprechen.

Äußert die (der) Überlebende den Wunsch oder die Absicht, sich umzubringen, solltest du das absolut ernst nehmen. Ist die (der) Überlebende selbstmordgefährdet, versuche nicht, die Situation allein zu bewältigen. Suizidale Überlebende brauchen mehr Hilfe, als du leisten kannst. Wende dich sofort an professionelle Stellen und laß der (dem) Überlebenden und auch dir selbst helfen.

Wenn ihr noch keine Therapeutin (keinen Therapeuten) habt, schau, ob im Telefonbuch ein Selbstmordnotruf verzeichnet ist, ruf die Telefonseelsorge an oder schau in eurem Stadtmagazin unter Initiativen oder in der Tageszeitung nach. Laß dir geeignete HelferInnen in eurer Gegend nennen.

Geht die (der) Überlebende bereits zu einer Therapeutin (einem Therapeuten) oder einer Selbsthilfegruppe, sorge dafür, daß diese Leute von ihren Selbstmordabsichten wissen. Ermutige sie, selbst darüber zu sprechen; ist sie nicht bereit dazu, mußt du das eben tun. Hier darfst du einmal ohne ihre Erlaubnis die Initiative ergreifen. Ihr Leben steht auf dem Spiel. Du tust alles, was nötig ist, um sie am Leben zu halten. Das kann auch die Einweisung in ein

Krankenhaus und andere Notmaßnahmen einschließen.

Arrangiere mit ihrer Therapeutin eine Sitzung für euch beide. Sprich konkret mit der (dem) Überlebenden darüber, was jede(r) von euch tun kann, um ihren Selbstmord zu verhindern. Frag sie, ob sie bereit ist, einen Nicht-Selbstmord-Pakt zu unterschreiben, in dem sie sich verpflichtet, keinesfalls vor einem bestimmten, genau bezeichneten Termin Selbstmord zu begehen (bevor sie nicht mit ihrer Therapeutin Kontakt aufgenommen hat, bevor du nicht von der Arbeit nach Hause kommst und mit ihr sprichst). Wenn möglich, soll sie selbst die Bedingungen des Vertrages aufsetzen. (Im Arbeitsbuch zu *Trotz allem* findest du auf S.70 ein Muster für einen Nicht-Selbstmord-Pakt.)

Es ist normal, daß jemand, der die schwere seelische Erschütterung einer Heilung von sexuellem Mißbrauch durchlebt, am liebsten sterben möchte. Ihre (seine) Gefühle sind verständlich, aber sie denkt nicht vernünftig: Sie glaubt, ihr Schmerz wäre so groß, daß nur der Tod ihm ein Ende bereiten könnte. Das ist nicht wahr. Wenn sie den Mißbrauch überlebt hat, kann sie auch den Schmerz der Heilung überleben.

Erkenne die Gefühle der (des) Überlebenden an, aber mach ihr auch den Unterschied zwischen Gefühl und Tat bewußt. Sag ihr: »Es geht dir im Moment unglaublich schlecht, aber das bleibt nicht ewig so. Du möchtest am liebsten sterben, aber es ist wichtig, daß du lebst. Die Täter haben schon genug Opfer gefordert. Laß sie dich nicht auch noch kriegen.« Und hilf ihr, zusammen mit ihrer Therapeutin, einen Plan für den Umgang mit Panikfällen aufzustellen. Überlegt gemeinsam, ob die Überlebende nicht doch rund um die Uhr betreut werden sollte.

Für dich als Partnerin oder Partner ist das Leben mit einer (einem) Überlebenden in dieser Situation außerordentlich beängstigend. Es ist furchtbar, zuzusehen, wie der Mensch, den du liebst, in immer größere Selbstmordgefahr gerät. Du hast das Gefühl, die Kontrolle zu verlieren (und das stimmt), machtlos zu sein und die Überlebende letztlich nicht aufhalten zu können (im Endeffekt stimmt auch das). Du fühlst dich unendlich hilflos und wütend. Die Furcht, verlassen zu werden, droht dich zu überwältigen. Habe keine Angst, der Überlebenden klarzumachen, wie du dich fühlen würdest, wenn sie sich umbrächte. Sag ihr, wie erschrocken und aufgewühlt du bist. Sag ihr, warum du willst, daß sie lebt. Sag ihr, wie wichtig sie für dich ist. Deine ehrliche menschliche Reaktion kann ein entscheidender Faktor sein, damit sie sich entschließt zu leben. Und wenn deine Grenze erreicht ist und du glaubst, daß du es nicht mehr ertragen kannst, dann sag der Überlebenden, daß du nicht bei ihr bleiben kannst, wenn sie Selbstmord weiterhin für eine Alternative hält.

Du mußt dir auf jeden Fall von außen helfen lassen, mit deinen Gefühlen zurechtzukommen und zu lernen, was du tun kannst, um zu helfen, und was nicht. Such dir Unterstützung. Das ist das Wichtigste, was du tun kannst.

Ist jemand wirklich entschlossen, Selbstmord zu begehen, kann ihn oder sie letzten Endes auch das größte Verständnis und das größte Engagement nicht davon abhalten. Brächte die (der) Überlebende sich um, wäre das eine furchtbare Tragödie, und du würdest lernen müssen, damit zu leben. Aber es wäre nicht deine Schuld. Den Willen eines anderen Menschen, zu leben oder zu sterben, kannst du nicht steuern.

MEHR ÜBER
SEXUELLEN MISSBRAUCH

»Wenn du eine Beziehung mit jemandem anfängst,
der gerade beginnt, seinen Mißbrauch zu bearbeiten,
hast du keine Ahnung, worauf du dich da einläßt.
Jeder Mensch ist anders. Und jeder Heilungsprozeß
verläuft anders. Ich könnte jetzt sagen:
'Bei mir und meinem Partner war das so und so',
aber du erlebst vielleicht etwas völlig anders.«

»Als sie ihre ersten Erinnerungen bekam, geriet ich in Panik.
Dann beruhigte ich mich etwas und hatte
bloß noch eine Heidenangst.«

»Ich hab gedacht:
'Lieber Gott, wenn jede Erinnerung wirklich stimmt,
wenn dir das alles tatsächlich passiert ist ...!
Ich finde es erstaunlich, daß du das überlebt hast.'«

Wieso sind die Erinnerungen an den sexuellen Mißbrauch erst jetzt, zwanzig Jahre später, aufgetaucht?

Wenn Kinder ihren Mißbrauch ausblenden, wenn sie dieses Erlebnis aus ihrem Bewußtsein verdrängen, tun sie das, um zu überleben. Diese Strategie ist tatsächlich sehr wertvoll und effektiv. Kinder vergessen buchstäblich, daß der Mißbrauch stattgefunden hat. Sie speichern ihn so, daß er ihrem Bewußtsein nicht mehr zugänglich ist. Das gilt nicht immer. Viele Kinder vergessen niemals, was ihnen geschehen ist. Aber viele Überlebende werden erwachsen und haben keinerlei Erinnerung an den Mißbrauch. Sie leben mit den Folgen des Mißbrauchs, haben aber keine Ahnung, warum sie Angst bekommen, sobald jemand sie anfaßt, warum sie von ihren Gefühlen abgeschnitten sind oder sich vor den Menschen fürchten, die sie lieben. Und dann tauchen zehn oder zwanzig Jahre später diese unterdrückten Kindheitserinnerungen auf und verursachen ein Chaos in ihrem (und in deinem) Leben.

Es mag dir schwerfallen, die Vorstellung zu akzeptieren, daß Erinnerungen aus heiterem Himmel auftauchen können, aber das Wiederfinden traumatischer Erinnerungen Jahre später ist ein gutdokumentiertes psychologisches Phänomen. Niemand weiß genau, warum der eine Mensch niemals vergißt, der andere fünf Jahre wartet, bevor er sich erinnert, und ein dritter fünfundzwanzig Jahre.

Für einige Überlebende sind ein gewisser Abstand von dem Mißbrauch (und dem Täter) und ein Gefühl von Sicherheit Voraussetzungen, um sich zu erinnern. Andere erinnern sich, wenn ihr Leben in eine Krise gerät und ihre Welt zusammenzubrechen droht. Ein Mann sagte: »Es war wie bei einem Schrank, der zum Bersten voll ist. Irgendwann hält die Tür einfach nicht mehr.«

Erinnerungen können von einer Reihe von Faktoren ausgelöst werden: einer Fernsehsendung, einem Zeitungsartikel, einem Film wie *Die Farbe Lila* oder *Nuts, durchgedreht,* der Nachricht, daß in der Nachbarschaft ein Kind mißbraucht wurde, oder der Geschichte einer Freundin. Simple Auslöser können das Erinnerungsvermögen der (des) Überlebenden ansprechen – ein bellender Hund (wenn zur Zeit des Mißbrauchs ein Hund gebellt hat), jemand, der nach Bourbon riecht, ein Wecken mitten in der Nacht –, ihr Leben in einen Alptraum verwandeln und Erinnerungen an den früheren Mißbrauch wachrufen.

Der Tod des Täters oder eines anderen bedeutsamen Familienmitglieds kann ebenfalls ein Auslöser sein; die (der) Überlebende geht kein Risiko mehr ein, der Täter kann ihr nichts mehr anhaben. Sie erinnert sich nach dem Tod ihrer Mutter, weil die Enthüllung diese nicht mehr verletzen kann. Jeder größere Verlust, jede Veränderung kann frühere Verluste wieder aufführen: den Verlust der Arglosigkeit, des Vertrauens oder des Ichs in der Kindheit.

Auch in unserem Körper werden Erinnerungen gespeichert, und körperlicher Kontakt kann sie an die Oberfläche bringen. Du berührst die Überlebende auf eine bestimmte Weise, und sie wird gefühllos, steigt aus oder denkt, du seist ihr Bruder, der in dem engen Bett, in dem sie als Kind schlief, auf ihr liegt. Massage, Körperarbeit (Therapieformen, die Körperkontakt und Bewegung einbeziehen), Sport oder körperliche Veränderungen, zum Beispiel ein starker Gewichtsverlust oder eine Gewichtszunahme, können Erinnerungen wecken. (Mehr über Erinnerungsblitze auf S.157ff.)

Wenn der Körper der (des) Überlebenden während einer medizinischen Untersuchung, einer Operation oder einer Narkose entblößt wird, schmerzt oder der eigenen Kontrolle entzogen wird, kann das ähnliche Gefühle aus der Kindheit wieder wachrufen. Für Überlebende, die oral vergewaltigt wurden, ist möglicherweise eine zahnärztliche Behandlung extrem traumatisch. Auch der Gang zur Gynäkologin oder zum Proktologen kann schmerzliche Erinnerungen aufrühren.

Selbst unsere Elternschaft erinnert uns an unsere eigene Kindheit. Vieles fällt uns wieder ein. Vor allem Männer begeben sich oft in eine Therapie, wenn sie Vater werden. Sie haben Angst vor dem Mythos, sexuell mißbrauchte Jungen müßten als Erwachsene unweigerlich zu Kindesmißbrauchern werden (das stimmt *nicht*).

Für eine Frau kann eine Schwangerschaft zum Auslöser werden: Ihr Körper verändert sich, die Veränderungen lassen sich nicht steuern – eine Erfahrung, die ein Echo ihres Mißbrauchs zu sein scheint. Andere Überlebende erinnern sich an ihren Mißbrauch, wenn ihr Kind das Alter, in dem sie zum ersten Mal mißbraucht wurden, oder das Alter des Täters erreicht oder wenn es selbst mißbraucht wird. Eine Tochter wird vier, und die Mutter erlebt plötzlich Erinnerungsblitze. Ein Mann, der als Junge von seinem vierzehnjährigen Cousin mißbraucht wurde, erinnert sich, als sein Sohn die Pubertät erreicht. Oder der Mißbrauch fällt einer (einem) Überlebenden wieder ein, damit sie ein Kind der nächsten Generation, das von demselben Täter bedroht ist, erfolgreich schützen kann.

Wenn Überlebende sich von der Sucht nach Alkohol, Zigaretten, Medikamenten, Drogen, Sex oder von der Eßsucht befreien, werden sie im frühen Stadium der Abstinenz oft mit Erinnerungen konfrontiert. Auch wenn sie als Erwachsene in eine Opferrolle geraten – vergewaltigt, überfallen, geschlagen werden oder ihnen am Arbeitsplatz gekündigt wird –, können frühere Zeiten der Machtlosigkeit wieder an die Oberfläche steigen.

Auch das Altern kann ein Auslöser sein. Wir werden alle älter, aber es gibt Zeiten, da geht das Altern mit einem Verlust an Macht und Status einher. Und wenn die Gefühle, die damit verbunden sind – Verlust von Einfluß, Selbstvertrauen und Würde –, bewältigt werden müssen, kann der Mißbrauch aus der Kindheit deutlich mitschwingen.

Den richtigen Zeitpunkt und die richtige Art und Weise, sich zu erinnern, gibt es nicht. Erinnerungen lassen sich nicht erzwingen, und wenn sie auftauchen – ob nach fünf, zehn oder dreißig Jahren –, ist der rechte Moment gekommen, sich mit ihnen zu befassen.

Als Partnerin oder Partner wirst du dir vermutlich manchmal wünschen, die Erinnerungen gingen dahin zurück, wo sie hergekommen sind (und oft würde die (der) Überlebende dir zustimmen), aber ich glaube, es lohnt sich, unsere Geschichte zu kennen. Ich habe die Erinnerung an meinen Mißbrauch und die Art und Weise, wie mein Leben dadurch auf den Kopf gestellt wurde, gehaßt, aber ich war auch froh, daß meine bisherige verrückte Lebenserfahrung plötzlich einen Sinn bekam.

Vermutlich wirst du gelegentlich Schwierigkeiten haben, die Erinnerungen der (des) Überlebenden zu akzeptieren und daran zu glauben. Informiere dich so gut du kannst über den Erinnerungsprozeß, dann kannst du ihr allmählich glauben und auch helfen. Überlebende sind ihr Leben lang ignoriert, abgewertet und zu LügnerInnen gestempelt worden. Wenn du helfen willst, wirst du einen Weg durch deine Abwehr und deinen Unglauben hindurch finden müssen.

Müssen Überlebende sich wirklich an alles erinnern, um zu heilen?

Nein. Die (der) Überlebende kann von den Folgeschäden des Mißbrauchs gesunden, ohne sich an die Details zu erinnern. Manche erinnern sich mit der Zeit vollständig, andere werden über ein komisches Gefühl im Bauch nie hinauskommen. Wichtig ist, daß die Überlebende alle Hinweise zusammenträgt, die sie hat, um die Tatsache akzeptieren zu können, daß der Mißbrauch stattgefunden hat. Zu diesen Hinweisen zählen Bruchstücke aus der Familiengeschichte, Gedächtnislücken, Dinge, die in der Gegenwart etwas bei ihr auslösen, Folgeerscheinungen, die in ihrem Leben auftreten, die Reaktion auf die Geschichten anderer Überlebender ebenso wie visuelle, akustische, Geruchs- oder Körpererinnerungen. Jede(r) Überlebende wird andere Puzzlestücke zuammenfügen müssen.

Überlebende mit vielen konkreten visuellen Erinnerungen an den Mißbrauch fühlen sich von diesen Bildern oft überschwemmt und überwältigt. Überlebende ohne Bilder wünschten, sie hätten welche. Sie spielen die Hinweise, die sie haben, herunter oder leugnen sie, weil sie nicht bildhaft sind. Unsere Kultur basiert sehr stark auf visuellen Eindrücken; wir meinen, bildhafte Erinnerungen seien die einzigen, die zählen. Das stimmt nicht.

Wichtig ist, daß Überlebende irgendwann an einen Punkt kommen, an dem sie sagen können: »Ja, es ist passiert. Und es hat seine Spuren in meinem Leben hinterlassen. Ich werde die Tatsache, daß ich mißbraucht worden bin, akzeptieren, und ich bin fest entschlossen zu heilen, auch wenn ich mich niemals an die Einzelheiten erinnern werde.« Erinnerung ist keine Voraussetzung für eine Heilung. Unerläßlich sind Wille, Entschlossenheit und Mut.

Als Partnerin oder Partner kann es dir schwerer fallen, an den Mißbrauch zu glauben, wenn kein Beweis in Form klarer Erinnerungen vorliegt. Die meisten von uns haben »Columbo« und andere Krimiserien gesehen, wir wissen, welche Beweise nötig sind, um jemanden eines Verbrechens anklagen zu können. Du zögerst, deinem Schwiegervater etwas vorzuwerfen, was vor zwanzig Jahren passiert ist, nur weil die Überlebende einen undeutlichen Traum oder einen Panikanfall hatte. Doch mehr ist da nicht. Leider sind die konkreten Beweismittel, die sexueller Kindesmißbrauch (vor allem, wenn er vor zwanzig Jahren stattgefunden hat) hinterläßt, normalerweise eher dürftig.

Natürlich hast du Zweifel. Aber wenn du der (dem) Überlebenden wirklich helfen willst, mußt du ihr glauben, daß der Mißbrauch passiert ist, auch wenn sie sich niemals an mehr erinnern wird. Die Überlebende steckt selbst voller Zweifel, sie braucht deine nicht auch noch.

Auch wenn du mit dieser mangelhaften Beweislage deine Probleme hast – warte nicht länger auf die eine beweiskräftige Erinnerung. Sieh dir lieber die Indizien an: die Folgen des Mißbrauchs (s. S.28ff.), die Parallelen zwischen euren Problemen und denen, die in diesem Buch beschrieben werden. Lies noch einmal das Kapitel »PartnerInnen und Verleugnung« (S.53f.). Lies dir die Geschichten der PartnerInnen durch. Vielleicht geben dir ihre Worte und ihre Probleme und Kämpfe die Bestätigung, die du brauchst.

Wieso kommen die Täter ungeschoren davon?

Die Täter kommen davon, weil sexueller Mißbrauch in unserer Kultur massiv verdrängt, verleugnet und totgeschwiegen wird. Sexueller Mißbrauch wurde bis vor kurzem (in manchen Gegenden heute noch) als extrem selten betrachtet oder galt als etwas, das »im Prinzip gar nichts schaden kann«. Sexueller Mißbrauch und die Mißhandlung von Kindern werden immer wieder »vernunftmäßig« begründet, gerechtfertigt und entschuldigt.

Unsere Gesellschaft beginnt zwar langsam, die Mißhandlung von Kindern und sexuellen Mißbrauch abzulehnen, aber dieses Nein ist relativ neu.* In vielen Ländern steht auf sexuellen Kindesmißbrauch eine gerichtliche Strafe, die nicht mehr ist als ein Klaps auf die Finger. Kindesmißbraucher machen oft mildernde Umstände geltend, und das Verfahren oder die Strafe werden ausgesetzt. Viele werden nicht einmal gezwungen, sich behandeln zu lassen. Die Strafe für die Vergewaltigung von Kindern steht in keinem Verhältnis zur Tat.

Die Strafverfolgung ist bei sexuellem Kindesmißbrauch schwierig, und sie wird in vielfacher Hinsicht ständig schwieriger. In der Rechtsprechung ist der Schuß teilweise nach hinten losgegangen; dort findet zur Zeit ein regelrechter Streit darum statt, wie Fälle von sexuellem Kindesmißbrauch verhandelt werden sollen.** Die Aussage von Kindern wird in vielen Ländern immer noch nicht anerkannt, und das Gerichtsverfahren selbst trägt dazu bei, die traumatische Erfahrung vieler junger Opfer noch zu verstärken. Kinder werden ermutigt, über ihren Mißbrauch zu sprechen, aber wenn sie es tun, sind die Sozialen Dienste, die Polizei und die Gerichte oft beklagenswert überfordert und richten manchmal sogar Schaden an.

Warum kommen die Täter ungeschoren davon? Weil sie angesehene Mitglieder der Gesellschaft sind, weil sie ihre Familie ernähren müssen, weil sie Mütter sind, und »Mütter tun ihren eigenen Kindern nichts schlimmes an«, weil »ein Mann in seinem eigenen Haus schließlich tun kann, was er will«, weil es niemand sehen wollte: Die Nachbarin sah weg, der Freund der Familie wollte keinen Ärger, die Lehrerin hatte Angst um ihren Job, der Kinderarzt vertuschte es, der Mann von nebenan wollte die gute Nachbarschaft nicht gefährden, der Pfarrer empfahl zu beten, die Sozialarbeiterin war überlastet, und der Kaufmann um die Ecke wußte sich auch keinen Rat.

Warum kommen die Täter ungeschoren davon? Weil »man über so was nicht spricht«, weil »Kinder übertreiben«, weil »sie es garantiert darauf angelegt hat«, weil »kleine Mädchen verführerisch sind«, weil »Jungen so etwas nicht passiert« und weil »so was in unserer Familie nicht vorkommt«. Darum.

---

* Mehr über die Geschichte sexuellen Kindesmißbrauchs in Florence Rush: *Das bestgehütete Geheimnis. Sexueller Kindesmißbrauch* (Berlin 1985), Sandra Butler: *Conspiracy of Silence. The Trauma of Incest* (San Francisco 1985) und der Einleitung zu Ellen Bass und Louise Thornton: *I Never Told Anyone. Writings by Women Survivors of Child Sexual Abuse* (San Francisco 1985).

** Mehr zu den aktuellen juristischen Auseinandersetzungen über sexuellen Kindesmißbrauch in David Hechler: *The Battle and the Backlash. The Child Sexual Abuse War* (Lexington 1989), Billie Wright Dziech und Judge Charles Shudson: *On Trial. America's Courts and Their Treatment of Sexually Abused Children* (New York 1989), Louise Armstrong: *Home Front. Notes from the Familiy War Zone* (New York 1984), John Crewsdon: *By Silence Betrayed. Sexual Abuse of Children in America* (New York 1988).

Siehe auch: Wildwasser Nürnberg: *Gegen sexuellen Mißbrauch an Mädchen. Juristischer Leitfaden für HelferInnen* (Nürnberg 1991), Gisela Zenz: *Kindesmißhandlung und Kindesrechte. Erfahrungswissen, Normstruktur, Entscheidungsrationalität* (Frankfurt 1981), Gisela Leppers: »Anzeige und Gerichtsverfahren«, in: *Trotz allem,* hg. von Ellen Bass und Laura Davis (Berlin 1990), S.290ff.

In Anbetracht der Folgen von sexuellem Mißbrauch, des Potentials, das verlorengeht, des ungeheuren Leides, des Preises, den wir als Individuen und als Gesellschaft zahlen, ist wirklich nicht zu begreifen, wieso wir zulassen, daß Mißbrauch immer weitergeht. Doch das tun wir. Damit sich die gegenwärtige Situation (alle zehn Jahre eine neue Generation von Opfern) ändert, müssen wir mehr tun, als nur die Überlebenden, die mißbraucht wurden, zu behandeln (was natürlich notwendig ist). Wir müssen unmittelbar aktiv werden und unsere gesellschaftlichen Institutionen und unsere Haltung verändern. Tun wir das nicht, dann werden sich noch unsere Enkel- und UrenkelInnen fragen, wieso es ihnen auch noch passierte: »Warum kommen die Täter ungeschoren davon?«.

Ich verstehe nicht, wie jemand einen anderen Menschen mißhandeln oder sexuell mißbrauchen kann, und dann noch ein Familienmitglied! Das kapiere ich einfach nicht.

Ich auch nicht. Das ist eine der Fragen, die mich wohl mein Leben lang quälen werden. Als ich akzeptierte, daß ich wirklich mißbraucht worden war, mußte ich alle Annahmen über unsere Menschlichkeit in Frage stellen. Anne Frank schrieb angesichts der Nazis in ihr Tagebuch: »Im Grunde ihres Herzens sind alle Menschen gut.« Ich bin da nicht mehr so sicher.

Warum motiviert Schmerz manche Menschen, Schönes zu erschaffen, während andere skrupellos menschliches Leben zerstören? Warum begeht die eine Überlebende Selbstmord, während es einer anderen gelingt, der gleichen Hölle lebend zu entkommen? Wieso sieht ein Überlebender seinem Mißbrauch ins Auge, während ein anderer ihn weiterhin verdrängt und verleugnet? Wie kann ein Vater seine eigene Tochter vergewaltigen? Eine Mutter ihren eigenen Sohn quälen? Oder wie ein Partner schlicht sagte: »Wie kann ein Mensch so etwas Grauenhaftes tun?«

Ich könnte hier – verstandesmäßig – die Standardantworten auf diese Fragen aufzählen. Ich könnte erzählen, was dem Kind half zu überleben: die Großmutter, die das Kind liebte, der Trost, den es fand, wenn es im Kirchenchor sang. Ich könnte etwas über die unverarbeiteten seelischen Verletzungen des Vaters schreiben und darüber spekulieren, ob es ihn schmerzte, wenn er zu seiner Tochter ins Bett kroch. Ich könnte dir erzählen, daß Mißbraucher deshalb zu Mißbrauchern werden, weil sie selbst als Kind mißbraucht wurden, aber das würde nicht erklären, wieso so viele Überlebende, die furchtbar gequält und mißbraucht wurden, niemals irgend jemanden mißbrauchen und, im Gegenteil, Kinder sogar beschützen. Ich könnte über das politische und moralische Klima unserer Kultur sprechen, einer Kultur, in der Kindesmißbrauch gedeiht. Ich könnte über die Geschichte sexuellen Kindesmißbrauchs sprechen und seine Institutionalisierung belegen.* Aber eine simple Tat kann mir kein Mensch erklären: Wie kann ein Vater in der Nacht seine Tochter vergewaltigen und am nächsten Morgen aufstehen und in den Spiegel schauen?

Für mich führt jede Frage zu einer weiteren, schwierigeren Frage: Warum? Warum leben wir in einer Welt, in der das passiert? Warum respektieren und beschützen wir unsere Kinder nicht? Warum sind so viele Menschen, die ich liebe, sexuell mißbraucht worden? Das sind Fragen, die sich dir in der einen oder anderen Weise immer wieder stellen werden.

Deine Beziehung mit einer (einem) Überlebenden wird deine innersten Überzeugungen und Werte in Frage stellen. Und niemand hält eine Liste mit den richtigen Antworten für dich bereit. Du wirst selbst in deinem eigenen Herzen und in deinem eigenen Kopf mit diesen Fragen ringen müssen, bis du eine Wahrheit findest, mit der du leben kannst.

---

* Weiterführende Literatur über den historischen und politischen Hintergrund von sexuellem Kindesmißbrauch in der Auswahlbibliographie.

Mein Partner ist ganz verzweifelt.
Er glaubt, daß er nie über den Mißbrauch hinwegkommen wird,
weil er sich nicht vorstellen kann, seiner Mutter zu verzeihen.
Er fühlt sich hilflos und ich mich auch. Was kann er tun?

Vergebung wird zwar von wohlmeinenden (und weniger wohlmeinenden) Leuten regelmäßig empfohlen, ist aber nicht notwendigerweise eine Phase des Heilungsprozesses. Manche Überlebende erreichen, nachdem sie die anderen Stadien der Heilung durchlaufen haben, ganz von selbst eine Position der Vergebung, *aber es ist nicht nötig, dem Täter zu vergeben, um zu heilen.* Vergebung stellt eine persönliche Entscheidung und eine individuelle Erfahrung dar und ist nicht das Ende des Heilungsprozesses oder Ziel der Heilung. Wichtig ist, daß die (der) Überlebende an einen Punkt kommt, an dem sie ihre Beziehung mit dem Täter aufgearbeitet hat. Zu dieser Aufarbeitung gehört möglicherweise das Ziehen klarer Grenzen, ein gerichtliches Verfahren gegen den Täter, der Abbruch sämtlicher Beziehungen zu ihm oder sogar die Versöhnung. Aber Vergebung muß nicht dazugehören.

Oft sagen Leute zu mir: »Aber wenn du nicht verzeihst, wirst du für den Rest deines Lebens bitter und vorwurfsvoll herumlaufen.« Das glaube ich nicht. Bei mir war es nicht so. Ich habe meinem Großvater nicht vergeben, daß er mich sexuell mißbraucht hat, und ich fühle mich nicht verbittert. Ich finde es furchtbar, was er mir angetan hat. Ich wünschte, er hätte es nicht getan. Aber es gärt nicht ständig in mir. Jetzt ist er tot, und in meiner Vorstellung ist er sehr weit weg. Ich habe mein Leben und meine Heilung fortgesetzt. Ich denke kaum noch an ihn.

Häufig hören Überlebende (wieder von wohlmeinenden Menschen), sie müßten dem Täter vergeben, weil er als Kind ebenfalls mißbraucht worden sei. (Alice Miller hat dieses Phänomen in *Das verbannte Wissen* analysiert.) Auch das Argument ist in meinen Augen nicht stichhaltig. Eine Überlebende sagte dazu:

> Ich kann diesen Mist nicht mehr hören: Vergewaltiger, die selbst mißbraucht wurden ... Ich bin auch mißbraucht worden und bin nicht losgezogen und hab andere Leute mißbraucht. Das ist keine Entschuldigung.

Selbst wenn Täter den Mißbrauch leugnen oder nicht zugeben, daß es falsch war, erwartet man von Überlebenden, daß sie vergeben. Ein Überlebender meinte:

> Warum sollte ich jemandem vergeben, der nie zugegeben hat, daß er mich verletzt hat, und nie gesagt hat, es täte ihm leid? Solange er nicht die Verantwortung für seine Tat übernimmt, denke ich nicht im Traum daran, ihm zu verzeihen.

Viele Überlebende leiden aufgrund ihres religiösen Glaubens besonders unter dem Druck, verzeihen zu müssen. Im christlichen Glauben (und auch in vielen New-Age-Richtungen) gilt Vergebung als eine Tugend. Wenn dieses Problem bei dir oder der (dem) Überlebenden eine Rolle spielt und ihr glaubt, Vergebung sei eine notwendige Voraussetzung für die Heilung, gibt es von seiten der christlichen Gemeinschaft ausgezeichnete Literatur, die Klarheit schafft und die Interaktion von sexuellem Mißbrauch und Vergebung beleuchtet. Ich empfehle diese Bücher sehr, wenn jemand Schwierigkeiten hat, seine Wut und die Wertvorstellungen seines Glaubens miteinander zu vereinbaren.*

---

* Malcolm Burson et al.: *Discerning the Call to Social Ministry. An Alban Institute Case Study in Congregational Outreach* (Washington 1990), Marie Fortune: *Sexual Violence. The Unmentional Sin. An Ethical and Pastoral Perspective* (New York 1983), Stephan Rossetti: *Slayer of the Soul. Child Sexual Abuse and the Catholic Church* (Mystic 1990).

Die wohl klarste und überzeugendste Reaktion auf die Frage der Vergebung fanden Ellen Bass und ich im Brief einer Leserin von *Trotz allem*, die den Kern der ganzen Diskussion um die Vergebung auf den Punkt bringt. Interessant ist auch die Unterschrift. Frag dich, ob der Brief bitter klingt:

Liebe Ellen, liebe Laura,

ich war in der Buchhandlung und habe eine ganze Stunde vor den Regalen mit den Selbsthilfebüchern gestanden. Da waren so viele Bücher, daß ich die Vielzahl der Ratgeber trotz meiner dicken Brillengläser nicht überblicken konnte. Ich war noch wund von meinem Abschied aus der Gruppe im vergangenen Monat – nach abgeschlossener Therapie. Mein Medaillon mit dem Gebet »um heitere Ruhe und Gelassenheit« ist noch warm von der Energie der anderen Frauen. Sie alle haben es lange in der Hand gehalten, während sie sich von mir verabschiedeten.

Ich brauchte Hilfe, aber ich konnte die Bücher, die mir meine Therapeutin empfohlen hatte, nicht finden und wollte gerade aufgeben, als mein Mann auf *Trotz allem* wies. Ich legte es zu den anderen Titeln, die so verführerisch versprachen, mich ganz zu machen.

Das war das beste, was ich seit Jahren getan habe! Ihr beide und eure »mutigen Frauen« habt mich seitdem ständig begleitet. Ihr habt mich von einer Fessel befreit, die mich fast ein halbes Jahrhundert lang gefangen hielt …

ICH BRAUCHE MEINEM VATER NICHT ZU VERGEBEN! Es hatte meinen Therapeutinnen nie gereicht, daß mein Verstand ihm vergeben hatte. Ich sollte nette Dinge über ihn sagen und mich an die Zeit erinnern, als ich ihn gern hatte. Aber so sehr ich es auch versuchte, ich fühlte mich nicht wohl dabei. Es kam mir verkehrt vor, vor allem weil ich seit zwei Generationen felsenfest der Meinung bin, daß Kindesmißbrauch *unverzeihlich* ist.

Als ich beschloß, etwas gegen meinen Alkoholismus zu tun und mich in Behandlung zu begeben, dachte ich, ich müßte nur an Problemen arbeiten, die mit Alkohol zu tun hätten. Mir war nicht klar, daß diese Themen eine Flut traumatischer Erinnerungen auslösen würden, mit denen ich plötzlich ebenfalls konfrontiert war. Jetzt weiß ich, daß das Thema Kindesmißbrauch für mich von weit größerer Bedeutung ist als meine Alkoholabhängigkeit. Meine neue Verletzlichkeit läßt mich vor Angst erzittern, ich möchte mich zusammenrollen, mich verkriechen und schützen, aber meine wiedergeborene Wut und mein Ärger sind stärker und geben meinem Bedürfnis, mein Leben zu überdenken und mich zu entwickeln, neue Nahrung.

Ich danke euch für meine neue Freiheit. Jetzt kann ich heilen … *Ich heile jetzt schon.* Euch würde der Schlag treffen, wenn ihr mich übergewichtige, 58jährige Oma sehen könntet, wie ich in die Luft springe und schreie: »Hurra! Ich muß dem alten Drecksack doch nicht verzeihen!«

Herzliche Grüße aus meinem neuen Leben.

Ich habe nichts gegen Feminismus, aber langsam geht mir das ganze feministische Gerede auf die Nerven. Muß das sein?

Feminismus bezeichnet vor allem eine Frauenbewegung, die aufzeigt, wo Frauen unterdrückt werden, und ihnen hilft, dagegen zu kämpfen und sich zu behaupten. Feministinnen stellen gezielt die Institutionen in Frage, die dafür sorgen, daß Frauen bleiben, »wo sie hingehören«, kämpfen mit viel Ausdauer und Beharrlichkeit für die Gleichberechtigung von Frauen und für ihr Recht auf Selbstbestimmung. Feministinnen stehen bei der Bekämpfung von Gewalt gegen Frauen in vorderster Linie; es ist ihr Verdienst, wenn Themen wie Vergewaltigung, Pornografie, sexueller Mißbrauch, Gewalt gegen Frauen und Kinder in das Bewußtsein der Öffentlichkeit dringen. Ohne die Frauenbewegung müßten Überlebende noch immer schweigend leiden, ohne jede Anlaufstelle, die ihnen Hilfe oder Informationen bietet. Menschen, denen das Wohl von Überlebenden am Herzen liegt, schulden der Frauenbewegung großen Dank. Ohne die bahnbrechende Arbeit von Feministinnen würde heute keine von uns »heilen« oder »ihr Leben zurückerobern«.

Bekommt die (der) Überlebende Verbindung mit ihrem Schmerz und erkennt, daß Millionen anderer ebenfalls verletzt worden sind, wird sie selbstverständlich wütend. Und am besten richtet sie diese Wut gezielt wieder auf die Welt, die sie verletzt hat. Vielleicht ist ihr bewußt, daß Gewalt gegen Frauen und Kinder kein individuelles, sondern ein strukturelles Problem ist; unsere Gesellschaft erlaubt sie. Solange unsere gesellschaftlichen Institutionen – Rechtsprechung, Gesetzgebung, Familie, Erziehungs- und Ausbildungswesen – keine gründliche Revision erfahren, werden Frauen und Kinder weiter mißbraucht werden. Wenn einer Überlebenden das Ausmaß des Mißbrauchs in unserer Kultur bewußt wird und sie darüber nachzudenken beginnt, was das bedeutet (die Erziehung eines enormen Prozentsatzes der Bevölkerung zu passiven Opfern), dann ist es nicht verwunderlich, wenn sie ein politisches Bewußtsein entwickelt.

Ich ermutige – männliche und weibliche – Überlebende immer wieder, Mißbrauch als Ausdruck einer bestimmten Politik zu betrachten und dagegen Stellung zu beziehen. Ich hoffe, auch du wirst das tun. Nur so können wir dem Mißbrauch Einhalt gebieten.

Als männlicher Partner einer weiblichen Überlebenden bist du jedoch vielleicht manchmal irritiert, wenn deine Partnerin von den Untaten der Männer dieser Welt erzählt. Ein Partner berichtete:

> Sie beobachtet jetzt viel genauer, wie Gewalt gegen Frauen in den Medien dargestellt wird. Sie ist unheimlich wütend auf Männer und Frauen, auf ihre Rollen in der Welt und auf die Schuld der Männer an Gewalt, Hunger und Krieg. Sie ist nicht gut auf Männer zu sprechen. Sie glaubt, sie verursachen all das Unrecht in der Welt. Und irgendwie rutsche ich immer wieder in die Kategorie der Männer.

Möglicherweise fühlst du dich durch die Tatsache, daß die Überlebende sich auf ihre Unabhängigkeit besinnt, ärgerlich wird und ihre Meinung vertritt, auch persönlich bedroht. Es mag für dich ungewohnt sein, ist aber ein wichtiger Teil ihrer Heilung. Sie gewinnt ein Gefühl für ihre eigene Kraft, ihre Fähigkeiten. Du solltest versuchen, dich nicht bedroht zu fühlen, sondern sie dabei zu unterstützen. Frag dich: »Bin ich in dieser Beziehung bisher der Stärkere?« »Bin ich dominant?« »Ist es gut für mich, mit jemandem zusammen zu sein, die mir gegenüber keinen eigenen Standpunkt vertritt?« »Wie würde es mir gefallen, etwas von

meiner Macht aufzugeben?« »Bin ich bereit dazu?« »Warum, oder warum nicht?«
Viele Männer fühlen sich erleichtert, wenn sie die tief verwurzelten geschlechtsspezifischen Rollen, die zu spielen sie gelernt haben, aufgeben. Nicht alle Männer wollen dominieren und bestimmen. (Mehr über die Emanzipation von Männern in der Auswahlbibliographie.) Je mehr sich die Machtverhältnisse in eurer Beziehung verschieben, desto mehr Freiheit gewinnst du, andere Bereiche deiner Persönlichkeit zu erforschen, die bisher unter deiner Rolle als überlegener, starker und rationaler Mann begraben waren. Vielleicht bist du auch zutiefst erleichtert, etwas tun zu können, um die Gewalt und den Mißbrauch, die andere Männer deiner Partnerin zugefügt haben, wiedergutzumachen. Für einen mitfühlenden, sensiblen Mann ist es schmerzhaft zu sehen, welchen Schaden andere Männer angerichtet haben. Viele männliche Partner haben in Workshops gesagt, sie schämten sich, Männer zu sein. »Als mir bewußt wurde, was Männer mit Kindern angestellt haben«, sagte ein Partner, »wollte ich kein Mann mehr sein.«
Dieser Mann folgte dem Rat der anderen Männer der Gruppe und schloß sich einer »Männergruppe gegen Gewalt« an, die Schulungen organisierte und versuchte, ein öffentliches Bewußtsein für dieses Problem zu erzeugen. Er leitete eine Reihe von Workshops für junge Männer an verschiedenen Colleges, um Vergewaltigungen bei Verabredungen *(date rape)* einzudämmen. Er konnte sich dem Wunsch der Überlebenden, sich zu wehren, anschließen und wurde im Laufe der Zeit zu einem Mann, auf den er stolz sein konnte. Durch seine Arbeit wurde er zum Feministen.
Das Ziel dieser Arbeit ist es, dem Mißbrauch Einhalt zu gebieten, nicht nur individuelle Verletzungen zu behandeln. Wenn du eine Frau (einen Mann) liebst, deren Heilung dazu führt, daß sie gegen den Mißbrauch in der Welt angehen will, mußt du sie entweder darin unterstützen oder du stehst ihr im Weg. Willst du der Überlebenden wirklich bei ihrer Heilung helfen, dann schließ dich ihrem Kampf an.

Wie soll ich damit umgehen, wenn sie sagt: »Du bist genau wie alle anderen Männer!«?

Das hängt davon ab, was du für ein Mann bist. Leider gibt es tatsächlich Männer, auf die das Klischee paßt, wenn Frauen solche verallgemeinernden Rundumschläge machen: Sie sind dominant, manipulativ, herrschsüchtig und gewalttätig. Wie ein Partner erklärte, ist das Teil unserer Kultur:

> Warum sind Männer gewalttätig? Meine Freundin und ich, wir haben uns zusammen den Film *Geboren am vierten Juli* angesehen. Darum werden Männer zu Gewalttätern. Männer werden dazu geboren, in den Krieg zu ziehen und zu töten. Aber Männer sind keine geborenen Mörder. Sie kommen nicht aus dem Bauch ihrer Mutter und sind bereit, zu vergewaltigen und zu töten. So ist das nicht. Sie werden so erzogen, so programmiert. Manchmal muß ich mich selbst daran erinnern.

Wenn jemand kontinuierlich von einem Menschen des einen Geschlechts verletzt wird, kann es leicht geschehen, daß sie oder er allen Menschen dieses Geschlechts dieselben Eigenschaften zuschreibt. (Auch Frauen werden so pauschal verurteilt.) Das ist eine Form von Selbstschutz, ein Versuch, nie wieder einem Schmerz gleichen Ausmaßes ausgeliefert zu sein. Und wie bei jedem anderen Vorurteil liegen auch hier die Wurzeln in den schmerzhaften Erfahrungen der Kindheit.

Wenn die Überlebende zu dir sagt: »Du bist genau wie alle anderen Männer«, dann überleg dir erst, ob da nicht vielleicht etwas dran ist. (Mehr darüber auf S.89ff.) Glaubst du immer noch, du würdest zu Unrecht beschuldigt oder mit Männern oder Verhaltensweisen in einen Topf geworfen, mit denen du dich nicht identifizieren kannst, dann zähl ihr die Punkte auf, in denen du dich von den Männern unterscheidest, die sie mißbraucht haben. Sag ihr, daß es dir weh tut, so unterschiedslos zu einer Sorte von Männern gerechnet zu werden, die du nicht magst. Du hast dir alle Mühe gegeben, nicht so zu werden. Sag ihr das.

Mag die Überlebende keine Männer oder vertraut sie ihnen nicht, und du bist ein Mann, fragst du dich vielleicht selbst, was du in dieser Beziehung suchst. Möglicherweise hegst du in deinem Innern eine Portion Selbsthaß. Vielleicht solltest du an dir und an einer positiveren Einstellung zu deiner Männlichkeit arbeiten. (Mehr darüber in der Auswahlbibliographie.)

Wenn eine Überlebende immer wieder von Männern verletzt worden ist, muß sie einfach zu dem Schluß kommen, daß Männer gewalttätig und gefährlich sind. Paßt du nicht in ihr Klischee von einem gewalttätigen und dominanten Mann, bist du vielleicht der erste, den sie kennengelernt hat, der nicht so ist. Die Zeit und der Kontakt zu dir werden ihre Annahme, alle Männer wären gleich, allmählich korrigieren. Durch ihre Beziehung mit dir kann sie aus nächster Nähe lernen, daß manche Männer anders und vertrauenswürdig sind. Du kannst enorm viel für sie tun.

Was ist, wenn jemand innerhalb eines Kultes mißbraucht worden ist? Wird die Überlebende jemals wieder ganz sie selbst sein?

Ritueller Mißbrauch hat tiefgreifende Folgen für das Opfer.* Zusätzlich zu den Problemen, die die meisten Überlebenden von sexuellem Mißbrauch haben, müssen die Überlebenden von kultischem Mißbrauch mit den Folgen von Gehirnwäsche, massiver Einschüchterung, extremer Demütigung, sensorischer Deprivation, Unterernährung, erzwungener Drogenerfahrung, brutaler Folter und dem Trauma, bei rituellem Mord oder Mißbrauch von Kindern oder auch Tieren zugesehen oder unter Zwang mitgewirkt zu haben, fertig werden. Man sagt ihnen, ihre Teilnahme an diesen Verbrechen wäre freiwillig; sie wären böse und schlecht und hätten keine andere Wahl, als sich dem Kult anzuschließen. Viele kindliche Opfer werden von Eltern geboren und großgezogen, die bereits zum Kult gehören. Sie werden schon als Kleinkinder systematisch indoktriniert und zu Kultmitgliedern gemacht.

Kultüberlebende verdrängen das, was sie erlebt haben, oft durch Flucht in Alkohol, Drogen oder Medikamente und durch Dissoziation. Viele können dieses schwere Trauma nur ertragen, indem sie multiple Persönlichkeiten entwickeln (siehe S.119ff.).

Opfer, die dem Kult entfliehen können (vielen gelingt das nicht), erhalten oft posthypnotische Suggestionen, die ihnen vermitteln, eher Selbstmord zu begehen, »durchzudrehen« oder zum Kult zurückzukehren, als über ihre Erfahrungen zu sprechen. Gelingt es Kultüberlebenden, den Fängen dieser Willenssteuerung *(mind control)* zu entfliehen und ihren Mißbrauch aufzudecken, wird ihnen aufgrund der extremen Form dieser Verbrechen selten geglaubt. Niemand möchte glauben, daß Kinder gezwungen werden, Babys zu töten, daß Erwachsene Kinder in Särgen begraben oder ihnen erzählen, jetzt käme der Teufel, um sie zu holen.* Viele TherapeutInnen, StrafverfolgerInnen, RichterInnen und AnwältInnen glauben lieber, daß Überlebende rituellen Mißbrauchs unter Halluzinationen leiden, daß ihre Erinnerungen reine Phantasien sind. Diese Überlebenden riskieren daher eine weitere traumatische Erfahrung, wenn sie sich offenbaren.

Aufgrund der suggerierten Verbote *(mind control)* kommen Kulterfahrungen im Laufe des Erinnerungsprozesses oft als letztes zum Vorschein. Viele Überlebende von Kultmißbrauch erinnern sich zunächst an den sexuellen Mißbrauch in ihrer Kindheit, haben aber dann das Gefühl, daß diese Erinnerungen ihre Gefühle nicht angemessen erklären. Sie werden weiterhin von Alpträumen geplagt, in denen rituelle Gewalt eine große Rolle spielt. Und dann folgen oftmals Erinnerungen an den kultischen Mißbrauch.**

Viele erwachsene Kultüberlebende leiden weiter unter den Folgen der Gehirnwäsche. Sie identifizieren sich mit dem Kult und betrachten sich selbst als böse oder schlecht. Ihr

---

* Vielen Dank an Susan Schrader und Paul Kimmell für ihren ausgezeichneten Vortrag zum Thema »Ritueller Mißbrauch« auf der Konferenz über männliche Überlebende in Tuscon, Arizona im Herbst 1990. Ihre Kompetenz und Klarheit haben mir geholfen, dieses Kapitel zu schreiben.

* Teufels- oder Satanskulte (in denen die Mitglieder den Teufel anbeten) sind nur eine Form dieser Kulte, die Kinder foltern und mißbrauchen. Es gibt andere Kulte, die ähnliche Verbrechen begehen, die jedoch nichts mit Satanismus zu tun haben.

** Viele Überlebende fragen sich, wenn sie von Kultmißbrauch hören, angesichts des schlimmen Schmerzes, den sie fühlen, ob sie vielleicht auch innerhalb eines Kultes mißbraucht wurden. Vielleicht fragst du dich das jetzt auch. Neue Erinnerungen können manchmal einen solchen Zusammenhang aufdecken. Aber meistens haben weitere Erinnerungen mit einem weiteren Täter oder einem bisher unentdeckten Mißbrauchserlebnis zu tun, und nicht mit Mißbrauch innerhalb eines Kultes.

Grundgefühl ist, daß sie nicht entkommen können, daß Mitglieder des Kultes jeden Gedanken und jede Bewegung beobachten. Solche Überlebende können nur dann Fortschritte bei ihrer Heilung erzielen, wenn die Macht, die diese Leute über ihr Denken haben, gebrochen wird.

Eine Heilung von den Folgen rituellen Mißbrauchs verläuft ähnlich wie die Heilung anderer Überlebender. Es gibt jedoch ein paar grundlegende Unterschiede. Manchmal arbeitet die (der) Überlebende schon seit geraumer Zeit an ihrem sexuellen Mißbrauch, bevor die Erinnerungen an den Kultmißbrauch auftauchen. Und dann ist die Intensität der Kulterinnerungen so stark, daß die Überlebende möglicherweise ins Chaos- und Krisenstadium zurückfällt.* Die Furcht, die Kultüberlebende empfinden, ist gewöhnlich noch grauenhafter als die anderer Überlebender sexuellen Mißbrauchs. Aufgrund der Programmierung durch den Kult haben diese Überlebenden oft mit stärkeren und länger andauernden selbstzerstörerischen Impulsen zu kämpfen als andere Überlebende. Wenn die Indoktrinierung durch den Teufelskult oder andere Glaubenssysteme relativ früh erfolgt ist, spielen spirituelle Fragen (der Glaube der Überlebenden an einen Gott, an eine in uns allen wirkende Lebenskraft, an ihre eigene Intuition, etc.) häufig eine elementare Rolle bei der Heilung. Sind mehrere Generationen in den Kultmißbrauch verwickelt, ist eine Fortsetzung des Umgangs mit der Familie oder dem Kult gefährlich für die Überlebende und sollte vermieden werden.

Manchmal fällt es einer (einem) Kultüberlebenden auch deshalb besonders schwer, an den rituellen Mißbrauch zu glauben, weil eine solche Tat so extrem ist. Das ist jedoch absolut notwendig, sonst kann sie die restlichen Stadien des Heilungsprozesses nicht durcharbeiten, und daher kann es länger dauern, bevor sie Fortschritte macht. Manchmal ist es auch der Partner (die Partnerin), dem es schwerfällt, die Erinnerungen der Überlebenden zu glauben. Kulterfahrungen sind grauenerregend und können unglaublich erscheinen.

Als ich das erste Mal von Kultmißbrauch hörte, war mir drei Tage lang schlecht, und ich mußte mich ständig übergeben. Mein Körper fühlte sich verseucht. Die Bilder gingen mir nicht mehr aus dem Kopf. Und auch nicht mehr aus dem Bauch. Ich wollte nicht glauben, was ich gehört hatte. Ich bereute, gefragt zu haben. Aber nachdem ich drei Tage lang versucht hatte, diese Vorstellung zu verdrängen, wurde mir klar, daß ich meinen Schock, mein Grauen und meine Abwehr überwinden und akzeptieren mußte, daß solche Dinge geschehen können und tatsächlich geschehen, wenn ich Überlebenden helfen wollte. Dazu brauche ich viel Unterstützung, und die wirst auch du brauchen.

Es bereitet nicht allen PartnerInnen Mühe zu glauben, daß der Kultmißbrauch stattgefunden hat. Noah erzählt:

Ich hatte überhaupt keine Probleme, dieses Kultzeug zu glauben. Nach allem, was wir mit sexuellem Mißbrauch schon durchgemacht hatten, gab es nichts, was ich nicht geglaubt hätte. Es war, als würden wir eine Leiter hochklettern. Ich wußte nicht viel über Gewalt. Ich war nicht in einer gewalttätigen Familie aufgewachsen. Aber dann lernte ich meine Partnerin kennen, und sie erzählte mir, sie sei ständig geschlagen worden, und ich hab mich langsam an die Vorstellung gewöhnt. Väter und Mütter verhauen ihre Kinder, prügeln sie durchs Zimmer. Sie wurde vergewaltigt. Das war eine andere Ebene. Dann fanden wir heraus, daß sie als Kind, als Baby, sexuell mißbraucht worden war. Zu dem Zeitpunkt fiel es mir nicht schwer, das zu glauben. Ich hatte inzwischen

---

* Wenn deine Partnerin (oder dein Partner) an ihrem kultischen Mißbrauch arbeitet, muß das nicht zwangsläufig bedeuten, daß sie den Alltag nicht mehr bewältigen kann. Viele Kultüberlebende haben Strategien entwickelt, die es ihnen erlauben, im Alltag zu funktionieren, selbst wenn sie extrem traumatische Erfahrungen verarbeiten müssen (siehe »Virginias Geschichte«).

weitere Überlebende kennengelernt. Ich hatte viel über sexuellen Mißbrauch erfahren und gesehen, wie verbreitet das ist. Dann fanden wir das mit dem rituellen Mißbrauch heraus. Das war nur noch einen Schritt weiter die Leiter hoch.

Bist du Partnerin oder Partner einer (eines) Kultüberlebenden, mußt du dich auf einen langwierigen Heilungsprozeß gefaßt machen. Deine Liebe und deine Ausdauer werden auf eine harte Probe gestellt werden, auch wenn du selbst entscheiden kannst, wie weit du dich in der nächsten Zeit – deinen eigenen Bedürfnissen entsprechend – einlassen willst (siehe Noahs und Virginias Geschichten: PartnerInnen, die sich in unterschiedlichem Maße engagieren). Manchmal wirst du dich vielleicht fragen, ob du nicht überfordert bist und die Beziehung lieber beenden solltest. Das ist verständlich. Wenn du das Gefühl hast, es wächst dir alles über den Kopf und du hältst nicht mehr lange durch, lies den Abschnitt »Soll ich gehen?« (siehe S.83ff.).

Auch unter den helfenden Berufen stößt Kultmißbrauch oft auf Ungläubigkeit, aber inzwischen gibt es auch auf diesem Gebiet Schulungen (zumindest in den USA). Immer mehr TherapeutInnen lernen, mit den spezifischen Bedürfnissen von Kultüberlebenden zu arbeiten. Es stehen immer mehr Informationen und Anlaufstellen bereit. Auch die Kultüberlebenden selbst organisieren sich, geben kleine Zeitungen heraus, finanzieren Schulungs- und Informationszentren, Zufluchtsorte und Hilfsfonds (siehe in der Bibliographie unter »Religion/Ritueller Mißbrauch«). Jetzt wird es Zeit, auch den PartnerInnen zu helfen: mit emotionaler Unterstützung, Verständnis und konkreten Angeboten.

Was sind multiple Persönlichkeiten?

Kinder, die extreme Traumata erleben (Kultmißbrauch, sadistische Folter, die Beobachtung eines Mordes, schweren sexuellen Mißbrauch), entwickeln manchmal Mehrfach-Persönlichkeiten (multiple Persönlichkeiten).* Kann ein Kind den Schmerz, den es fühlt, nicht mehr ertragen und ihm auch physisch nicht entkommen, bildet es eine neue Persönlichkeit, um den Schmerz einzugrenzen und zu überleben. Dieser Abspaltungsprozeß kann einmal stattfinden, aber auch öfter. Die Fähigkeit, neue Persönlichkeiten zu erschaffen, ist eine kreative Art, mit extremem Mißbrauch umzugehen und ihn zu überleben, und ein Beweis für die Vielfalt der seelischen und geistigen Möglichkeiten, die Menschen besitzen.

Die Entwicklung neuer Persönlichkeiten (manchmal auch andere Ichs genannt) ist eine Form der Dissoziation. Dissoziation ist ein Abspalten von dir selbst. Das tun wir alle manchmal. Bist du noch nie auf der Autobahn gefahren, fandest dich plötzlich an der Ausfahrt und wußtest gar nicht, wie du dort hingekommen warst? Hast du noch nie dein »Gewissen« oder deine »innere Stimme« gefragt, was du tun sollst? Mit dem Kind in dir Kontakt aufgenommen? Die kritische Stimme deiner Mutter gehört, die gar nicht wirklich anwesend war? Diese Formen der Dissoziation sind relativ häufig.

Es gibt ein ganzes Spektrum von Dissoziation unterschiedlicher Intensität. Volles Bewußtsein markiert den Anfang dieses Spektrums. Dann kommen zunächst Wahrnehmungstrübungen oder Ausblendungen. Anschließend folgt die Verdrängung, das unbewußte Wegschieben schmerzlicher Erlebnisse. Als nächstes folgt die Dissoziation, eine physiologische Reaktion auf eine Überlastung der Sinne: die automatische Reaktion des Körpers auf eine Reizung, die er nicht absorbieren oder assimilieren kann. Mißbrauchte Kinder (und Menschen im Krieg oder in Autounfällen) beschreiben oft, sie hätten während des Geschehens das Gefühl räumlicher Distanz gehabt: »Ich hatte das Gefühl, ich schaue von der Zimmerdecke herab.« »Es war, als würde ich weit entfernt stehen, abseits im Reisfeld, und zusehen, wie ich das Gewehr abfeuerte.« Das ist Dissoziation. Und je weiter wir dieses Spektrum verfolgen, desto massiver wird die Dissoziation. Und am Ende des Spektrums werden aus integrierten Persönlichkeiten durch Abspaltung Mehrfach-Persönlichkeiten, die in der Lage sind, das Trauma zu absorbieren. Dieses Ende des Spektrums ist relativ spektakulär und wurde vielfach in Filmen und Büchern wie *Sybil, Aufschrei* und *Ich bin viele* dargestellt. Die meisten Überlebenden mit multiplen Persönlichkeiten leben dagegen eher undramatisch.

Die meisten Überlebenden sprechen mit dem Kind in sich oder mit Teilen ihres Inneren. Deshalb besitzen sie nicht unbedingt eine multiple Persönlichkeit. Eine multiple Persönlichkeit wird erst diagnostiziert, wenn Überlebende sich weiter am Rande des Spektrums befinden, dort, wo die inneren Grenzen zwischen den verschiedenen Teilen der Persönlichkeit bereits weniger durchlässig sind.

Überlebende mit Mehrfach-Persönlichkeit sind oft außergewöhnlich tüchtig und besitzen zahlreiche Talente. Jede Persönlichkeit beherbergt einen Teil des Selbst, ein bestimmtes Bündel von Erinnerungen, einen Teil der Geschichte der (des) Überlebenden. Jedes »Ich« kann unterschiedliche Kenntnisse und Fähigkeiten besitzen: eines ist vielleicht ein talentierter Maler, ein anderes gut in Mathematik. Eine Persönlichkeit ist selbstmordgefährdet oder gewalttätig, eine andere vielleicht wütend, eine dritte verführerisch und erotisch. Vielleicht

---

* Dieses Kapitel beruht im wesentlichen auf Gesprächen mit Ellen Bass, Robin Moulds und Jim Struve sowie auf dem ausgezeichneten Vortrag von Susan Schrader und Paul Kimmell zum Thema »Ritueller Mißbrauch« auf der Konferenz über männliche Überlebende in Tuscon, Arizona im Herbst 1990. Euch allen herzlichen Dank.

hat eine Asthma und die andere nicht. Die verschiedenen »Ichs« können Männer oder Frauen sein, Kinder oder Erwachsene, und sie können auch unterschiedliche sexuelle Orientierungen besitzen.

Überlebende mit Mehrfach-Persönlichkeit können nur heilen, indem jedes »Ich« den Heilungsprozeß durchläuft. Die »Ichs« lernen, miteinander zu kommunizieren und tauschen die Informationen und Erfahrungen, die sie für die Überlebende hüten, miteinander aus. Jede Persönlichkeit besitzt in diesem System ihren Platz, sogar selbstzerstörerische oder gewalttätige »Ichs« erfüllen eine Funktion. Jede Persönlichkeit hat mitgeholfen, die Überlebende zu beschützen, und sie alle spielen jetzt auch bei der Heilung eine Rolle.

Wenn du zum ersten Mal hörst, daß eine Überlebende (ein Überlebender) eine Mehrfach-Persönlichkeit besitzt, bekommst du vielleicht Angst und fühlst dich überfordert. Vielleicht gerätst du in Panik und möchtest am liebsten weglaufen. Gestatte dir diese Gefühle. Aber nimm dir auch die Zeit, herauszufinden, womit (und mit wem) du es zu tun hast.* Wird eine multiple Persönlichkeit diagnostiziert, heißt daß nicht, daß die Überlebende sich jetzt von Grund auf ändern wird. Es heißt nur, daß das, was du schon die ganze Zeit miterlebst, einen Namen besitzt. Auch wenn dir im Moment alles reichlich chaotisch erscheint, muß das nicht unbedingt so bleiben. Mit der Zeit bekommt die Überlebende die Persönlichkeitswechsel besser in den Griff.

Manche PartnerInnen sind sogar erleichtert, wenn sie erfahren, daß die (der) Überlebende eine multiple Persönlichkeit besitzt:** Deine ganze Beziehung war bisher voller merkwürdiger Überraschungen, und du hattest ständig das Gefühl, es mit mehr als einer Person zu tun zu haben. Jetzt weißt du, warum.

Auch wenn du nicht die Therapeutin oder der Therapeut der (des) Überlebenden bist, wirst du doch vermutlich Gelegenheit haben, einige ihrer »Ichs« kennenzulernen (wenn du sie nicht bereits kennst). Der Schlüssel zum Umgang mit unterschiedlichen Persönlichkeiten besteht darin, daß du zu jeder Zeit auf diejenige eingehst, die du gerade vor dir hast. Geh mit ihnen um wie mit anderen Menschen auch. Behandele sie, wie du andere Leute auch behandelst: mit Respekt, Rücksicht und Interesse. Die Entdeckung dieser anderen Persönlichkeiten der Überlebenden kann dir Klarheit bringen, angst machen, aufregend, traurig und manchmal sogar lustig sein. Du hast vielleicht plötzlich Kinder, von denen du gar nichts wußtest, oder Geliebte, deren du dir nicht bewußt warst.

Leider ist in der letzten Zeit in den Medien viel Unsinn über Mehrfach-Persönlichkeiten verbreitet worden. Um so wichtiger ist es, daß ihr euch qualifizierte Hilfe sucht.

Wenn du mit einer (einem) Überlebenden zusammen bist, die eine Mehrfach-Persönlichkeit besitzt, hast du mit jemandem zu tun, die sehr schwer mißbraucht worden ist. Daher wird der Heilungsprozeß viele Jahre dauern. Geh davon aus, daß ihr beide, du und die Überlebende, langfristig qualifizierte Hilfe brauchen werdet, sowohl einzeln als auch gemeinsam. Ihr solltet auf keinen Fall versuchen, eine solche Situation allein zu bewältigen.

Die Diagnose Multiple Persönlichkeit ist umstritten. Viele PsychiaterInnen und PsychologInnen glauben nicht an die Existenz dieses Phänomens. In manchen Gegenden gibt es nur wenige oder gar keine Anlaufstellen. Es kann schwierig werden, qualifizierte und erfahrene TherapeutInnen zu finden. Hilf der (dem) Überlebenden dabei. Kümmere dich darum und setz dich dafür ein, daß die Überlebende die Hilfe bekommt, die sie verdient. Ruf bei der Krankenversicherung an; dort gibt es eine Liste der zugelassenen TherapeutInnen. Wenn

---

* Als Einstiegslektüre zu empfehlen: Eliana Gil: *United We Stand. A Book for People with Multiple Personalities* (Walnut Creek 1990) oder auch Joan Frances Casey: *Ich bin viele. Eine ungewöhnliche Heilungsgeschichte* (Reinbek 1992).

** Nicht alle PartnerInnen empfinden das als Erleichterung; siehe »Virginias Geschichte«.

du Glück hast, erfährst du dort schon, ob sich jemand mit Multiplen Persönlichkeiten beschäftigt. Sonst rufst du die TherapeutInnen einzeln an und fragst ihnen ein Loch in den Bauch. Ist niemand dabei, wirst du solange herumtelefonieren müssen, bist du eine geeignete Therapeutin (einen Therapeuten) ohne Krankenkassenanerkennung findest. Eventuell kennt sie einen praktischen Arzt, der die Überlebende an sie überweist. Sonst mußt du dich eventuell mit der Krankenkasse herumstreiten, bevor sie die Kosten (wenigstens teilweise) übernimmt.

Inzwischen haben auch Menschen mit multipler Persönlichkeit angefangen, sich zu organisieren, Netzwerke aufzubauen und Zeitschriften herauszugeben. (Zeitschriften und weiterführende Literatur siehe Auswahlbibliographie.)

Meine Frau ist von ihrem Therapeuten sexuell mißbraucht worden. Sie macht sich selbst dafür verantwortlich und sagt, sie hätte ihn aufhalten müssen. Seitdem das passiert ist, ist sie richtig depressiv, aber sie will keine neue Therapie anfangen. Ich bin unheimlich wütend. Sie ist da hingegangen, weil sie Hilfe brauchte, und dieser Typ hat sie aufs Kreuz gelegt. Er gibt nicht einmal zu, daß er etwas falsch gemacht hat. Ich will etwas unternehmen, damit er nicht so weitermacht. Können wir den Mann gerichtlich belangen?

Sexueller Mißbrauch durch Therapeuten (und gelegentlich auch Therapeutinnen) ist eine ernste und unannehmbare Form der Ausbeutung, die jetzt langsam öffentlich diskutiert wird. Es werden Bücher geschrieben (siehe Auswahlbibliographie im Anhang), Gesetze verabschiedet und Konferenzen veranstaltet, und zahlreiche Standesorganisationen und Berufsverbände erarbeiten Richtlinien für ihre Mitglieder. Diese Maßnahmen stellen einen bedeutenden Schritt in die richtige Richtung dar, aber viele Überlebende sind bereits von Therapeuten sexuell mißbraucht worden und werden es weiterhin.

Aufgrund des Machtgefälles, das eine therapeutische Beziehung charakterisiert, ist es unter keinen Umständen zulässig, daß Psychotherapeuten, Menschen, die Körperarbeit (Bioenergetik, Rebirthing, etc.) anbieten, konfessionelle Berater, Ärzte und andere Angehörige heilender oder helfender Berufe intime oder sexuelle Beziehungen zu ihren KlientInnen, PatientInnen oder Gemeindemitgliedern eingehen. Diese Grenze sollte allen Menschen gegenüber respektiert werden, die um Hilfe bitten, ist aber für Überlebende besonders wichtig. Nimmt ein Therapeut eine intime oder sexuelle Beziehung zu einer Klientin auf, die sexuell mißbraucht wurde, wiederholt er exakt die Dynamik des Mißbrauchs: Jemand, der mehr Macht hat, manipuliert die Verletzlichkeit einer Überlebenden, um seine eigenen Bedürfnisse zu befriedigen. (Therapeuten beuten die Abhängigkeit ihrer KlientInnen nicht nur auf sexuelle Weise aus; auch Vertrauensmißbrauch und das Überschreiten emotionaler Grenzen sind dazuzuzählen.)

Für viele Überlebende ist die Beziehung, die sie zu einem Therapeuten oder einer Therapeutin aufbauen, die erste positive nichtsexuelle Beziehung, die sie jemals hatten. Es ist ganz wichtig, daß sie das bleibt. Selbst wenn sich Überlebende sexuell zu ihrem Therapeuten hingezogen fühlen oder sich in ihn verlieben, ist es dessen Aufgabe, das Abstinenzgebot seines Berufes zu wahren.

Überlebende, die von einem Therapeuten sexuell mißbraucht wurden, schämen sich oft und fühlen sich schuldig. Fühlten sie sich zu ihm hingezogen oder gefiel ihnen die besondere Aufmerksamkeit, die sie genossen, betrachten sie den Mißbrauch fälschlicherweise als eine »Affäre« und glauben, sie wären daran schuld. Sie haben dem Therapeuten vertraut und sich auf ihn verlassen, daher fällt es ihnen schwer, ihre Erfahrung als Mißbrauch zu bezeichnen oder den Therapeuten dafür verantwortlich zu machen. Ihr Verhalten ist ein Spiegelbild ihrer Reaktion auf den ursprünglichen Mißbrauch.

Erkennt die (der) Überlebende jedoch, daß sie mißbraucht wurde, hat sie zwei Problembereiche zu bewältigen: den ursprünglichen Mißbrauch, der nicht bearbeitet wurde, und die Neuauflage durch den Therapeuten. Überlebende, die von ihren Therapeuten mißbraucht wurden, sind meist nur schwerlich bereit, noch einmal zu vertrauen, und müssen sich mit ihrer doppelten Opferrolle dann oft ohne angemessene qualifizierte Hilfe und ohne Beistand auseinandersetzen.

Als Partnerin oder Partner einer (eines) Überlebenden, die von einem Berater oder Therapeuten mißbraucht wurde, bist du eventuell eifersüchtig oder wütend und fragst dich, ob die Überlebende nicht auch zu dieser sexuellen Beziehung beigetragen hat. Auch du magst dazu neigen, die ganze Sache als eine Affäre zu betrachten, in der dir Hörner aufgesetzt wurden. Mach dir bewußt, daß es sich zwischen Therapeut und KlientIn nicht um eine Beziehung zwischen zwei ebenbürtigen PartnerInnen handelt. Die Überlebende hat sich in die Therapie begeben, um verletzlich sein zu können und dem Therapeuten zu vertrauen. Der Therapeut hat dieses Vertrauen für seine eigenen selbstsüchtigen Bedürfnisse manipuliert (und vermutlich noch Geld dafür genommen!). Das ist kaum ein beidseitiges Liebesverhältnis. *Schuld und Verantwortung für Sex zwischen Therapeut und KlientIn liegen immer beim Therapeuten.*

Vielleicht reagierst du auch fassungslos und wütend, wenn du erfährst, daß die (der) Überlebende von ihrem Berater oder Therapeuten sexuell mißbraucht wurde. Du rufst nach Vergeltung, willst den Mann gerichtlich belangen, damit er nie wieder praktizieren kann. Aber hier ist es wie mit dem ursprünglichen Täter: Die (der) Überlebende muß selbst entscheiden, wie sie mit der Situation umgehen will. Sie kann den Verrat durch den Therapeuten nur verarbeiten, wenn du sie selbst aktiv werden und ihre eigenen Entscheidungen treffen läßt. Du kannst dein Mitgefühl zeigen, ihr zuhören, gemeinsam mit ihr wütend werden, ihr helfen, Nachforschungen anzustellen und Informationen zu sammeln, aber sie muß entscheiden, ob (und wie) sie den Therapeuten zur Rechenschaft ziehen will: in der direkten Aussprache, über die Ärztekammer oder den Berufsverband, vor Gericht oder gar nicht. Die Entscheidung der Überlebenden hängt zum Beispiel auch davon ab, welchem Berufsverband der Täter angehört, und die Gesetze zum Schutz vor Mißbrauch durch Therapeuten, kirchliche Berater und sonstige Angehörige helfender Berufe können von Land zu Land differieren. (Der Mißbrauch der beruflichen Position muß hart bestraft werden. Jeder Berufsstand sollte selbst darauf achten, Nachforschungen anstellen und Angehörige helfender und heilender Berufe, die KlientInnen ausbeuten oder mißbrauchen, zur Rede stellen und bestrafen. Hier bleibt noch viel zu tun.)*

Bei sexuellem Mißbrauch durch den Therapeuten lernt die (der) Überlebende, daß es gefährlich ist, sich helfen zu lassen, und das ist schlimm. Es fällt Überlebenden sehr schwer, noch einmal jemandem zu vertrauen, wenn sie beim ersten Mal enttäuscht und betrogen worden sind. Tatsache ist, daß es viele ausgezeichnete, sehr qualifizierte, vertrauenswürdige und integre BeraterInnen und TherapeutInnen gibt. Vielleicht – hoffentlich – schafft es die Überlebende und faßt den Mut, es noch einmal zu versuchen und sich vorsichtig auf einen neuen Therapeuten oder eine neue Therapeutin einzulassen, der oder die ihr die qualifizierte Hilfe bieten, die sie braucht und verdient.

---

* Ein ausgezeichnetes Handbuch für KlientInnen und TherapeutInnen ist das Buch von Claudia Heyne: *Tatort Couch. Sexueller Mißbrauch in der Therapie. Ursachen, Fakten, Folgen und Möglichkeiten der Verarbeitung* (Zürich: Kreuz Verlag, 1991). Es enthält u.a. einen Anhang mit Adressen von Berufs- und Therapieverbänden, Arbeitsgemeinschaften, die sich mit diesem Thema befassen, Selbsthilfegruppen sowie weiterführender Literatur.

NÄHE
UND KOMMUNIKATION

*»Ein Teil von mir will das mit ihm zusammen schaffen,
aber ich habe Angst, zurückgestoßen und herumgeschubst
zu werden wie ein Hampelmann.«*

*»In jeder Beziehung gibt es ein Geben und ein Nehmen,
aber in dieser hier überwiegt das Geben ganz schön.«*

»Was ist überhaupt eine normale Beziehung?«

Manchmal würde ich gerne eine »normale« Beziehung kennenlernen. Dann wüßte ich wenigstens, was für Probleme wir hätten, wenn keine(r) von uns diesen Mißbrauch im Gepäck hätte.

Dieser Wunsch ist gar nicht so selten, denn viele Menschen wurden als Kind mißbraucht. Nur wenige von uns besitzen positive Rollenmodelle, an denen wir uns orientieren können. Wir tun, was wir können, und fragen uns, ob andere Leute mit ihren Beziehungen ebenso viele Probleme haben wie wir.

Leider gibt es keine »normale Beziehung«, an der ihr eure Beziehung messen könntet. Jede Beziehung erfordert Geduld und Geschick, und jede Beziehung ist einmalig, da sie auf den einzigartigen Persönlichkeiten und individuellen Bedürfnissen der Menschen basiert, die sie verbindet.

Es liegt nahe, jedes Problem in eurer Beziehung auf die Tatsache zu schieben, daß eine(r) von euch oder ihr beide mißbraucht wurde. Aber Tatsache ist, daß ihr beide, du und die (der) Überlebende, auch dann Konflikte, Auseinandersetzungen und schwierige Phasen miteinander erleben würdet, wenn keine(r) von euch mißbraucht worden wäre. Zu Langzeitbeziehungen gehören auch Auseinandersetzungen. Alle Paare haben unterschiedliche und sich verändernde Bedürfnisse, die sie unter einen Hut bringen müssen. Wenn zwei Menschen sich zusammentun, werden sie immer das Problem haben, daß sie unterschiedlich kommunizieren, auf Streß reagieren und Konflikte austragen und daß sie in ihrem sexuellen Interesse und auch in ihrem Bedürfnis nach Nähe und Unabhängigkeit nie ganz übereinstimmen. Auch Menschen, die nicht mißbraucht worden sind, wetteifern darum, ihre Beziehung nach ihren Vorstellungen zu gestalten. Sie streiten sich. Manchmal fühlen sie sich einsam und hassen einander. Manchmal sind sie sehr verliebt, und alles scheint der Mühe wert. Es gibt Höhen und Tiefen, Zeiten, in denen sie sich einander nahe fühlen, und Zeiten, in denen sie meinen, unendlich weit voneinander entfernt zu sein. Natürlich macht die Tatsache, daß du mit einer (einem) Überlebenden zusammen bist (oder selbst eine(r) bist) diese Probleme noch komplexer und verstärkt sie, aber sie wären auch da, wenn ihr beide die glücklichste Kindheit der Welt gehabt hättet. Alles andere sind Märchen.

Wenn ihr daran zweifelt, sprecht einmal offen mit einem Paar, das ihr respektiert und das schon länger zusammen ist als ihr. Bittet die beiden, euch zu sagen, wie es bei ihnen ist. Fragt sie nach ihren Streitereien, Konflikten und Kompromissen. Und dann sprecht mit einem weiteren Paar. Und mit noch einem. Dann werdet ihr sehen, daß »normal« auch Schmerz, harte Arbeit, Begeisterung, Langeweile, Enttäuschung, Liebe, Nähe, Abstand und Freude bedeutet und von Paar zu Paar sehr unterschiedlich ist. Anstatt euch mit irgendeinem imaginären Ideal zu vergleichen, solltet ihr euch lieber einmal zusammen hinsetzen und euch überlegen, wie ihr beide euch eure Beziehung wünscht. Und meßt euren Erfolg dann an eurer Fähigkeit, auf diese Ziele hinzuarbeiten.

Immer wenn unsere Beziehung gut läuft, fühlt sie sich sicher genug, um ihre Vergangenheit zu erforschen, und dann ist wieder die Hölle los. Kommen wir aus diesem Kreislauf denn nie raus?

Doch. Je öfter Überlebende diese Heilungsstadien durchlaufen, desto mehr stabilisieren sie sich. Die Forschungsreisen in die Vergangenheit sind nicht mehr so explosiv, sie haben nicht mehr diese zerrüttende Wirkung, und sie werden auch kürzer. Irgendwann werden die Fragen und die Gefühle, die die Vergangenheit betreffen, seltener; sie verlieren an Bedeutung und Gewicht. Störungen aus der Vergangenheit der Überlebenden werden dann die Ausnahme sein, und nicht mehr die Regel.

Es klingt paradox, aber die Tatsache, daß alles zusammenbricht, gerade wenn es so gesichert scheint, ist durchaus logisch. Beginnt eine Überlebende (ein Überlebender), sich zu entspannen, sich geliebt, geborgen und sicher zu fühlen, kann sie auf einige ihrer Verteidigungsmechanismen verzichten und ihr ständiges Bedürfnis nach Selbstschutz aufgeben. Und während sie in einem Bereich gelöster wird und heilt, kann sich ihre Aufmerksamkeit der nächsten Schmerzschicht zuwenden, der sie sich stellen muß. Wenn es nicht mehr in erster Linie um das Überleben geht, hat sie Raum, sich mit den Gefühlsbereichen zu beschäftigen, die ihr immer wieder dazwischenfunken.

Du denkst jetzt vielleicht: »Na, toll! Vielleicht sollte ich lieber *doch kein* solcher Hafen der Geborgenheit für sie (ihn) sein. Ich bin liebevoll und nett und ungefährlich, und *das* hab ich jetzt davon?« Klar bist du frustriert, aber vergiß nicht, daß die (der) Überlebende aufgrund der Arbeit, die sie jetzt leistet, eines Tages weit weniger Angst vor Nähe haben wird als jetzt. Deine Liebe und Fürsorglichkeit und die Sicherheit eurer Beziehung bieten ihr die Gelegenheit zu heilen, die sie so dringend braucht. Und auf lange Sicht kann euch das einander näherbringen.

Wir haben ziemlich schnell eine gewisse Nähe hergestellt, aber als wir einander dann noch näher kamen, gingen plötzlich die Schranken runter. Wieso braucht er plötzlich mehr Abstand, gerade jetzt, wo Vertrauen und Zuneigung immer größer werden?

Dieses Muster ist recht verbreitet, auch wenn es dich verwirrt. Du hast eine neue Beziehung. Alles ist prima und entwickelt sich hervorragend, aber sobald ihr einander näherkommt, geht es bergab. Ausgerechnet zu einem Zeitpunkt, an dem Liebe und Verbundenheit eure Beziehung eigentlich vertiefen und festigen müßten, beginnt die (der) Überlebende, sich zurückzuziehen, sich merkwürdig zu benehmen, willkürlich Grenzen zu ziehen und dich ständig auf die Probe zu stellen. Du bist völlig baff. Was soll das alles?

Oft kommen Überlebende mit oberflächlichen Beziehungen ganz gut zurecht, aber sobald der Grad des Vertrauens und die Verbundenheit wächst, geraten sie in Panik und versuchen, dich zurückzustoßen. Dafür gibt es unterschiedliche Gründe. Zum einen fühlt sich die (der) Überlebende vielleicht mit dir endlich sicher genug, um die Erinnerungen an den Mißbrauch zuzulassen. Zum zweiten versucht sie möglicherweise, dich vor dem »Bösen«, der »Schlechtigkeit«, die sie in ihrem Innern verspürt, zu schützen. Innerlich fühlt sie sich giftig. Sie will nicht, daß ihre Scham und ihre schlimmen Gefühle dich beschmutzen. Und drittens können es elementare Überlebensängste sein, die hier sichtbar werden: Die Überlebende hat gelernt, daß Menschen, die sie lieben, sie auch verletzen, und daß Familien unsicher und gefährlich sind. Je mehr sie sich auf dich einläßt, desto stärker hat sie das Gefühl, wieder in eine Familiensituation hineinzugeraten. Sie fühlt sich gefangen und eingeengt und muß ausbrechen: Dieses Familiengefühl, die immer enger werdende Beziehung, die Verletzbarkeit, die sie spürt, und jemand, der sagt: »Ich liebe dich«, das alles signalisiert Gefahr. Sie weiß genau, wenn sie nicht auf sich aufpaßt, überlebt sie das nicht. Schon einmal ist sie von jemandem mißbraucht worden, den sie liebte und dem sie vertraute. Noch einmal erträgt sie das nicht.

Eine Partnerin, Abby, beschreibt, wie diese Dynamik in ihrer Beziehung ablief:

> Es passiert regelmäßig: Wenn wir einander nahe sind, sieht er mich an und sagt: »Ich liebe dich nicht mehr«, so aus heiterem Himmel. Ich bin dann verletzt und ziehe mich zurück. Ich glaube, irgendwie überschreite ich so eine gefühlsmäßige Grenze bei ihm. Dann komme ich ihm zu nahe, und er kriegt Angst vor mir. Als ob er sagen wollte: »Hau ab! Laß mich in Ruhe!«

Nähe bereitet der (dem) Überlebenden große Angst. Wenn du ein paar Schritte zurücktrittst und dir die Sache aus ihrer Perspektive ansiehst, kommt dir ihr Verhalten nicht mehr so verrückt vor. Dann verstehst du, daß zwischen ihrem Bedürfnis nach Abstand und ihrem Gefühl der Nähe zu dir ein unmittelbarer Zusammenhang besteht. Es ist sehr beruhigend, wenn du das so betrachten kannst. Eine Partnerin erzählte:

> Wenn ich mich ungeliebt und einsam fühle, denke ich daran, daß er das alles nicht durchmachen würde, wenn wir einander nicht immer näher kämen. Sein Bedürfnis nach Abstand ist ein Barometer dafür, wie nahe er mich an sich heranlassen konnte. Wenn ich mir klarmache, daß wir das alles durchmachen, weil er mich liebt, dann hilft mir das sehr.

Wenn ihr mit dem Bedürfnis der (des) Überlebenden, sich zurückzuziehen, konfrontiert seid, müßt ihr vor allem langsam vorgehen, euch beiden »Auszeiten« einräumen, in denen ihr einzeln wieder zu euch selbst findet, bevor ihr als Paar weitermacht. Rechne damit, daß die Überlebende Abstand braucht und daß sie dich auf die Probe stellen wird. (Im Grunde fragt sie: »Bist du groß genug, um mich auszuhalten? Verläßt du mich, wenn du merkst, wie ich wirklich bin?«) Rechne mit Rückzug, sobald du einen Schritt machst, der größere Nähe bedeutet. Respektiere ihr Bedürfnis, sich zurückzuziehen. Versuch, es zu akzeptieren, anstatt dagegen anzukämpfen. Jedesmal, wenn du ihre Grenzen respektierst und ihr Raum läßt, wird sie wieder ein Stück mehr Nähe zulassen können.

Ihr könnt versuchen, den Rhythmus von Annäherung und Rückzug zu erspüren. Versucht, euch mit ihm zu bewegen. Sprecht über das, was zwischen euch geschieht. Manchmal habt ihr schon viel gewonnen, wenn ihr ein Muster nur erkennt. Und manchmal erlebt ihr auch, so wie Abby, einen unerwarteten Durchbruch:

> Wir gingen zur Therapie und versuchten beide, so offen wir möglich zu sein. Und irgendwann sah ich den Mann, den ich liebte. Ich hatte ihn drei Jahre lang nicht gesehen. Er kam heraus, und ich sah ihn. Es war unglaublich. Wir konnten einander sagen, daß wir uns lieben. Wir konnten sehen, was wirklich ist. Es war wie ein Realitätsblitz.

Du solltest dir auch überlegen, ob du nicht vielleicht selbst ein bißchen Angst vor Nähe hast. Solange die (der) Überlebende diejenige ist, die sich ständig zurückzieht, ausflippt und dich auf die Probe stellt, bist du natürlich der (die) »gesunde« PartnerIn, der gerne zu Nähe bereit wäre, wenn sie dich nur ließe. Sei ehrlich mit dir selbst. Würdest du dich nicht vielleicht zurückziehen, wenn die Überlebende tatsächlich gerne größere Nähe hätte? Vielleicht spiegelt sie ja euer beider Angst und Unentschlossenheit wider.

Oft fühlen sich zwei Menschen intensiv zueinander hingezogen, obwohl nur ein Teil von ihnen wirklich anwesend ist. Ihre Ängste, Unsicherheiten und unerfüllten Kindheitsbedürfnisse bleiben zunächst versteckt. »Liebe auf den ersten Blick« heißt oft, daß beide PartnerInnen glauben, sie würden wie durch Zauberei den Vater oder die Mutter finden, die sie niemals hatten. Indem wir uns ganz schnell auf relativ viel Nähe einlassen, überspielen wir, wie groß unsere Angst vor Nähe tatsächlich ist. Alle sind wir verletzt worden, bevor wir erwachsen wurden. Und niemandem von uns fällt es leicht, dieses Risiko noch einmal einzugehen.

Es tut euch beiden gut, wenn ihr euch Zeit laßt und einen kleinen Schritt nach dem anderen macht. Um eine langfristige Beziehung aufzubauen, sind nicht die Geschwindigkeit oder die Intensität wichtig, mit der ihr euch aufeinander einlaßt, sondern die Qualität der Basis, die ihr zusammen schafft. Geschwindigkeit ist kein Gradmesser für eure Liebe. Laßt euch Zeit und bringt euch wirklich vollständig ein. Steht offen zu euren Ängsten, zu ihren (seinen) und zu deinen. Nur so könnt ihr echtes, dauerhaftes Vertrauen aufbauen. Nur so könnt ihr beide, die (der) Überlebende und du, Liebe auf neue Weise erleben: als eine Kraft, die euch stärkt und befreit und die eure Persönlichkeit bereichert, anstatt sie zu zermalmen. (In »Scotts Geschichte« setzt sich ein Paar sehr konstruktiv mit dem Problem der Distanzierung auseinander.)

Warum sind Überlebende so starr und unflexibel?

Nicht nur Überlebende sind unflexibel. Wenn wir Angst haben, verletzt zu werden, tendieren wir alle dazu, uns zu verkrampfen. Unflexibilität entsteht durch Angst. Flexibilität ist nur möglich, wenn wir darauf vertrauen können, daß alles gutgehen wird, daß wir Fehler machen dürfen und daß sie keine schrecklichen Konsequenzen haben werden. Flexible Menschen sind konstruktiv, sie sehen mehr als eine Lösung zu einem Problem. Es macht ihnen nichts aus, Dinge auf sich zukommen zu lassen und dann aus der Situation heraus damit umzugehen. Sie haben nicht das Gefühl, im nächsten Augenblick müsse ein Unheil über sie hereinbrechen. Und sie kommen auch dann zurecht, wenn sich eine bestehende Situation plötzlich ändert, weil sie sich dadurch nicht existenziell bedroht fühlen.

Flexibilität muß geübt werden. Kinder lernen, flexibel zu reagieren, wenn sie in einer Umgebung aufwachsen, in der sie gefahrlos ihre Möglichkeiten erforschen, Fehler machen, mit unterschiedlichen Alternativen experimentieren und ihren Kurs auf halbem Wege ändern können. In destruktiven Familien haben all diese Dinge (im Grunde alles, was von einem sehr begrenzten Verhaltensspektrum abweicht) oft ernste Konsequenzen bis hin zu körperlicher Gewalt, dem Entzug materieller Dinge, seelischer Grausamkeit und sexuellem Mißbrauch.

Rigidität ist ein schwacher Versuch, Sicherheit zu schaffen: In Wirklichkeit wird die Unsicherheit dadurch größer. Starre, unflexible Menschen sind so damit beschäftigt, ihre Grenzen abzusichern und ihre eigenen Verhaltensregeln durchzusetzen, daß sie nicht mehr darauf achten, was um sie herum tatsächlich passiert. Sie besitzen nicht die Flexibilität, ihre Reaktion einer geänderten Situation anzupassen. Sie reduzieren ihr Erleben und sind nicht wendig genug, neue Erfahrungen zuzulassen.

Starre, unflexible Menschen denken in Schwarz und Weiß: Menschen sind gut oder schlecht. Du bist eine Heldin oder eine Verräterin. Du versagst oder du hast Erfolg. Für Grau, für Abstufungen, ist kein Platz. Wenn wir in einem solchen Denkschema stecken, hat das zur Folge, daß wir uns oft verraten und im Stich gelassen fühlen. Verrat ist immer ein Verrat mit großem »V«, für Fehler, für Irrtümer ist da kein Spielraum. Und wir urteilen über uns selbst ebenso gnadenlos wie über andere.

Starrheit ist auch eine Form der Gefühlsabwehr: Wenn dein Schutzwall vollkommen ist, brauchst du nicht zu fühlen. Wenn du deine Umgebung gut unter Kontrolle hast, wird dir niemals wieder etwas Unerwartetes geschehen. Du weißt, wie du jeder Situation gewachsen bist. Du brauchst nicht ständig aufzupassen und deine Gefühle wahrzunehmen, um abschätzen zu können, was los ist.

Im Sturm überleben die Bäume, die sich im Wind biegen. Es sind die starren Strukturen, die zu Bruch gehen.

Zur Heilung gehört die Demontage der starren Strukturen, die uns in der Kindheit geschützt haben, heute aber unsere Existenz einschränken. Der Verzicht auf diese Strukturen erfüllt uns mit Angst und Schrecken, denn darunter liegt eine unermeßliche Verletzlichkeit. Aber je mehr wir von unserem Kindheitsschmerz heilen, desto mehr Flexibilität können wir zulassen.

Sie muß sich immer durchsetzen und ständig alles im Griff haben. Wie kriegen wir das in den Griff?

Macht ist ein zentrales Moment in vielen Beziehungen. Nicht nur Überlebende haben das starke Bedürfnis, alles unter Kontrolle zu haben. Jeder Mensch, der in einer unberechenbaren oder gefährlichen Umgebung aufgewachsen ist, hat dieses Bedürfnis. Machtkämpfe gibt es in vielen Beziehungen, und PartnerInnen und Überlebende sind keine Ausnahme. Ein Partner sagte: »Ich muß mich durchsetzen. Sie muß sich durchsetzen. Also krachen wir oft aufeinander.«

Bei eher passiven Überlebenden hat manchmal die Partnerin (der Partner) die Oberhand. Virginia ist ein Beispiel dafür (mehr über ihre Geschichte im zweiten Teil):

> Ich wollte unbedingt, daß Keith alles so machte, wie ich mir das vorstellte. Wie ich das erreicht habe? Ich hab sein Selbstvertrauen unterminiert. Nach all dem Mißbrauch in seiner Kindheit hatte er sowieso nicht viel Selbstvertrauen. Ich hatte schon Kinder, als wir uns kennenlernten, und irgendwie hab ich ihm immer unterschwellig vermittelt: »Ich glaube, es ist falsch, wie du mit den Kindern umgehst. Ich vertraue dir nicht.« Er sollte alles genauso machen, wie ich es immer machte. Eigene Instinkte und Gefühle oder die Fähigkeit, etwas auf seine Weise zu tun, traute ich ihm nicht zu. Das hat ihn wirklich daran gehindert, erwachsen und reifer zu werden und zu lernen, Verantwortung zu übernehmen. Während ich ihm auf der einen Seite vorwarf, daß er nie die Verantwortung für die Kinder übernahm, fesselte ich ihn gleichzeitig in einem Netz, in dem er so gut wie gar keinen Bewegungsspielraum hatte. Das war nicht gut. Das hat er mir auch oft vorgeworfen.

Egal, wer von euch in eurer Beziehung mehr zu sagen hat, wichtig ist, daß sich das ändern läßt. Ein Mann beschrieb, wie seine Frau ihr Bedürfnis nach Kontrolle innerhalb der Beziehung allmählich zurückschraubte:

> Am Anfang mußte sie wirklich alles im Griff haben. Jetzt ist es nicht mehr so extrem. Es hat sich mit der Zeit langsam geändert. Was die Kinder anziehen zum Beispiel. Die Kinder mußten immer aussehen wie aus dem Ei gepellt. Jetzt können sie selbst entscheiden, was sie anziehen wollen. Oder unser Haus. Wenn Leute zu uns kamen, schämte sie sich, wie es bei uns aussah. Sie verglich unseren Haushalt ständig mit dem ihrer Mutter. Jetzt kann sie sagen: »Hier wohnen wir. Wenn es euch nicht gefällt, ist das eure Sache.« Auch in unserem täglichen Umgang miteinander fühle ich mich nicht mehr manipuliert. Sie kann jetzt eher zulassen, daß ich eigene Gedanken und Gefühle habe. Sie ist wirklich toleranter geworden. Bloß auf sexuellem Gebiet hat sich nichts geändert. Sie muß immer noch diejenige sein, die die Initiative ergreift. Sonst geht gar nichts. Noch nicht. Aber ich hoffe, das ändert sich.

(Mehr über das Bedürfnis von Überlebenden nach Kontrolle im sexuellen Bereich auf S.151f. und 153f.)

Der Verlauf der Heilung besteht zwar im wesentlichen darin, daß die (der) Überlebende Risiken eingeht und flexibler wird, aber das erfordert auch, daß sie ihre Umgebung tatsächlich gut genug unter Kontrolle hat, um sich sicher zu fühlen. Und bis zu einem gewissen Grad muß der Partner (die Partnerin), der dieses Bedürfnis nicht in diesem Maß hat, sich damit abfinden. (Jawohl, Beschwerden und Verhandlungen sind erlaubt.) Habt ihr beide ein starkes Bedürfnis nach Kontrolle, müßt ihr lernen, euch abzuwechseln. Je länger und je stärker ihr einander vertraut, desto ausgewogener wird das Geben und Nehmen in eurer Beziehung werden.

Wie kann ich vermitteln, daß ich vertrauenswürdig bin?

Sei vertrauenswürdig. Sei zuverlässig. Wenn du etwas angekündigt hast, dann tu es auch. Und mach es gewissenhaft, achte auch auf Details. Um als zuverlässig zu gelten, mußt du langfristig zuverlässig sein. Vertrauen schaffst du, indem du dich als vertrauenswürdig erweist.

Du mußt deine Grenzen kennen. Wenn du dich zwingst, mehr zu geben (oder zu versprechen), als du kannst, mußt du die Überlebende (den Überlebenden) zwangsläufig enttäuschen. Sie zieht daraus den Schluß, daß sie dir nicht vertrauen kann. Zeig klar, wo deine Grenzen sind und sag der Überlebenden, wo sie sich auf dich verlassen kann und wo nicht, dann entsprechen ihre Erwartungen auch eher der Realität.

Erwarte nicht, daß die (der) Überlebende dir automatisch vertraut. Laß ihr Mißtrauen zu. Es gehört zu dem Gepäck, das sie in eure Beziehung mitbringt. Wenn du langfristig zeigst, daß sie dir vertrauen kann, wird sich ihr Mißtrauen allmählich legen, und statt dessen wird sie dir vertrauen.

Vergiß nicht, was sie (er) durchgemacht hat. In Anbetracht ihrer Geschichte ist es verständlich, daß sie Schwierigkeiten hat, dir zu vertrauen. Es ist erstaunlich, daß sie überhaupt vertraut.

Wenn Kinder auf die Welt kommen, haben sie Vertrauen. Sie haben keinen Grund, *nicht* zu vertrauen. Im Idealfall erleben sich Kinder als Mittelpunkt eines Universums voller liebevoller, wohlmeinender Lebewesen, die auf sie aufpassen und ihre Bedürfnisse befriedigen. Ihr Vertrauen in ihre Bezugspersonen ist absolut. Und in einer nichtdestruktiven Familie trifft Vertrauen auch gewöhnlich auf Liebe, Fürsorge und Zärtlichkeit.

Kinder kennen keinen Vertrauensmißbrauch, Schmerz, sexuellen Mißbrauch, solange sie nicht mißbraucht und belogen werden. Und sie geben ihr Vertrauen nicht leicht auf, man muß es ihnen schon austreiben, indem man sie und ihr Vertrauen immer wieder neu mißbraucht. Das hat man mit der (dem) Überlebenden gemacht. Ihr Vertrauen wurde auf unglaublich schmerzhafte Weise zerstört.

Die Tatsache, daß die (der) Überlebende dich liebt, macht es ihr nicht leichter, dir zu vertrauen. Manchmal fällt es Überlebenden sogar schwerer, jemandem zu vertrauen, den oder die sie lieben. Ihre bisherige Lebenserfahrung hat ihnen gezeigt, daß gerade die Liebe solcher Menschen zu Verletzung und Vertrauensbruch führt. Die Überlebende besitzt nur wenig oder gar keine gegenteilige Erfahrung. Noch nicht. Und hier kommst du ins Spiel.

Leider kannst du nicht einfach sagen: »Vertrau mir. Du kannst mir vertrauen« und erwarten, daß die (der) Überlebende ihre Schutzmaßnahmen aufgibt und dir wie ein junger Hund die ungeschützte Bauchseite darbietet. Vertrauen muß durch gemeinsame Erfahrung in kleinen Schritten geschaffen werden. Erweist du dich immer wieder als verläßlich, wird dir die Überlebende allmählich vertrauen. Nicht weil du ihr gesagt hast, sie könne dir vertrauen, oder weil du weißt, daß du vertrauenswürdig bist, oder weil du dich einem anderen Menschen gegenüber als vertrauenswürdig erwiesen hast, sondern weil sie im konkreten Alltag mit dir genug Erfahrung gesammelt hat, die sie ihrer bisherigen Lebenserfahrung entgegensetzen kann. Hab Geduld. (Fühlst du dich jedoch verletzt, weil sie dir immer wieder sagt, wie wenig vertrauenswürdig du bist, sag ihr das.)

Sprich mit der (dem) Überlebenden darüber, was sie brauchen würde, um dir zu vertrauen. Vielleicht erwartet sie die Perfektion eines Supermenschen: daß du immer feinfühlig, unbeirrt verständnisvoll, niemals unpünktlich, ständig wachsam und im Prinzip unfehlbar bist (klingt nach den Pfadfindern, oder?). Das ist unrealistisch. Niemand ist zu hundert Prozent zuverlässig. Sie auch nicht. (Macht sie nie Versprechungen, die sie dann nicht einhält, weil sie eine Erinnerung hat und dann zu mitgenommen ist, um Wort zu halten?) Du brauchst es auch nicht zu sein. Vertrauen basiert nicht auf Perfektion. Sondern auf Zuverlässigkeit. Definiert gemeinsam, was es bedeutet, vertrauenswürdig zu sein. Vielleicht gibt es Bereiche, in denen sie (er) dir absolut vertrauen kann (alles, was mit Mißbrauch zu tun hat, zum Beispiel), und andere, in denen du vermutlich Fehler machen wirst. Sag ihr: »Du kannst dich darauf verlassen, daß ich dich nie zu irgendwelchen sexuellen Dingen zwingen werde, aber ich werde bestimmt manchmal unpünktlich sein.« Entwickelt realistische Erwartungen, die auch menschliche Fehlbarkeit zulassen.

Und schließlich ist Vertrauen auch ein Akt des Glaubens, denn kein Mensch ist perfekt. Niemand weiß, was die Zukunft bringt. Egal, wie klar und fest unsere Absichten sind, wir wissen nie, ob nicht doch etwas geschehen mag, was uns von diesen Absichten abbringt. Jeder Akt des Vertrauens enthält ein kalkuliertes Risiko.

Wie bringe ich die Überlebende dazu, Vereinbarungen einzuhalten, ehrlich zu verhandeln und nicht ständig die Grundregeln zu ändern?

Dieser Partner ist frustriert. Überlebende tendieren zu Unbeständigkeit. Sie sagen etwas, und dann ändern sie ihre Meinung. Sie sagen: »Ja, du kannst mich hier anfassen.« Dann sagen sie: »Nein.« Sie sagen: »Frag mich, wie meine Therapie gelaufen ist!« und beschuldigen dich der Neugier, wenn du fragst. »Aber du hast gesagt, ich soll dich fragen!« erwiderst du. Vergeblich. Du hast die Grenzen der (des) Überlebenden verletzt. Wieder einmal.

Die Überlebende lernt hier, Grenzen festzusetzen, etwas, was sie nie zuvor getan hat. Der Lernprozeß der Grenzziehung basiert auf dem Ausprobieren: Sie setzt eine Grenze, prüft, wie sich das anfühlt, ändert sie und prüft wieder. Die Überlebende macht ein Versprechen, merkt, daß sie zuviel versprochen hat, und hält es nicht. (Das passiert uns allen manchmal.) Sie hat eine tolle Idee, was ihr im Bett zusammen machen könntet, und zieht sich dann zurück, wenn sie merkt, daß sie sich übernommen hat. Warum? Weil sie als erwachsene Frau mit dir ins Bett gegangen ist und plötzlich zu einer verängstigten Sechsjährigen wurde, als du sie berührtest. Daraufhin haben sich ihre Bedürfnisse geändert und sie sich mit ihnen. Wenn sie ihr Versprechen hält, obwohl sich ihre Bedürfnisse geändert haben, tut sie etwas gegen ihren Willen. Und das kommt ihr vor, als würde sie wieder mißbraucht.

Steht die (der) Überlebende am Anfang ihrer Heilung, ist die freie Entscheidung für sie von existentieller Bedeutung. Für dich heißt das, daß du dich auf eine enorme Unbeständigkeit und Inkonsequenz einrichten darfst. Du kannst dich auf nichts verlassen, was sie sagt. Das kann dich Nerven kosten. Du willst ihre Grenzen respektieren, aber ihre Grenzen ändern sich von einem Tag auf den anderen, manchmal von einer Stunde oder Minute zur nächsten. Du hast nie festen Boden unter den Füßen. Das kann extrem frustrierend sein.

Das Bedürfnis der (des) Überlebenden nach absoluter Kontrolle über alles, was geschieht, wird sich mit der Zeit verringern. Dieses Wissen hilft dir im Moment jedoch vermutlich wenig. Wenn du verärgert oder frustriert bist, sag ihr das. Möglicherweise ist die Überlebende so begeistert, weil sie so gut auf sich aufpaßt (und nein sagt), daß sie gar nicht darüber nachdenkt, welche Wirkung ihr Verhalten auf dich hat. Sag es ihr. Sag ihr, daß du sauer bist. Sag ihr, warum. Wenn deine Grenzen erreicht sind, mußt du es ihr sagen.

Einer der Schlüssel zur Arbeit mit einer (einem) Überlebenden, die keine Vereinbarungen einhalten kann, ist, klein anzufangen. Überlebende versprechen häufig mehr, als sie halten können, weil sie Angst haben, dich zu verärgern oder zu verlieren. Wenn du deutlich machst, daß es dir lieber ist, deine Partnerin oder dein Partner hält eine Vereinbarung in einer Kleinigkeit ein, als daß sie (er) dir die Welt verspricht, dann wird es ihr (ihm) auch leichter fallen, sich an Vereinbarungen zu halten. Anstatt zu versuchen, mit dir zu schlafen (und »zu versagen«), wäre sie vielleicht auch damit einverstanden, einmal in der Woche zwanzig Minuten lang mit dir darüber zu sprechen (solange sie über den Zeitpunkt entscheidet). Wenn sie in ihrem Versprechen nicht zeitlich festgelegt ist, hat sie eher das Gefühl, die Situation steuern zu können. Statt Angst vor dem Unheil zu haben, das ihr bevorsteht, (»Jetzt muß ich ...«), kann die Überlebende dann selbst den Moment bestimmen, an dem sie in der Lage ist, ihr Versprechen einzuhalten.

Die (der) Überlebende ist zur Zeit nicht so belastbar und stabil wie du. Aber das heißt nicht, daß es nicht auch irgendwo einen kleinen Bereich gäbe, in dem sie Beständigkeit beweisen könnte. Versucht, euch das als gemeinsames Ziel zu setzen. Und dann sucht euch einen realistischen Bereich aus, wo ihr anfangen könnt.

Meine Partnerin geht eine Stunde in die Therapie. Ich arbeite vierzehn Stunden am Tag. Ich bin müde. Und sie hört nicht auf, von ihrem Mißbrauch zu reden. Wie kann ich sie behutsam davon abbringen?

Ihr habt im Moment unterschiedliche Bedürfnisse. Du brauchst deine Ruhe und ein Zuhause mit möglichst wenig Streß. Du bist müde. Dein Rücken tut dir weh. Du hast einen langen Tag hinter dir. Du willst die Füße hochlegen und fernsehen. Du hast dich gerade ein bißchen entspannt, da kommt die Überlebende herein und fängt an, dir von der Zeit zu erzählen, als sie fünf war und ihr Onkel seine Finger in ihre Vagina steckte. Du willst ihr zuhören. Du willst ihr helfen. Aber was dich im Moment wirklich interessiert, ist die Übertragung des Halbfinale aus Wimbledon.

Es stimmt, daß Überlebende reden müssen. Nach Jahren des Schweigens finden sie langsam ihre Stimme wieder. Das findest du gut. Du findest es sogar toll. Du hilfst ihr (ihm) dabei. Du willst bloß nicht immer der- oder diejenige sein, der zuhören muß.

Als ich anfing, mich an meinen Mißbrauch zu erinnern, habe ich buchstäblich achtzehn Monate lang von nichts anderem mehr gesprochen. Eineinhalb Jahre nach meinen ersten Erinnerungen ging ich mit meiner Freundin Karen im Cha Cha Cha, einem karibischen Restaurant in der Haight Street in San Francisco, essen. Als wir mit unseren Kochbananen, Andouille-Würstchen, schwarzen Bohnen und Reis fertig waren, auch noch Krabben mit Knoblauchsauce restlos weggeputzt hatten und geräuschvoll diese Knusperbällchen verspeisten, die sie einem dort mit der Rechnung bringen, sah sie mich an und sagte erstaunt: »Laura, ist dir eigentlich klar, daß du während des ganzen Essens nicht ein einziges Mal von sexuellem Mißbrauch angefangen hast?« Ich guckte sie an und mußte lächeln. Ich war selbst überrascht. Ich hatte so lange von sexuellem Mißbrauch geredet, daß ich mich gar nicht daran erinnern konnte, jemals nicht davon gesprochen zu haben. Mir wurde zum ersten Mal bewußt, daß ich den Rest meines Lebens vielleicht doch nicht damit verbringen würde, wie besessen über meinen sexuellen Mißbrauch nachzudenken.

Es stimmt, daß Überlebende reden müssen. Aber du brauchst nicht immer derjenige zu sein, der zuhört. (Oder diejenige.) Eine der wichtigsten Aufgaben von Überlebenden ist es, sich ein Netzwerk von HelferInnen aufzubauen: eine Gruppe von unterschiedlichen Menschen, die zuhören können, mitten in der Nacht ans Telefon gehen, stundenlang mit ihnen reden und sich wirklich Gedanken um sie machen. Auch wenn du ein wichtiger Teil dieses Netzwerkes bist – du bist nur ein *Teil* davon.

Du mußt festlegen, wie weit (oder wann) du bereit bist, über sexuellen Mißbrauch zu sprechen. Es ist wichtig, daß du Anteil nimmst, daß du dir die Zeit nimmst, zuzuhören und mitzufühlen, aber wenn du deine eigenen Grenzen überschreitest, wirst du merken, wie du abdriftest, Aufmerksamkeit vortäuschst und schließlich genervt bist. Und davon hat niemand etwas.

Ich habe die Erfahrung gemacht, daß niemand einer (einem) Überlebenden so lange zuhören kann, wie sie erzählen muß – außer andere Überlebende. Es ist völlig in Ordnung, wenn du manchmal nein sagst.

Es ist sogar in Ordnung, wenn du meistens nein sagst. Versuchst du gerade selbst, aus einem Muster ständiger Fürsorge für andere auszubrechen, bitte die Überlebende oder den Überlebenden, sich die nötige Unterstützung vorwiegend woanders zu holen. Arbeitet ihr beide an eurer Heilung, mag es manchmal Zeiten geben, in denen ihr einander einfach nicht zuhören könnt. Das galt für Virginia und Keith:

Ich wollte nichts hören von seinen Erinnerungsblitzen, seiner Therapie oder seiner ISA-Gruppe.* Zeitweise rief er mich ständig auf der Arbeit an, und ich wollte nicht dauernd gestört werden. Ich bat ihn, mir nichts mehr zu erzählen. Ich wollte nicht für alles zuständig sein. Er sollte mit diesen Mißbrauchsgeschichten zu seinem Therapeuten gehen. Wir schlossen einen Pakt: Wenn er mir etwas erzählen wollte, konnte er mich fragen, und ich würde ja oder nein sagen. Aber meistens wollte ich es gar nicht hören, wenn er einen Erinnerungsblitz oder Panik oder Angst hatte. Dann rief er jemand anders an. Er konnte auch nicht zuhören, wenn ich von meinem Schmerz oder von meiner Heilung erzählte. Wenn er versuchte, zuzuhören, konnte er nicht bei meinem Schmerz bleiben: Entweder wurde er wütend, oder er schaltete um auf seinen Schmerz. Dann ging es mir nur noch schlechter. Und ich konnte der Versuchung nie widerstehen, ihn und seine Probleme zu analysieren. Eine Zeitlang waren dann für uns diese ganzen tiefgründigen Gespräche tabu. Wir vereinbarten, daß wir mit solchen Sachen zu unseren Therapeuten oder in unsere Gruppen gehen würden, aber nicht zueinander. Nachdem wir unsere Themen eine Weile so auseinandergehalten hatten, merkten wir, wie wir uns voneinander entfernt hatten. Jetzt versuchen wir, einander wieder ein kleines Stück näherzukommen. Ich bin bereit, ein bißchen mehr zuzuhören. Er auch. Aber jetzt haben wir auch ein Jahr Paartherapie und beide sehr viel Einzelarbeit hinter uns. (Mehr über Virginias Geschichte im zweiten Teil dieses Buches.)

Überleg dir, was du brauchst. Wieviel kannst du freiwillig geben? Kannst du jeden Tag eine Stunde zuhören? Zwei Abende pro Woche? Brauchst du wenigstens den Dienstagabend ohne Gespäche über sexuellen Mißbrauch? Den Donnerstagabend, um gemeinsam auszugehen und etwas Schönes zusammen zu machen, ohne über sexuellen Mißbrauch zu reden? Deine Grenzen sollten nicht starr sein, sie sollten dir aber doch einen gewissen Schutz gewähren und das Bewußtsein vermitteln, daß du nicht vierundzwanzig Stunden am Tag Bereitschaft hast. (In Notfällen wirst du Ausnahmen machen müssen. Klärt das rechtzeitig. Ihr müßt gemeinsam definieren, was für euch ein Notfall ist. Auf S.80f. ist eine geeignete Methode dazu beschrieben.)

Warte einen Zeitpunkt ab, an dem die (der) Überlebende sich nicht in einer Krise befindet (ich weiß, manchmal ist das schwierig), um über deine Bedürfnisse zu sprechen. Und dann formuliere sie behutsam. Versichere ihr, daß du auf ihrer Seite bist und für sie dasein willst. Erinnere sie daran, daß Im-Stich-Lassen und das Festsetzen gesunder Grenzen zweierlei sind. Überleg dir gut, welche Worte du wählst. Anstatt zu sagen: »Ich kann es nicht mehr hören! Laß mich bloß in Ruhe!« versuch lieber zu sagen: »Wenn du möchtest, daß ich für dich da bin, brauche ich Zeit, um wieder aufzutanken. Ich würde vorschlagen ...« Und dann komm mit deiner Idee. Frag: »Was hältst du davon? Hast du andere Vorschläge?« Laß dir Verhandlungsspielraum, aber fall nicht um. Du verdienst Zeit und Raum ohne Geschichten über sexuellen Mißbrauch.

---

* Incest Survivors Anonymous (ISA) (etwa: »Anonyme Überlebende«) arbeitet wie zum Beispiel auch die Anonymen Alkoholiker mit einem Zwölf-Punkte-Programm.

**Jedes bißchen Information, das sich an PartnerInnen richtet
(und das ist bis jetzt wirklich nicht viel), beginnt mit den Worten:
»Du mußt der oder dem Überlebenden zuhören.«
Ich finde das total frustrierend! Mein Partner will nicht mit mir
darüber reden! Da ist eine Sperre in unserer Beziehung.
Ich arbeite »blind«. Was soll ich machen?**

In jeder funktionierenden Beziehung ist Kommunikation das A und O. Aber zwischen Überlebenden und PartnerInnen kann es schwierig werden. Manchmal will die (der) Überlebende zuviel reden und du mußt Grenzen festlegen, um selbst nicht zu kurz zu kommen. Dann wieder halten Überlebende geheim, was sie in der Therapie machen, welche Schritte sie unternehmen, um zu heilen, und mögen es nicht, wenn du sie danach fragst. »Ich bin noch nicht soweit, daß ich darüber sprechen könnte«, sagen sie. »Ich glaube, das ist nichts für dich.« Du hast nur ein paar allgemeine Angaben, nach denen du dich richten kannst (»Ich bin als Kind mißbraucht worden und beschäftige mich jetzt damit.«). Aber Mißbrauch wirkt sich auf dein Leben nicht nur ganz allgemein aus. Dein Leben wird total auf den Kopf gestellt, und obendrein schließt dich die Überlebende auch noch aus.

Es gibt eine Reihe von Gründen, warum Überlebende mit Informationen hinter dem Berg halten. Als Kind hat die (der) Überlebende wahrscheinlich allein gelitten. Ihr Schmerz war verborgen und geheim, sie ist nicht gewohnt, ihn mit jemandem zu teilen. Sie hat den Mißbrauch vielleicht ihr Leben lang geheimgehalten, möglicherweise sogar weil sie fürchtete, die Enthüllung mit dem Tode bezahlen zu müssen. Und sie hat die Geheimhaltung als ein Muster verinnerlicht, das zu brechen ihr schwerfällt und große Angst bereitet. Doch das Schweigen verleiht dem Täter noch mehr Macht und schafft zwischen euch eine emotionale Distanz, gerade wenn sie deine Unterstützung am meisten braucht.

Die (der) Überlebende findet es vielleicht zu schmerzhaft, über ihren Mißbrauch zu sprechen. Sie hat Angst, dich zu verletzen oder zu schockieren. Vielleicht befürchtet sie, du könntest den Schaden herunterspielen und ihr sagen, sie solle »nicht mehr daran denken«. (Selbst die feinfühligsten PartnerInnen würden das manchmal am liebsten sagen.) Wenn vorher noch nie von diesem Mißbrauch die Rede war, fürchtet sie, du könntest fragen: »Warum hast du mir nie davon erzählt?« Sie hat Angst davor, wie du reagieren wirst, wenn du erkennst, daß die Probleme, für die sie dich immer verantwortlich gemacht hat, tatsächlich von ihrem Mißbrauch herrühren. Und diese Ängste sind berechtigt. Du *wirst* reagieren. Du wirst garantiert nicht nur das Spieglein an der Wand sein, aus dem begeisterte Unterstützung spricht.

Ein anderes Kommunikationshindernis ist die Phase der Ichbezogenheit, die viele Überlebende durchlaufen (siehe »Selbstvergessenheit« auf S.41f.). Mach der (dem) Überlebenden bewußt, daß der Mißbrauch auch dich betrifft und daß sie bereit sein muß, dich in die Probleme, die sie täglich damit hat, einzubeziehen, wenn du ihr helfen sollst.

Auch wenn es der (dem) Überlebenden angst macht, mit dir darüber zu sprechen, muß sie dich doch in ihren Heilungsprozeß miteinbeziehen. Sie braucht dir nicht jede Einzelheit zu erzählen (und du würdest sie vermutlich gar nicht alle hören wollen), aber du solltest genügend Informationen besitzen, um aktiv teilnehmen zu können.

Zögert die (der) Überlebende oder hat sie Angst, mit dir zu sprechen, dann versuch, herauszufinden, woran das liegt. Hat es mit deinem

Verhalten (du braust rasch auf und läufst vielleicht direkt los und stellst den Täter zur Rede) oder deiner Einstellung (du bist der Meinung, die Beschäftigung mit der Vergangenheit sei verlorene Zeit) zu tun, wirst du an dir arbeiten müssen, bevor die Überlebende ungefährdet mit dir darüber reden kann. Hat die Überlebende Angst vor deinem Zorn, braucht ihr vielleicht eine dritte Person, die eure ersten Gespräche erleichtert. Und besteht das Problem darin, daß die Überlebende sich fürchtet, das Schweigen zu brechen, dann braucht sie noch mehr Unterstützung, um die Schichten der Geheimhaltung zu durchbrechen.

Dein Leben wird durch die Entscheidung der (des) Überlebenden, sich mit ihrem sexuellen Mißbrauch zu beschäftigen und daran zu arbeiten, massiv beeinflußt. Du brauchst und verdienst Informationen über das, was sie erlebt und durchmacht. Kommunikation ist kein Luxus. Sie ist ein notwendiges Risiko, das die Überlebende auf sich nehmen muß, wenn sie will, daß du ihr hilfst. Die Überlebende wird sich nicht von einem Tag auf den anderen daran gewöhnen, und der Prozeß des Sich-Öffnens wird vermutlich langsam vonstatten gehen, aber mit der Zeit muß sie lernen, ihren Schmerz und ihre Ängste mit dir zu teilen.

**Ich identifiziere mich sehr stark mit meiner Rolle als Partner eines Überlebenden, aber ich habe das Gefühl, ich sollte das anderen Leuten nicht erzählen, weil ich dann gleichzeitig verraten würde, daß mein Geliebter Überlebender ist.
Und er ist viel zurückhaltender als ich. Was soll ich machen?**

Die Frage, wie vertraulich persönliche Angelegenheiten behandelt werden sollten, ist für viele Paare nicht leicht zu beantworten. Oft klaffen die Ansichten der PartnerInnen darüber, was erzählt werden darf und wem, weit auseinander. Einige von uns sind in Familien aufgewachsen, aus denen gar nichts nach außen dringen durfte: »Was in diesem Haus passiert, geht niemanden etwas an.« Andere haben gelernt, ihre Probleme offen im breiten Kreis der Familie und der FreundInnen zu diskutieren. Diese beiden Kommunikationsstile (und viele dazwischen) können zu Konflikten führen. Es ist leicht, darüber zu urteilen, wie dein Partner (deine Partnerin) mit Informationen umgeht: »Er erzählt jedem alles.« »Sie tut ständig, als wäre alles in Ordnung.« Aber um eine Übereinkunft darüber auszuarbeiten, worüber wann und mit wem gesprochen wird, sind Zeit, Respekt für die Position des (der) anderen, Verhandlungen und Kompromisse nötig.

Wenn du eine Beziehung mit einer (einem) Überlebenden hast, ist dieses Thema noch komplizierter. Deine Partnerin (dein Partner) ist möglicherweise dagegen, daß du Leuten erzählst, daß sie Überlebende ist, weil sie sich schämt oder noch nicht will, daß ihre Familie davon hört, oder weil sie Angst hat, die Leute könnten sie anders behandeln (und in machen Fällen hat sie recht). Sie will selbst davon erzählen oder ist einfach noch nicht bereit, darüber zu sprechen. Kann sie selbst bestimmen, wann und bis zu welchem Grad sie ihre persönlichen Dinge preisgibt, dann hat sie das Gefühl, in Sicherheit zu sein und alles im Griff zu haben. Und das Gefühl braucht sie. Auf der anderen Seite (und das ist ebenso wichtig) brauchst du einen Ort, an dem du gefahrlos über deine Gefühle und Erfahrungen als Partnerin oder Partner sprechen kannst. Dein Leben ist in Aufruhr geraten. Du brauchst verständnisvolle Ohren, Ermutigung und Hilfe, um zu überlegen, was du tun sollst und kannst. Die Überlebende ist nicht fair, wenn sie deine Kommunikationsmöglichkeiten so einschränkt, daß es dich isoliert und dir keine Möglichkeit läßt, dir Unterstützung zu suchen.

Ich sage Überlebenden immer: »Eure Partnerinnen und Partner brauchen zumindest einen Menschen (besser: mehrere), dem sie sich offen anvertrauen können. Ihr könnt mitentscheiden, wer diese Menschen sein sollen, aber es ist nicht fair, wenn ihr sagt: 'Ich will nicht, daß du darüber redest.' In diesem Punkt müßt ihr nachgeben, wenigstens ein bißchen. Wenn ihr wollt, daß eure Partnerinnen und Partner euch helfen, müßt ihr ihnen auch erlauben, sich ebenfalls helfen zu lassen.«

Ein Mann erklärte, wie es in seiner Familie funktioniert:

> Sie legt fest, mit wem ich reden kann. Aber sie ist relativ flexibel. Wenn ich mit jemandem darüber sprechen muß, weil ich einfach sonst nicht mehr zurechtkomme, dann akzeptiert sie das. Aber es muß jemand sein, der die Angelegenheit vertraulich behandelt und nicht alles herumerzählt.

Virginia beschrieb, wie sie sich mit ihrem Mann geeinigt hat:

> Ich hatte immer enge Freundinnen und Freunde, mit denen ich reden konnte, selbst über die intimsten Probleme mit Keith. Nur einer oder zwei wissen alles, aber ohne sie würde ich es nicht schaffen. Keith sieht es

nicht gern, wenn ich mit anderen Leuten darüber rede. Er kriegt dann Angst. Manchmal sagt er mir: »Sag dem Sowieso nichts.« Und oft bitte ich ihn um Erlaubnis, wenn ich über etwas sprechen muß. Aber manchmal auch nicht. Wenn ich wirklich nicht mehr kann, gehe ich einfach zu einem dieser Menschen, die mir wirklich nahestehen, und rede mit ihm. Wenn ich so dringend mit jemandem sprechen muß, mache ich es einfach. Hinterher erzähle ich es ihm. Er fühlt sich dann vielleicht ein bißchen überrumpelt, aber er sagt immer, es sei in Ordnung. Die Vorstellung, daß andere Menschen in allen Einzelheiten wissen, was ihm widerfahren ist, bereitet ihm Probleme. Er kennt die Leute, denen ich es erzählt habe, und manchmal leidet er darunter. Er schämt sich immer noch. Aber mein Leben hat immer aus Geheimnissen bestanden, und ich kann einfach keine mehr ertragen. Ich finde, ich gehe ganz angemessen damit um. Ich posaune nicht alles in der Gegend herum, aber ich kann auch nicht alles allein mit mir herumtragen. Und die eine Stunde Therapie pro Woche reicht mir nicht. Ich muß mit meinen Freunden darüber reden. Hinterher geht es mir viel besser. Keith weiß das. Es ist nicht leicht für ihn, aber im großen und ganzen ist er sehr verständnisvoll. (Mehr über Virginias Geschichte im zweiten Teil dieses Buches.)

Wenn du dir überlegst, mit wem du reden könntest, versuche, jemanden zu finden, der oder die dem (der) Überlebenden ebenso zugetan ist wie dir. Zumindest sollte der- oder diejenige dem Heilungsprozeß der Überlebenden positiv gegenüberstehen. Dann findest du Verständnis für deine Gefühle und Bedürfnisse ohne Gefahr zu laufen, in eine vernichtende Charakteranalyse der Überlebenden hineingezogen zu werden. Und wenn die Überlebende weiß, daß du den Unterschied zwischen »Über-Gefühle-Reden« und »Über-jemanden-Herziehen« kennst, wird sie sich auch weniger Sorgen machen.

Fürchtet die (der) Überlebende, du könntest einem bestimmten Menschen davon erzählen, frag sie, warum. Ist dieser Mensch vielleicht ein guter Bekannter ihres Onkels? Oder geht er mit solchem Wissen leichtfertig um? Ist er für seine Tratscherei bekannt? Vielleicht hast du dir den oder die Falsche(n) ausgesucht? Möglicherweise kannst du den Austausch so strukturieren, daß die Überlebende sich sicherer dabei fühlt. Wenn ihr euch rechtzeitig auf bestimmte Regeln einigt, verliert sie vielleicht etwas von ihrer Angst: »Ich werde Roger bitten, niemand anderem davon zu erzählen, und ihm erklären, wieso das so wichtig ist.« »Ich suche mir eine Selbsthilfegruppe für Partner und rede dann nur mit diesen Leuten darüber.«

Es kann aber auch sein, daß alle Vereinbarungen nichts nützen: Die (der) Überlebende hat immer noch Angst und will nicht, daß du jemandem etwas erzählst. Dann mußt du dich eben darüber hinwegsetzen. Such dir die Person sorgfältig aus, aber rede auf jeden Fall mit jemandem. Dein emotionales Wohlbefinden und deine Fähigkeit, die Beziehung fortzuführen, hängen davon ab.

In einem Bereich wirst du die Wünsche der (des) Überlebenden hundertprozentig respektieren müssen: ihrer Familie gegenüber. Es ist von größter Bedeutung, daß die Überlebende selbst entscheidet, ob, wann und wie sie mit ihrer Familie über den Mißbrauch spricht. (Mehr über den Umgang mit der Familie der (des) Überlebenden auf S.176ff.) Aber außerhalb dieses Bereiches hast du das Recht, dir zuverlässige Leute zu suchen, denen du dich anvertrauen kannst.

Jedesmal, wenn ich sie wegen irgend etwas kritisiere oder sauer oder genervt bin, glaubt sie, sie wäre abgrundtief schlecht. Wie soll ich damit umgehen?

Die (der) Überlebende nimmt jeden Konflikt persönlich. Sie ist nicht in der Lage, ihre Handlungen und Verhaltensweisen von ihrem Wesen als Person zu trennen. Sie sieht keinen Unterschied zwischen Kritik an ihrem Verhalten und Kritik an ihrer Person. Ihr Selbstwertgefühl ist noch nicht stark genug, als daß sie sich in einem Konflikt behaupten könnte: Sie gibt auf und nimmt an, sie wäre »schlecht«. Und jede Kritik bestärkt sie in ihrem negativen Selbstbild.

Vermutlich galten in ihrer Familie Kritik und Rückmeldung nicht der Änderung des Verhaltens, sondern der Vernichtung der Persönlichkeit. Anstatt ihr zu sagen, sie solle ihre Hausaufgaben machen, hieß es vielleicht: »Du bist dumm.« Statt sie zu bitten, das Geschirr abzuwaschen, hörte sie: »Du bist faul. Aus dir wird nie was.« Solche kontinuierliche charakterliche Herabwertung in der Kindheit vernichtet im Kind jedes Gefühl eines eigenen Selbst und führt später zu schlimmen Selbstwertproblemen. Das Kind verteidigt sich nicht mehr und betrachtet jede Kritik als korrekte Bewertung seines »miesen« Charakters. Es fühlt sich für die Gefühle aller anderen verantwortlich und gibt sich selbst die Schuld an seinem Mißbrauch.

Als Erwachsene(r) kann die (der) Überlebende nur noch Selbsthaß und Unsicherheit empfinden. Sie gibt sich an allem möglichen die Schuld und präsentiert der Welt ein sehr zerbrechliches Selbst. Sie ist nicht in der Lage, mit banalen Konflikten und Gefühlen umzugehen, wie sie in einer Beziehung gang und gäbe sind: Jeder Konflikt, den ihr habt, ist für sie eine Katastrophe. Deine Energie gilt nicht mehr der Kritik, die du äußern wolltest, sondern ihrer Rettung aus dem Abgrund, in den sie gestürzt ist. Anstatt das ursprüngliche Problem konstruktiv lösen zu können, mußt du dich schließlich um sie kümmern. Alles dreht sich um ihre Bedürfnisse, und deine bleiben außen vor. Du bist wütend und enttäuscht und fühlst dich ungerecht behandelt.

Die (der) Überlebende versucht vielleicht nicht bewußt, dich zu manipulieren, aber nichts anderes geschieht da: Deine Gefühle und Bedürfnisse werden eingedämmt und in andere Bahnen gelenkt. Du lernst, daß jede Diskussion über deine Bedürfnisse nur dazu führt, daß sie abstürzt und in Selbsthaß versinkt. Du willst nicht, daß sie sich aufregt oder sich noch mieser fühlt, also schleichst du auf Zehenspitzen um sie herum.

Das ist ein Fehler. Wenn du sie ständig vor dem unvermeidlichen Streß des wirklichen Lebens beschützt, trägst du nur dazu bei, daß sie sich weiterhin als zerbrechlich empfindet. Sie muß lernen, mit Konflikten umzugehen, ohne zusammenzubrechen. (Das ist kein Freibrief für dich, sie hemmungslos mit deinem Zorn zu überschütten. Du kannst lernen, offen *und* feinfühlig zu sein.)

Im Grunde hast du es mit einem Selbstwertproblem zu tun. Die (der) Überlebende muß genug Selbstbewußtsein entwickeln, um sich dir gegenüber behaupten, sich wehren und Beziehungsprobleme diskutieren zu können, ohne daß sie sich in ihrem Innersten bedroht fühlt. Im Laufe der Heilung wird ihr Selbstwertgefühl stärker werden; du wirst sehen, wie es sich kontinuierlich bessert.

Es gibt ein paar Dinge, die du in der Zwischenzeit tun kannst. Mach dir bewußt, in welcher Form du Kritik äußerst. Anstatt Urteile abzugeben (»Du bist egoistisch, anstrengend, schwierig«), solltest du konkrete Verhaltensweisen ansprechen und sagen, welche Wirkung sie auf dich haben. Bestätige die Überlebende immer wieder in ihrem Wesen, ihrem Selbst: Sag ihr, daß du sie toll und liebenswert findest; nur diese oder jene Sache, die sie tut, gefällt dir nicht. Versuch auch, eure Gespräche etwas besser zu strukturieren (Vorschläge auf S.143ff.), oder geht gemeinsam zu einer Paarberatung. Es kann schwierig sein, dieses Problem ohne fremde Hilfe in den Griff zu bekommen.

Und nimm auch Rücksicht auf dich. Wenn du es leid bist, immer vorsichtig zu sein, und einfach mal so laut, heftig oder gar taktlos sein mußt, wie du wirklich bist, sag es der (dem) Überlebenden. »So! Jetzt brauche ich eine Pause!« Verbring ein paar Stunden mit Leuten, die ein dickes Fell haben, denen es nichts ausmacht, was du tust oder sagst. Vergiß deine Vorsicht. Hör auf, dir die Luft abdrücken. Du bist nicht vollkommen; benimm dich so natürlich und ungezwungen wie möglich.

Meine Frau fühlt sich von Themen bedroht, über die wir geteilter Meinung sind. Jedesmal, wenn ich meine Bedürfnisse anbringe, wirft sie mir vor, ich wolle sie manipulieren. Wie können wir das Problem lösen?

Unterschiedliche Bedürfnisse sind normal in einer Beziehung. Egal, wieviel Angst die (der) Überlebende davor hat, du brauchst auf jeden Fall Raum für Gefühle und Bedürfnisse, die sich von ihren unterscheiden. Meinungsverschiedenheiten sind völlig in Ordnung, auch wenn sie Kompromißbereitschaft erfordern, ein bißchen altmodisches Geben und Nehmen. Ihr müßt beide lernen, zwischen der Formulierung eines Bedürfnisses und einer Forderung zu unterscheiden. Forderungen sind nicht verhandelbar: Kommt der Gebende der Forderung nicht nach, hat das seinen Preis. Mit der Formulierung eines Bedürfnisses ist das anders: Preisschilder haben hier nichts zu suchen. Sagst du: »Ich will« oder »Ich brauche«, dann drückst du einen Wunsch oder ein Begehren aus. Und es sollte der anderen Person überlassen bleiben, wie sie darauf reagiert. Wenn du dein Bedürfnis anmeldest, solltest du ein Ja, ein Nein und auch einen Kompromiß zulassen können.

Sprich mit der (dem) Überlebenden darüber, was deine Bedürfnisse so bedrohlich macht. Ist es deine Art, sie ihr mitzuteilen, die ihr angst macht? Fürchtet sie, du könntest sie verlassen, wenn sie nicht tut, was du sagst? Fühlt sie sich verpflichtet, ihre eigenen Bedürfnisse zu opfern, um deine zu befriedigen (wie sie es mit dem Täter getan hat)? Wie wurden Meinungsverschiedenheiten bei ihr zu Hause ausgetragen? Waren das immer Katastrophen? Vielleicht hat die (der) Überlebende nie eine erfolgreiche Verhandlung erlebt oder daran teilgenommen. Vielleicht hat sie nur erfahren, daß sie sich jedesmal selbst aufgeben mußte und verletzt wurde, wenn jemand etwas von ihr wollte. Das ist ein guter Grund, Konflikten aus dem Weg zu gehen.

Sie (er) wird allmählich einen neuen Erfahrungshintergrund aufbauen müssen, wenn sie ihre Angst verlieren und Meinungsverschiedenheiten zwischen euch zulassen will. Als erstes könntet ihr ein paar grundsätzliche Regeln festlegen. Damit schafft ihr einen Rahmen, der der Überlebenden bei euren Auseinandersetzungen eine gewisse Sicherheit vermittelt. (Auf den folgenden Seiten findest du detaillierte Vorschläge dazu.)

Laß dir etwas einfallen. Fühlt sich die (der) Überlebende schrecklich bedroht, wenn ihr eure Meinungsverschiedenheit von Angesicht zu Angesicht austragt, versuch, ihr statt dessen einen Brief zu schreiben. Oder ihr wechselt euch ab: Jede(r) von euch darf fünf Minuten lang ungestört über seine (ihre) Gefühle reden, bevor die andere Person etwas dazu sagt. Übt aktives Zuhören (Beispiel auf S.68ff.). Und hebt euch die schwierigsten Themen für die Paarberatung auf.

Letztlich muß die (der) Überlebende lernen, daß ihr unterschiedlicher Meinung sein (und sogar streiten) und euch trotzdem hinterher nahe sein könnt. Sie wird begreifen müssen, daß du ihr Nein überlebst und daß sie das umgekehrt ebenfalls kann. Diese Änderungen gehen langsam vonstatten und brauchen Zeit, aber die positiven Erfahrungen mit dir werden ihre tiefverwurzelten Ängste besänftigen.

Immer wenn mein Freund und ich darüber sprechen, was wir uns voneinander wünschen, kommt es früher oder später zu einem Machtkampf. Er sagt, ich muß alles so machen, wie er es will, weil er Überlebender ist. Und ich sage, das ist unfair, ich habe schließlich auch Bedürfnisse. Und zum Schluß sind wir beide sauer, enttäuscht und mutlos. Was können wir tun?

Wenn ihr lernt, über eure unterschiedlichen Bedürfnisse zu verhandeln, habt ihr schon einen wichtigen Grundstein für eure Beziehung gelegt. Ohne respektvolles Verhandeln verfangt ihr euch leicht in Machtkampf und Mißmut. Aber nur wenige von uns hatten Gelegenheit, erfolgreiches Verhandeln zu lernen. Viele von uns sind in Familien aufgewachsen, in denen der (die) Größte, Stärkste, Lauteste (oder manchmal Verletzlichste) bekam, was er oder sie wollte. Wir haben gelernt, daß es im Leben darum geht, um begrenzte Ressourcen zu konkurrieren, daß es bei jeder Begegnung einen Verlierer und einen Gewinner gibt. Bestimmte Verhaltensweisen, so haben wir gelernt, helfen uns, öfter zu gewinnen; und viele von ihnen benutzen wir noch mit großer Regelmäßigkeit. Dazu gehören (unter anderem): lautstarkes, tyrannisches Verhalten, Drohung, Gejammer, Beschwerde, Manipulation, Rückzug und Opfergebaren.

Einvernehmliche Problemlösung basiert auf anderen Voraussetzungen: Die Bedürfnisse und Gefühle aller Beteiligten sind wichtig, und es ist für alle genug da. Es können auch mehrere Menschen gleichzeitig gewinnen. Jede(r) bekommt etwas von dem, was er oder sie braucht. Wer einen Kompromiß schließt, hat deshalb nicht verloren.

Um erfolgreich zu verhandeln, müßt ihr Respekt für die Gefühle und den Standpunkt der anderen Person entwickeln. Respekt heißt nicht, daß ihr dem (der) anderen alles geben müßt, was er (sie) will: Ihr habt immer noch Differenzen, aber ihr fühlt euch beide anerkannt und gehört. Nach einer erfolgreich abgeschlossenen Verhandlung solltet ihr euch wie Verbündete fühlen: »Ich bekomme ein Stück von dem, was ich will, und sie auch.« »Er ist bereit, mir entgegenzukommen und sich Mühe zu geben. Und ich will es für ihn auch versuchen.« »Wenn er es mir geben könnte, würde er es tun.«

Erfolgreiches Verhandeln ist nicht leicht. Sobald jemand sagt: »Ich will« oder »Ich brauche«, endet die Diskussion meist in einem Machtkampf, in dem beide PartnerInnen sämtliche alten Manipulations- und Verteidigungstricks zum Einsatz bringen. Die folgenden Richtlinien bieten eine Alternative an: Sie bilden einen Rahmen, eine Struktur, in der ihr eure unterschiedlichen Bedürfnisse gefahrlos diskutieren könnt. Viele Paare haben diese Richtlinien schon genutzt, um damit langjährige Kommunikationsbarrieren abzubauen.

Stellt eine Liste eurer Bedürfnisse und Wünsche zusammen, wenn ihr das noch nicht gemacht habt (siehe S.73f.). Dann nehmt ihr euch jeden Wunsch und jedes Bedürfnis vor, an dem »PartnerIn« oder »Nur PartnerIn« steht, und übersetzt es in etwas Konkretes, um das ihr bitten könnt: »Ich will dienstags und donnerstags abends nicht über sexuellen Mißbrauch sprechen.« »Ich möchte, daß du mir mindestens eine halbe Stunde jede Woche zuhörst, wenn ich von meinen Problemen erzähle.«

Sei realistisch, wenn du deine Liste zusammenstellst. Bitte lieber um allmähliche als um sofortige Veränderung. Kann die (der) Überlebende es nicht ertragen, berührt zu werden, weil sie jedesmal von Erinnerungsblitzen heimgesucht wird, wenn du sie anfaßt, ist es nicht sehr realistisch, um leidenschaftlichen Sex zu bitten. Versuch es mit »Ich würde gerne langsam und kontinuierlich unser gemeinsames Sexualleben wieder aufbauen. Aber du müßtest mir sagen, daß du das auch willst.«

Du hast bessere Aussichten auf Erfolg, wenn du um etwas bittest, das der (dem) Überlebenden einen gewissen Spielraum läßt (»Ich habe das Bedürfnis, zwischen uns wieder irgendeine Form von Sexualität herzustellen.«), als wenn du so konkret wirst, daß kein Raum für Flexibilität oder Entgegenkommen mehr bleibt (»Wir müssen wieder miteinander schlafen.«). Je mehr Raum du läßt, um eine für beide Seiten akzeptable Lösung auszuhandeln, desto eher wirst du bekommen, was du willst.

Jede Bedürfnisformulierung sollte eine positive Aktion beschreiben. Und versteck keine Kritik und keinen Stachel in deiner Aussage. Anstatt zu sagen: »Ich will, daß du nicht mehr so einen Affentanz aufführst, wenn du sauer bist!«, sag: »Ich möchte, daß du konstruktivere Wege findest, deinen Ärger auszudrücken.«

Die folgenden Beispiele sollen dir den Anfang erleichtern. Schreib ruhig ab, was auf dich paßt. Und füge so viele Wünsche hinzu, wie dir einfallen.

▷ Ich möchte, daß du mit mir sprichst, wenn du meinst, du müßtest dich zurückziehen.
▷ Ich möchte nicht zu deinem Bruder zum Abendessen gehen, wenn ich dort nicht sagen kann, was ich denke.
▷ Ich will nicht mehr, daß deine Eltern auf unsere Kinder aufpassen.
▷ Ich möchte, daß du anerkennst, wie schwer das für mich ist.
▷ Ich möchte zwischen uns wieder irgendeine Art körperlicher Beziehung herstellen.
▷ Daß mir das weh tut, ist in Ordnung. Aber ich möchte, daß du mir zuhörst und anerkennst, daß mein Schmerz auch wichtig ist.
▷ Ich möchte, daß du mir regelmäßig zeigst, daß du mich magst.
▷ Ich möchte von dir die Bestätigung, daß du dir auch wünschst, daß unser Sexualleben einfacher wird.
▷ Ich möchte mindestens einmal pro Woche etwas mit dir machen, was Spaß macht.
▷ Ich möchte, daß du mit mir zur Paarberatung gehst.
▷ Ich möchte mit mindestens einem anderen Menschen offen darüber sprechen können, was in unserer Beziehung geschieht.
▷ Ich möchte ab und zu abschalten können, ohne Vorwürfe zu hören.
▷ Ich möchte, daß du anerkennst und zu schätzen weißt, was ich tue.

Wenn du fertig bist, sieh dir deine Liste noch einmal an. Streich alles an, was absolut wichtig und unverzichtbar ist, damit du die Beziehung fortsetzen kannst. Das sind deine Grundforderungen, Dinge, die nicht verhandelt werden können und bei denen auch keine Kompromisse möglich sind. Grundforderungen sind extreme Positionen und sollten nur im Notfall benutzt werden: »Ich will nicht mehr, daß deine Eltern auf unsere Kinder aufpassen.« »Ich möchte, daß du mir versprichst, dich nicht umzubringen.« »Ich möchte, daß du mir versprichst, nicht mehr fremdzugehen.«

Wähle deine Grundforderungen mit Bedacht; sie sollten nicht dazu dienen, deine Partnerin (deinen Partner) zu manipulieren, sondern tatsächlich deine echten Grenzen widerspiegeln. Kann er oder sie diesen Grundforderungen nicht zustimmen, ist das ein Zeichen dafür, daß du die Beziehung vielleicht beenden solltest. (Mehr darüber auf S.83ff.)

Die meisten Punkte auf deiner Liste sollten verhandelbar sein. (»Ich möchte, daß du mit mir zur Paarberatung gehst« könnte geändert werden in: »Ich möchte, daß wir uns bewußt Zeit nehmen, um über unsere Probleme zu sprechen.«) Sie stehen für Dinge, die du langfristig brauchst, für Veränderungen, auf die du gern hinarbeiten möchtest. Und sie lassen sich modifizieren, wenn ihr euch beide auf einen kleineren, praktikableren Schritt einigen könnt. Gleichzeitig sollte die (der) Überlebende eine ähnliche Liste zusammenstellen. Zeigt einander eure Listen erst, wenn ihr beide fertig seid.

Sonst verführt euch das dazu, eure Wünsche zu zensieren oder Abstriche zu machen. (Aber ihr braucht keine Hemmungen zu haben, eurer Liste weitere Punkte hinzuzufügen, selbst wenn ihr Ideen voneinander übernehmt.)
Eure Listen sind ein guter Anfang, um über die Veränderungen zu verhandeln, die in eurer Beziehung nötig sind. Wenn ihr euch zusammen anseht, was ihr geschrieben habt, wird euch sofort klarwerden, wo eure Bedürfnisse zusammenpassen und wo sie unvereinbar sind. Ihr seht, an welchen Bereichen ihr leicht gemeinsam arbeiten könnt und wo ihr festhängt. Einige unproblematischere Punkte könnt ihr vielleicht allein besprechen, aber mit den komplexeren Dingen solltet ihr warten, bis eine dritte Person dabei ist. Engagiert einen Berater oder eine Therapeutin als ZeugIn und VermittlerIn. Wenn ihr Angst habt, bisher nicht offen über eure Situation sprechen konntet oder ein Gebiet betretet, das einem von euch große Angst bereitet, werden euch ein paar Sitzungen mit einer Paartherapeutin die Kommunikation enorm erleichtern.
Beschließt ihr, allein miteinander darüber zu sprechen, dann tut das, wenn ihr ungestört seid und wenn die Stimmung nicht schon gespannt ist. Erinnert einander daran, daß der Sinn dieses Gesprächs darin besteht, euch beiden mehr von dem zukommen zu lassen, was ihr braucht, mehr Ausgewogenheit in eurer Beziehung herzustellen und euch letztendlich einander näherzubringen. Nehmt euch ein paar Minuten Zeit und redet über eure Ängste, bevor ihr anfangt.
Legt als erstes grundsätzliche Regeln für euer Gespräch fest. Das sind Grenzen, über die ihr euch einigt, bevor ihr anfangt. Sie vermitteln euch ein Gefühl der Sicherheit: Sie schaffen einen Rahmen für euer Gespräch, ihr seid euch einig, daß bestimmte Grenzen nicht überschritten werden. Hier sind ein paar Beispiele für solche Regeln:

▷ Wenn das zu einem Streit ausartet, hören wir auf.
▷ Wenn eine(r) von uns beiden das Gefühl hat, wir reiten uns nur tiefer in den Konflikt hinein, machen wir einen Termin mit einer Therapeutin aus, die uns helfen soll.
▷ Wir wollen einander daran erinnern zu atmen.
▷ Humor ist erlaubt, solange wir nicht übereinander lachen.
▷ Jede(r) von uns kann jederzeit eine Unterbrechung verlangen oder um Bestätigung und Nähe bitten.
▷ Wir sprechen jetzt zwei Stunden lang miteinander, und dann machen wir für den Rest des Nachmittags etwas Entspannendes.
▷ Wir werden einander nicht vorwerfen, Bedürfnisse zu haben, die wir nicht befriedigen können.

Schreibt eure Regeln auf, bevor ihr anfangt. Und dann lest einander eure Listen vor. Wechselt euch ab, Punkt für Punkt, oder lest euch nacheinander die kompletten Listen vor. Macht gegebenenfalls deutlich, welche Punkte Grundforderungen sind.
Und versucht, so offen wie möglich zuzuhören und nicht zu urteilen: »Das ist ja lächerlich! Ich kann nicht glauben, daß du das wirklich willst!« oder aus einer Angstposition heraus sofort zu reagieren: »Mein Gott! *Das* soll ich machen?« Bist du verwirrt oder brauchst du eine Klarstellung, frag nach. Deine Aufgabe besteht vor allem darin, klar zu verstehen, worum deine Partnerin (dein Partner) dich bittet. Antworten kannst du später.
Wenn ihr die Listen einmal vorgelesen habt, fangt oben wieder an und besprecht die einzelnen Punkte. In einigen Fällen werden sich eure Bedürfnisse ergänzen. Dann wieder werden sie im Widerspruch zueinander stehen. Manche liegen sicher auch dazwischen. Im allgemeinen ist es leichter, mit den Themen zu beginnen, die einfacher und emotional weniger befrachtet sind, und sich dann zu den schwierigeren vorzuarbeiten. Vielleicht wollt ihr die problematischsten Bereiche auch aussparen, bis ihr damit zu einer Therapeutin gehen könnt.

Diskutiert bei jedem Punkt darüber, wie realistisch das Ziel ist. Es ist besser, eine kleinere, machbare Aufgabe zu erfüllen, als bei der Erfüllung eines unrealistischen Versprechens zu versagen. Versucht, euch selbst gegenüber ehrlich zu sein. Was könntet ihr wirklich in den nächsten beiden Wochen schaffen? Im Laufe des nächsten Monats? In den nächsten sechs Monaten? Wenn deine Partnerin (dein Partner) Bedürfnisse hat, die du gern erfüllen möchtest, dich aber im Moment nicht dazu in der Lage fühlst, dann überlege, ob du vielleicht zunächst mit einem kleineren Schritt beginnen kannst.
Stellt für jeden Punkt, über den ihr euch einigen könnt, einen Aktionsplan auf. Was machst du? Was macht deine Partnerin (dein Partner)? Schreibt auf ein separates Blatt kurz und konkret, was ihr euch vorgenommen habt. Daran könnt ihr später eure Fortschritte messen. Zum Beispiel könntet ihr schreiben: »Ich werde dir sagen, daß meine Grenzen in Sicht sind, bevor ich sie erreiche.« »Ich werden keinen Kontakt mit deiner Familie aufnehmen, solange du es nicht willst.« Diese Absichtserklärungen werden eure jeweiligen persönlichen Ziele sein. Sie sind euer jeweiliger Anteil an eurer gemeinsamen Arbeit auf eine Veränderung hin. Hier sind einige Ziele, die eine Partnerin aufschrieb:

▷ Ich werde prüfen, ob ich mich einer PartnerInnengruppe anschließen kann. Wenn es keine gibt, versuche ich, eine zu organisieren.
▷ Ich nehme mir vor, langsam bis zehn zu zählen, statt vor Wut gleich in die Luft zu gehen.
▷ Ich werde mich im Laufe des nächsten Monats zweimal allein mit FreundInnen verabreden.
▷ Ich werde zärtlich und liebevoll zu John sein, ohne hinterher Sex von ihm zu wollen.

Und der Überlebende nahm sich vor:
▷ Ich werde es Sandy sagen, wenn ich anfange, emotional zu verschwinden.
▷ Anstatt sexuell dichtzumachen und mich zurückzuziehen, werde ich in Verbindung mit ihr bleiben und ihr sagen, was ich fühle.
▷ Ich werde Sandy mit FreundInnen ausgehen lassen, ohne zu jammern oder ihr Vorwürfe zu machen.
▷ Ich werde versuchen, eine Selbsthilfegruppe für mich zu finden.

Wenn ihr beide eure Liste von Zielen fertig habt, überlegt gemeinsam, woran ihr eure Fortschritte messen wollt. Was wollt ihr in zwei Wochen erreicht haben? Woran werdet ihr in einem Monat sehen, ob ihr euren Zielen nähergekommen seid? Woran werdet ihr euren Fortschritt messen? Wie werdet ihr feststellen, ob eure Grundforderungen erfüllt worden sind? Was macht ihr, wenn nicht?
Setzt einen Termin fest, an dem ihr euch eure Listen wieder ansehen wollt. Und prüft dann gemeinsam, wie es bei jeder (jedem) von euch geklappt hat. Begutachtet eure Fortschritte, aber ohne einander zu beurteilen oder Vorwürfe zu machen. Ihr geht beide nach dem Prinzip Versuch und Irrtum vor. Die (der) Überlebende hat ihren Vorsatz nicht wahr gemacht. Warum nicht? Du hast deine Versprechen nicht eingehalten. Was hat dich daran gehindert? Versucht, einander nicht zu bewerten. Nehmt euch noch einmal fest vor, eure Vorsätze einzuhalten, und sprecht über die Dinge, die euch dabei im Weg gestanden haben. Müßt ihr eure Ziele vielleicht ändern? Vereinbart den nächsten Begutachtungstermin. Und erkennt die Fortschritte, die ihr gemacht habt, auch tatsächlich an. Feiert jeden Erfolg, so klein er auch sein mag.

Wird sie mich noch lieben, wenn wir das alles hinter uns haben?

Ich wünschte, ich könnte mit einem entschiedenen Ja antworten, aber ich kann nicht dafür garantieren. Niemand kann in eine Kristallkugel schauen und dir sagen, daß eure Beziehung irgendwann funktionieren wird, wenn du durchhältst.

Das Leben ist ein Glücksspiel. Die Hälfte aller Ehen wird geschieden. Und für unverheiratete Paare sieht es statistisch noch schlechter aus. Ihr macht jetzt eine schwierige Zeit durch, und entweder ihr schafft es oder nicht. Du hast nur deine Seite im Griff: was du lernst, wie du liebst, was du machst, wie lange du bleibst. Alles andere ist ihre (seine) Sache.

Das ist das Problem bei Beziehungen: Das Ergebnis läßt sich nicht vorhersagen. Mach das Beste aus diesem Augenblick, aus der Zeit, die ihr jetzt miteinander habt. Es gibt keine Garantie. (Lies S.83ff., falls du mit dem Gedanken spielst, die Beziehung zu beenden.)

SEX

»Selbst aus dem Grab heraus versaut er noch mein Sexualleben.
Ich finde das zum Kotzen!«

»Was normale sexuelle Reaktionen angeht,
fühle ich mich vom Rest der Welt ausgeschlossen.«

»Manchmal komme ich mir vor wie ein Versager.
Wenn du mit allen andern um Sexualpartner konkurrierst
und ausgerechnet jemanden erwischst, der bloß Probleme hat,
dann heißt das doch, du hast es nicht geschafft.
Du hast keine sexuelle Beziehung.«

»Ich masturbiere viel. So ist das Leben.«

Warum macht uns der sexuelle Teil unserer Beziehung jetzt weniger Spaß als vor der Therapie?

Vermutlich seid ihr in eurer sexuellen Beziehung jetzt viel ehrlicher als vorher. Oft mogeln sich Überlebende sexuell durch, indem sie ihre wirklichen Gefühle verbergen, dissoziieren (sich von sich selbst abspalten), sich in Phantasien verstecken oder nur so tun, als ob sie leidenschaftlich bei der Sache wären. Es trifft dich (und dein Ego) vermutlich hart, wenn du erkennst, daß deine Partnerin (dein Partner) nur so tut, als würde sie gern mit dir ins Bett gehen. Oder wenn du herausfindest, daß sie deshalb einen Orgasmus hat, weil sie sich vorstellt, ihr Vater würde sie berühren. Oder daß sie Sex mit dir zwar körperlich genießt, emotional aber meilenweit weg ist. Haben Überlebende einmal Kontakt zu dem, was sie in ihrem Körper tatsächlich fühlen, hören sie auf, fühllos zu werden, wird ihnen oftmals bewußt, wie bedrohlich und beängstigend Sex für sie ist.

Versuch, das nicht persönlich zu nehmen. Diesen Satz schreibe ich nicht leichten Herzens. Ich weiß, daß dieser Ratschlag für dich vermutlich der schwierigste von allen und nicht leicht anzunehmen ist. »Nimm es nicht persönlich? Nimm es nicht *persönlich?!?* Was könnte persönlicher sein als herauszufinden, daß meine Frau nie anwesend war, wenn wir miteinander geschlafen haben? Gibt es etwas Persönlicheres als zu hören, daß sie so tut, als wäre ich ihr Vater, damit sie einen Orgasmus hat? Was kann denn noch persönlicher sein???«

Auch wenn es dir angesichts der wirklichen Gefühle der (des) Überlebenden vorkommt, als würdest du, dein Körper und deine Sexualität, brutal zurückgewiesen, vergiß nicht, daß sie aufgrund des Mißbrauchs in ihrer Kindheit so reagiert. Sie wurde darauf programmiert, die Verbindung zur Sexualität und zu jedem Menschen, der sie liebt und mit ihr sexuell zusammensein will, abzubrechen. Auch wenn ihre Gefühle dich persönlich treffen, haben sie vermutlich nichts damit zu tun, was du gemacht oder nicht gemacht hast. Und auch nicht mit deinen Fähigkeiten als Geliebte(r) oder deinem Wert als Partnerin bzw. Partner. Sie sagen auch kaum etwas über die Liebe aus, die dir die Überlebende entgegenbringt. Vielleicht liebt sie dich sehr. Sie hat nur zu große Angst, das auch in ihrem Körper zu spüren.

Beginnt die (der) Überlebende, dir (und sich selbst) gegenüber ehrlich zu sein, bist du möglicherweise bestürzt, wütend und verwirrt, vor allem wenn ihr beide bisher gern miteinander geschlafen habt (oder du das zumindest geglaubt hast). Deine Reaktion ist normal. Was du gerade erlebst – daß dir der sexuelle Boden unter den Füßen weggezogen wird –, ist gar nicht so selten. Wenn Überlebende anfangen, an ihrem Mißbrauch zu arbeiten, sind jähe Umbrüche im sexuellen Bereich die Regel. Was auf Sand gebaut ist, muß abgerissen werden, bevor auf einem starken Fundament ein Wiederaufbau möglich wird.

Bevor ich mich an meinen Mißbrauch erinnerte, hatte ich viele Geliebte. Und ich genoß den Sex mit ihnen. Und sie mit mir. Aber wenn ich zurückblicke, sehe ich jetzt, daß ich in gewisser Hinsicht gar nicht mit ihnen verbunden war. Ich hatte keine Vergleichsmöglichkeiten, deshalb wußte ich nicht, daß es Menschen gibt, die während des Sex nicht abheben und verschwinden. Ich dachte, das wäre normal. Es kam mir nie merkwürdig vor, daß mein sexuelles Interesse nachließ, sobald eine Beziehung enger wurde. Ich dachte, auch das wäre normal. Hättest du mich nach meinem Sexualleben gefragt, hätte ich dir gesagt, daß ich zufrieden bin, daß ich sexuell keinerlei Probleme habe. Aber ich machte mir auch keine großen Gedanken. Das ging alles ganz automatisch. Erst als ich mich in meinen Mißbrauch vertiefte, fiel mein Sexualleben in sich zusammen. Ich machte sexuell dasselbe, was ich jahrelang gemacht hatte, aber zu meinem Leidwesen klappte nichts mehr. Ich merkte – auch auf anderen Gebieten –, daß mein Leben eine Lüge gewesen war und daß es so nicht weiterging. Ich mußte zurückgehen und mir den Schaden erst einmal ansehen. Erst dann konnte ich anfangen, mein Sexualleben mühsam von Grund auf neu zu gestalten.

Noch Jahre nach Beginn meiner Heilung sagte ich mir (und allen, die es hören wollten): »Ich wünschte, ich hätte diese Dose Würmer nie geöffnet. Ohne Gefühle und ohne Bewußtsein ging es mir besser. Damals war ich wenigstens zufrieden.« Ich hätte alles dafür gegeben, den ganzen Schlamassel wieder wegpacken zu können. Heute denke ich das nicht mehr. Trotz der ganzen sexuellen Probleme, die ich hatte, bin ich froh, aufgewacht zu sein. Ich bin nicht mehr bereit, so zu tun, als ob, nur weil es von mir erwartet wird. Ich habe jetzt mehr Respekt vor mir. Ich habe ein starkes Bedürfnis, auf mich achtzugeben. Jetzt, da ich weiß, wie es ist, wirklich sexuell und emotional mit einem anderen Menschen verbunden zu sein, gebe ich mich nicht mit weniger zufrieden.

Sieht eine Überlebende (ein Überlebender) der Tatsache, daß sie sexuell mißbraucht wurde, ins Auge, räumt sie der Wahrheit in ihrem Leben mehr Platz ein. Es werden neue Bereiche in ihr lebendig. Oft werden diese neuen Anteile in Schmerz und mühevoller Arbeit geboren, aber je weiter sich die Überlebende durch den Schmerz hindurcharbeitet, desto mehr wird von ihr selbst verfügbar. Und irgendwann wird mehr von ihr da sein, um dich zu lieben. Sie wird in der Lage sein, als intakte Person mit dir Liebe zu machen: mit ihrer ganzen Leidenschaft, ihrer Verletzlichkeit, ihren Schwächen, ihren Stärken. Und dann ist es kein Betrug. Ich weiß, du wirst dich noch manchmal nach ein bißchen Betrug zurücksehnen, aber die Heilung von sexuellem Mißbrauch ist eine Einbahnstraße. Es gibt kein Zurück. Und die Überlebende muß all die unentwickelten, verletzten Teile ihres Körpers und ihrer Seele mitnehmen. Hab Geduld. Am anderen Ende der Reise wird eine reife, intakte Erwachsene stehen und kein bedürftiges, verwundetes Kind. Und das ist es doch, was du eigentlich möchtest.

Meine Frau sagt ständig, sie sei noch nicht soweit, daß sie an Sex denken könnte. Wann denn? Was hat Sex überhaupt mit der ganzen Sache zu tun?

Leider gehört Sex zu den Dingen, die Überlebende am Anfang ihres Heilungsprozesses normalerweise nicht in Angriff nehmen können. Im allgemeinen haben sie so viel mit Erinnerungsblitzen, Anfällen von Panik, selbstzerstörerischen Gefühlen, Scham, schrecklicher Angst und ihrem Überleben zu tun, daß sie sich wirklich keine Gedanken um Sex machen können. Ich habe die Erfahrung gemacht, und Hunderte von Paaren, mit denen ich gesprochen habe, ebenso, daß echte, dauerhafte Heilung auf sexuellem Gebiet erst in den späteren Stadien des Heilungsprozesses stattfinden kann.

Versuchen Überlebende vorher, an diesen Bereichen zu arbeiten, weil sie fürchten, ihre PartnerInnen könnten sie verlassen, und nicht weil sie tatsächlich soweit sind, geht der Schuß im allgemeinen nach hinten los. Bedrängst du die Überlebende (den Überlebenden) sexuell (»Entweder wir schlafen miteinander, oder ich gehe!«, »Wir müssen zweimal pro Woche miteinander ins Bett gehen!«), ähnelt dieser Druck dem ursprünglichen Mißbrauch und führt dazu, daß sie sich nur noch mehr verschließt. Die Überlebende gibt nach und tut, als ob, und fügt dem Mißbrauch, den sie bereits erlebt hat, eine weitere Auflage hinzu. Gelingt es dir aber, sie von dem Druck zu entlasten, schaffst du ihr Raum zu erkennen, daß sie tatsächlich selbst daran interessiert ist, auf sexuellem Gebiet zu heilen.

Wenn ich allein mit Überlebenden spreche und sie frage, was sie sich sexuell für sich selbst wünschen – und nicht für ihre PartnerInnen, um ihre Beziehung aufrechtzuerhalten oder sich zu versöhnen –, dann sagen sie Dinge wie: »Ich möchte wissen, was Sex für mich bedeuten könnte; wie mir Sex gefallen würde, wenn ich nicht mißbraucht worden wäre.« »Ich bin neugierig. Ich weiß gar nicht, was das heißt, aber ich will meinen Körper wiederhaben.«

Als Partnerin bzw. Partner hast du die Wahl. Du kannst die Beziehung beenden und dir jemand anders suchen, der oder die mit dir Sex hat (und genießt), so wie du es möchtest. Die (der) Überlebende kann das nicht. Trennt ihr euch, wird sie in ihrer nächsten Beziehung wieder mit dem gleichen Problem zu tun haben. Sie wird ihr Leben lang in diesem Bereich Probleme haben, es sei denn, daß sie auch auf sexuellem Gebiet heilt. In vielerlei Hinsicht ist daher ihre Motivation, etwas zu ändern, stärker als deine.

Man kann niemanden zwingen, sexuell zu heilen. Du kannst der (dem) Überlebenden keine Frist setzen und keine Regieanweisungen schreiben. Ihr könnt euch gemeinsame Ziele überlegen und auf sie hinarbeiten. Du kannst sie um Dinge bitten, die du gerne hättest, aber du kannst sie nicht zwingen, sie dir zu geben. Du kannst ihr sagen, daß Sex für dich wichtig ist und daß du irgendwann eine sexuelle Beziehung mit ihr haben willst, die frei von Spannungen ist und euch beiden Spaß macht. Selbst wenn sie dir das jetzt nicht geben kann, sollte sie in ihrem Innern die Kraft finden, dir zu sagen: »Ja, ich will das auch. Ich möchte eines Tages Spaß an Sex haben und nicht mehr von meinem Stiefvater heimgesucht werden, und ich wünsche mir intensive sexuelle Begegnungen mit dir.« Wenn dir die Überlebende wenigstens dies geben kann, ihren Wunsch, sexuell zu heilen, hast du die Chance, dich mit ihr zu verbünden. (Mehr über eine gemeinsame sexuelle Zielsetzung auf S.157ff. und 164ff.)

Als ich vor sieben Jahren meine ersten Mißbrauchserinnerungen bekam, fand sich meine Partnerin in einer Beziehung mit einer Frau wieder, die manchmal sehr geil, manchmal halbverschlossen und manchmal total unzugänglich war. Jedesmal, wenn sie mich anfaßte, bekam ich Erinnerungsblitze. Ich konnte es nicht ertragen, berührt zu werden. Ich änderte ständig meine Meinung: »Ja. Ich will mit dir schlafen.« »Nein, ich will nicht.« Nach sechs Monaten hatte sie die Nase voll und verließ mich. »Ich muß mit meiner Geliebten Liebe machen können«, sagte sie. »So halte ich das nicht mehr aus.«

Meine heutige Partnerin erlebt etwas völlig anderes. Sie ist mit einer Frau zusammen, die es genießt, berührt zu werden (meistens), sich sexuell kennt, klare Grenzen ziehen kann, gerne Neues erforscht und einen weitgefaßten Begriff von Sex hat. Sie hat Raum, ihre eigenen Nischen sexuellen Schmerzes zu erforschen. Sex ist für uns ein Ort, an dem wir miteinander in Verbindung treten, heilen, Liebe ausdrücken und Spaß haben.

Hast du eine Beziehung mit jemandem, der oder die gar keinen Sex erträgt oder so viel unter Kontrolle haben muß, daß du dich völlig außen vor fühlst, ist es schwer vorstellbar, daß sich auf sexuellem Gebiet etwas ändern kann. Aber das kann es, und das tut es. Die Arbeit mit einer (einem) Überlebenden an ihrer sexuellen Heilung verlangt ein unglaubliches Maß an Geduld und Beharrlichkeit und das Akzeptieren der Tatsache, daß auch du dabei wächst.

Besitzt du das alles sowie viel Durchhaltevermögen, dann wird sich etwas ändern.

Wie lange werde ich in meiner Beziehung ohne Sex auskommen müssen?

Viele Überlebende müssen sich, um mit ihrer eigenen Sexualität in Berührung zu kommen, zunächst einmal jedem sexuellen Druck und jeder Erwartungshaltung entziehen. Es mag durchaus nötig sein, für eine gewisse Zeit bewußt auf Sex zu verzichten, bevor sie mit ihrer sexuellen Heilung beginnen können. Diese Unterbrechung kann Monate und noch länger dauern. Wenn du schon jetzt das Gefühl hast, sexuell zu kurz zu kommen, erscheint dir die Vorstellung, die (der) Überlebende könnte den Sex für eine Weile völlig von der Tagesordnung streichen, möglicherweise schlimm, aber du mußt den langfristigen Gewinn berücksichtigen. Entweder strampelt ihr euch weiter ab wie bisher, ohne Aussicht auf Besserung, aber mit zunehmender Entfremdung, oder ihr geht das Risiko ein, laßt es jetzt erst einmal und habt die Hoffnung, später eure sexuellen Begegnungen wirklich gemeinsam genießen zu können. Solange die Überlebende nicht lernt, nein zu sagen, ist auch ihr Ja nichts wert.

Eine Sexpause erlaubt es der (dem) Überlebenden, sich auf momentan wichtigere Aspekte ihrer Heilung zu konzentrieren (das Wiederfinden von Erinnerungen, die Abrechnung mit dem Täter, den Aufbau eines Selbsthilfenetzwerks, den Glauben daran, daß der Mißbrauch stattgefunden hat). Und die Spannung, die zwischen euch entstanden ist, baut sich bei der Gelegenheit auch etwas ab. Anstatt ständig zu überlegen: »Schlafen wir jetzt miteinander?« oder »Läßt sie mich wieder auflaufen?« hast du klare Grenzen, an denen du dich orientieren kannst.

Sexpause bedeutet nicht, daß ihr euch voneinander abwenden sollt. Viele Paare sind so erleichtert, wenn der ewige Streit um Sex aufhört, daß sie sich einander näher fühlen als je zuvor. Sie entwickeln neue Formen der Intimität, und das Vertrauen der (des) Überlebenden wächst. (»Mein Partner (meine Partnerin) liebt mich so sehr, daß er (sie) sogar für eine Weile auf Sex verzichtet.«) Diese Art des Vertrauens ist ein wichtiger Grundstein für den sexuellen Wiederaufbau, den ihr später gemeinsam unternehmen wollt.

Die Frage »Wie lange?« kann ich nicht beantworten. Das ist bei jeder (jedem) Überlebenden anders. Eine Überlebende braucht vielleicht sechs Wochen, ein anderer drei Monate und eine dritte ein Jahr oder mehr. Und ist die Überlebende dann bereit, wieder sexuelle Erfahrungen zu machen, muß sie selbst ihr Tempo bestimmen (und es erscheint dir vermutlich entsetzlich langsam). Du wirst das leichter akzeptieren können, wenn du verstehst, in welcher Weise der sexuelle Mißbrauch eine normale sexuelle Entwicklung behindert hat. Die Überlebende hat damals, als der Mißbrauch begann, aufgehört, sich sexuell weiterzuentwickeln. Ihre normale sexuelle Entwicklung wurde kurzgeschlossen. Sie empfand kein Vergnügen mehr, wenn sie ihren Körper erforschte, sondern mußte sich im Gegenteil gegen eine erwachsene Sexualität verteidigen, die oft mit Gewalt und einer verwirrenden Kombination aus Schmerz, Lust und Demütigung vermischt war. Sie fand eine Möglichkeit, mit dem Täter umzugehen (oder nicht mit ihm umzugehen), und mußte auf sich selbst und ihr eigenes argloses sexuelles Erwachen verzichten. Jetzt ist es ihre Aufgabe, unter dicken Schichten schmerzlicher Erinnerungen, die sie mit Sex assoziiert, nach ihren ursprünglichen sexuellen Gefühlen zu forschen, jenen Gefühlen, die sich natürlich entwickelt hätten, wenn der Mißbrauch nicht dazwischengekommen wäre.

Um das erfolgreich tun zu können, muß die (der) Überlebende innehalten und an den Punkt zurückkehren, an dem ihre sexuelle Entwicklung unterbrochen wurde. Und jetzt muß sie ihr Tempo selbst bestimmen, nur so kann sie allmählich positive Assoziationen entwickeln.

Eine Überlebende, die als kleines Kind mißbraucht wurde, geht vielleicht zurück bis zu einer Altersstufe, in der sie einfach Spaß an Bewegung hatte und den Raum um sich herum erforschen wollte. Die Entwicklung einer anderen Überlebenden hat vielleicht gerade aufgehört, als sie begann, zu flirten und Händchen zu halten. Und bei einem Dritten stehen jetzt die Teenager-Rituale des Umwerbens und der Verabredungen an. (Nicht unbedingt mit anderen Menschen; es kann auch mit dir sein.) Eines ist all diesen Stadien gemeinsam: Die Überlebende bestimmt, was gemacht wird, und sie muß jederzeit »nein« oder »halt« sagen können. (Nein, die Überlebende braucht nicht so lange, um »sexuell erwachsen« zu werden, wie es im wirklichen Leben dauert.)

Das bedeutet, daß du dich als Partnerin bzw. Partner jetzt zurücknimmst und der (dem) Überlebenden für eine Weile das Steuer in eurem Sexualleben überläßt. »Aber das hat sie doch schon die ganze Zeit!« heulst du auf. »Sie sagt ständig nein und stößt mich weg! Und auf die paar Krümel, die für mich abfallen, soll ich auch noch verzichten? Ich kriege jetzt schon viel zu wenig. Warum soll ich noch mehr aufgeben?« Es ist völlig normal, daß du frustriert und verärgert bist und dich ihrem Bedürfnis, noch weniger Kompromisse zu machen, widersetzt, aber wenn du dich von diesen Gefühlen leiten läßt, machst du es dir nur schwerer. Ein Partner erzählte: »Ich fühle mich schnell als Opfer: 'Fünfunddreißig Jahre alt und immer noch kein gescheites Sexualleben. Uaah!' Und dann geht's bei mir bergab.«

Solange ihr aus diesem Machtkampf um Sex nicht herauskommt, werdet ihr beide unglücklich sein. Es ist besser, das Bedürfnis der (des) Überlebenden nach einer sexuellen Pause anzuerkennen und zu respektieren. Wenn ihr beide gemeinsam nein sagt, könnt ihr als Verbündete zusammenarbeiten. Und was zu Beginn wie eine weitere Einschränkung aussieht, kann sich tatsächlich auf euch beide positiv auswirken. (Siehe »Erics Geschichte«.)

Ist es unrealistisch zu erwarten, daß meine Freundin irgendwann einmal mehr Lust auf Sex haben wird? Kann ein Mensch sexuelles Begehren »lernen«?

Sexuelles Begehren ist von Natur aus unterschiedlich stark ausgeprägt. Manche Menschen wollen täglich Sex, und andere wären mit einmal pro Monat vollkommen zufrieden. Der Grad sexuellen Interesses kann mit sexuellem Mißbrauch zu tun haben, er kann aber auch normaler Bestandteil der Persönlichkeit eines Menschen sein, so wie manche Menschen FrühaufsteherInnen und andere eher Nachtmenschen sind. Auch wenn deine Partnerin (dein Partner) nie sexuell mißbraucht worden wäre, hätte sie vermutlich entweder nicht so oft oder nicht so selten Lust auf Sex wie du.

Es gibt viele Faktoren, die sexuelles Begehren beeinflussen können: Alter, Krankheit, körperliche Behinderung, Müdigkeit, Gewichtszunahme oder -verlust, die Geburt eines Kindes, Elternschaft, der Einfluß von Medikamenten, Drogen, Alkohol, Streß, mangelndes sexuelles Wissen, sexualfeindliche Botschaften in der Kindheit und Jugend (»Sex ist schmutzig«, »Sex darf man nur machen, wenn man Kinder will«, »Laß es einfach still über dich ergehen«), mangelnde Nähe in der Beziehung, unzureichende sexuelle Techniken, sexueller Leistungsdruck, unterdrückter Ärger, Frühjahrsmüdigkeit oder auch nur eine scheußliche Frisur.

Sexueller Mißbrauch ist einer von unendlich vielen Faktoren, die unser Begehren beeinflussen; er kann das natürliche Interesse der (des) Überlebenden an Sex überschatten. Viele Überlebende assoziieren Lust mit einer angsteinflößenden, unkontrollierbaren Macht: der sexuellen Begierde des Täters, der Sex benutzte, um sie zu verletzen. Sexuelle Lust ist nicht mit Liebe, Zärtlichkeit oder Vergnügen verbunden. Auch deine sexuelle Lust nicht. Viele Überlebende wünschen sich, die Lust ihrer PartnerInnen auf Sex würde einfach verschwinden. Ein Partner erzählte: »Ich mußte mich ganz schön anstrengen, um ihr klarzumachen, daß mein Wunsch nach Sex normal, gesund und völlig in Ordnung ist, auch wenn er ihr und uns Probleme bereitet.«

Vielleicht empfindet die (der) Überlebende ihr eigenes sinnliches Begehren ebenfalls als bedrohlich. Wenn sie sexuell erregt ist, hat sie Angst, so zu werden wie der Täter. Sie will dir (oder sich selbst) nicht weh tun, deswegen blockt sie ihre Lust lieber ab.

Möglicherweise herrscht in eurer Beziehung auch eine Dynamik, die die Lust der (des) Überlebenden nicht aufkommen läßt. Wenn du nicht genug (oder gar keinen) Sex bekommst und die Initiative zu Sex deshalb immer von dir ausgeht, solltest du vielleicht nicht mehr anfangen. Solange du es bist, der oder die Sex will und darum bittet, bleibt der Überlebenden kein Raum, ihr eigenes Begehren zu spüren; sie ist zu sehr damit beschäftigt, auf deins zu reagieren und es eventuell abzuwehren.

Vielleicht befürchtet die (der) Überlebende auch, sie müßte gleich mit dir schlafen, sobald sie auch nur das kleinste bißchen Lust zeigt. Wenn sie nie gelernt hat, nein zu sagen oder sexuelle Aktivitäten mittendrin abzubrechen, dann wird Lust zu einem Pferd, das durchgeht, ohne auf die Kutscherin zu achten und nur ein Ziel kennt. Sie hat Angst, daß du auf Sex bestehen wirst, sobald sie das geringste sexuelle Interesse zeigt. Sie denkt: »Wenn ich Lust verspüre, muß ich auch bereit sein, aufs Ganze zu gehen«. »Aufs Ganze« bedeutet, daß sie die Zähne zusammenbeißt, versucht, sich auszublenden, oder die Spinnweben an der Decke zählt. Das hat sie bei dem Täter getan, und das macht sie vielleicht auch bei dir. Es tut ihr weh, und sie haßt es. Und um sich zu schützen, fühlt sie keine Lust mehr.

Bevor eine Überlebende (ein Überlebender)

ihr eigenes sexuelles Begehren erforschen kann, muß sie sich sicher fühlen. Sicherheit bedeutet auch zu wissen, daß sie jederzeit abbrechen kann, daß dein Ziel Verbundenheit und Nähe heißt und nicht »Aufs-Ganze-Gehen«. Sie muß auch wissen, daß ihr beide mit den Gefühlen zurechtkommt, die garantiert bei ihr hochkommen werden, sobald sie es sich erlaubt, Lust zu empfinden. Wie wirst du damit umgehen, wenn sie sich ekelt, sobald sie erregt ist? Was machst du, wenn ihr plötzlich schlecht wird und sie sich übergeben muß? Wirst du wütend sein, wenn sie wieder nein zu dir sagen muß, wenn ihr gerade mittendrin seid, weil sie es riskiert hat, damit anzufangen? Sie muß wissen, daß du bei ihr bist, egal, was passiert. Daß sie nicht ausgerechnet dann im Stich gelassen wird, wenn sie besonders verletzlich ist. *Die (der) Überlebende muß wissen, daß sie dir wichtiger ist als Sex*. Und dieses Vertrauen entwickelt sich nur langsam. Je positiver die Vorstellungen werden, die sie mit Sex assoziiert (daß sie nicht »zur Sache kommen« muß, daß sie nein sagen kann und deshalb nicht verlassen wird, daß kleine Schritte vorwärts Spaß machen können), desto mehr wird sich ihr Interesse an Sex von allein steigern.

Während sie ihre eigenen sexuellen Wünsche entdecken, können Überlebende mehr Lust als vorher, weniger Lust oder gar keine Veränderung ihres Begehrens empfinden. Körperliche Lust ist nicht immer zuverlässig oder konsequent. Aber körperliche Lust ist auch nicht notwendig, um Liebe zu machen. Interesse allein reicht schon. Dieser Ansatz und der Begriff der sexuellen »Bereitschaft« stammen aus dem Buch *Lesbian Sex* (San Francisco 1984) der Sextherapeutin JoAnn Loulan.* Bereitschaft stellt eine Alternative zu traditionellen Modellen des sexuellen reizphysiologischen Ablaufs dar, in dem sexuelle Erregung sexueller Aktivität vorausgehen muß. Bereitschaft kann sowohl auf emotionaler als auch auf intellektueller Ebene bestehen. Sie braucht nicht körperlich zu sein. Selbst wenn die (der) Überlebende nicht eine einzige sexuelle Regung in ihrem Körper verspürt, kann sie doch sagen: »Ich möchte heute gern sexuell experimentieren. Ich will einen Schritt weiter gehen. Ich bin bereit, anzufangen.« Bereitschaft ist eine Möglichkeit, ja zu sagen, auch wenn Begehren im herkömmlichen Sinne fehlt. Wenn eine Überlebende weiß, daß sie ja sagen kann, einfach weil sie bereit dazu ist, öffnen sich ungeahnte Möglichkeiten zu sexuellen Forschungsreisen.

---

* Siehe auch: JoAnn Loulan, Margaret Nichols, Monica Streit u.a. (Hg.): *Lesben, Liebe, Leidenschaft* (Berlin 1992).

Wie kann ich eine enge und zärtliche Beziehung mit der Überlebenden haben, wenn ich ständig damit rechnen muß, daß Erinnerungsblitze über sie hereinbrechen und alles kaputtmachen?

Erinnerungsblitze sind lebhafte Mißbrauchserinnerungen. Die (der) Überlebende hat das Gefühl, einen Teil des ursprünglichen traumatischen Ereignisses noch einmal zu erleben. Es gibt visuelle Erinnerungsblitze (sie sieht Bilder), auditive (sie hört Gespräche oder andere Geräusche) und kinästhetische (sie spürt Empfindungen ihres Körpers). Auch Geschmack und Geruch können dazugehören. Und am häufigsten treten Erinnerungsblitze während des sexuellen Zusammenseins auf. Wenn Überlebende einen Erinnerungsblitz haben, können sie gefühllos werden, körperlichen Schmerz empfinden, Übelkeit, Erregung, panische Angst oder Ekel. Manchmal ist der Überlebenden bewußt, was passiert, und sie kann darüber sprechen. Manchmal scheint sie zu verschwinden. Möglicherweise kehrt sie zurück in das Alter, in dem sie war, als der Mißbrauch stattfand, hält dich für den Täter (mehr darüber auf S. 89ff.) oder verwechselt Vergangenheit und Gegenwart auf andere Weise. (Mehr über Regression auf S.94ff.)
Erinnerungsblitze wühlen auf und machen angst. Du schläfst mit einer Erwachsenen, und von einem Moment zum anderen hast du es mit einer schluchzenden Achtjährigen zu tun. Du hast das Gefühl, der Täter ist in euer Bett eingedrungen. (Und du hast recht.) Da passiert etwas Wichtiges, und du stehst außen vor. Du weißt nicht, was du machen sollst, und nimmst es persönlich. Aber bei den Erinnerungsblitzen geht es nicht um dich. Es geht um die Bedürfnisse eines Körpers, seine Geschichen zu erzählen. So störend und irritierend Erinnerungsblitze auch sind, für die Überlebende bilden sie eine der Hauptinformationsquellen über ihre Vergangenheit. Du kannst Erinnerungsblitze nicht abschalten, weil du sie nicht willst. Versuch lieber, sie in euer Liebesspiel zu integrieren.

Unsere Vorstellung von Sex besteht normalerweise aus einem feststehenden Ablauf von Aktivitäten. Erst wird geküßt, dann berührt ihr gegenseitig eure Körper, zieht euch aus (vielleicht auch nur teilweise), stimuliert gegenseitig eure Genitalbereiche, habt einen Orgasmus (oder mehrere) und schlaft ein. Mit einer (einem) Überlebenden ist alles ganz anders.
Wenn du Liebe machen und dabei wach und wirklich lebendig und mit dem anderen Menschen zusammensein willst, mußt du für alles offen sein, was auch immer zwischen euch entstehen mag. Dazu kann eine unglaubliche Leidenschaft gehören, Traurigkeit, Weinen, wenn jemand einen Orgasmus hat (oder keinen Orgasmus bekommen kann); dazu kann auch gehören, daß jemand seine Erektion verliert oder daß die (der) Überlebende plötzlich Erinnerungsblitze an ihren Vater hat. Wenn du Sexualität auf diese Weise erlebst, kommen vielleicht auch bei dir Gefühle hoch. Es geht dir gut, und plötzlich erinnerst du dich an deine erste sexuelle Begegnung, als du jung und verängstigt warst und so tun mußtest, als wärst du schon erfahren. So hast du das noch nie betrachtet, aber plötzlich wird dir klar, welche Angst du damals hattest und welche Furcht Sex dir seitdem immer wieder einflößt. Vielleicht fühlst du dich allein. Was auch immer zwischen euch beiden hochkommen mag, während ihr miteinander Liebe macht: Es schafft eine Verbindung zwischen euch. Ihr müßt euch darin einig sein, daß der Sinn eurer sexuellen Begegnung darin besteht, einander nahe zu sein, miteinander verbunden zu bleiben und zu spüren und zuzulassen, was auch immer gerade geschieht. Dies ist was ganz anderes als das, was »man« landläufig unter Sex versteht. Hast du Sex bisher als reines Vergnügen betrachtet, als Mittel zur Zerstreuung und Flucht vor dir selbst, dann wird es dir schwerfallen zu

akzeptieren, daß Sex und Leben eins sind: Du weißt nicht, was auf dich zukommt, was auftauchen wird, aber du wirst dich damit beschäftigen. Sex ist dann gut, wenn er mit echten Gefühlen verbunden ist, wenn ihr miteinander kommuniziert, wenn ihr auf das eingehen könnt, was da passiert, ob es nun der absolute Höhepunkt sexueller Lust ist, das entschlossene Bemühen, anwesend zu bleiben, eine neue Mißbrauchserinnerung oder ein Moment, in dem die Grenzen zwischen euch verschwimmen.

Ich weiß noch, wie damals, als ich gerade intensiv an meinem Mißbrauch arbeitete, jemand zu mir sagte: »*Alles* gehört in die Therapie.« Und das gleiche gilt für Sex. Wenn wir Liebe machen, rühren wir an unsere innersten, elementarsten und lebendigsten Gefühle. Wir bekommen Verbindung zu unserem tiefsten Wesen. Und es ist gar nicht überraschend, daß so vieles in uns aufsteigt, wenn wir einander innig berühren.

Wenn Sex die einzige Möglichkeit ist, an die Gefühle der (des) Überlebenden zu rühren, dann erscheint es logisch, daß Erinnerungsblitze vor allem dort auftauchen. Als ich damals mit Erinnerungsblitzen zu kämpfen hatte, die sich in meine sexuellen Begegnungen drängten, wurde mir nach und nach klar, daß Sex mein einziges Mittel war, mich mit meinem Körper eng verbunden zu fühlen. Ich probierte es aus und lernte, daß ich nicht meine sämtlichen Erinnerungen, die darauf warteten, herauszuströmen, aufzustauen brauchte, bis ich das nächste Mal Liebe machte, wenn ich andere Möglichkeiten fand, mich sicher zu fühlen und Verbindung zu mir aufzunehmen (Therapie, Schreiben, Massagen, Körperarbeit).

Ich bekam immer noch Erinnerungsblitze bei der Liebe, aber nicht mehr so viele. Vor allen Dingen änderte sich meine Einstellung zu ihnen. Statt mir selbst zu sagen: »Ich hasse das! Ich bin eine sexuelle Niete. Kein Mensch wird es jemals mit mir aushalten!«, dachte ich nun: »Das tut jetzt weh, Laura, aber es ist eine Chance, mehr über deine Geschichte herauszufinden. Das wolltest du doch: Wissen, Bestätigung, ein Gefühl dafür, wie dein Leben als Kind wirklich war.« Ich gab mir die Erlaubnis, jeden Erinnerungsblitz zu erforschen, in ihn hineinzugehen und herauszufinden, was er mir zu sagen hatte, anstatt zu erstarren, meine Partnerin wegzustoßen und mich zu schämen und mutlos zu fühlen. Als ich erkannte, daß mein Ziel heißen mußte, anwesend zu bleiben, und nicht, »ganz tollen Sex« zu erleben, brauchte ich meine Partnerin nicht mehr so oft auszuschließen. Ich schämte mich weniger, fühlte klarer, was ich brauchte, und die Welt begann sich zu öffnen.

In unserer Kultur haben wir alle merkwürdige Vorstellungen von Sex. Sex wird ausgebeutet, verkauft Produkte, bestimmt unseren Selbstwert und unsere Attraktivität und wird als Waffe benutzt, um zu dominieren, zu manipulieren, zu demütigen, zu erniedrigen und zu strafen. Aber dazu ist Sex eigentlich nicht da. Wir haben Angst vor der wirklichen Macht der Sexualität: einer der wenigen zulässigen Möglichkeiten, die wir haben, mit unserem innersten Selbst in Verbindung zu treten. Wenn wir es so betrachten, kann ein Erinnerungsblitz ganz einfach Teil dieser Erfahrung sein. Laß dich darauf ein, tauch mit der (dem) Überlebenden zusammen ein, sei ZeugIn, bleib nahe.

Das sagt sich so leicht. Manchmal schließt dich die (der) Überlebende aus, und du findest keinen Zugang zu ihr. Oder du hast monatelang Geduld bewiesen, und du möchtest, daß es jetzt zur Abwechslung einmal um dich geht. Vielleicht möchtest du Sex ohne tieferen Sinn – auf die gute altmodische Art –, von der Sorte, bei der es um deinen Orgasmus geht und du vergessen willst, was dir dein Chef heute nachmittag gesagt hat. Du willst nicht auf jedes kleine Gefühl achten müssen, das die Überlebende hat. Du willst nicht feinfühlig sein. Du willst ihre Erfahrungen nicht teilen. Du willst, was du willst, und bist frustriert, weil du es nicht bekommst. Das ist in Ordnung. Das ist genau, was du erlebst. Du hast das Recht, ärgerlich zu sein, aber davon geht der Erinnerungsblitz nicht weg. Es bringt euch einander nicht näher und gibt dir auch nicht, was du willst. Vermutlich schafft es zwischen euch beiden (zumindest zeitweilig) eine Distanz. Das ist auch in Ordnung. Ihr könnt nicht immer die gleichen Bedürfnisse haben. Aber wenn du mit der Überlebenden in Verbindung bleiben willst, mußt du bereit sein, dich auf das einzulassen, was da ist. Es mag langweilig sein oder dich entsetzen, es mag dich anekeln oder dich zu Tränen rühren. Es ist vielleicht nicht das, was du willst, aber es ist das, was da ist.

Wenn ich einen Workshop mache und ein Partner sagt, wenn er noch ein einziges Mal abgewiesen werde, sei das Maß voll, oder eine Partnerin sagt, daß sie einfach nur Sex wolle und er solle gefälligst aufhören, so verdammt empfindlich zu sein, sehe ich ihn oder sie an und frage: »Willst du wirklich mit jemandem schlafen, die gar nicht da ist? Willst du Sex mit einer Frau, die panische Angst und Vergewaltigungsvisionen hat?« Oder: »Willst du mit einem Mann ins Bett gehen, der aus seinem Körper ausgestiegen ist, keinerlei Verbindung zu ihm hat, sich haßt und nur so tut, als ob?« »Ich glaube nicht«, sagen sie dann immer.

Setz dich mit einem Blatt Papier hin und schreib auf, was Sex für dich ist. Und laß die Überlebende das gleiche tun, allein. Laß nichts aus. Schreib zehn Minuten lang und ohne Selbstzensur. Schreib einfach immer wieder den Satzanfang »Sex ist ...« und ergänze ihn. Manches, was du schreibst, ist vielleicht verrückt oder überrascht dich. Das ist egal, schreib auf, was dir in den Sinn kommt. Eine Gruppe von PartnerInnen schrieb:

▷ Sex ist Nähe, Liebe, Gemeinsamkeit; aber manchmal auch ein Druckmittel.
▷ Sex wird oft mißverstanden.
▷ Sex ist wunderbar und angenehm.
▷ Sex ist manchmal schmutzig, lästig.
▷ Ich weiß nicht, was Sex ist.
▷ Sex ist der stärkste körperliche Ausdruck von Liebe.
▷ Sex macht Spaß.
▷ Sex macht angst und ist frustrierend.
▷ Sex ist leidenschaftlich und aufregend.
▷ Sex ist Ausdruck von Verbundenheit, Zuneigung, Vertrauen und Nähe.
▷ Sex wird ganz schön überschätzt.
▷ Sex ist ein körperlicher Ausdruck von Verletzlichkeit.
▷ Sex ist etwas, bei dem ich die Kontrolle über mein Wohlbefinden verliere.
▷ Sex ist ein sensibler und verwirrender Schauplatz für gemeinsames spirituelles Wachstum.
▷ Sex macht Spaß und gibt Kraft. Dafür, daß er nur einen kleinen Teil des Lebens ausmacht, ist er ungeheuer wichtig.
▷ Sex ist ein Bereich, von dem viele Menschen extrem viel erwarten.
▷ Mein Gefühl für Sex wechselt zwischen Liebe und Haß.
▷ Es ist schwer, bei Sex die Initiative zu ergreifen.
▷ Sex ist ein wundervolles oder beängstigendes Erlebnis, je nachdem, welche Motive die PartnerInnen haben. Sex kann konstruktiv und auch zerstörerisch sein.
▷ Sex ist so tun, als ob; völlig ohne Gefühle.
▷ Sex ist Mißbrauch, Abhängigkeit, Machtmittel, Schuld und Reue.
▷ Sex ist eine Waffe, eine Möglichkeit, ein anderes menschliches Wesen zu vernichten.
▷ Sex ist eine individuelle Erfahrung und basiert auf dem Wissen, das in der Kindheit erworben wurde.
▷ Sex ist nicht mehr alles im Griff haben.
▷ Sex ist loslassen, Grenzen aufheben.
▷ Sex ist überwältigend, mysteriös.
▷ Sex ist erotisches Handeln unter Einschluß der Phantasie.
▷ Sex ist Energie, die in intimer Zweisamkeit geteilt wird.
▷ Sex ist eine wundervolle, beängstigende Art, dein Innerstes mit einem Menschen zu teilen, den du liebst.

- ▷ Sex ist schön, liebevoll, tröstend, gut und vorbei.
- ▷ Sex ist eine unglaublich intensive, positive Erfahrung zweier Menschen, die beide gleichermaßen in der Lage sind, ihre Zustimmung dazu zu geben.
- ▷ Sex ist manchmal farbenfroh, manchmal kalt, distanziert und zudringlich.
- ▷ Sex ist geschlechtlicher Verkehr von Mann und Frau in der Ehe.
- ▷ Sex ist wie Schokolade essen.
- ▷ Sex dient dem Streßausgleich und der Entspannung.
- ▷ Sex ist Macht, Sicherheit und Identität.
- ▷ Sex ist kompliziert, aufregend, tröstend, albern, heiß.
- ▷ Sex ist die liebevolle körperliche und spirituelle Vereinigung von zwei Menschen, die beide damit einverstanden sind.
- ▷ Sex ist Zuneigung und Teilen, ohne nur an sich selbst zu denken.
- ▷ Sex ist geil, spaßig, beängstigend, schlimm und mehr.
- ▷ Sex ist Leben, Nähe, Verletzlichkeit, Risiko.
- ▷ Sex birgt ein enormes Konfliktpotential.
- ▷ Sex ist die Art und Weise, in der mein Körper die Liebe in meinem Herzen ausdrückt.
- ▷ Sex ist nur eine Form des Kontakts mit meiner Partnerin.

Setz dich mit der (dem) Überlebenden hin, und vergleicht eure Listen; das ist ein guter Anfang für ein Gespräch über Sex. Ein Mann machte diese Übung mit seiner Partnerin. Danach sagte er: »Während meiner Kindheit war das Thema Sexualität ein Tabu, darüber wurde nicht geredet. Man wird so erzogen und meint dann, es wäre bei den anderen genauso. Jetzt merke ich, das stimmt nicht.«

Und eine andere Partnerin ergänzte: »Ich habe vermutlich ebenso konfuse Vorstellungen von Sex wie alle anderen auch.«

Wenn ihr eure Listen vergleicht, dann versucht, irgendwo einen kleinen Bereich zu finden, in dem eure Ansichten miteinander vereinbar sind. Euer Ziel sollte eine neue Definition von Sexualität in eurer Beziehung sein, eine gemeinsame Vorstellung von sexueller Nähe, die ihr anstreben wollt. Das ist ein radikal neuer Ansatz. Anstatt als zwei getrennte Menschen mit völlig unterschiedlichen Bedürfnissen und (normalerweise unausgesprochenen) Erwartungen an Sex heranzugehen, macht ihr gemeinsame Sache: »Wir wollen wach und aufmerksam sein, egal, was passiert, wenn wir Liebe machen (oder es versuchen). Egal, was hochkommt, wir lassen uns zusammen darauf ein und hören nicht auf zu reden. Wir halten Kontakt.« Wenn ihr eine derartige Vereinbarung trefft (eure kann anders lauten), seid ihr keine GegnerInnen mehr. Dann teilt ihr ein Ziel, das nichts mit irgendwelchen konkreten sexuellen Betätigungen oder Ergebnissen zu tun hat, sondern vielmehr mit der Qualität eurer Verbindung. Ihr geht an Sex als Verbündete heran und nicht mehr als GegnerInnen.

Sex mit einer (einem) Überlebenden kann sehr schwierig sein. Vielleicht beschließt du, daß du auf diesem Gebiet lieber nicht wachsen willst. Für dich soll Sex einfach sein: Du willst dich nahe fühlen, einfach und unkompliziert Liebe ausdrücken, nachts besser schlafen. Das ist völlig in Ordnung. Es ist deine Entscheidung. Es wird vielleicht weh tun, aber du kannst die Beziehung, die du jetzt hast, beenden und dir jemanden suchen, der oder die nicht versucht, von sexuellem Mißbrauch zu heilen. (Das ist vielleicht schwerer, als du denkst.) Aber erwarte nicht, daß Sex mit einer Überlebenden mitten in ihrer Heilung einfach oder unkompliziert ist. Das kann es gar nicht sein. Bei der Heilung von sexuellem Mißbrauch geht es gerade darum, offen und wach zu sein – für Vergnügen und für Schmerz. Du mußt entscheiden, ob du bereit bist, auf diese Reise zu gehen.

Woher soll ich wissen, was bei ihr diese Assoziationen hervorruft? Und wenn wir aufhören müssen, was mache ich dann mit meinen sexuellen Bedürfnissen?

Frag. Und dann frag noch mal. Mach ein liebevolles Ritual daraus. Wenn du deine Partnerin (deinen Partner) eine Weile geküßt oder gestreichelt hast, frag sie: »Hallo! Wie geht's dir?« Und dann küß sie ein bißchen länger. Erforsche ihren Körper. Und frag dann: »Alles klar? Bist du noch bei mir?«
Und achte auf die Körpersignale der (des) Überlebenden. Manchmal fällt es Überlebenden schwer, mit Worten auszudrücken, was geschieht. Wenn du aufpaßt, bemerkst du normalerweise die Veränderung in ihrem Körper oder in ihrer Stimmung, wenn alte Gefühle hochkommen. Ist sie plötzlich angespannt? Sieht dich nicht mehr an? Schließt die Augen? Verkrampft sich? Hört auf zu sprechen? Wird reglos? Schmollt? Benimmt sich plötzlich wie ein Kind? Hast du irgendwann das Gefühl, du bist ganz allein?
Sprich mit ihr (ihm) darüber (nicht unbedingt, wenn ihr gerade miteinander schlaft), was die Auslöser sind. Überlegt euch, wie sie dir signalisieren kann, daß sie in Schwierigkeiten ist: Sie kann deinen Arm auf eine bestimmte, vorher abgesprochene Weise antippen oder ein Kodewort benutzen, zum Beispiel »Geister«. Sprecht darüber, was du machen sollst, wenn sie dir das Signal gibt. Sollst du sie in den Arm nehmen? Mit ihr sprechen? Sie eine Weile in Ruhe lassen? Versucht, eine Möglichkeit zu finden, wie ihr zusammenbleiben könnt, während sie die alten Gefühle durchlebt. Dann fühlst du dich weniger ausgeschlossen und enttäuscht, und sie lernt, daß sie das nicht allein durchstehen muß. Versucht, miteinander in Verbindung zu bleiben, auch wenn ihr eure sexuelle Begegnung unterbrochen habt.
Manchmal fällt es Überlebenden schwer, ehrlich zu sein, weil sie fürchten, dich zu enttäuschen, oder Angst vor deinem Ärger haben. Die (der) Überlebende verheimlicht dir (und manchmal auch sich selbst), was in ihr vorgeht, weil sie glaubt, es sei ihre Aufgabe, dich sexuell zufriedenzustellen. (Das ist nicht ihre Aufgabe.) Sie fühlt sich nur dann sicher genug, deine Fragen ehrlich zu beantworten, wenn sie weiß, daß es wirklich in Ordnung ist, wenn sie abbrechen muß. Also frage dich: »Ist es in Ordnung oder nicht?« Wenn nicht, wirst du dich ein bißchen bemühen müssen. Wenn sie nicht weitermachen will, mußt zu lernen, aufzuhören. Sonst hast du Sex mit einer Frau, die nicht da ist und auch gar nicht dasein will. Und das ist schon fast eine Vergewaltigung. Du mußt lernen, aufzuhören, egal, wie geil du bist. Es ist noch nie jemand daran gestorben, daß er keinen Orgasmus hatte.
Es wäre ideal, wenn der Übergang vom Sex zum Nicht-Sex so sanft und freundlich wie möglich verliefe. Strengt euch an und versucht, gute Miene zu machen. Beide. Wenn du genervt dein Kissen auf den Boden schmeißt, aus dem Bett springst und aus dem Zimmer stürmst, vergrößerst du nur eure Distanz. Und wenn sie dich beschimpft und dir vorwirft, du seist ein Tier, weil du sexuelle Lust verspürst, untergräbt sie deine Zuneigung. Wenn ihr euch gegenseitig die Schuld in die Schuhe schiebt, sitzt ihr in der Falle und fühlt euch hinterher noch einsamer und verlassener als vorher.
Sucht eine Möglichkeit, einander nahe zu bleiben, wenn ihr bei einer sexuellen Begegnung mittendrin aufhören müßt. Versinke nicht in deinem persönlichen Schmerz. Denk daran: »Das ist für uns beide nicht leicht. Wir sind beide enttäuscht.« Wenn euch der Übergang zu einer anderen Form von Nähe und Verbindung gelingt (du hältst sie (ihn) im Arm, während sie weint, sie hält dich im Arm, während du dich selbst befriedigst, ihr steht auf und geht spazieren), habt ihr nicht so sehr das Gefühl, eine Niederlage erlitten zu haben.

Manchmal geht das nicht. Die (der) Überlebende hat sich in sich zurückgezogen und weiß nicht mehr heraus. Du bist wütend (das ist jetzt fünfzehnmal hintereinander passiert) und willst jetzt nur noch deine Befriedigung, und ihre verdammten Erinnerungen interessieren dich überhaupt nicht. Wenn ihr so weit voneinander entfernt seid, versucht nicht, eine Brücke zu schlagen. Trennt euch für eine Weile, kümmert euch um eure jeweiligen Bedürfnisse und kommt anschließend wieder zusammen und besprecht, was geschehen ist.

Was deine unerfüllten sexuellen Bedürfnisse angeht, wirst du viel mehr masturbieren müssen als bisher. (Ich weiß, ich weiß. Das ist nicht dasselbe. Du willst die Überlebende.) Mit der richtigen Einstellung kann Selbstbefriedigung erotisch und schön sein. Aber wenn du dich zurückgewiesen fühlst, ist Masturbieren eine einsame und traurige Angelegenheit. Wenn du dich selbst streichelst, wirst du vielleicht auch traurig, weil du nicht den Sex haben kannst, den du willst. Eventuell ist die (der) Überlebende bereit, mitzumachen, wenn du dich befriedigst. Sie kann dich vielleicht nicht sexuell stimulieren (oder zulassen, daß du sie berührst), aber möglicherweise kann sie dich im Arm halten (oder beobachten), während du masturbierst. Manche Überlebende können mit sexueller Erregung überhaupt nicht umgehen, egal in welcher Form, auch nicht auf Distanz, andere hingegen schon. Frag. Probier es aus. Vielleicht bist du überrascht, wieviel Bereitschaft und Ideen deine Partnerin (dein Partner) mitbringt, solange sie weiß, daß du ihre Grenzen respektierst.

**Darf ich meinem Geliebten zeigen, wie enttäuscht und zurückgestoßen ich mich fühle, wenn er keinen Sex mit mir haben kann?
Er weiß sowieso, was ich fühle, und leidet darunter. Es kommt mir vor, als würde ich ihm etwas unter die Nase reiben, was er nicht ändern kann. Aber wenn es passiert, bin ich verletzt, und ich schlucke es runter.**

Es ist absolut normal, daß du dich enttäuscht und frustriert fühlst, wenn du beim Liebemachen mittendrin aufhören mußt. Aber wenn du deinen Zorn, deine Traurigkeit und deinen Frust ausgerechnet dann zeigst, wenn die (der) Überlebende bis über die Ohren in einer Erinnerung steckt, entfernt ihr euch noch weiter voneinander.

Warte, bis die Situation vorüber ist, bevor du ausdrückst, wie schwierig sie für dich war. Und drück deine Gefühle nicht alle gegenüber der (dem) Überlebenden aus. Sie kann möglicherweise die volle Wucht deiner Gefühle gar nicht verkraften. Sie fühlt sich schon jetzt schuldig genug, weil sie überhaupt nein gesagt hat. Sie kämpft mit dem Gefühl, versagt zu haben und ist wirklich nicht die geeignete Person, um sich das volle Ausmaß deines Frusts anzuhören.

Andererseits muß die (der) Überlebende wissen, wie du dich fühlst. Sie muß dir sagen – aufrichtig und liebevoll –, daß es ihr leid tut, wie schwer du es zur Zeit hast. Und vor allem mußt du immer wieder hören, daß sie wirklich ernsthaft an sich arbeitet, damit sich etwas ändern kann. Ihre Worte werden deine unmittelbaren Bedürfnisse nicht befriedigen, aber du wirst dich ganz anders fühlen.

Egal, was du tust, schluck deine Gefühle nicht herunter. Du hast ein Recht darauf, dich genervt, traurig, einsam, verlassen und wütend zu fühlen. Laß diesen Gefühlen freien Lauf. Hau auf ein paar Kissen herum. Geh zum Fitneß-Center und trainiere, bis du schweißgebadet bist. Weine auf dem Weg zur Arbeit. Sprich mit anderen Menschen, die dich gern haben. Denk daran, daß der Täter an allem schuld ist. Schreib ihm einen Haßbrief. (Du brauchst ihn nicht abzusenden.) Kauf dir eine Tapferkeitsmedaille. Und dann kehr wieder zu der (dem) Überlebenden zurück, bereit, mit dem zu arbeiten, was tatsächlich da ist.

Wie kann ich meine Sexualität und die der Überlebenden unter einen Hut bringen, wenn unsere sexuellen Bedürfnisse so völlig unterschiedlich sind?

Um sexuelle Gemeinsamkeiten mit einer (einem) Überlebenden zu finden, sind Kommunikation, Offenheit und Kompromißbereitschaft nötig. (Und wenn deine Überlebende irgendwo am Anfang ihres Heilungsprozesses steht, wirst du vermutlich die meisten Kompromisse auf diesem Gebiet machen müssen.) Die Stellen, an denen sich eure sexuellen Interessen treffen, sind im Moment möglicherweise klein: Du willst Sex mit Orgasmus, und die Überlebende kann es nicht einmal ertragen, berührt zu werden. Aber selbst wenn eure Fähigkeiten und Bedürfnisse entgegengesetzt scheinen, habt ihr immerhin den Wunsch gemeinsam, mit der Zeit eine gemeinsame sexuelle Beziehung aufzubauen.

Eine gute Hilfe bei der Suche nach sexuellen Gemeinsamkeiten sind sexuelle Sicherheitsregeln. (Mehr darüber in: *The Courage to Heal Workbook*, S.440.) Ich lasse Überlebende zum Beispiel eine Tabelle zusammenstellen und sexuelle/sinnliche Betätigungen in drei Kategorien einteilen: ungefährlich, vielleicht ungefährlich und gefährlich. Ungefährlich sind körperorientierte Vergnügen, bei denen sich die (der) Überlebende wohl fühlt und die sie nicht mit Mißbrauch assoziiert. Gefährlich ist alles, was unweigerlich Angst, ungute Gefühle und Erinnerungen an den Mißbrauch hervorruft. Vielleicht ungefährliche Aktivitäten liegen in der Mitte: Manchmal sind sie gut, manchmal lösen sie problematische Gefühle aus der Vergangenheit aus. Ich bitte Überlebende immer, Sex so breit wie möglich zu definieren, wenn sie ihre Listen zusammenstellen. Sie sollen aufschreiben, was sie allein oder mit einer Partnerin (einem Partner) machen können, Dinge, die traditionell als »sexuell« gelten, und auch solche, die vom Wesen her eher sinnlich sind. Alles, was mit angenehmen Körpergefühlen verbunden ist, gehört dazu. Sinn der Sache ist, daß sich die Überlebenden zu Beginn ihrer sexuellen Erkundungen auf Betätigungen beschränken, bei denen sie sich sicher fühlen. Auf diese Weise können sie eine ganze Reihe positiver sexueller Erfahrungen machen, anstatt ständig mit ihrem »Versagen« konfrontiert zu werden.

Was Überlebende als ungefährlich und gefährlich betrachten, ist sehr unterschiedlich. Eine Überlebende badet gern bei Kerzenschein und setzt das ganz oben auf ihre »ungefährliche« Liste. Für eine andere, die in der Badewanne mißbraucht wurde, gehört das ganz klar in die Kategorie »gefährlich«. Manche Überlebende haben unter »ungefährlich« ganz viele Aktivitäten stehen, andere müssen sich anstrengen, um auch nur eine oder zwei aufzuzählen. Bei vielen sind die ungefährlichen Aktivitäten eher sinnlicher als sexueller Natur: Händchen halten, Tanzen, Flirten, Kätzchen streicheln, essen bei Kerzenschein, sich im Bett wohlig in eine dicke Daunendecke schmiegen. Aber das stimmt nicht immer. Manche Überlebende finden sanfte, zärtliche Berührungen und Schmusen viel bedrohlicher als den Partner (die Partnerin) zu seinem Orgasmus zu stimulieren. Es gibt keine richtigen und falschen Antworten bei der Zusammenstellung dieser Listen. Sie sollen den Überlebenden nur helfen, ihre negativen Auslöser zu erkennen, und ihnen zunächst einen ungefährlichen Ausgangspunkt gewährleisten.

Wenn du diese Tabelle zusammen mit der (dem) Überlebenden ausfüllst, kannst du wunderbar herausfinden, wo eure Gemeinsamkeiten liegen. Auch wenn du sexuelle oder sinnliche Betätigungen nicht unbedingt unter dem Aspekt der Ungefährlichkeit betrachtest, kannst du sie vermutlich doch danach kategorisieren, wie angenehm sie sind: am angenehmsten, normalerweise angenehm, am wenigsten angenehm.

Oder versuch es mit: am liebsten, normalerweise schön, nicht besonders gern. Oder denk dir eigene Einteilungen aus. Schreib deine Kategorien nebeneinander auf ein Blatt Papier, mach eine Tabelle daraus, und dann nimm dir eine Viertelstunde Zeit, um sie auszufüllen. (Es macht nichts, wenn du dich bei ein paar Punkten nicht zwischen zwei Spalten entscheiden kannst. So eindeutig sind die Dinge eben nicht.)

Wenn PartnerInnen diese Übung machen, sind sie oft überrascht (und eigentlich erleichtert), daß es ein paar sexuelle Dinge gibt, die sie anderen vorziehen. Andere erkennen, daß ihnen Sinnlichkeit in Wirklichkeit lieber ist als der sexuelle Leistungsdruck. Viele sind überrascht, daß sie jahrelang Dinge getan haben, die ihnen gar nicht so angenehm sind.

Wenn ihr eure Liste fertig habt, setzt euch zusammen hin und vergleicht, was euch eingefallen ist. Vielleicht habt ihr in den Kategorien »ungefährlich« oder »angenehm« ein paar Punkte gemeinsam. (Oder sie hat ein paar Dinge als »ungefährlich« klassifiziert, die du deiner Liste hinzufügen könntest. Oder umgekehrt.) Ist das der Fall, dann habt ihr gerade die Bereiche gefunden, in denen ihr einander zur Zeit körperlich und sinnlich nahe sein könnt. Das mögen nicht viele sein, aber zumindest seht ihr die Situation jetzt klarer. Es stört dich vielleicht, daß du (zumindest vorerst) auf ein paar Dinge verzichten sollst, die du sehr gern machst, aber besonders erfolgreich hast du sie bisher ja nicht mit der (dem) Überlebenden geteilt. Und wenn du weißt, was möglich ist und was nicht, brauchst du dich nicht mehr zurückgestoßen zu fühlen, weil du um etwas gebeten hast, was die Überlebende dir nicht geben kann.

Habt ihr zur Zeit gar keine Gemeinsamkeiten, ist möglicherweise der Zeitpunkt gekommen, an dem die (der) Überlebende eine sexuelle Pause braucht (siehe 153f.) oder ihren Körper und ihre Sexualität allein erforschen muß. Das mag für dich schwierig sein, aber wenigstens weißt du, was los ist, und kannst bewußt beschließen, deine Partnerin (deinen Partner) zu unterstützen. Auch wenn du das Gefühl hast, zu kurz zu kommen, weißt du wenigstens, daß du etwas Sinnvolles tust. Du verbesserst langfristig die Situation. Das ist besser, als wenn ihr euch in einem Machtkampf verfangt oder euch immer wieder an sexuellen Aktivitäten versucht, die alles nur noch schlimmer machen. Selbst wenn es vieles gibt, was dir lieber wäre als ein solches sexuelles Moratorium, ist es vielleicht doch der erste Schritt zu zukünftiger gemeinsamer körperlicher Nähe zwischen euch beiden.

Als Partnerin oder Partner einer (eines) Überlebenden bist du es leider, dessen oder deren Bedürfnisse erst einmal zurückgestellt werden müssen. Das Bedürfnis der Überlebenden, sich sicher zu fühlen und selbst zu bestimmen, was passiert, muß Vorrang haben. Es dauert lange, bis Überlebende sich ihres Selbstbestimmungsrechtes über ihre eigene Sexualität so sicher fühlen, daß sie dir gestatten können, deine Bedürfnisse nachdrücklicher zu vertreten. Auch wenn Überlebende vielleicht irgendwann einmal soweit sind, daß sie daran denken können, auf deine Bedürfnisse und deine Lust einzugehen, geschieht das doch erst zu einem viel späteren Zeitpunkt des sexuellen Heilungsprozesses – manchmal Jahre später. Ich weiß, es ist schwer, das zu akzeptieren, aber es ist wichtig, realistisch zu sein. Sexuelle Heilung braucht ihre Zeit. Die Überlebende wird sich nicht über Nacht verändern. Und du auch nicht. Wenn ihr jedoch dort anfangt, wo ihr jetzt steht, und einzeln und gemeinsam an euch arbeitet, kommt ihr einem Sexualleben, das auf Gegenseitigkeit beruht und das ihr wirklich miteinander teilen könnt, immer näher. Selbst wenn die (der) Überlebende dir nicht auf halbem Wege entgegenkommen kann – und das kann sie nicht –, wäre es schön, wenn sie zumindest zu schätzen wüßte, was du tust. Sie kann sagen: »Ich weiß, es ist schwer für dich. Das tut mir sehr leid. Ich weiß es wirklich zu schätzen, daß du bereit bist, zu mir zu halten.« Mit der Zeit kann sie dich zusammen mit deinen sexuellen Gefühlen respektieren, anstatt sie als Bedrohung zu empfinden: »Mit deiner Sexualität ist nichts verkehrt. Ich bewundere sie. Und ich hoffe, eines Tages kann ich mich auch wirklich darauf einlassen.« Sie kann dir sagen, daß auch sie davon träumt, eines Tages das Sexualleben zu führen, zu dem ihr beide Lust habt. Sie kann aktiv daran arbeiten, in ihrer Heilung voranzukommen. Und natürlich kann sie dir Liebesbriefe schreiben.

Ich höre ständig, wie andere PartnerInnen sich beschweren, weil sie nicht genug Sex kriegen. Bei mir ist es genau das Gegenteil. Meine Geliebte will ständig Sex. Und ich habe das Gefühl, daß dieser Sex nicht viel mit gemeinsamer Nähe zu tun hat. Ich fühle mich richtig benutzt. Und sie ist auch schon fremdgegangen. Sie hat mir schon ein paar Mal weh getan. Was ist da los?

Viele Überlebende ziehen sich von Sex zurück und haben Angst davor. Andere lernen, daß Sex ihr wichtigstes Instrument ist, um sich in der Welt zu bewegen. Als sie (er) ein Kind war, stellte sexuelle Leistung für die Überlebende vielleicht die einzige Möglichkeit dar, geliebt und geschätzt zu werden, einen Wert zu besitzen. Jetzt ist Sex für sie gleichbedeutend mit Liebe. »Gut im Bett« zu sein ermöglicht es ihr, sich mit sich selbst wohl zu fühlen.

Vielleicht hat sie (er) auch gelernt, daß Sex ein Mittel sein kann, andere Menschen zu beeinflussen. Es verlieh ihr ein Gefühl von Macht, wenn sie bei anderen eine sexuelle Reaktion hervorrufen konnte. Sex wurde ein Mittel der Manipulation. Wollte sie etwas von jemandem, fand sie heraus, wie sie seine (ihre) Lust entfachen konnte. Sie lernte, die Rolle der Verführerin zu spielen, Menschen sexuell einzuwickeln und sie dann fallenzulassen. Und bei diesem Spiel war jeder, der auf sie reagierte, ein Schwächling oder sogar ein bedauernswertes Würstchen.

Dieses Beziehungsverhalten hört nicht unbedingt auf, nur weil die (der) Überlebende jetzt mit dir zusammen ist. Es ist gut möglich, daß es ihr immer noch schwerfällt, Sexualität und Nähe unter einen Hut zu bringen. Vielleicht ist Sex auch jetzt noch ihre wichtigste Überlebensstrategie, ihr wichtigstes Instrument, um ihre Bedürfnisse zu erfüllen. Es kann sein, daß sie dich nicht respektiert, wenn du sie sexuell begehrst, daß sie Sex benutzt, um dich zu manipulieren, zu strafen oder zu beherrschen.

Dieses Muster kann sich nur ändern, wenn die (der) Überlebende lernt, daß Sex, Zuneigung und Verletzlichkeit einander nicht ausschließen.

Sie muß andere Mittel finden, ihre Grundbedürfnisse zu befriedigen: ihren Partner (ihre Partnerin) darum bitten, daß er ihr etwas Liebes sagt oder sie in den Arm nimmt. Sie muß sich auch vor Augen führen, auf welch vielfältige Weise sie durch Sex verletzt worden ist, und sich eingestehen, in welcher Form sie selbst Sex benutzt, um andere zu verletzen. Hinter der sexuellen Machopose kommt dann möglicherweise ein verängstigtes kleines Mädchen zum Vorschein.

Auch bei sehr auf Sex fixierten Überlebenden ist eine Heilung auf sexuellem Gebiet notwendig. Hat eine Überlebende (ein Überlebender) sich bisher vor allem über Sex definiert und versucht jetzt ernsthaft, die Gründe dafür zu herauszufinden, dann kann das ihre Sexualität radikal in Mitleidenschaft ziehen. Möglicherweise kann sie sexuell nicht mehr in der gleichen Weise aktiv sein wie vorher. Vielleicht muß sie sich auch ganz verschließen und eine Zeitlang nein sagen.

Hat die (der) Überlebende dich durch ihr sexuelles Verhalten verletzt, dann sieh dir genau an, wie schwer die Verletzung ist. Ist dein Vertrauen unwiderruflich erschüttert? Fühlst du dich so verletzt, daß du die Beziehung abbrechen mußt? Kann die Überlebende irgend etwas tun, um dein Vertrauen wiederzugewinnen? Was brauchst du, damit deine Wunden heilen können?

Die Tatsache, daß die (der) Überlebende als Kind mißbraucht wurde, gibt ihr nicht das Recht, dich zu verletzen. Wenn du ihre Vergangenheit kennst, kann dir das helfen, ihr Verhalten zu verstehen, aber das heißt nicht, daß du es gutheißen oder weiterhin zulassen mußt. Willst du die Beziehung aufrechterhalten, dann sprich darüber, wie sie dich verletzt hat. Steck genau ab, welches Verhalten du zukünftig akzeptieren wirst, und welches nicht. Leg Grundregeln fest. Sprich darüber, wie du dir eure Beziehung vorstellst. Ist die Überlebende bereit, die Verantwortung für das Verhalten zu übernehmen, mit dem sie dich verletzt hat, dann besteht die Chance, daß ihr es zusammen schafft. Andernfalls besteht wenig Aussicht, das Vertrauen und die Sicherheit für den Aufbau einer sexuellen Beziehung auf festem und gemeinsamem Boden wiederherzustellen.

Wie kann ich meine Frau davon überzeugen, daß Sex für mich nicht die Hauptsache ist?

Manchmal gehen Überlebende davon aus, daß Männer nur Sex wollen, denn das hat man ihnen so beigebracht. Ein Partner erzählte:

> Meine Frau hat von ihrem Vater gehört und am eigenen Leib erfahren, daß Männer sich sexuell nicht beherrschen können. Und daß Jungen nur eins im Sinn hätten: Sex. Er hat ihr erzählt, Jungen würden von ihrem Penis beherrscht und hätten gar keinen Einfluß auf das, was sie tun. Es wäre Aufgabe des Mädchens, nein zu sagen. Bei ihr zu Hause durften Jungen nicht ins Obergeschoß, weil sie im Prinzip schon beim Anblick eines Bettes den Verstand verlieren würden. Sie mußten in der Küche bleiben, wenn sie zu Besuch kamen. Und natürlich bewies er das durch sein eigenes Verhalten. Er konnte die Hände nicht von ihr lassen. Deshalb ging sie zu Beginn unserer Beziehung davon aus, ich wäre auch so ein sexuell zügelloser Mann. Sogar wenn ich ihr sagte: »Wir legen uns einfach hin und schmusen ein bißchen. Ich brauche keinen Orgasmus«, vertraute sie mir nie so richtig. Sie glaubte mir nie, daß ich nicht insgeheim doch nur »das eine« wollte.

Ist eine Frau mit dieser Vorstellung von Männern aufgewachsen, muß sie gegenteilige Erfahrungen machen, um ihre Vorurteile zu überwinden. Wenn du sie bewunderst und ihr Komplimente machst, solltest du ihr nicht unbedingt sagen, wie schön und wie sexy sie ist. Sei liebevoll und zärtlich, wenn du keine sexuellen Absichten hast.
Zeig ihr, daß du nicht daran stirbst, wenn du sexuell erregt bist und sie dich nicht befriedigt. Du bist vielleicht frustriert oder enttäuscht, aber du wirst das überstehen. Erinnere sie daran, daß du ihr Recht und ihr Bedürfnis, nein zu sagen, respektierst. Sag selbst manchmal nein. (Aber nicht, um dich rächen.)
Und sieh dir auch deine eigenen Reaktionen und dein Verhalten an. Wie reagierst du, wenn sie dich abweist? Schmollst du, ziehst du dich zurück, strafst du sie auf andere Weise, wenn sie nein sagt? Das bestärkt sie in ihrem Glauben, in Wirklichkeit wolltest du sie doch dazu bringen, mit dir zu schlafen.
Sucht euch andere Möglichkeiten und verabredet euch bewußt zu anderen Dingen, bei denen ihr einander nahe sein könnt. Vereinbart, daß Sex außen vor bleiben soll, und haltet euch auch an die Grenzen, die ihr festsetzt. Läßt du zu, daß diese Aktivitäten zu Sex führen, dann bestätigst du, daß Sex letztlich doch dein Ziel ist. Wenn ihr konsequent Dinge zusammen unternehmt, die Nähe herstellen, ohne auf Sex hinauszulaufen, dann wird sie allmählich merken, daß du nicht »wie alle anderen Männer« bist. (Mehr über das Problem der Geschlechterstereotypie auf S.115.)
Im Grunde muß deine Redlichkeit aber für sich sprechen. (Siehe »Vertrauen« auf S.131f.) Wenn du konsequent zeigst, daß du nicht nur an Sex interessiert bist, und sie dich immer noch nicht so sieht, wie du bist, sondern als einen Angehörigen der Gattung »Mann«, dann sag ihr, daß dir das nicht gefällt und sie dich damit verletzt. Niemand möchte wie ein sexuelles Monster behandelt werden. Mach ihr klar, daß du dich in eine Schublade gesteckt und nicht richtig wahrgenommen fühlst. Wenn sie weiß, daß sie dir weh tut, hilft ihr das vielleicht, realistischer zu sehen, wer du wirklich bist.

Wieso findet der Überlebende sexuelle Gewaltphantasien so aufregend?

Wenn Kinder sexuell mißbraucht werden, findet eine gewisse Prägung statt. Das Kind wird von einer Vielzahl von Empfindungen bombardiert: sexueller Erregung, schrecklicher Angst, Liebe, körperlichem Schmerz, Erniedrigung, Scham und Verwirrung. Diese Empfindungen und Gefühle hinterlassen einen Gesamteindruck. Sie vermischen sich miteinander. Ein kleiner Junge wird jeden Abend von seinem Vater mit einem Gürtel geschlagen. Anschließend steigt der Vater zu ihm ins Bett und stimuliert ihn sexuell. Das Kind lernt, Gewalt, die Angst vor Gewalt, das Gefühl, geschlagen zu werden, und das Aufhören der Schläge mit sexueller Erregung zu assoziieren. Der Zusammenhang ist hergestellt, und die (der) erwachsene Überlebende wird Sex und Gewalt miteinander assoziieren. Sie wird sich nach einem Streit besonders sexuell erregt fühlen.

Oft müssen erwachsene Überlebende, um sexuelle Lust zu empfinden, wieder die Gefühle erzeugen, die sie als Kinder hatten, als sie erstmals sexuell stimuliert wurden. Viele haben daher gewalttätige oder sadistische Phantasien, lassen sich auf sadomasochistische Praktiken ein oder setzen sich Situationen aus, in denen Sex mit Gefahr, Heimlichtuerei, Erniedrigung oder Gewalt verbunden ist. Viele masturbieren heimlich, wenn sie etwas über Kindesmißbrauch lesen oder hören. Dadurch stellen sie Aspekte des Mißbrauchs wieder her und verstärken die Verbindung. Möglicherweise macht die (der) Überlebende ähnliche Erfahrungen und hält sie schamhaft geheim. Sie kann dir – oder sich selbst – gegenüber nicht zugeben, was sie wirklich sexuell erlebt. Es tut weniger weh, einfach dichtzumachen. Im Hinblick auf eine sexuelle Heilung muß sie sich diese Muster jedoch früher oder später eingestehen, sie als das akzeptieren, was sie sind, und sie langsam aufbrechen.

Es gibt auch Überlebende, die diese Assoziation anders erleben. Sie fühlen sich erregt, und sofort brechen die alten Gefühle über sie herein. Anstatt sich offen, empfänglich und voller Liebe zu fühlen, wenn sie berührt werden, ekeln sie sich, empfinden sich als schmutzig und möchten sich übergeben. Sie haben schreckliche Angst, fühlen sich erniedrigt, schämen sich, sind verwirrt – ebenso wie damals als Kind. Das ist einer der wichtigsten Gründe, warum Überlebende sich sexuell verschließen und sich ihrer sexuellen Gefühle schämen.

Oft glauben Überlebende auch, ihr Körper hätte sie als Kind im Stich gelassen, weil der Mißbrauch sie damals sexuell erregte. Diese Scham ist eine der schlimmsten Lasten, die viele Überlebende mit sich herumtragen. Als Junge versuchte der Überlebende, sich gegen eine Erektion oder einen Orgasmus zu wehren, aber sein Körper reagierte trotzdem. Er glaubt, daß die Lust, die er empfunden hat, ihm die Schuld am Mißbrauch gibt. Das ist nicht wahr. Unsere Körper sind dazu geschaffen, auf Stimulierung zu reagieren. Will ein Täter, daß ein Kind einen Orgasmus, eine Erektion oder Lust bekommt, kann er das Kind entsprechend stimulieren. Das ist eines der Instrumente, mit denen Täter Macht und Einfluß auf ihre Opfer ausüben. Der Orgasmus eines Kindes ist ein wirksames Mittel, Fügsamkeit, Scham und Schweigen zu garantieren.

Als Partnerin bzw. Partner fällt es dir vielleicht schwer, das zu verstehen. Falls die (der) Überlebende einen Orgasmus hatte, fragst du dich möglicherweise insgeheim, ob sie den Mißbrauch nicht in Wirklichkeit genossen hat, ob wirklich alles so schlimm war. Du verstehst nicht, wieso die Überlebende so viele schmerzhafte Dinge mit Lust assoziiert. Wenn du sexuell erregt bist, fühlst du dich rund, glücklich, mit dir selbst verbunden. Viele Überlebende spüren das Gegenteil: Erregung ist für sie kein schönes Gefühl. Sie verschließen sich lieber, als die angsteinflößenden, verwirrenden Empfindungen und Erinnerungen zu spüren, mit denen Sex für sie einhergeht. Versetz dich einmal an die Stelle der Überlebenden. Wolltest du Liebe machen, wenn Sex in dir Scham, Ekel und Selbsthaß erzeugen würde? Es ist möglich, diese frühe Prägung wieder aufzuheben, die Verbindung zwischen Gewalt, Demütigung, Schmerz und Sex zu unterbrechen. Aber die (der) Überlebende muß dazu bereit sein. Die Veränderung von Körperassoziationen erfordert viel Zeit und Mühe. Ausgezeichnete und konkrete Vorschläge für die Veränderung von negativen sexuellen Assoziationen findest du in *The Sexual Healing Journey* von Wendy Maltz (New York 1991).*

---

* Deutschsprachige Bücher zu diesem Thema sind in Vorbereitung (Anm. des Verlages).

Meine Frau sagt, sie ist vielleicht lesbisch.
Ich weiß nicht, was ich mit dieser Information anfangen soll.

Zu erfahren, daß deine Partnerin (dein Partner) ihre sexuelle Orientierung hinterfragt, ist – gelinde gesagt – nicht angenehm. Vermutlich bist du verwirrt, fassungslos und fühlst dich bedroht. (Falls du die ganze Geschichte nicht sowieso verdrängst. Dann fühlst du vermutlich gar nichts.) Wenn dir deine Partnerin sagt, sie sei vielleicht in Wirklichkeit homosexuell (oder heterosexuell, je nach deiner Präferenz), mußt du dich machtlos fühlen. Schließlich kannst du dir dein Geschlecht ja nicht aussuchen. Beschließt die (der) Überlebende, keine Beziehungen mehr mit Männern zu haben (oder mit Frauen), muß sie die Beziehung mit dir beenden. Persönlicher geht es kaum.

Bevor ich darüber spreche, was dich als Partnerin bzw. Partner in dieser Situation erwartet, möchte ich meine Auffassung von sexueller Orientierung erläutern. Zunächst einmal: Ich bin lesbisch. Und ich fühle mich gut damit. Ich finde es völlig in Ordnung, wenn jemand schwul oder lesbisch ist. (Ich finde es auch völlig in Ordnung, wenn jemand heterosexuell oder bisexuell ist.) Ich nehme jedes Jahr mit meinem heterosexuellen Vater zusammen an der Gay Pride Parade (Lesben- und Schwulenparade) teil, und ich bin stolz auf das, was ich bin. Ich lege Wert darauf, mich als lesbisch zu erkennen zu geben, wenn ich öffentlich auftrete. Ich will, daß die Leute mich sehen und merken, daß nicht alle Lesben .... (Lieblingsvorurteil eintragen!) sind. Weil ich mich in der Öffentlichkeit »bekenne« und den Leuten sage, daß ich bereit bin, darüber zu sprechen, werde ich immer gefragt: »Bist du lesbisch, weil du mißbraucht worden bist?« Und ich antworte: »Nein.« Je nach Publikum zitiere ich manchmal anschließend die provozierenden Worte einer Überlebenden: »Wenn ich lesbisch bin, weil ich sexuell mißbraucht wurde, dann hat die Sache wenigstens ein Gutes gehabt.« Oder ich sage dem Publikum:

»Überlegt euch einmal, wie viele Frauen in diesem Land von Männern sexuell mißbraucht werden. Wenn sexueller Mißbrauch der entscheidende Faktor wäre, der Frauen zu Lesben macht, wäre der lesbische Anteil an der Bevölkerung viel höher. (Siehe: *Trotz allem*, S.250f.) Sexuelle Orientierung läßt sich am besten als Spektrum veranschaulichen. Manche Menschen sind ausschließlich heterosexuell, manche ausschließlich homosexuell. Die meisten liegen irgendwo dazwischen. Wenn unsere Gesellschaft nicht solche Angst vor Homosexualität hätte und es uns nicht so schwer machen würde, uns zu gleichgeschlechtlichen PartnerInnen hingezogen zu fühlen, wäre der Lebensstil der meisten Menschen sehr viel abwechslungsreicher.

Bisher hat noch niemand herausfinden können, warum manche Menschen heterosexuell und manche homosexuell sind. Es gibt keinen Beweis dafür, daß Frauen lesbisch oder Männer schwul werden, weil sie als Kind sexuell mißbraucht wurden. (Es gibt auch eine ganze Menge Lesben und Schwule, die *nicht* mißbraucht wurden.) Mir ist jedoch aufgefallen, daß prozentual mehr Lesben und Schwule als Heterosexuelle öffentlich sagen, daß sie mißbraucht worden sind. Ich glaube, das ist ein Hinweis darauf: daß a) Lesben weniger Anlaß haben, Männer zu schützen, und die Mehrheit der Täter sind Männer; daß b) die Beschäftigung mit diesen Themen in der Lesben- und Schwulengemeinschaft mehr Unterstützung findet; und daß c) Schwule und Lesben sich intensiver mit ihrer Sexualität beschäftigt haben, um sich ihrer Identität zu vergewissern. Aufgrund dieses größeren Bewußtseins stolpern sie eher über die Information, daß sie sexuell mißbraucht worden sind.

Während meiner jahrelangen Arbeit mit Überlebenden habe ich festgestellt, daß viele, ob lesbisch, schwul, hetero- oder bisexuell, eine

Phase durchmachen, in der sie ihre sexuelle Orientierung hinterfragen und manchmal verschieben. In manchen Fällen löst eine Fehlinformation diese Frage aus: »Jungen werden homosexuell, wenn sie von Männern sexuell mißbraucht werden. Ich bin schwul, und ich muß schwul sein, weil mein Onkel mit mir Sex hatte.« Manchmal ist auch eine verinnerlichte Homophobie (Homophobie ist Angst vor und Haß auf Homosexualität und Homosexuelle) der Grund: »Ich bin lesbisch. Mit mir stimmt etwas nicht, weil ich lesbisch bin. Um gesund zu werden, muß ich mich ändern.« Oder sie scheren einfach alles über einen Kamm: »Ich bin von einem Mann mißbraucht worden. Männer sind nicht vertrauenswürdig. Darum muß ich mit Frauen zusammensein.« Manche sitzen einem falschen Glauben auf: »Meine Beziehungen mit Männern sind so schwierig. Wenn ich lesbisch werde, ändert sich alles wie durch Zauberhand, und meine Beziehungen werden dann wunderbar sein.« Viele Überlebende hinterfragen ihre sexuelle Orientierung, weil sie vorher nie Gelegenheit hatten, sich diese Frage zu stellen. Sie waren zu sehr damit beschäftigt, sexuell mißbraucht zu werden, um ihre eigenen sexuellen Gefühle zu erforschen. Mit dreizehn, wenn andere kleine Jungen sich allmählich für Mädchen zu interessieren beginnen (oder heimlich für andere kleine Jungen), hatte der Überlebende zu sehr damit zu tun, seine Brüder abzuwehren, um zu wissen, zu wem er sich hingezogen fühlte. Er hatte nie die Chance, sich diese Frage zu stellen, und jetzt will er es wissen.

Im Laufe der Heilung müssen viele Überlebende diese frühen, verpaßten Stadien sexueller Entwicklung nachholen. Sie brauchen die Freiheit zu fragen: »Mit wem will ich zusammensein? Wie bin ich wirklich veranlagt?« Ich ermutige Überlebende immer, sich diese Fragen zu stellen und ihnen nachzuspüren. Ich sage: »Verbring einige Zeit mit Leuten, die nicht versuchen, dich in einer Richtung zu beeinflussen. Laß dir Zeit. Irgendwann wirst du wissen, was für dich richtig ist.«

Wenn die (der) Überlebende bereits eine feste, enge Beziehung mit dir hat, ist dieses Hinterfragen natürlich schwer zu ertragen. Dein Standpunkt sieht so aus: Du hast schon Jahre in diese Beziehung investiert. Ihr habt Kinder, ein Heim, ein gemeinsames Leben. Du machst jetzt schon seit Monaten (oder Jahren) geduldig und verständnisvoll diesen ganzen Mißbrauchskram mit, und jetzt meint sie plötzlich, sie ist lesbisch? Für dich ist das Maß voll. Am liebsten würdest du sie anschreien: »Wie kannst du mir das antun?«

Und das bringt uns zu unserer ursprünglichen Frage zurück: Was machst du als Partnerin bzw. Partner, wenn dir deine Frau (oder dein Mann) sagt, ihre (seine) sexuelle Orientierung habe sich möglicherweise verändert? Leider ist die Antwort darauf nicht leicht. Während dieses Erforschungsstadiums entdeckt die (der) Überlebende vielleicht tatsächlich eine neue sexuelle Orientierung. Oder das Gegenteil passiert: Wenn du die Ruhe bewahrst und dich heraushältst, kommt die Überlebende vielleicht zu dem Schluß, daß sie bei dir richtig ist. Das läßt sich nicht vorhersagen.

Auf jeden Fall mußt du dir Hilfe suchen. Du brauchst einen Menschen, mit dem du sprechen kannst. Du fühlst dich verschaukelt oder ausgenutzt, du fühlst dich betrogen oder wie ein Versager. Du mußt über deine Ängste, deine Unsicherheit und deinen Zorn reden. Du befindest dich in einer schlimmen Situation, aber wenn du heute nicht soweit bist, daß du den ganzen Kram hinschmeißt, mußt du lernen, für eine Weile mit diesem Zwiespalt zu leben. Sieh dich nach Hilfe um. Versuch nicht, diese Sache allein auszusitzen.

Kommt es früher oder später doch deshalb zu einer Trennung, heißt das nicht, daß du nicht liebenswert oder begehrenswert wärst. Es bedeutet nur, daß du eine Beziehung hattest, in der sich unterschiedliche Bedürfnisse in entgegengesetzte Richtungen entwickelt haben. Das ist eine persönliche Tragödie für dich, aber es heißt nicht, daß du vom Unglück verfolgt bist oder daß dich nicht jemand anders lieben wird.

**Wie bringe ich mein Bedürfnis nach einer guten sexuellen Beziehung
mit der Angst der Überlebenden vor Sex unter einen Hut?
Wann sollte ich die Hoffnung auf eine Änderung aufgeben,
wenn ich zu einer langfristigen Beziehung ohne Sex nicht bereit bin?**

Die Antworten auf die bisherigen Fragen in diesem Kapitel haben dir bereits ein relativ genaues Bild von dem vermittelt, was dich in einer sexuellen Beziehung mit einer (einem) Überlebenden erwartet. Auch wenn alle Überlebenden unterschiedlich sind (und sich in unterschiedlichen Stadien ihrer Heilung befinden), gibt es doch gewisse Gemeinsamkeiten. Habt ihr beide, du und die (der) Überlebende, sexuelle Probleme oder gar keinen Sex, dann werdet ihr bestimmte Schritte unternehmen müssen, damit sich etwas ändert.

Die Heilung einer (eines) Überlebenden auch auf sexuellem Gebiet ist möglich. Garantiert. Aber nur dann, wenn die Überlebende dazu bereit ist. Sie muß selbst an sexuellen Themen arbeiten wollen. Sonst ist eine Besserung nicht möglich. Und selbst wenn sie dazu bereit ist, wird die Veränderung sehr langsam vor sich gehen.

Falls du dir also überlegst, ob du durchhalten sollst, mußt du dir selbst ganz ehrlich ein paar Fragen beantworten: »Ist die (der) Überlebende zur Zeit wirklich bereit, sich mit ihrer sexuellen Heilung zu beschäftigen?« »Wie weit reicht meine Geduld?« »Ist mir diese Beziehung wichtig genug, daß ich den Aufschub der Befriedigung eines meiner wichtigsten Bedürfnisse akzeptieren kann?« »Welchen Preis muß ich zahlen, wenn ich bleibe?« »Was kann ich gewinnen, wenn ich durchhalte?« »Bin ich bereit zu riskieren, daß es nicht klappt oder daß die Überlebende mich zum Schluß verläßt?«

Es ist völlig normal, daß du eine Beziehung möchtest, die Sex beinhaltet. Du bist kein erbärmlicher Wicht, weil du keine platonische Liebesbeziehung willst. Du hast ein Recht darauf, eine gemeinsame sexuelle Beziehung zu wollen und zu bekommen. Du mußt aber auch dein restliches Leben in Betracht ziehen: eure Familie, eure Kinder, die anderen Aspekte eurer Beziehung, die befriedigend und lohnend sind. Frag dich: »Wie würde es mit uns klappen, wenn Sex kein Thema wäre? Wäre es dann immer noch ziemlich schwierig?« »Wie würde sich mein Leben verändern, wenn ich jetzt ginge?« »Wie würde ich mich fühlen?« »An welcher Stelle steht Sex (oder der fehlende Sex), wenn ich mir das große Ganze betrachte?«

Bill ist Partner einer Überlebenden. Sie haben kleine Kinder. Er beschreibt die Mühe, die er und seine Frau Sharon mit diesem Thema haben:

Sharon braucht unheimlich viel, um sich in einer sexuellen Situation sicher zu fühlen: Sachen, die sie beruhigen und besänftigen, und das Gefühl, es werden keine Erwartungen oder Forderungen an sie gestellt. Am Anfang hab ich gesagt: »Ja. Das kann ich machen. Ich bin selbstlos genug.« Und ich hab viel gegeben und mich aufgeopfert. Aber sie machte trotzdem immer wieder dicht, und ich fühlte mich total mies.

Im Prinzip bin ich ein sinnlicher Mensch. Ich habe Spaß am Essen und Kochen, ich stehe auf Berührungen. Und ich hab eigentlich nicht damit gerechnet, daß ich als Erwachsener auf diesem Gebiet zu kurz kommen oder völlig leer ausgehen würde. Ich fühle mich beraubt, und es fällt mit schwer zu sagen: »Das ist toll. Das bist du, und dieses oder jenes finde ich toll an dir.« Und das will sie hören: »Ich liebe dich, so wie du bist, auch die Tatsache, daß du als Kind mißbraucht wurdest, und die Schwierigkeiten, die sich daraus für dich als Erwachsene ergeben.« Das kann ich nicht sagen. Ich sage: »Ich hasse das. Ich halte es nicht aus, daß ich nachts nicht ins Bett kommen und dich drücken und spüren kann, du freust dich, daß ich da bin. Jedesmal, wenn ich dich berühre, ist deine erste Reaktion Angst.« Und Sharon sagt höchstens mal: »Im Moment ist alles in Ordnung. Es gefällt mir irgendwie. Ich hab keine Erinnerungsblitze. Ich habe nicht das Gefühl, ich habe ein Messer im Bauch.« Das reibt mich ganz schön auf.

Ich bin manchmal sehr sauer, aber es fällt mir schwer, ihr zu sagen, wie frustriert ich bin. Ich habe dann das Gefühl, ich verletze sie oder mache ihr Vorwürfe. Wenn ich ihr sage: »Ich leide darunter, daß ich keine Gelegenheit habe, meine Sexualität auszudrücken und mich als sexuelles Wesen zu entwickeln«, ist ihre Reaktion meistens: »Ich bin wirklich furchtbar. Am besten, du verläßt mich. Oder ich sollte mich umbringen.« Manchmal meint sie, ich sollte sie verlassen, weil ich doch nie glücklich mit ihr sein werde, und manchmal glaube ich, sie hat recht.

Ich hab schon mehrmals überlegt, ob ich die Beziehung nicht aufgeben soll. Im Moment gebe ich mir alle Mühe, nicht darüber nachzudenken. Ich kann mir nicht vorstellen, daß wir uns jetzt trennen. Was soll aus den Kindern werden? Wir haben eigentlich nur auf sexuellem Gebiet wirklich Probleme, und das ist nicht Grund genug, die Beziehung zu beenden. Wir machen so viele tolle andere Sachen zusammen. Ich liebe meine Familie. Ich finde es toll, Kinder zu haben. Sharon ist eine wunderbare Mutter. Aber trotzdem wäre ich froh, wenn das alles vorbei wäre. Wenn ich ins Bett gehe, denke ich oft, wie unglaublich die ganze Situation ist. Ich hab das alles akzeptiert, aber begeistert bin ich nicht.

Wenn du eine Beziehung beendest, weil sie dich sexuell nicht befriedigt, tust du einen großer Schritt, den du nicht überstürzen solltest. Sprich auf jeden Fall vorher mit Überlebenden und PartnerInnen, die die Durststrecke durchgestanden haben und Sex jetzt wieder genießen können. Du brauchst Vorbilder, um zu wissen, daß du eine Chance hast, und Orte, wo du dich gefahrlos aussprechen kannst. Es gibt qualifizierte HelferInnen, die dich durch den sexuellen Heilungsprozeß führen und dir eine Vorstellung von dem vermitteln können, was auf dich zukommt. Die Grenzen deiner Belastbarkeit kennst aber nur du. (Mehr darüber auf S.82.)

▶

FAMILIEN-
ANGELEGENHEITEN

»Eine Weile hatte ich sie ständig vor Augen, wie sie zu Hause
bei ihrer Mutter gewesen sein mußte.
Immer sah ich ein verängstigtes kleines Mädchen.
In diesen Bildern lacht sie nie.
Sie guckt, als würde sie sagen: 'Warum hilft mir niemand?'
Ich habe dann eine Riesenwut auf ihre Eltern.«

»Vater zu sein tut ihm unglaublich gut.
Er liebt die Kinder und ist stolz, daß wir das Rad des Mißbrauchs
zum Stillstand gebracht haben.«

Meine Frau empfindet ihrem Vater gegenüber sehr gemischte Gefühle. Ich verstehe nicht, wieso sie ihn überhaupt noch gern haben kann. Er hat sie vergewaltigt! Ich hasse ihn, und sie fühlt sich dadurch bedroht. Was kann ich tun?

Wenn die Frau (der Mann), die du liebst, von einem Mitglied ihrer Familie sexuell mißbraucht wurde, hast du das Recht, wütend zu sein. Ein Partner sagte: »Manchmal kriege ich eine unheimliche Wut auf ihren Vater. Nicht nur, weil er sie mißbraucht und gequält hat, sondern weil er unser Leben total ruiniert hat, wahrscheinlich für immer.«

Du brauchst den Täter nicht zu mögen. Du brauchst ihm gegenüber nichts anderes zu spüren als deine echten, authentischen Gefühle. Wenn du meinst, er sei eine erbärmliche, durch und durch miese Ratte, dann ist das in Ordnung. Vermutlich ist er das. Eine Partnerin erzählte: »Ich hab ihren Vater nie gemocht. Er war ein unerträglicher, gemeiner Mensch. Er war sichtlich mit seinem Leben unzufrieden. Er zeigte nicht die geringste Lebensfreude.«

Hat die (der) Überlebende jedoch noch keine Verbindung zu ihrer Wut gefunden (oder die Wut ist noch zu sehr mit Liebe und Verwirrung vermischt), ist es wichtig, daß du sie nicht mit deinen massiven, ungezügelten Emotionen überwältigst. An diesem Punkt ist es ganz wichtig, daß ihr zwischen deinen Gefühlen und ihren unterscheidet. Du kannst ihr mit deiner gesunden (und angemessenen) Wut auf den Täter ein Vorbild sein, aber sie braucht Raum, ihre eigenen Gefühle in ihrem eigenen Tempo zu erforschen. Für sie sind die Dinge möglicherweise nicht so klar wie für dich. Dieser Mann, der sie mißbraucht hat, ist der einzige Vater, den sie jemals haben wird; es tut ihr weh, zuzugeben, daß er sie verletzt und ihr Wohl ihm nicht am Herzen gelegen hat. Für sie stellt ein solches Eingeständnis einen ganz elementaren Verlust dar: Ihr Papa hat nicht auf sein kleines Mädchen aufgepaßt. Ob die Überlebende zwanzig ist oder sechzig, dieses Wissen ist schrecklich.

Überlebende empfinden dem Täter gegenüber selten nur ein einziges Gefühl, vor allem, wenn er ein Familienmitglied ist. Die meisten fühlen eine Kombination aus Liebe, Schmerz, Haß, Wut, Verwirrung, Furcht, Loyalität und Sehnsucht. Das ist ganz natürlich. Selbst wenn sie furchtbar behandelt werden, geben Kinder die Hoffnung nicht auf, sie könnten etwas bewirken, indem sie ihr eigenes Verhalten ändern. Dieser unrealistische Wunsch zeigt, in welchem Ausmaß Kinder die Tatsachen verdrehen, um die Erwachsenen, die sie umgeben, nicht als unzuverlässig, böswillig oder gefährlich sehen zu müssen.

Als Erwachsene schützen sie den Täter oft weiterhin, indem sie Gründe für sein Verhalten suchen oder sich selbst die Schuld geben. »Er war gerade aus dem Krieg zurückgekommen. Es muß diese Erschütterung durch den Krieg gewesen sein«, sagte mir eine Überlebende. Als sie drei Jahre alt war, hatte ihr Vater sie brutal vergewaltigt und anschließend liegenlassen, weil er sie für tot hielt. Ein Mann versuchte mich zu überzeugen, daß der Mißbrauch seine Schuld gewesen wäre: »Ich war ein sehr liebebedürftiges Kind«, sagte er in vollem Ernst. »Ich wollte, daß mein Vater mich in den Arm nimmt. Wenn ich die Umarmung nicht gesucht hätte, wäre das alles nie passiert.«

Es fällt Überlebenden sehr schwer, die Verantwortung demjenigen zu geben, dem sie gebührt. Der Verlust tut ihnen zu weh.

Vielleicht hat die (der) Überlebende auch mit gemischten Gefühlen dem Täter gegenüber zu kämpfen, weil ihre Mißbrauchserinnerungen mit glücklicheren Erinnerungen vermischt sind. Viele Täter sind ihren Opfern gegenüber auch liebevoll und fürsorglich. Derselbe Mann, der die Überlebende vergewaltigte, hat ihr vielleicht geduldig beigebracht, Fahrrad zu fahren, oder ihr besondere Bücher aus der Leihbücherei mitgebracht. Möglicherweise war er der einzige Mensch, der sie jemals behandelt hat, als sei sie etwas Besonderes. Das entschuldigt ihn nicht, aber es erklärt teilweise, warum die Gefühle der Überlebenden heute so widersprüchlich sind. Es kann Jahre dauern, bis sie ihre gemischten Gefühle sortiert hat. Und sie braucht diese Zeit. Sie braucht Raum, um den Täter (und andere Familienmitglieder) auf die Probe zu stellen, um noch einmal zu versuchen, etwas zu ändern, und um – auch auf die Gefahr hin, einen Fehler zu machen – ihren eigenen Weg zu finden. Sie muß den Kreislauf von Verlust, Wut, Enttäuschung und revidierten Erwartungen mehrfach durchlaufen, bevor ihre Gefühle ihrer Familie gegenüber geklärt sind. Und auch dann ändern sich die Umstände noch, und es finden Veränderungen statt.

Während all dieser Zeit können deine Gefühle völlig klar sein. Du weißt, was du von dem Täter hältst: Du haßt den Kerl. Du willst Vergeltung. Du erträgst es nicht, zuzusehen, wie die (der) Überlebende immer wieder neu von ihrer Familie verletzt wird. Es tut weh zu sehen, wie ihre Hoffnungen immer wieder zerstört werden. Du möchtest sie so gern vor dieser Art von Enttäuschung beschützen. Du willst etwas tun, damit es besser wird, damit die Dinge ein für allemal geklärt sind. Das kannst du nicht. Du kannst sie unterstützen, ihr zuhören, ihr Rückmeldung bieten, aber die (der) Überlebende muß ihre Beziehung zum Täter und zu ihrer Familie selbst klären. Geh davon aus, daß sich ihre Gefühle mit der Zeit ändern werden. Das heißt nicht, daß deine das auch tun müssen. (Mehr über emotionale Grenzen auf S.68ff. und 78.)

Wie lange brauche ich, um den Verlust der Schwiegereltern zu verschmerzen?

Vielleicht gelingt dir das nie. Eine Verbindung ist abgerissen, ein Vertrauensverhältnis besteht nicht mehr. Wenn du eine enge Beziehung zur Familie deiner Partnerin (deines Partners) hattest und dann herausfindest, daß sie sie mißbraucht, nicht beschützt oder tief verletzt haben, ist es möglicherweise schwer, diese Information mit deiner Zuneigung für sie zu vereinbaren. Ist es für die Überlebende notwendig, daß du deinen Kontakt zu ihnen einschränkst oder abbrichst, dann stellt das für dich einen schweren Verlust dar, über den du trauern wirst. Aber Mißbrauch hat seine Konsequenzen, sowohl in eurem als auch in deren Leben: Der Bruch in eurer Beziehung ist die natürliche Konsequenz aus dem Mißbrauch.

Versuch, nicht auf die Überlebende wütend zu sein. Respektiere ihr Bedürfnis nach Trennung und unterstütze die Entscheidungen, die sie treffen muß. Ihre Bedürfnisse ihren Eltern gegenüber haben Vorrang vor deinen. Hegst du immer noch positive, liebevolle Gefühle für diese Familie und willst weiterhin mit ihnen verkehren und ist die (der) Überlebende dagegen, mußt du deine Gefühle zurückstellen und ihre Wünsche respektieren. Im Umgang mit der Familie der Überlebenden bist du sehr direkt von dem Mißbrauch betroffen. Ihr Verlust ist dein Verlust. Ein Partner beschrieb es so:

> Was den Kontakt mit ihrer Familie angeht, bestimmt sie, was wir machen. Und ich kann gut damit leben. Ich unterstütze sie da vollkommen. Aber über die Lösung von ihrer Familie war ich wirklich traurig. Meine eigene Familie lebt relativ weit weg. Ich vermisse sie, und ich hätte gern einen engen Kontakt zur Familie meiner Frau. Ich mag ihre Familie. Aber mit dem Mißbrauch geht das nicht. Ihre Eltern kommen gerne in die Stadt und gehen dann essen, doch wir können nicht mitgehen. Sie fahren nach Hawaii und haben da eine Ferienwohnung mit einem extra Zimmer für uns, doch wir können nie hinfahren. Ihre Mutter kann einkochen, und ich würde das gern lernen, aber wir können nicht hinfahren. Das ist schon ein Verlust.

Egal, wie du mit diesem Verlust fertig wirst, wirf der (dem) Überlebenden nicht vor, sie hätte dir deine Schwiegereltern genommen. Versuch lieber, mit ihr gemeinsam zu trauern.

Ich habe das starke Verlangen, den Stiefvater meines Mannes mit dem Mißbrauch zu konfrontieren. Ich finde, er muß für das, was er getan hat, »bezahlen«. Was soll ich machen?

Als Partnerin bzw. Partner ist dein Wunsch nach einer Konfrontation und nach Vergeltung normal. Es ist aber ganz wichtig, daß du dich zurückhältst und der (dem) Überlebenden die Initiative zu einer Konfrontation mit dem Täter überläßt. Ziehst du den Täter für die Überlebende zur Rechenschaft, erweist du ihr einen schlechten Dienst. Du vermittelst ihr die Botschaft, daß du ihr nicht zutraust, selbst für sich zu sorgen. Du mißachtest ihre Empfindungen, ihre Bedürfnisse und ihr Gefühl für den richtigen Zeitpunkt. Du zwingst sie, mit den Folgen der Enthüllung in ihrer Familie zurechtzukommen, bevor sie dazu bereit ist. Auch wenn es dich vielleicht erleichtert, schwächst du damit die Überlebende.

Selbstverständlich mußt du deine Wut ausdrücken. Nur zu. Drück sie aus. Zieh den Täter schriftlich zur Verantwortung. (Aber schick die Briefe nicht ab.) Schwelge in Rachephantasien, soviel du willst. Stell dir vor, wie der Täter in kochendem Öl strampeln und schreien würde. Denk dir neue, geniale Möglichkeiten aus, wie du ihn öffentlich demütigen könntest. Und gestalte jede Phantasie so bildhaft und befriedigend wie möglich. (Damit könnt ihr auch einen genüßlichen Abend in eurer PartnerInnengruppe zubringen.) Phantasiere nach Herzenslust, aber setz deine Phantasien nicht in die Tat um. Bist du absolut entschlossen, etwas zu tun, unternimm etwas gegen Vergewaltiger im allgemeinen. Laß einer Initiative gegen Kindesmißbrauch eine Spende zukommen, engagiere dich politisch, setz dich für eine Verschärfung der Gesetze gegen Kindesmißbrauch ein.

Manchmal möchten Überlebende, daß ihre PartnerInnen für sie den Mund aufmachen. Bist du dazu bereit, kannst du das anbieten: »Wenn du das irgendwann einmal möchtest, bin ich gern bereit, ... (ihn anzurufen, ihr einen Brief zu schreiben, hinzugehen und das mit dir zusammen zu machen).« Aber es sollte wirklich ein Angebot ohne zeitlichen Druck sein und keine Ankündigung, daß du bereits unterwegs zum Haus des Täters bist. Auf diese Weise fühlt sich die (der) Überlebende unterstützt und nicht dazu genötigt, einen Standpunkt zu vertreten, den sie noch gar nicht verteidigen kann.

Was ist der Sinn einer Konfrontation?
Kann ich irgendwie helfen?

Den Täter mit dem Geschehen zu konfrontieren, kann Überlebenden auf entscheidende und sehr wirksame Weise helfen, ihren Zorn auszudrücken, loszulassen und weiterzukommen. Früher oder später müssen alle Überlebenden den Täter zur Rechenschaft ziehen, entweder symbolisch (in einem Brief, einem Rollenspiel, etc.) oder direkt. In einer direkten Konfrontation treten Überlebende als Erwachsene für sich ein und sehen dem Menschen, der sie am meisten verletzt hat, ins Auge. Sie sagen: »Das hast du mir angetan. Und das sind die Folgen. Und das sind meine Gefühle dazu. Und das will ich (oder will ich nicht) von dir.« Überlebende verfügen über die Macht und die Kraft der Wahrheit und können die Konfrontation aus einer sehr starken Position heraus führen.

Eine Konfrontation kann befreiend wirken, aber auch sehr schmerzhaft sein. Überlebende müssen unrealistische Versöhnungsphantasien aufgeben (»Er wird auf die Knie fallen, mir sagen, daß es ihm leid tut, und mir anbieten, meine Therapie zu bezahlen.«) und schmerzliche Wahrheiten akzeptieren (»Mein Vater hat sich nicht entschuldigt; meine Mutter glaubt mir nicht; mein Bruder meint, ich soll mich nicht so anstellen.«). So etwas tut schrecklich weh. Eine Überlebende drückte das sehr bildhaft aus: »Es ging mir beschissen, bevor ich es gemacht hab, es ging mir beschissen, während ich es gemacht hab, und ich hab mich beschissen gefühlt, als ich es getan hatte, aber wenigstens hab ich es hinter mir.«

Manche Überlebende entscheiden sich gegen eine direkte Konfrontation. Sie sind es leid, abgeblockt, als LügnerInnen abgestempelt oder ignoriert zu werden. Oder der Täter ist gewalttätig, unberechenbar, tot oder auf andere Weise nicht verfügbar. Eine indirekte Konfrontation ist völlig in Ordnung. Symbolische Konfrontationen können ebenso wirksam sein.

Denkt die (der) Überlebende an eine Konfrontation, muß sie sich unbedingt die Zeit nehmen, vorzubreiten, zu planen und zu durchdenken, was sie tun und sagen will. Sie muß ihre Erwartungen herunterschrauben und auf die Reaktionen abstimmen, die sie vermutlich zu erwarten hat. Als Partnerin bzw. Partner kannst du dazu beitragen, daß sie den Rückhalt und die Unterstützung bekommt, die sie vor, während und nach der Konfrontation unbedingt braucht.

Bei jeder Konfrontation führt die (der) Überlebende die Regie. Sie schreibt das Drehbuch und gibt das Startzeichen. Du arbeitest hinter den Kulissen, damit ihr Plan durchführbar wird. Du hast eine Nebenrolle. Laß ihr den Platz im Rampenlicht. Das ist ihr Mißbrauch und ihr Täter. Frag sie, ob sie Hilfe will. Frag sie, was du tun sollst. Möchte sie, daß du die Sache zu Hause mit ihr probst? Am Telefon mithörst, wenn sie den Anruf macht? Als Verbündete(r) und ZeugIn mitgehst? Ihr hilfst, die Scherben aufzusammeln, wenn alles vorbei ist? An einer symbolischen Konfrontation teilnimmst?

Gerade bei der Konfrontation kannst du der (dem) Überlebenden konkret helfen. Dein Rückhalt und deine Unterstützung können viel ausmachen. Tu, was du kannst, und hilf ihr, wann immer sie dich darum bittet. (Mehr über konkrete Hilfe bei der Planung einer Konfrontation in *Trotz allem,* S.123-138, und in *The Courage to Heal Workbook*, S.340-366.)

Was können wir tun, wenn der Täter alles leugnet oder versucht, sich zu rechtfertigen?

Im allgemeinen leugnen Täter den Mißbrauch. Sie sagen: »Du bist verrückt! Das ist nie geschehen!« oder versuchen sich zu rechtfertigen, indem sie sagen: »Ich habe meinem Mädchen nur etwas beigebracht!« Selten empfinden Täter ehrliche Reue wegen ihrer Taten, selten sehen sie der Tatsache ins Auge, daß sie ein Kind mißbraucht haben, wenn sie nicht verhaftet und vor Gericht gestellt werden. (Und selbst dann streiten sie oft noch alles ab.)

Wenn du gewöhnt bist, mit Leuten umzugehen, die ihre Fehler eingestehen und sich bemühen, sie wieder gutzumachen, kann dich das Verhalten des Täters zur Weißglut treiben. Kannst du dich aber auf die Art und Weise, wie die meisten Mißbraucher reagieren, einstellen, werden deine Erwartungen realistischer sein: Im allgemeinen leugnen Mißbraucher die Tat, vertuschen sie, spielen sie herunter, werden aggressiv und tun, was sie können, um sich gegen die Anschuldigung zu wehren.

Ziel einer Konfrontation ist, daß die (der) Überlebende die Wahrheit ausspreche, ihren Schmerz, ihre Empörung, ihre Verletzung mitteilen, als Erwachsene auftreten und den Menschen zur Rede stellen kann, der sie als Kind verletzt hat. Der Erfolg einer Konfrontation sollte am Mut, an der Entschlossenheit und dem Durchhaltevermögen der Überlebenden gemessen werden, nicht an einem bestimmten Resultat oder an der Reaktion des Täters. Teil der Vorbereitung auf eine Konfrontation ist der Verzicht auf die Phantasie, der Täter würde eine plötzliche, wunderbare Persönlichkeitsveränderung durchmachen. Das wird vermutlich nicht geschehen.

In den seltenen Fällen, in denen ein Täter die Verantwortung für sein Handeln übernimmt und ehrlich versucht, das Unrecht, das er getan hat, wiedergutzumachen, muß die (der) Überlebende entscheiden, wie sie damit umgeht. Oft manipulieren Täter Überlebende weiterhin unter dem Deckmantel der Hilfeleistung. (Sie bieten an, für eine Therapie zu zahlen, schicken den Scheck aber dann immer verspätet.) Eine geringfügige Anstrengung des Täters wird oft als Riesenschritt betrachtet, der die ewige Dankbarkeit der Überlebenden verdient: »Ich hab gesagt, es tut mit leid, wenn ich irgend etwas getan haben sollte, was dich verletzt hat. Was willst du mehr?« Die Überlebende kann sehr viel mehr wollen. Sie will vielleicht, daß ihr Vater sie nicht mehr auf den Mund küßt, keine Bemerkungen mehr über ihr Gewicht macht und im Wohnzimmer nicht mehr über Sex spricht. Taten sagen mehr als Worte. Laß dich nicht von leerem Gerede einnehmen.

Selbst wenn der Täter heute ehrlich betroffen ist, die Verantwortung übernimmt und in seiner Haltung und seinen Handlungen Achtung beweist, ist die (der) Überlebende immer noch diejenige, die entscheidet, wo sie ihre Grenzen ziehen will. Sie kann beschließen, den Täter nicht mehr zu sehen oder nicht mehr mit ihm zu sprechen, den Leuten weiterhin zu erzählen, was er getan hat, oder bewußt zu prüfen, ob nicht doch eine Beziehung möglich ist, die sie nicht verletzt. Die Entscheidung liegt immer bei der Überlebenden.

Manchmal fängt meine Frau an, ihre Familie zu verteidigen, und idealisiert sie total. Was soll ich dann machen? Zuhören? Ihr sagen, was ich sehe? Wütend werden? Ich weiß nicht, was hilft.

Am besten spiegelst du exakt das wider, was deiner Meinung nach in der Familie der (des) Überlebenden stattfindet. Gib ihr deine Rückmeldung und beschreib ihr die Realität, wie sie sich in deinen Augen darstellt. Streitet nicht darüber. Versuch, so einfach, klar und emotionslos wie möglich zu reagieren. Du kannst der Überlebenden als Markierung, als Wegweiser zur Realität dienen. Deine Kenntnis der Situation ist im allgemeinen beständiger als ihre. Ihr Gesichtspunkt kann öfter einmal von Emotionen, Sehnsüchten und Verleugnung verschleiert werden. Ein Partner erzählte:

> Sie muß jede einzelne Botschaft, die ihre Familie ihr vermittelt hat, revidieren: daß sie in Ordnung waren, daß sie nette, anständige Leute waren, die in der ganzen Nachbarschaft beliebt waren. Und alles bricht zusammen. Jeden Tag sehe ich, wie wieder ein paar Wände einstürzen. Das war keine perfekte Familie. Es war alles nur schöner Schein.

Wenn wir unsere Illusionen über unsere Familie verlieren, sind wir am Boden zerstört. Manchmal wird die (der) Überlebende eine Pause von der schmerzlichen Wahrheit brauchen, um für eine Weile dem Gefühl des Verlusts zu entfliehen, das sie zerreißt. Nimm Rücksicht darauf. Manchmal ist es besser, einfach zuzuhören, und zu anderen Zeiten kannst du wieder eine Erinnerung an die Realität einwerfen: »Weißt du noch letzten Monat, als dein Bruder dich mitten in der Nacht anrief und dich anbrüllte, was du für eine Lügnerin wärst? Und jetzt ist er so lieb. Das ist nur die Ver- führungsphase in dem Kreislauf. Als nächstes werden sie dir wieder ihre Verachtung zeigen. Das kennen wir doch schon.« Oder: »Jetzt war deine Schwester vier Tage zu Besuch. Sie hat dich nicht ein einziges Mal gefragt, wie es dir geht, und sie hat dir jedesmal das Wort abgeschnitten, wenn du versucht hast, es ihr zu sagen. Ich würde nicht gerade sagen, daß sie zu dir hält.«

Manchmal wird die (der) Überlebende sauer auf dich sein, weil du ihrer aktuellen Realitätssicht widersprichst. »Er hat mich nicht wirklich mißbraucht.« »Meine Schwester will wirklich nur mein Bestes.« Wenn du merkst, wie du anfängst, mit der Überlebenden zu streiten, gib nach. Du hast dich in einen Machtkampf verwickeln lassen. Sie verteidigt ihre Familie, du greifst sie an. Ihr macht Front gegeneinander. Die traurige Wahrheit ist, daß du mehr sagst, als sie im Moment aufnehmen kann. Hör auf. Laß ihr ihre Gefühle.

Manchmal kannst du einen Streit über ihre Familie abbiegen, indem du der (dem) Überlebenden deine Motive erklärst. Sag ihr, daß du nicht willst, daß sie ihren Zorn gegen sich selbst richtet und sich haßt. Es tut dir weh zu beobachten, wie sie schon wieder auf eine neue Enttäuschung zugeht. Du willst verhindern, daß sie sich den Gewalttätigkeiten ihrer Familie so schutzlos ausliefert. Du machst dir Sorgen um sie und willst, daß sie lernt, auf sich aufzupassen. Durch deine ehrliche, sanfte Rückmeldung über ihre Familie gibst du der Überlebenden Rückhalt, Kraft und Klarheit. Du beweist deine Anteilnahme und leistest konkrete Hilfe.

Die Eltern meines Freundes kommen morgen zu Besuch. Er will nicht nein sagen, weil er nicht möchte, daß die Bombe jetzt schon platzt, bevor er soweit ist. Ich respektiere seine Gefühle, aber ich will seine Familie nicht sehen. Muß ich dabeisein?

In dieser Situation gibt es keine richtige oder falsche Entscheidung. Oft wollen Überlebende, daß ihre PartnerInnen dabei sind, wenn Familienmitglieder zu Besuch kommen (als ZeugInnen, um ihrer Rückmeldung und ihrer Unterstützung willen), aber manchmal müssen PartnerInnen aufgrund ihrer eigenen Bedürfnisse nein sagen. Viele Faktoren spielen da mit: deine Beziehung zu ihren (seinen) Eltern, die Vorgeschichte der Situation, die Intensität deiner Gefühle. Manche PartnerInnen können ihre Gefühle ohne große Probleme zurückstellen und der (dem) Überlebenden ihre Unterstützung anbieten, andere nicht. Ein Partner erzählte:

> Sie wollte sehr gerne, daß ich mit ihr zusammen ihre Familie besuche, und ich hab nein gesagt. Ich konnte einfach nicht mit ihrer Familie zusammensein und so tun, als wäre alles in Ordnung. Ich konnte sie von außen unterstützen, mit ihr hinfahren, sie hinterher treffen, aber ich wollte nicht mit ihnen zusammen in ihrem Haus sein. Ich hasse ihren Vater zu sehr. Ich könnte ihn erwürgen.

Es gibt gute Gründe, nicht an einem Besuch der Familie der (des) Überlebenden teilzunehmen: wenn dir schlecht wird bei der Vorstellung, so tun zu müssen, als wäre alles in Ordnung; wenn du so wütend bist, daß du beim besten Willen nicht höflich sein könntest; wenn du ihre Mutter am liebsten umbringen würdest und womöglich auf sie losgehst, wenn ihr euch seht. Vielleicht willst du nicht, daß eure Kinder sich mit dem Täter unter einem Dach aufhalten, und unternimmst an dem Tag etwas anderes mit ihnen. Auf diese Weise unterstützt du die Überlebende ganz konkret, auch wenn sie das vielleicht nicht so sieht. (Mehr über das Beschützen von Kindern auf S.185ff.)

Wenn du beschließt, nicht dabeizusein, kannst du die Überlebende auf andere Weise unterstützen. Überleg mit ihr (ihm) zusammen, wie sie auf sich aufpassen kann. Hilf ihr, sich Ziele für den Besuch zu setzen. Ruf an, ob alles in Ordnung ist, oder verschwindet zwischendurch für ein paar Stunden.

Oft vergessen Überlebende, daß sie sich gegen den Täter oder die Familie abgrenzen können. Demütig fügen sie sich: »Ich bin nicht bereit, sie zur Rede zu stellen, deshalb kann ich zu gar nichts nein sagen. Sie können mich fertigmachen, und ich kann nichts dagegen tun.« Hilf der (dem) Überlebenden, gegen diese Überzeugung anzugehen. Sprich mit ihr darüber, wie sie anfangen kann, Grenzen zu setzen.

Wenn sie (er) zum Beispiel noch nicht bereit ist, ihre Eltern zur Rede zu stellen, kann sie vielleicht trotzdem schon die Dauer ihres Besuches begrenzen oder sie bitten, im Hotel zu übernachten. Nur weil sie bisher immer bei euch übernachtet haben, brauchen sie das nicht automatisch auch dieses Mal zu tun. Wenn du ihr hilfst, diese Sachen vorher zu durchdenken, hilfst du ihr enorm, auch wenn du während des Besuches nicht dabei bist.

Bist du andererseits bereit und in der Lage, an dem Besuch teilzunehmen, kann deine Anwesenheit unbezahlbar sein: du kannst helfen, Informationen zu sammeln, ein objektives Feedback geben, die Überlebende an ihre Ziele erinnern und sie nachts im Arm halten. Ihr könnt sogar geheime Zeichen vereinbaren, mit denen du sie dann daran erinnerst, zu atmen oder sich nichts gefallen zu lassen.

Helfen kannst du in jedem Fall. Zeig der (dem) Überlebenden, daß du zu ihr hältst und tust, was du kannst, und dann entscheide aufgrund deiner persönlichen Bedürfnisse und der Umstände, ob du dabeisein willst oder nicht.

**Mein Mann ist von seinem Vater mißbraucht worden.
Er ist noch nicht bereit, seinen Vater damit zu konfrontieren,
und er glaubt, unsere Kinder könnten ruhig einige Zeit mit ihrem
Großvater verbringen. Mir gefällt die Idee nicht.
Mein Mann ist überzeugt, daß sein Vater den Kindern nichts tun wird,
aber ich will kein Risiko eingehen. Wie können wir das Problem lösen?**

In dieser Frage vertrete ich eine ganz eindeutige Position. Wo Kinder im Spiel sind, ist es immer besser, Vorsicht walten zu lassen. Ich habe Hunderte von Geschichten von Überlebenden gehört, die überzeugt waren, die einzigen Opfer zu sein, und Jahre später herausfanden, daß ihre Brüder und Schwestern, Nichten, Neffen, Söhne, Töchter und manchmal Enkelkinder vom selben Täter mißbraucht worden waren; der Täter hatte sich systematisch durch mehrere Generationen einer Familie gearbeitet. Mein Großvater fing an, mich zu mißbrauchen, als er einundsiebzig war. Das Alter allein hat keine abschreckende Wirkung.
Oft glauben Überlebende, irgend etwas habe bei ihnen nicht gestimmt und deshalb wären sie mißbraucht worden. Dieses irrige Gefühl der Verantwortung für den Mißbrauch kann der (dem) Überlebenden Scheuklappen verleihen; sie kann sich nicht vorstellen, daß der Täter auch andere Kinder mißbrauchen würde. Manchmal sagen die Täter ihren Opfern: »Du bist die einzige«, »Du bist etwas Besonderes«, »Wenn du mich das mit dir machen läßt, tu ich deiner Schwester nicht weh«. Täter lügen. Der Drang, Sex mit Kindern zu haben, ist selten eine einmalige Sache.
Überleg dir selbst ganz ernsthaft: »Würde ich mein Kind mit einem mutmaßlichen Kindesmißbraucher zusammenkommen lassen, wenn er nicht mit mir verwandt (oder verschwägert) wäre?« Wenn du herausfändest, daß der Leiter der Pfadfindergruppe in eurer Stadt in der Vergangenheit Kinder sexuell mißbraucht hat, würdest du deinen Sohn trotzdem weiter hinschicken? Wenn euer Babysitter des Mißbrauchs überführt wäre, würdest du ihn (oder sie) weiter dafür bezahlen, daß er auf dein kleines Mädchen aufpaßt? Warum sollte der Großvater deines Kindes anders behandelt werden?
Wir sind alle mit dem Gebot aufgewachsen: »Du sollst deinen Vater und deine Mutter ehren.« Aber wenn Menschen ihre Kinder sexuell mißbrauchen, verwirken sie ihr Recht, innerhalb der Familie mit Achtung und Respekt behandelt zu werden. In dem Moment, als der Vater der (des) Überlebenden sie mißbrauchte, verzichtete er auf all die Rechte und Privilegien, die ein Vater (oder eine Mutter) normalerweise hat, einschließlich seines Rechts auf eine Beziehung zu seinen Enkelkindern.
In Workshops mit Überlebenden gibt es immer ein paar TeilnehmerInnen, denen es bei diesem Thema schwerfällt, sich gegenüber ihren Eltern, die sie mißbraucht haben, abzugrenzen. Eine Überlebende sagt garantiert, daß sie ein schlechtes Gewissen habe, wenn sie ihren Kindern den Umgang mit den Großeltern vorenthalte. Und garantiert gibt es dann ein paar andere, sehr aufgebrachte Überlebende, die selbst den tragischen Fehler gemacht haben, nicht einzugreifen und nein zu sagen. Sie sagen ihr dann, sie solle aufhören, ein schlechtes Gewissen zu haben, und lieber etwas unternehmen. Eine Frau sagte:

Ich hab nichts unternommen. Ich war sicher, der Mißbrauch wäre vorbei. Ich war jetzt erwachsen. Er würde es nicht wieder tun. Aber er hat es getan. Mein Stiefvater hat sich an jedes meiner drei Kinder herangemacht und auch an meine Nichten und Neffen. Und die ganze Zeit über lag er im Bett und erholte sich von einem Herzinfarkt.

Ich habe Überlebende (und PartnerInnen) sagen hören: »Aber ich bin jede Minute da. Ich passe auf, daß er nie mit den Kindern allein ist.« Geht diese Überlebende nie zur Toilette? Kehrt sie (er) nie den Rücken, um das Geschirr zu spülen oder sich etwas zu trinken zu holen? Dreißig Sekunden reichen, um ein Kind zu mißbrauchen. Diese dreißig Sekunden können das Leben eines Kindes radikal verändern. Es ist das Risiko nicht wert.

Was ich sagen will: Es ist *deine* Aufgabe, dein Kind zu schützen. Das Urteilsvermögen der (des) Überlebenden kann in diesem einen Punkt getrübt sein. Ihr Interesse (sich mit der Vorbereitung der Konfrontation Zeit zu lassen) und die Sicherheit eurer Kinder liegen eventuell im Widerstreit miteinander. In dieser Sache wird die Überlebende möglicherweise über ihren Schatten springen müssen. Die Sicherheit eurer Kinder muß Vorrang haben.

Ein Partner erzählte die folgende Geschichte:

> Sylvia mußte es ihrem Bruder erzählen, bevor sie eigentlich soweit war, weil er zwei Kinder hat. Er ließ seine Kinder öfter bei Sylvias Vater. Sie fuhr hin und erzählte es ihrem Bruder und ihrer Schwägerin. Das interessierte die gar nicht. Sie sagten: »Ach, das muß ja schlimm für dich gewesen sein.« Und Sylvia sagte: »Ja. Und ich glaube wirklich, ihr müßt mit euren Kindern aufpassen. Ich mache mir wirklich Sorgen um sie.« Ihr Bruder sagte bloß: »Na gut, das mag damals passiert sein. Aber jetzt macht Papa so was nicht mehr.« Sylvia sagte: »Doch. Die machen immer weiter.« Aber sie hörten nicht auf sie. Sie schickten ihre Kinder weiter zu ihm. Ein ganzes Jahr lang kämpfte Sylvia mit sich, bis sie vor einem halben Jahr zur Polizei gegangen ist und Anzeige erstattet hat. Natürlich haben die es nicht besonders eilig damit, aber wenigstens hat sie etwas unternommen. Und sie will die Sache jetzt mit Nachdruck weiterverfolgen.

Ein anderer Partner mußte selbst eingreifen und Grenzen setzen. Zunächst fiel es ihm schwer, auf seinen Instinkt zu vertrauen, aber später fand er die Kraft, sich durchzusetzen:

> Ich will ihren Vater nicht in meinem Haus haben. Er soll von meinen Kindern wegbleiben. Vor ein paar Jahren haben wir sie für einige Tage besucht, und er konnte seine Hände nicht von meiner Tochter lassen, hob sie ständig hoch, wollte sie küssen, sogar noch, als sie versuchte, ihn abzuwehren. Die Schwester meiner Frau und mein Schwager waren auch da. Wir wollten ins Kino gehen und die Kinder zu Hause bei den Großeltern lassen. Mir war sehr unwohl bei dem Gedanken, obwohl die Kinder schon schlafen würden, bevor wir gingen. Ich hab mich schrecklich gefühlt. Meine Frau sagte, ich bräuchte mir keine Sorgen zu machen. Ich saß im Kino, aber die Sache lag mir schwer im Magen, ich fühlte mich schlecht, ich war sicher, wir würden nach Hause kommen, und sie wäre nicht im Bett, sondern mit ihm zusammen. Ich konnte nicht glauben, daß meine Frau mich nicht unterstützt hatte. Wir kamen zurück, und natürlich war sie nicht im Bett, sondern hockte bei ihnen herum. Ich glaube nicht, daß etwas passiert ist. Aber ich fühlte mich in dieser Situation von meiner Frau im Stich gelassen. Wenn sie bei ihren Eltern ist, verliert sie ihren Erwachsenenstatus und ihr erwachsenes Feingefühl. Aber wir sind seitdem nicht mehr dagewesen. Ich bin in der Hinsicht jetzt konsequenter, und sie auch.

Es ist leicht für mich, eindeutig Position zu beziehen, wenn es darum geht, sich gegen potentielle Mißbraucher in deiner Familie abzugrenzen. In Wirklichkeit ist es schwer, nein zu sagen. Deine Kinder haben vielleicht schon eine jahrelange Beziehung zu ihren Großeltern, bevor der Mißbrauch entdeckt wird. Oder die (der) Überlebende ist nicht zur Konfrontation bereit und will nicht erklären, warum ihr die Kinder nicht mitbringt, wenn ihr zu Besuch kommt. Du willst deinen Kindern noch nicht sagen, warum sie nicht mehr zu Opa dürfen. Das sind schwierige Themen, aber du darfst ihnen nicht ausweichen, wenn du deine Kinder schützen willst.

Wenn du ins Wanken gerätst und nachgeben willst, mußt du dir in Erinnerung rufen, daß Mißbrauch Konsequenzen hat. Auch wenn du auf Kritik stößt oder als grausam bezeichnet wirst, weil du »den Großeltern die eigenen Enkel entreißt«, tust du das Richtige. Du lehrst deine Kinder, was eine gesunde Familie tut: Sie verschließt nicht die Augen vor ihren Fehlern, sondern schützt ihr Mitglieder vor Schaden. Natürlich verliert ihr auch etwas. Ihr alle werdet über euern Verlust trauern müssen. Deine Kinder sind möglicherweise böse auf dich und geben dir die Schuld. Aber früher oder später werden sie etwas Wichtiges lernen: daß Mißbrauch nicht in Ordnung ist und in eurer Familie nicht toleriert wird. Dann habt ihr das Schweigen erfolgreich gebrochen und das Rad des Mißbrauchs zum Stillstand gebracht.

Meine Frau ist von ihrer Mutter mißbraucht worden. Wir haben beschlossen, daß sie unsere Kinder nicht mehr sehen darf. Was sollen wir den Kindern sagen?

Die Wahrheit. Kinder haben das Recht auf genaue Informationen über ihre Familie. Dazu gehören auch Informationen über einen Kindesmißbraucher in der Familie. Es ist nicht fair, Kindern nur eingeschränkte Informationen zu geben und dann zu hoffen, daß alles gutgeht. Was soll ein Kind denken, wenn du ihm sagst: »Wir gehen jetzt rüber zu Oma. Laß dich nicht von ihr drücken.«

Das Gespräch über den Mißbrauch ist eine Familienangelegenheit. Es geht alle an. Jedes Familienmitglied muß Bescheid wissen. Deinen Kindern solltest du diese Informationen auf altersgerechte Weise vermitteln. Zu einem kleinen Kind könntest du etwas Einfaches sagen wie: »Die Mama weint soviel und geht abends immer zu diesen Sitzungen wegen etwas, das ihr passiert ist, als sie ein kleines Mädchen war. Und jetzt bringt sie das in Ordnung, damit sie für dich eine bessere Mama sein kann.« Ein größeres Kind verträgt genauere Informationen. Und die Programme zum Schutz gegen Kindesmißbrauch, die jetzt in vielen Schulen laufen, geben dir einen guten Aufhänger, um das Thema anzusprechen. Du kannst ruhig Namen nennen. Kinder brauchen keine plastischen Schilderungen, aber den Opa solltest du nicht schützen. Denn so wird Mißbrauch von Generation zu Generation weitergereicht. (Zwei Beispiele von Eltern, die mit ihren Kindern darüber gesprochen haben, findest du in Virginias und Jacks Geschichten.)

Vor kurzem sah ich den Film *Music Box*. Darin übernimmt eine Tochter (der Film spielt in den USA) die Verteidigung ihres eingewanderten Vaters, der wegen diverser Nazi-Verbrechen angeklagt ist. Der Mann ist seit vierzig Jahren ein hingebungsvoller Vater und Großvater. Sein Enkel betet ihn an. Zahlreiche Szenen zeigen, welch wunderbare Beziehung zwischen ihnen besteht. Die Tochter ist sicher, daß ihr Vater unschuldig ist, und verteidigt ihn erfolgreich. Das Verfahren wird eingestellt. Später erhält sie eindeutige Beweise dafür, daß er in Wirklichkeit ein sadistischer Schlächter gewesen ist, der die Verantwortung für die Folter, die Vergewaltigung und den Mord zahlreicher Jüdinnen und Juden, Sinti und Roma trug. Den Höhepunkt des Films bildet eine Szene, in der sie ihren Vater (der dem begeisterten Enkel gerade das Reiten beibringt) zur Rede stellt. Er leugnet alles. Sie hämmert ihm mit geballten Fäusten auf die Brust und schreit: »Warum, Papa? Warum?« Dann tritt sie einen Schritt zurück, sieht ihm in die Augen und sagt: »Du wirst deinen Enkel nie wiedersehen. Du hast keinen Enkel.«

Nach tagelanger innerer Qual und schlaflosen Nächten schickt sie die belastenden Photos, die sie ausgegraben hat, zusammen mit einem erklärenden Schreiben an den Staatsanwalt. Das Verfahren wird wieder eröffnet, diesmal aber mit eindeutigen Beweisen. Die letzte Szene des Films zeigt die Tochter, wie sie aus ihrem Haus tritt, die Zeitung von der Treppe aufhebt, auf Seite eins die Photos ihres Vaters und den Artikel sieht und wieder zu ihrem Sohn hineingeht. Sie läßt ihn die Schulbücher beiseitelegen. Sie wird lange mit ihm reden und ihm die Wahrheit über seinen Großvater erzählen. Abspann. Schluß.

Ich fand diesen Film eindrucksvoll und mutig. Er zeigt klar den Wunsch und das Bedürfnis nach Verleugnung und den Mut, der nötig ist, um sich der Realität zu stellen. Die Enthüllungen über ihren Vater haben die Tochter verwandelt (und innerlich fast zerrissen), aber irgendwie hat sie es geschafft, die furchtbare Wahrheit anzuerkennen und Konsequenzen zu ziehen. Sie hat weder ihren Vater noch ihren Sohn vor der Wahrheit geschützt. Sie ist eine starke Frau, ein wunderbares Vorbild für

Überlebende und PartnerInnen. Du und die (der) Überlebende, ihr werdet selbst herausfinden müssen, wie ihr am besten mit euren Kindern redet, aber ihr müßt es unbedingt tun. Sonst machen sich eure Kinder vermutlich selbst für das Verschwinden ihrer Großeltern (oder die Reizbarkeit, das Bedürfnis nach Distanz, die Wut, die Traurigkeit der Überlebenden) verantwortlich. Ihr wollt den Kreislauf des Familienschweigens unterbrechen. Wenn ihr ehrlich mit euren Kindern darüber redet, ist das ein guter Anfang.

Unsere Tochter ist vom Vater meiner Frau mißbraucht worden. Was können wir tun, um ihr zu helfen?

Wenn ein Kind mißbraucht wird, gilt es vor allem, dafür zu sorgen, daß der Mißbrauch aufhört, und sich um das Kind zu kümmern. Du kannst einen Mißbrauch, der geschehen ist, nicht ungeschehen machen. Deine Tochter oder dein Sohn lebt bereits mit den Konsequenzen. Und du auch. Eltern machen sich leicht dafür verantwortlich, daß sie nichts gewußt haben, oder beschuldigen einander, zugelassen zu haben, daß der Mißbrauch weiterging. Vergeßt nicht, die Verantwortung für einen Mißbrauch liegt immer beim Täter. Es ist furchtbar, daß ihr es nicht bemerkt oder verhindert habt, aber daran könnt ihr jetzt nichts mehr ändern. Heute könnt ihr eines tun: gute Eltern sein. Zeigt eurer Tochter oder eurem Sohn, daß es euch leid tut und daß es eure Aufgabe gewesen wäre, den Mißbrauch zu sehen und zu unterbinden. Sagt eurem Kind: »Egal, was du gemacht hast, du bist nicht schuld.«

Euer Kind ist jetzt auch ein Opfer. Geht nicht davon aus, daß es noch jung und flexibel ist und leicht darüber hinwegkommen wird. Die (der) Überlebende ist der lebende Beweis dafür, daß Mißbrauch im Verborgenen schwärt. Kümmert euch um eine angemessene Therapie (am besten zusammen mit anderen Kindern derselben Altersgruppe, die ebenfalls mißbraucht wurden). Euer Kind braucht qualifizierte Hilfe, damit die Verletzung noch in der Kindheit aufgearbeitet werden kann.*

Ihr könnt als Familie beschließen, gegen den Täter vorzugehen (ihn vor Gericht bringen, auf Opferentschädigung und Schmerzensgeld klagen, ihn innerhalb der Familie zur Rede stellen), damit euer Kind die Möglichkeit hat zu sehen, wie der Täter bestraft wird. Euer Kind sollte dabei besonders viel Mitspracherecht haben. Der Gang vor Gericht ist ein großer Schritt. Das Recht, das in unseren Gerichtssälen gesprochen wird, ist selten gerecht, vor allem, wenn es um Kindesmißbrauch geht. Die Entscheidung, gerichtliche Schritte zu unternehmen, solltet ihr euch nicht leicht machen. Ihr solltet unbedingt alle wissen, was da auf euch zukommen kann, damit eure Entscheidung auch Hand und Fuß hat.*

Wenn erwachsene Kinder ihren Mißbrauch enthüllen, müssen ähnliche Maßnahmen getroffen werden. Wichtig sind zunächst die Bedürfnisse der (des) Überlebenden und nicht euer eigenes schlechtes Gewissen, eure Schuldgefühle oder euer Kummer. Verschwendet keine Zeit damit zu rechtfertigen, was ihr getan oder nicht getan habt. Drängt die Überlebende nicht, euch zu verzeihen oder euch von eurer Schuld freizusprechen. Eure erwachsenen Kinder können euch übelnehmen, daß ihr sie nicht beschützt habt. Das ist ihr gutes Recht. Laßt euch durch ihren Zorn nicht davon abhalten, die Verantwortung für euren Anteil zu übernehmen und zu tun, was ihr als Eltern könnt, um ihre Genesung zu fördern.

Eltern lassen sich oft von ihren Schuldgefühlen völlig aus der Bahn werfen, wenn sie herausfinden, daß ihre Kinder mißbraucht wurden. Sie sind gelähmt vor Scham und denken unablässig: »Wenn ich doch nur ...« und »Warum hab ich nicht ...« Damit müßt ihr allein fertig werden. Stellt eure Schuldgefühle zurück und unternehmt etwas: Stoppt den Mißbrauch, stellt den Täter zur Rede, schützt eure Kinder, beschafft ihnen die Hilfe, die sie brauchen. Wenn ihr das tut, gebt ihr euren Kindern etwas wirklich Wertvolles: ein Beispiel, wie man

---

* Weiterführende Literatur siehe unter »Für PartnerInnen und andere Vertrauenspersonen« in der Auswahlbibliographie.

* Weiterführende Literatur siehe unter »Juristische Auseinandersetzungen und Leitfäden« in der Auswahlbibliographie, insbesondere den *Juristischen Leitfaden* von Wildwasser Nürnberg.

der Wahrheit ins Gesicht sieht und Wunden heilt.

Konzentriert euch vor allem darauf, was ihr jetzt zum Wohl eures Kindes an liebevoller elterlicher Fürsorge leisten könnt, egal, ob es sechs, sechzehn oder sechsundvierzig ist. Die Hilfe und Unterstützung, die euer Kind jetzt von euch bekommt, wird die Tatsache, daß ihr den Mißbrauch nicht bemerkt oder verhindert habt, nicht ungeschehen machen, aber ihr könnt die Folgen, die der Mißbrauch später für euer Kind haben wird, ganz entscheidend beeinflussen. Wenn ihr euer Kind engagiert unterstützt, beschleunigt ihr seine Heilung und schafft die Basis für eine gesünderes Verhältnis zwischen euch.*

---

* Ein ausgezeichnetes Buch darüber, wie die Beziehung zu erwachsenen Kindern verbessert werden kann, ist Shauna Smith: *Making Peace With Your Adult Child* (New York 1991).

Mißbrauchen Überlebende auch manchmal ihre eigenen Kinder?

Die meisten Überlebenden werden zu Eltern, die ihre Kinder beschützen und in der Entwicklung ihrer Persönlichkeit fördern. Manche mißbrauchen aber tatsächlich ihrerseits wiederum ihre Kinder oder wählen PartnerInnen, die das tun. *Wenn in deinem Haus Mißbrauch stattfindet, mußt du das unbedingt sofort unterbinden und Hilfe beschaffen.*

In jeder Familie sind die Art der gegenseitigen Abgrenzung, der Kommunikationsstil, Strenge und Nachsicht, Erziehung und Bestrafung der Kinder anders. In der einen Familie herrscht ein sehr lauter Umgangston und wird von allen als normal empfunden. In der anderen werden Unstimmigkeiten ausgetragen, ohne daß dabei je ein lautes Wort fällt. In der einen Familie sind die Eltern streng, und die Kinder besitzen nur wenig Handlungsspielraum, in der anderen wird ihnen mehr Freiheit zugestanden. Auch unterschiedliche kulturelle Herkunft und Geisteshaltungen beeinflussen, wie wir unsere Kinder erziehen. Aber bestimmte Verhaltensweisen sind destruktiv und *müssen* als Mißbrauch gewertet werden. Ich habe ein paar Richtlinien zusammengestellt, die dir helfen können zu entscheiden, ob eine(r) von euch die Grenzen überschreitet und eure Kinder mißbraucht oder mißhandelt:

▷ Körperliche Mißhandlung: ein Kind ohrfeigen, verbrennen, kneifen, peitschen, beißen, prügeln oder auf andere Weise körperlich verletzen, egal, ob daraus blaue Flecken, Prellungen, gebrochene Knochen oder innere Verletzungen resultieren oder nicht.

▷ Emotionale Mißhandlung: ein Kind herabsetzen, demütigen, anlügen oder beschimpfen; drohen, es zu verlassen oder wegzugeben; das Selbstwertgefühl des Kindes verletzen oder seinen Realitätssinn manipulieren.

▷ Vernachlässigung: die fehlende Versorgung mit Nahrung, Kleidung, Unterkunft, medizinischer Versorgung oder angemessener Aufsicht.

▷ Sexueller Mißbrauch: ein Kind durch Gewalt, Manipulation oder List zu irgendeiner Form des sexuellen Kontakts bewegen (die Teilnahme an einer sexuellen Aktivität mit einem Kind ist sexueller Mißbrauch, egal, ob das Kind einverstanden scheint oder nicht); ein Kind zwingen, sich einen sexuellen Akt anzusehen; einem Kind gegenüber sexuelle Bemerkungen machen; Sexphotos von einem Kind machen; einem Kind das Recht auf seine Privatsphäre verweigern.

Als gute Mutter oder guter Vater mußt du in der Lage sein, dir dein eigenes Verhalten oder das Verhalten deines Partners (deiner Partnerin) einzugestehen und dagegen einzuschreiten. *Wenn eine(r) von euch auch nur eines der genannten Dinge tut, dann mißbraucht bzw. mißhandelt ihr eure Kinder und müßt damit aufhören!* Besorgt euch sofort Hilfe! *Glaubst du, es könnte Mißbrauch stattfinden, bist dir aber nicht sicher?* Versuch nicht, die Sache allein in den Griff zu bekommen. Wenn eine(r) von euch eure Kinder zwar nicht mißbraucht hat, aber Angst hat, er (sie) könnte es vielleicht tun, laßt euch jetzt schon helfen. Ruft eine Beratungsstelle von Wildwasser, einen Notruf gegen sexuelle Gewalt, eine Erziehungsberatung, einen Allgemeinen Sozialen oder Psychologischen Dienst oder das Jugendamt an. Euren Namen müßt ihr dort nicht nennen.

Es gibt viele Eltern, die tatsächlich aufgehört haben, ihre Kinder zu mißhandeln oder zu mißbrauchen. Man kann destruktives Verhalten bei den Hörnern packen und ändern und alternative Möglichkeiten finden, mit den Belastungen und Frustrationen umzugehen, die alle Eltern erleben. Aber um das zu tun, braucht ihr Elternberatung und qualifizierte therapeutische Hilfe. Zögert nicht, euch helfen zu lassen. Der Schutz eurer Kinder sollte für euch absoluten Vorrang haben.

**Mein Vater war gewalttätiger Alkoholiker.
Mein Freund ist von beiden Eltern sexuell mißbraucht worden.
Wir haben beide ganz schlimme Rollenmodelle.
Wir wollen Kinder haben, fürchten aber, wir könnten dazu verurteilt sein,
die Fehler unserer Eltern zu wiederholen.
Ist es wirklich möglich, anders zu sein?**

Ja. Es ist möglich, anders zu sein. Wenn du als Kind mißbraucht wurdest, heißt das nicht, daß du dazu bestimmt bist, deine eigenen Kinder auch zu mißbrauchen, obwohl dieser Mythos immer wieder verbreitet wird. Noch vor kurzem las ich auf der Titelseite des Magazins einer Sonntagszeitung die perverse Schlagzeile: »WAS WÄRE, WENN SIE ÜBERLEBT HÄTTEN?«* Es waren zehn Kinder abgebildet, die von ihren Eltern ermordet worden waren. Die Schlagzeile im Innern der Beilage lautete: »MISSHANDELTE KINDER, DIE IHRE QUALEN ÜBERLEBEN, SIND DIE POTENTIELLEN REKRUTEN FÜR EINE STETIG WACHSENDE ARMEE VON KRIMINELLEN.« Diese Art des Sensationsjournalismus verstärkt die Vorstellung, mißbrauchte Kinder würden unausweichlich selbst zu Tätern. Es stimmt zwar, daß die meisten Täter als Kinder selbst mißbraucht wurden, aber der Umkehrschluß stimmt nicht. Die Mehrzahl der Überlebenden mißbraucht ihre Kinder *nicht*. Die Mehrzahl beschützt ihre Kinder. Wenn ihr beide, du und die (der) Überlebende, ehrlich bereit und entschlossen seid, selbst zu heilen und konstruktive Verhaltensweisen zu lernen, wie ihr sie als Eltern braucht, dann werdet ihr nicht zum Mißbrauch »verdammt« sein.

Wenn ihr selbst keine besonders guten oder schlechte Eltern hattet und nicht die Intuition und die Fähigkeit besitzt, mit euren Kindern richtig umzugehen, befindet ihr euch in guter Gesellschaft. So wie euch geht es den meisten Leuten, die versuchen, Kinder großzuziehen. Eine Überlebende, eine Mutter von Söhnen im Alter von neun und zwanzig Jahren, erzählt:

Als ich zwölf war, wurde mir klar, daß meine Eltern verrückt waren und daß ich von allem, was sie machten, genau das Gegenteil tun mußte. Meinen ersten Sohn bekam ich mit neunzehn. Und egal, was meine Intuition mir sagte, ich stellte es immer in Frage. Ich fragte mich:»Hätten meine Eltern das so gemacht? Ist das vernünftig oder verrückt?« Und normalerweise tat ich dann das Gegenteil.

Die Fähigkeiten, die Eltern brauchen, sind erlernbar und nicht angeboren. Genau wie alle anderen kannst du lernen, eine gute Mutter (oder ein guter Vater) zu sein. Du bist in einer destruktiven Umgebung aufgewachsen und weißt daher, was du vermeiden möchtest. Aber es reicht nicht zu hoffen, daß du anders sein wirst. Auch wenn du dein Kind liebst und dein Bestes gibst, gewährleistet das nicht, daß du eine gute Mutter bist. Niemand nimmt sich vor, eine schlechte Mutter oder ein schlechter Vater zu sein und die eigene negative Vergangenheit zu wiederholen. Bei Mißbrauch kommt es dann zu Wiederholungsmustern, wenn Eltern keine Hilfe bekommen und nicht fest entschlossen sind, bewußt an sich zu arbeiten.

Die wichtigste Elternregel lautet (vor allem, wenn du aus einer gestörten Familie kommst): Versuche nicht, es ohne Hilfe zu schaffen. Nimm dir ernsthaft vor, dich gründlich mit gesunden Grenzen, angemessener Hilfe bei kindlichen Entwicklungs- und Verhaltensstörungen, liebevoller Zuwendung, dem Aufbau des kindlichen Selbstwertgefühls und anderen Aspekten konstruktiver Kindererziehung vertraut zu machen.

---

* Andrew Vachss: »What if They Had Lived?« in *Parade Magazine, Boston Sunday Globe*, 3. Juni 1990.

Zum Glück stehen Eltern inzwischen ausgezeichnete Informationsquellen zur Verfügung. Es sind Bücher über die kindliche Entwicklung, Kindererziehung, das Vermitteln von Selbstvertrauen, gesunde Grenzen und das Verhandeln mit Kindern erhältlich. Es gibt überall Elterngruppen und Einrichtungen für streßgeplagte Eltern. Vielleicht müßt ihr erst ein bißchen suchen, aber auch in eurer Gegend dürfte etwas zu finden sein. Wenn nicht, gründet ihr eben selbst eine Gruppe. Hängt auf dem Spielplatz oder bei der Kinderärztin einen Zettel ans Schwarze Brett. Es gibt überall Eltern, die Unterstützung brauchen.

Wenn ihr eure Aufgabe als Eltern bewußt und mit der Bereitschaft zu lernen anpackt, werdet ihr eure Kinder beschützen und in ihrer Persönlichkeit fördern. Und gleichzeitig vermutlich auch noch etwas für eure eigene Heilung tun.

Mike und Julie haben zwei Kinder unter fünf Jahren. Julie ist von ihrem Vater sexuell mißbraucht worden. Die Erfahrung, selbst Kinder zu haben, hat viel zu ihrer Heilung beigetragen. Und Mike hat es auch geholfen:

> Wir sind gut im Kinderkriegen. Die Geburt unserer Tochter hat uns einander noch näher gebracht. Mir hat die Zeit sehr gutgetan. Zum ersten Mal hab ich erlebt, wie Julie mir total vertraut hat, ohne jede Einschränkung. Ich hatte sie noch nie so verletzlich und offen erlebt und so bereit, mich zu akzeptieren.
>
> Unser zweites Baby ist auch zu Hause auf die Welt gekommen. Das war wieder eine Erfahrung, die uns viel gegeben hat. Aber unser Sohn kam heraus und sah aus wie Julies Vater. Sie war geschockt, daß er ihm so ähnlich sah. Sie machte sich Sorgen, sie hätte ihren Vater noch einmal geboren. Sie sagte ständig: »Man kann doch nicht wiedergeboren werden, bevor man tot ist, oder?« Aber jetzt, wo unser Sohn größer wird, läßt die Ähnlichkeit nach. Gott sei Dank.
>
> Für Julie war es gut, einen Jungen zu bekommen: einen kleinen Jungen zu sehen, einen kleinen Penis, so völlig unbedrohlich, und festzustellen, daß sie einen Jungen genauso lieben kann wie ein Mädchen. Sie glaubt, daß unser Sohn eine heilende Wirkung auf ihr Leben hat. Jeden Tag sagt sie: »Ich wußte gar nicht, daß ein Junge so lieb, so drollig, so süß sein kann.« Bevor er geboren war, dachte sie, jede Frau, die behauptete, ihren Sohn zu lieben, würde lügen. Jetzt sagt sie: »Mensch, diese Frauen lieben ihre Kinder wirklich. Jetzt weiß ich das. Ich liebe diesen kleinen Kerl ja auch.«

Man kann Familienmuster von einer Generation zur nächsten radikal ändern. Kein Mensch muß wiederholen, was ihm (oder ihr) als Kind angetan wurde. Wenn du der Wahrheit über deine eigene Familie nicht ausweichst und dir fest vornimmst, gesunde elterliche Fähigkeiten zu erlernen, dann schaffst du es auch und entwickelst das Bewußtsein, die Demut, die Sensibilität und die Kraft, die du brauchst, um den Kreislauf des Mißbrauchs zu durchbrechen.

▶

ABSCHLIESSENDE GEDANKEN

*»Die Gründe, die uns zusammengeführt haben,
waren übel, aber wir haben es geschafft,
sie in ihr Gegenteil zu verkehren.«*

*»Leute, die völlig ohne Probleme durchs Leben gehen,
erscheinen mit jetzt irgendwie oberflächlich.
Ich habe als Mensch mehr Tiefe bekommen.
Ich war gezwungen, viele Dinge in Frage zu stellen,
die das Leben und zwischenmenschliche Beziehungen betreffen.
Und jedesmal, wenn du viele Dinge in Frage stellen mußt
und deine eigenen Antworten findest,
wirst du stärker und bekommst mehr Tiefe.«*

**Also ehrlich, im Moment macht es mir keinen großen Spaß.
Ich frage mich, was mir die Zukunft bringen mag.
Wie wird die Überlebende sein, wenn die Therapie vorbei ist?
Was werden sich für Veränderungen ergeben?**

Die Zukunft mag dir eine ganze Menge bringen. Überlebende, die aktiv an ihrer Heilung gearbeitet haben, gehören zu den lebendigsten, mutigsten, tatkräftigsten, tapfersten, witzigsten und tollsten Menschen, die ich kenne. Dieses Hinabtauchen in die schmerzhaftesten Abgründe des Lebens und das Wiederauftauchen als ein Ganzes lehrt uns, jeden kostbaren Augenblick unseres Lebens zu genießen, weil wir wissen, daß es alles ist, was wir haben. Anstatt auf den Schmerz der Vergangenheit zu reagieren, lernen Überlebende die wilde Schönheit der Gegenwart zu schätzen.

Wenn sich Überlebende noch nicht mit ihrem Mißbrauch beschäftigt haben, handeln sie meist aufgrund alter Selbstverteidigungsmuster, die sie als Reaktion auf den Mißbrauch entwickelt haben. Diese Muster laufen oft unbewußt ab: Die (der) Überlebende weiß nicht genau, warum sie zurückschreckt, wenn ihr jemand nahekommt, warum sie in Panik gerät oder jedes Detail ihres Lebens kontrollieren muß. Aber sie ist diesen verinnerlichten Mustern ausgeliefert, und du mit ihr. Im Laufe ihrer Heilung gewinnt sie den Freiraum und die Fähigkeit, Entscheidungen zu treffen, die nicht durch den Mißbrauch vorherbestimmt sind. Sie reagiert nicht mehr automatisch innerhalb eines engen, begrenzten Rahmens; ihr Handlungsspielraum erweitert sich. Die Welt öffnet sich, und sie betritt unheimliches, unbekanntes Land. Und anstatt cool oder wie ein ewig verängstigtes Opfer zu reagieren, kann die Überlebende fragen: »Wie will ich mit dieser Situation umgehen?« »Welche neuen Fähigkeiten kann ich hier gebrauchen?« »Was für ein Mensch will ich sein?« »Was wollte ich schon immer mal ausprobieren?« Als Partnerin bzw. Partner bist du dann Teil dieses Entdeckungsvorgangs. Es ist atemberaubend, einen Menschen, den man liebt, zu beobachten, wie er (oder sie) die Welt mit neuen Augen sieht.

Und das Leben der (des) Überlebenden wird sich auch stabilisieren. Zu Beginn des Heilungsprozesses ist die zwanghafte Beschäftigung mit sexuellem Mißbrauch die Regel. Alles wird durch die Brille des Mißbrauchs gesehen. Jeder Mann (oder jede Frau), der mit einem Kind die Straße entlanggeht, ist ein potentieller Kindesmißbraucher. Jedes Problem im Leben ist eine unmittelbare Folge des Mißbrauchs. Schmerz und Erinnerungsblitze lauern hinter jeder Ecke. Nichts ist einfach oder vorhersehbar. »Normales Leben« findet nicht statt.

Je mehr sie (er) heilt, desto mehr Ruhe und Stabilität erfährt die Überlebende, und es gibt immer öfter Momente, die wirklich einfach Momente sind und nicht von Mißbrauch getrübt oder überschattet werden. Es gibt allmählich Zeiten *zwischen* den traumatischen Situationen. Und irgendwann werden diese Situationen die Ausnahme sein und nicht mehr die Regel. Das Leben der Überlebenden konzentriert sich immer mehr auf das Leben und weniger auf das Heilen. Der sexuelle Mißbrauch und seine Bedeutung als Problem Nummer eins verblassen allmählich. Und wenn die Überlebende dann Freude, Entspannung und Lachen neu kennenlernt, gilt das auch für dich.

Auch eure Beziehung ändert sich. Du hast nicht mehr ständig das Gefühl, dich um sie (ihn) kümmern zu müssen. Du mußt nicht mehr bei allem, was du tust und sagst, so aufpassen. Die Überlebende kann deinen Gefühlen und Bedürfnissen mehr Aufmerksamkeit schenken, und du hast nicht mehr ständig das Gefühl, zurückstecken zu müssen. Und je mehr ihr beide von den Schmerzen eurer Kindheit heilt, desto mehr Bedeutung bekommt die Gegenwart und euer gemeinsames Leben darin. Sogar eure Auseinandersetzungen und Konflikte ändern sich. Du hast nicht mehr das Gefühl, der Täter steht dabei und mischt bei jedem Krach mit. Eure Probleme haben mehr mit euren eigenen Unzulänglichkeiten und gegenwärtigen Bedürfnissen zu tun. Euer gemeinsames Wachstum als Paar dreht sich nicht mehr um die Folgen des sexuellen Mißbrauchs.

Auch sexuell dürfte sich eure Beziehung verbessern. Wenn die (der) Überlebende die ersten Heilphasen erst einmal hinter sich hat, kann sie sich bewußt zu ihrer sexuellen Heilung entschließen und daran arbeiten. Dann sind die Dinge vermutlich immer noch nicht so, wie du sie dir gewünscht hättest, aber du merkst, wie sich etwas bewegt und euer Sexualleben Fortschritte macht. Ihr habt ein gemeinsames Ziel, ihr arbeitet zusammen, und langsam ändert sich etwas.

Bist du mit einer (einem) Überlebenden zusammen, die schon deutliche Heilungserfolge erzielt hat, dann hast du es mit einer Frau (einen Mann) zu tun, die enorme Kraft und Ausdauer, Verletzlichkeit und Mut bewiesen hat. Wenn sie das geschafft hat (und du ebenfalls), kann euch in diesem Leben nicht mehr viel erschüttern. Wer einen Wirbelsturm überstanden hat, macht sich bei einer Bö keine großen Sorgen mehr.

Es gibt keinen Endpunkt, an dem die Heilung definitiv abgeschlossen wäre, aber das ständige Gefühl, mit Problemen zu kämpfen und an etwas arbeiten zu müssen, das die ersten Stadien des Heilungsprozesses begleitet, ist irgendwann vorbei. Wenn ich mit Paaren rede, die die schlimmen, chaotischen ersten Jahre durchgehalten und überstanden haben, erzählen sie nicht von dem Schmerz, sondern von ihrem Stolz auf das, was sie erreicht haben. Wenn ich sie danach frage, können sie darüber sprechen, wie schwer es einmal war, aber im allgemeinen sind sie zu sehr damit beschäftigt, ihr Leben zu leben, um noch viel Zeit auf die Erinnerung an die Vergangenheit zu verwenden. Ich sehe diesen Paaren an, daß sie es sich zutrauen, die Zukunft bei den Hörnern zu packen, einzeln und auch gemeinsam. »Wenn wir es bis hierher geschafft haben«, sagen sie oft, »dann schaffen wir alles andere auch.«

ZWEITER TEIL
Geschichten von Partnerinnen und Partnern

EINFÜHRUNG

Während meiner Arbeit an diesem Buch habe ich mit Hunderten von PartnerInnen gesprochen und fünfundzwanzig ausführlich interviewt. Die acht folgenden Geschichten habe ich ausgewählt, weil sie eine ganze Reihe von Aspekten wiedergeben, die stellvertretend für die Erfahrungen vieler PartnerInnen stehen. Du wirst heterosexuelle Männer und Frauen kennenlernen, Lesben und Schwule. Du wirst auf PartnerInnen stoßen, die ihre Beziehung beendet haben (oder sich mit dem Gedanken daran tragen), und auch solche, die fest entschlossen sind, durchzuhalten. Es werden Frauen und Männer voller Hoffnung zu Worte kommen und andere, die sich gerade mitten in einer schlimmen Krise befinden. Ich hoffe, daß du dich zumindest mit einigen dieser Frauen und Männer identifizieren kannst, die bereit waren, ihre Geschichte mitzuteilen.

Die Geschichten wurden aus der Sicht der PartnerInnen geschrieben. Da das vorliegende Buch sich an Partnerinnen und Partner richtet, habe ich bewußt keine Paare interviewt. Die betroffenen Überlebenden haben die Geschichten zwar gelesen und waren mit ihrer Veröffentlichung einverstanden, aber sie wurden nicht interviewt, und die Geschichten erheben nicht den Anspruch, ihre Gefühle, Bedürfnisse oder Standpunkte wiederzugeben. Bei der Auswahl der Geschichten ging es mir nicht darum, eine möglichst große Vielfalt unterschiedlicher Erfahrungen von Überlebenden zu berücksichtigen. Beim Lesen wirst du merken, daß Mütter, Brüder, Fremde und eine ganze Reihe anderer potentieller Mißbraucher hier nicht als Täter vorkommen. Drei Überlebende sind Opfer von Kultmißbrauch, und niemand ist nur ein einziges Mal mißbraucht worden. Das schmälert die Wirkung und die Bedeutung dieser Geschichten keineswegs. Es zeigt nur, daß ich als Autorin dieses Buches nur begrenzten Platz zur Verfügung hatte. Ich habe lange darüber nachgedacht und am Ende beschlossen, die Vielfalt dessen, was die Partnerinnen und Partner erlebt haben, zu meinem Auswahlkriterium zu machen.

Die Geschichten sind in der ersten Person geschrieben. Ich habe versucht, die Sprache und Redeweise der oder des Erzählenden zu übernehmen. Die Texte sind Auszüge aus längeren Interviews und bilden nur einen kleinen Teil dessen, was die PartnerInnen tatsächlich erzählt haben. Jedes Interview gibt nur eine Zeitspanne wider: den Tag, an dem es stattfand. Als ich die Interviews zurückschickte, sagten die PartnerInnen und die Überlebenden oft: »Aber es ist seitdem so viel passiert. Wir stehen jetzt ganz woanders.« Beziehungen sind keine statischen Gebilde. Sie ändern sich ständig. Und wie wir alle, so entwickeln sich auch die Menschen in diesen Geschichten immer weiter.

Laß dir beim Lesen Zeit. Gib dir Gelegenheit, jede einzelne Geschichte zu verdauen. Laß diese Männer und Frauen in dein Leben und deine Träume hinein. Ihre Worte und Handlungen werden dir Mut machen, manchmal gerade dann, wenn du am wenigsten damit rechnest. Ich lebe seit vielen Monaten mit diesen Geschichten, und immer wieder ertappe ich mich, wie ich mich im stillen mit diesen PartnerInnen unterhalte. Ich sage dann: »Mensch!

Jetzt benehme ich mich genau wie Scott und Jim bei ihrem Streit im Auto.« Oder ich habe Probleme in meiner Beziehung und frage mich: »Wie würde Jack damit umgehen?« Oder ich denke: »Virginia und Keith haben es geschafft. Also können wir es auch.« Laß diese Geschichten eine Weile mit dir leben; du wirst dich über das Ergebnis möglicherweise wundern.

Zu den Namen

Außer Scott und Jim haben alle Personen, die in diesen Geschichten vorkommen, Pseudonyme. Details, die eventuell zu einer Identifizierung hätten beitragen können, wurden geändert. Einige der PartnerInnen und Überlebenden wollten ihre Identität nicht preisgeben, um ihre Privatsphäre zu schützen; andere wollten ihre wirklichen Namen benutzen, konnten das aber aus rechtlichen Gründen nicht tun. Wo der Täter nicht tot (wie bei Jim) oder rechtskräftig wegen sexuellen Mißbrauchs verurteilt ist, hätten wir eine Verleumdungsklage riskiert, wenn wir die Täter durch den Gebrauch der wirklichen Namen identifiziert hätten. Ich habe das mit den Interviewten, die ihren wirklichen Namen benutzen wollten, besprochen, und sie stimmten mir zu, daß ihre Geschichten wichtig genug sind, um einen Kompromiß zu machen und Pseudonyme zu benutzen. Hier wird wieder einmal deutlich, daß das Gesetz die Täter schützt, anstatt ihre Opfer. Auch das muß, wie so viele Gesetze zum Thema Kindesmißbrauch, geändert werden.

JACKS GESCHICHTE
Gemeinsam heilen

Jack und seine Frau Valerie sind beide sechsunddreißig Jahre alt. Sie sind seit zwölf Jahren verheiratet und haben drei Kinder im Alter von fünf, acht und zehn Jahren.

Ich bin der älteste von zwei Jungen. Wenn mein Vater Probleme hatte, verfiel er in Schweigen oder bekam Wutanfälle; meine Mutter zog sich zurück und trank. Ich kann das alles auch sehr gut. Ich habe früh gelernt, daß Gefühle gefährlich sind. Sie verursachen nur Probleme. Ich hab nie zeigen können, was ich fühle.

Ich hab Valerie 1969 kennengelernt. Wir waren fünfzehn, als wir anfingen, miteinander zu gehen. Später zogen wir in verschiedene Städte, aber mit einundzwanzig kamen wir wieder zusammen. Zwei Jahre später haben wir geheiratet.

Als sie fünfzehn war, erzählte mir Valerie von dem Mißbrauch, aber sie sagte, sie sei darüber hinweg. Die Folgeschäden wurden erst sichtbar, als unser Sohn auf die Welt kam. Da waren wir ungefähr ein Jahr verheiratet. Unser Sexualleben ging den Bach runter. Valerie hatte plötzlich gar keine Lust mehr. Sie sagte immer, es würde an mir liegen. Oberflächlich hab ich das akzeptiert, aber innerlich war ich total sauer.

Die ersten acht Jahre, nachdem unser Sohn geboren wurde, bis vor ungefähr zwei Jahren, lief langsam aber sicher immer weniger. Ich fing immer an, und dann sagte sie: »Nein, nein, nein«, bis ich irgendwann nicht mehr fragte. Sie blockte mich ständig ab, und ich wußte nie, warum. Sie hatte alle möglichen Begründungen, von »Du hast getrunken und stinkst nach Bier und Alkohol, wenn du ins Bett kommst!« bis zu »Deine Augenbrauen sind zu buschig. Ich kann heute nicht mir dir schlafen«.

Ein Teufelskreis begann. Der Anlaß war immer, daß ich wegen dieser sexuellen Sache sauer war. Ich wurde dann wütend, machte dicht, und dann versuchte ich, sie zu verletzen. Dann gingen wir doch miteinander ins Bett, und eine Zeitlang war alles in Ordnung. Und zwei oder drei Monate später ging die Sache von vorne los. Und jedesmal wurde die Kluft zwischen uns tiefer. Irgendwann war es nicht mehr auszuhalten. Ich fing an, immer mehr zu trinken. Es ging bergab mit mir, aber ich redete mir die ganze Zeit ein, mit mir wäre alles in Ordnung. Ich gab ihr an allem die Schuld, weil sie nicht mit mir schlief.

Irgendwann war das Maß voll. Eines Tages, als sie mich wieder abgewiesen hatte, war ich total frustriert und sagte: »Ich glaube, was dein Großvater mit dir gemacht hat, beeinflußt dein Leben doch ganz enorm. Mehr als du dir eingestehen willst. Oder ich mir. So geht das nicht weiter. Jetzt haben wir zehn Jahre lang nur Probleme mit dem Sex gehabt.« Und sie sagte: »Okay. Ich werde was dagegen unternehmen.« Sie hat dann einen Termin bei einem Therapeuten vereinbart. Und dann ging's los.

Ungefähr zu der Zeit sind wir mit einem befreundeten Paar in Urlaub gefahren, nach Mexiko. Wir haben ihnen erzählt, wir würden jetzt zu einer Eheberatung gehen. Wir haben ihnen auch gesagt, warum. Der Mann fing an, ein paar blöde, abgedroschene Witze zu machen, weil ihm das Thema unangenehm war. Und Valerie kriegte sich sofort mit ihm in die Haare. Als wir hinterher wieder in unserem Zimmer waren, flippte sie total aus. Sie heulte wie verrückt und kriegte sich gar nicht mehr ein. Sie schluchzte bloß immer: »Was stimmt mit mir nicht? Was stimmt mit mir nicht?« Sie war abgrundtief verzweifelt.

Ich war völlig hilflos. Ich hielt sie im Arm. Ich versuchte, sie zu trösten. Aber sie hat mich total umgehauen mit ihrer Verzweiflung und mit ihrer Hoffnungslosigkeit. Dagegen kam ich gar nicht an. Das war mir richtig unheimlich. Ich hatte noch nie jemanden unkontrolliert weinen gesehen. Im Rückblick weiß ich, daß es zeigte, wie groß der Schaden war, den sie erlitten hat. Damals merkte sie langsam, wie sehr sie tatsächlich verletzt worden war. Und da hatte sie erst eine Therapiesitzung gehabt.

Bei mir wurde es langsam besser

Ich bin auf jeden Fall wegen dieser Sache mit dem Mißbrauch vom Saufen weggekommen. Irgendwie kam alles zusammen. Ich bin sexuell oft aufgelaufen, weil ich nach Alkohol stank. Ihr Großvater hat auch getrunken. Eines Tages hat unser Therapeut zu mir gesagt: »Das hat vermutlich alles keinen Zweck, solange Sie nicht aufhören zu trinken.« Es war wohl auch Zeit, daß mir das jemand sagt. Ich bin dann zu den Anonymen Alkoholikern gegangen und hab ziemlich viel mit denen gemacht. Da hab ich zum ersten Mal in mich reingeguckt und mich mit meinen Gefühlen beschäftigt, ohne gleichzeitig zynische oder abfällige Bemerkungen darüber zu machen. Und ich hab gemerkt, wie ich langsam eine andere Beziehung zu mir bekam und mich besser akzeptieren konnte. Ich hab dann selbst auch eine Therapie angefangen und mir die Sachen angeguckt, die in meiner Familie gelaufen sind.

Meine Reaktionen auf Valeries Mißbrauchsfolgen haben viel mit mir selbst zu tun. Mit meiner eigenen Kindheit. Am schlimmsten war es, wenn ich mit ihr schlafen wollte. Wenn ich irgendwas verkehrt mache, dann riskiere ich ja nicht bloß, daß sie sauer ist. Ich riskiere, daß sie wieder total unglücklich ist. Und immer, wenn ich es versucht hab und zurückgewiesen wurde, obwohl ich dachte, ich hätte alles richtig gemacht (»Die Haare in deiner Nase sind zu lang.« »Du hast dich nicht rasiert.«), hab ich mich sofort zurückgezogen. Und später hab ich ganz dichtgemacht und sie beschimpft und versucht, sie zu verletzen. Ich war so sauer und so tief in meinem Selbstmitleid verstrickt, daß ich meinte, sie richtig zu hassen. Dabei hasse ich Valerie überhaupt nicht. Ich mußte mir dann sagen: »Halt! Stop! Wo kommt das her?« Und ich wußte, das kommt von diesem kleinen Kind in mir drin, das so oft zurückgewiesen worden ist.

Ich versuche, mit ihren Gefühlen und ihrem Schmerz zurechtzukommen

Sie hat schlimme Identitätskrisen, mit Depressionen und Verzweiflung. Ich fühle mich dann immer noch überfordert und hilflos und komme mit vielen Sachen nicht klar. Zum Teil auch, weil wir sowieso nicht so gut miteinander umgehen können. Das hat viel mit den Worten zu tun, die ich benutze. Das war in unserer Beziehung schon immer schwierig. Manchmal sage ich ein falsches Wort – wenn wir über Sex reden oder wenn ich jemanden beschreibe –, und dann ist sie am Boden zerstört und kriegt gar keine Beziehung mehr zu mir.

Manchmal stellt sie mir Fragen, die ich gar nicht beantworten kann. Sie fragt: »Glaubst du, ich bin eine multiple Persönlichkeit?« Und ich habe dann sofort diese Zensurinstanz im Kopf, die mir sagt: »Sieh bloß zu, daß du das richtige Wort wählst!« Was muß sie von mir hören, wenn sie in einer Krise steckt und das fragt? Oft fühle ich mich dann schon so in der Defensive,

daß ich sage: »Weiß ich nicht. Ich bin kein Psychiater. Das kann ich dir nicht beantworten.« Aber manchmal höre ich auch zu und frage ein bißchen nach.
Auf jeden Fall hat Valerie gelernt, sich um das kleine Mädchen zu kümmern, das in ihr drin ist. Das hat wirklich große Angst und viele Bedürfnisse. Als es das erste Mal rauskam, war ich völlig durcheinander. Es ist schon frustrierend, wenn eine Erwachsene sich benimmt wie ein kleines Kind. Ich hab gar nicht verstanden, wieso sie sich nicht zusammennehmen konnte. Ich dachte immer: »Los! Gib dir einen Ruck! Du bist doch schon groß. Ich weiß, es ist schlimm, aber das ist doch jetzt wirklich nicht nötig. Nimm dich doch zusammen.« So hab ich am Anfang reagiert. Jetzt geht es mit meiner eigenen Heilung voran, und ich kann immer mehr für sie dasein. Aber so richtig komme ich immer noch nicht damit klar. Ich sehe mich als ihren Ehemann und Geliebten. Und ich fühle mich nicht besonders wohl dabei, wenn ich plötzlich ein kleines Kind mit tausend Bedürfnissen bemuttern soll. Wenn sie das braucht, muß sie sich das meistens bei ihrem Therapeuten holen.
Und dieses Dissoziieren ist auch schlimm für mich. Das passiert immer noch oft genug. Es gibt viele verschiedene Formen. Eine davon ist so intensiv, so massiv, daß ich sie retten kommen muß. Ich rufe sie zum Beispiel vom Büro aus an, und sie hängt total durch. Dann hole ich sie ab und fahre sie irgendwohin. Oder ich übernehme die Kinder, wenn nichts mehr geht.
Es gibt eine andere Art, da hab ich das Gefühl, wir sind unheimlich weit voneinander weg. Ich sage: »Du benimmst dich mir gegenüber jetzt richtig verächtlich. Du weißt gar nicht, wer ich bin. Zwischen uns gibt es gar keine emotionale Verbindung. Du hast vergessen, daß ich ein Mensch bin, der dir wichtig ist.« Vorher hat sie das immer abgestritten. Jetzt sagt sie: »Ja. Du bist gerade ganz klein und mies.« Das hat mich immer unheimlich irritiert. Mal war ich der tolle Mann, der Held, und dann war ich wieder zu blöd, um mir selbst die Schuhe zu binden. Sie war total weit weg von mir und den Kindern.
Und dann gibt es noch eine dritte Form, die Erinnerungsblitze. Sie sagt dann: »Ich hab jetzt einen Erinnerungsblitz.« Das passiert meistens, wenn wir miteinander schlafen – kurz vorher, mittendrin oder danach. Manchmal auch nach der Therapie oder wenn sie träumt. Die Erinnerungsblitze, wenn wir miteinander schlafen, sind wirklich schlimm. Die machen alles kaputt. Sie heult, wenn sie einen Orgasmus gehabt hat, und wehrt sich gegen eine Erinnerung, die über sie hereinbrechen will. Am Anfang war ich total sauer und verletzt, wenn sie sagte: »Geh! Raus aus meinem Bett!« Jetzt frage ich: »Was kann ich für dich tun? Wie kann ich für dich dasein? Dann versuche ich zu tun, worum sie mich bittet. Und das ist genau das, was sie braucht.
Ich mußte erst mal lernen, mich selbst ein Stück weit zu akzeptieren, und ein gewisses Selbstwertgefühl entwickeln, sonst hätte ich nie damit umgehen können. Valerie weist mich so oft ab, verletzt mich und stößt mich zurück. Am Anfang hat mich das völlig fertiggemacht. Da kam eine Ablehnung nach der anderen. Und nach allem, was ich jetzt über meine Familie weiß, traf mich das genau an meinem Lebensnerv. Deshalb hab ich auch immer so stark darauf reagiert.
Manchmal bin ich furchtbar wütend. Nicht auf sie, sondern auf dieses Phantom, das unser Leben kaputtmacht. Wir stehen jetzt an einem Punkt, an dem wir vorher noch nie waren. Wir sind jetzt gesünder, runder als vorher, aber wegen des sexuellen Mißbrauchs konnte die sexuelle Seite in unserem Leben nicht so schnell heilen wie die anderen Bereiche unserer Beziehung. Das ist sehr frustrierend. Sexualität ist immer noch ein heikles Thema. Wirklich schwierig. Es gibt da immer noch Sachen, über die wir nicht miteinander sprechen. Das stört mich sehr. Bei unserer gemeinsamen Heilung ist das ein Gebiet, auf dem wirklich viel passieren könnte. Und das geht so unendlich langsam. Ich wünschte mir, das ginge schneller.

Fast hätten wir uns getrennt

Vor einem halben Jahr, also nachdem wir ungefähr anderthalb Jahre dran gearbeitet hatten, hätten wir uns fast getrennt. Ich war damals an einem Punkt angelangt, an dem ich wenigstens die Hoffnung brauchte, irgendwann mal ein normales Sexualleben führen zu können. Valerie konnte sich zu dem Zeitpunkt überhaupt nicht vorstellen, daß das jemals möglich sein würde. Sie konnte nicht mal versprechen, irgendwas dafür zu tun. Das konnte ich nicht akzeptieren. Je weiter mein Heilungsprozeß voranschritt, desto mehr hab ich erkannt, daß ich es verdiene, das, was ich in meinem Leben will, auch zu kriegen. Und ein gutes Sexualleben ist mir einfach wichtig.

Ich war dann irgendwann an dem Punkt, daß ich gesagt hab: »So ist das wirklich schwierig für mich. Ich brauche ein Sexualleben, in dem ich Sachen ausprobieren und herausfinden kann. Ich will das mit dir zusammen machen, aber du sagst, daß du das nicht kannst und wahrscheinlich nie können wirst. Ich brauche aber etwas, worauf ich hoffen kann, sonst gehe ich.« Ich meinte, was ich sagte, und trat sehr entschlossen auf, und Valerie kam sich vor wie ein Opfer. Die Situation schien aussichtslos. Wir sprachen dann darüber, wer ausziehen sollte und wer sich um eine Tagesmutter für die Kinder kümmern würde. Fast hätten wir auch schon die finanziellen Details erörtert. Es schien, als wäre nichts mehr zu retten.

Wenn ich mir vorstellte, daß wir uns trennen würden, kriegte ich unheimliche Angst. Und als der Moment näherkam, spürte ich, was ich verlieren würde. Unter mir gähnte wie ein Abgrund dieser entsetzliche Verlust, und dabei war das nur die Vorstellung, die Wirklichkeit würde viel schlimmer sein. Die Tragweite war ungeheuerlich. Ich dachte an die Wirkung, die das alles auf die Kinder haben würde. Das alles weckte sehr starke Gefühle in mir, und ich war in der Lage, auf diese Gefühle zu hören. Vor zwei Jahren hätte ich das nicht gekonnt. Deshalb blieben wir zusammen.

Dieser Blick in den Abgrund erinnerte mich an etwas, was mein Therapeut gesagt hatte, als ich zum ersten Mal zu ihm kam: »Sie müssen fest dazu entschlossen sein und es wirklich wollen.« Und ich hatte geantwortet: »Ja. Ich bin fest entschlossen. Wirklich.« Und tatsächlich meinte ich: »Ja. Ich werde jede Woche pünktlich hiersein.« Mehr nicht. Und er hatte von etwas ganz anderem gesprochen: »Irgendwann gelangst du an diesen Punkt, stehst du vor dieser Mauer, und dann mußt du einen Weg finden, diese Mauer zu überwinden, außen herum oder obendrüber, aber du kannst dich nicht einfach umdrehen und weglaufen.«

Das tut alles ganz schön weh, weil ich dazu eine Menge Dinge tun muß, die ich mein Leben lang vermieden habe: Kompromisse schließen, richtig in mich gehen und erkennen, was ich tatsächlich will und fühle, und die Verantwortung für mein Handeln übernehmen. Ich muß zu meinen Gefühlen stehen und sie deutlich äußern. Das kann ich nur, wenn ich genug Kontakt zu meinen Gefühlen habe, um zu wissen, was ich eigentlich will. Im Grunde geht es darum, einen Weg zu finden, meine Bedürfnisse innerhalb dieser Beziehung zu befriedigen.

Ich hab viel über diese Sache mit dem festen Willen nachgedacht, und es bekam für mich eine neue Bedeutung, einen tieferen Sinn. Es geht nicht darum, regelmäßig beim Therapeuten zu erscheinen. Es bedeutet: »Im Moment ist die Situation verdammt beschissen. Komm, wir sehen uns die Sache an, gucken, was da los ist, und versuchen, irgendwie da durchzukommen.« Und das haben wir gemacht. Und seitdem fühle ich mich viel stärker mit meiner Familie verbunden.

Der Umgang mit ihrer Familie

Ich habe ständig Rachephantasien. Ich hab angefangen, eine Kurzgeschichte zu schreiben. Sie basiert auf Valeries letztem Besuch bei ihrem Großvater. Er bekam Sauerstoff. Er war inkontinent, konnte sein Wasser und seine Scheiße nicht halten. Die ganzen schlechten Lebensgewohnheiten hatten ihn eingeholt. Es war erbärmlich. Doch ich hab ihn sowieso nie gemocht. Während der ganzen Rückfahrt hab ich mir vorgestellt, wie leicht es wäre, ihm einfach den Sauerstoff abzudrehen.

Ich habe auch noch andere Phantasien: Er ist im Krankenhaus. Er liegt im Sterben. Die ganzen Verwandten stehen um ihn herum und erzählen das Übliche. »Lebwohl. Du hast ein gutes Leben geführt.« Und ich gehe zu ihm hin und sage: »Du mieser alter Wichser! Ich weiß, was du getan hast. Ich bin froh, daß ich zusehen kann, wie du stirbst!« Und dann zieh' ich einen Revolver und knall' ihn vor allen Leuten ab. Die Vorstellung, ihn vor der Familie zu demütigen, fasziniert mich total.

Es tut mir jetzt leid, daß ich ihn nie zur Rede gestellt habe. Es kommt mir vor, als ob ich etwas versäumt hätte, was für mich persönlich sehr wichtig gewesen wäre. Aber das war ein paar Jahre, bevor mein eigener Heilungsprozeß begann, und ich hatte den Mut und die Kraft nicht. Als Valerie zum ersten Mal kam und sagte, sie wollte ihre Familie damit konfrontieren, hab ich mich wie ein co-abhängiges Baby verhalten. Ich hab gesagt: »Um Gottes willen! Weck bloß keine schlafenden Hunde!« Ich hab immer Angst, irgendwelche Leute könnten sauer auf mich sein. Das ist das Kind in mir: »Mir ist egal, was er gemacht hat. Ich will, daß er mich liebhat.« Das ist für mich lebenswichtig. Bisher war es das jedenfalls. Und je weiter meine Heilung voranschreitet, desto besser kann ich ihre Gefühle gegenüber ihrer Familie verstehen und unterstützen. Ich lasse sie entscheiden, was ihr am liebsten ist.

Ihr Bruder hat uns von ihrer ganzen Familie am meisten beschäftigt. Vor fünf Jahren wurde er verhaftet und verurteilt, weil er Kinder mißbraucht hatte, und kam in den Knast. Valerie und ich haben ein paarmal darüber geredet, ob unsere Kinder weiter Kontakt zu ihm haben sollten, und wenn ja, wie. Valerie wollte die Kinder von ihm fernhalten. Ich hab sie da nicht unterstützt. Anstatt zu sagen: »Ja, ich finde auch, daß die Kinder nichts mehr mit Bob zu tun haben sollten«, sagte ich: »Ach, ich weiß nicht. Was willst du denn tun? Was meinst du, was die Familie macht, wenn wir Bob sagen, er darf die Kinder nicht mehr sehen? Die gehen auf die Barrikaden. Aber das mußt du natürlich selbst entscheiden.« Großer Mist! Feige war ich. Jetzt erkenne ich das. Ich hab mich um die Gefühle von allen möglichen Leuten gekümmert, bloß nicht um das Wohl meiner Familie. Valerie war dann meistens frustriert und ließ das Thema fallen. Das war ziemlich schlimm für sie.

Als meine Heilung dann weiter voranschritt, wurde mir sonnenklar, wo die Prioritäten lagen. Wenn sie jetzt zu Weihnachten nicht mit Bob gesprochen und klare Grenzen gesetzt hätte, dann hätte ich das gemacht. Jetzt waren wir in dieser Sache einer Meinung. Das war überhaupt keine Frage. Ein paar Monate vor der alljährlichen Weihnachtsfeier im Kreis der Familie rief sie ihn an und fragte ihn nach seiner Heilung und seinen sexuellen Begierden. Sie erfuhr, daß er sich immer noch von kleinen Jungen sexuell erregt fühlt und daß er, sobald seine Bewährung um ist, wieder die nächste Gelegenheit nutzen wird, um diese Lust zu befriedigen. Wegen unserer Kinder mußten wir eine Entscheidung fällen. Valerie rief ihn an und sagte: »Wir kommen nicht zu Weihnachten. Du wirst unsere Kinder nicht sehen.« Er sagte: »Jetzt übertreibt ihr aber. Ihr macht einen großen Fehler.« Ihre Mutter sagte das gleiche. Ihr jüngerer Bruder hatte mehr Verständnis. Das Verrückte war, daß immer noch so viel geschwiegen wurde. Kaum jemand in der Familie wußte, daß er im Gefängnis gewesen war, weil er Kinder mißbraucht hatte. Wir haben es allen erzählt. Sie waren völlig aufgebracht. »Warum muß es unbedingt jeder wissen? Das ist vorbei. Warum macht ihr das?« Wir antworteten: »Wenn jemand so ein Problem hat wie Bob, müssen Leute mit Kindern das wissen. Wir können das Schweigen nicht aufrechterhalten. Das wäre nicht richtig. Wir können nicht so tun, als wäre das nicht passiert.«

Wir waren auch zu unseren Kindern sehr offen und direkt. Sie wissen, warum die Mama manchmal nicht klarkommt und in ihr Zimmer gehen muß und da ein paar Stunden lang schreibt. Oder warum sie nicht viel Lärm verträgt. Die beiden Ältesten wissen, wer es getan hat. Sie wissen nicht genau, was er gemacht hat, aber sie wissen, daß er Valerie sexuell berührt und sie auch gezwungen hat, ihn auf eine Weise anzufassen, die nicht in Ordnung war. Unser Fünfjähriger weiß nur, daß der Opa böse Sachen mit der Mama gemacht hat und daß es ihr deshalb schlechtgeht.

Am Anfang haben die älteren Kinder eine Menge Fragen gestellt. Dann sah es so aus, als hätten sie es vergessen. Und einen Monat später fragten sie dann plötzlich wieder etwas. Sie verarbeiten die Enthüllungen der letzten beiden Jahre auf ihre Weise. Als ich mich mit ihnen hinsetzte und ihnen sagte, daß ich Alkoholiker bin, waren sie zehn Minuten lang total interessiert, und dann hieß es: »Was gibt's im Fernsehen?« Einen Monat später fragten sie: »Darf ich mal mit zu so einem Treffen kommen?« oder »Über was sprecht ihr denn da?« Wir reden so, daß sie es verstehen können, und wir sind immer ehrlich und offen mit ihnen.

Ich hab gesehen, welchen Preis Valerie für das, was ihr in ihrer Familie angetan wurde, bezahlt. Mir ist jetzt klar, daß das, was wir mit unseren Kindern machen, sich in ihrem späteren Leben auswirken wird. Ich hab viel über Prioritäten gelernt. Ich versuche, für unsere Kinder dazusein, nicht nur bei traumatischen Sachen und Tragödien, sondern auch bei dem alltäglichen Kram. Ich versuche, mit ihnen verbunden zu bleiben. Ich bin längst nicht perfekt darin, aber ich achte bewußt darauf.

Gemeinsam heilen

Wir haben beide unsere Bereiche, in denen wir heilen müssen, und dazwischen liegt ein Minenfeld. Das ist gefährlich. Manchmal geht es ihr gut, und ich hänge durch. In solchen Zeiten verstehen wir uns nicht besonders gut. Wir hauen uns gegenseitig unsere Heilung um die Ohren. Wir konkurrieren darum, wer weniger kaputt ist. Wir streiten uns, wer größere Fortschritte macht. »Wie du dich entwickelst, das gefällt mir gar nicht«, oder »Ich bin dein Verhalten leid, und du willst immer noch nicht daran arbeiten.«

Das Unangenehme bei diesen Heilungsprozessen ist, daß man nichts mehr vertuschen kann. Sie braucht nicht mehr so zu tun, als würde ihr Sex Spaß machen und als hätte sie diese Gefühle nicht. Und ich brauche nicht mehr zu sagen: »Nein. Ich bin deswegen nicht sauer.«

Ich hab gelernt, damit umzugehen, wenn ich offen zurückgewiesen werde. Ich meine, ich bin kein Profi darin. Es macht mir keinen Spaß. Es ist nicht so, daß für mich die Sonne aufgeht, wenn das passiert. Aber ich sterbe auch nicht dran. Und ich fange deshalb auch nicht mehr an zu saufen. Ich kriege keinen Wutanfall. Ich kann jetzt damit umgehen.

Ich hab gelernt, daß ich ihr das Recht nicht nehmen kann, die Gefühle zu haben, die sie gerade hat, bloß weil sie mir nicht passen. Daß ich ihre Gefühle nicht steuern kann. Sie muß durch ihre eigene Scheiße gehen und daraus lernen, soviel sie kann. Nur so kann sie gesund werden.

Ich hatte immer gedacht, wenn ich sie liebe und ihr helfen will, müßte ich ihr den ganzen Horror ausreden: »Alles ist okay. Du bist toll. Das schaffst du schon.« Aber das stimmt nicht. Um ihr zu helfen, muß ich mitfühlen und ihre Gefühle akzeptieren. Und dazu muß ich zuhören und nicht versuchen, ihre Gefühle zu leugnen oder abzuwerten. Und ich muß für sie dasein, so, wie es ihr in dem Moment gerade guttut. Jetzt sage ich zu ihr: »Wie kann ich für dich dasein? Was meinst du, was würde dir jetzt helfen? Soll ich die Kinder nehmen?« Ich versuche, ihr das Gefühl zu geben, daß ich nicht ausraste, egal, was sie gerade fühlt. Vielleicht raste ich später aus, aber hier und jetzt werde ich nicht aufspringen und weglaufen. Solange ich ihr geben kann, was sie braucht, werde ich das tun, egal, was es ist.

Ich versuche immer noch zu lernen, meine Bedürfnisse gegen ihre abzuwägen. Zum Beispiel hab ich festgelegt, daß ich Zeit für mich selbst brauche. Valerie redet gern stundenlang über Inzest. Manchmal kommt mir das richtig zwanghaft vor. Und manchmal habe ich keine Lust, mir das anzuhören. Früher hab ich entweder nur mit einem Ohr hingehört oder irgendwas gemacht, was so richtig passiv-aggressiv war: rumzappeln, hin und her laufen, das Radio etwas lauter stellen. Jetzt sage ich: »Ich möchte im Moment nicht zuhören. Ich bin jetzt nicht in der Stimmung dafür. Kannst du jemand anders anrufen?«

Was mir bei der ganzen Sache Mut macht, ist die Arbeit, die Valerie da reinsteckt, die unzähligen Stunden, die sie damit zubringt, an ihren Themen zu arbeiten, und die Fortschritte, die sie gemacht hat. Stück für Stück verzichtet sie auf die Kontrolle, die sie bisher gebraucht hat. Sie ist jetzt viel toleranter und viel eher bereit, Probleme anzugehen. Sie übernimmt jetzt die Verantwortung für ihre Handlungen und Gefühle. Und ich übernehme die Verantwortung für meine. Das gibt uns beiden viel Hoffnung.

Das Tolle an so einem gemeinsamen Heilungsprozeß ist, daß man neue Gemeinsamkeiten entdeckt. Zum Beispiel das Gebet. Da bin ich bei den Anonymen Alkoholikern drauf gekommen. Meditation und Selbstbesinnung machen einen großen Teil des Programms aus. Und Religion war eigentlich nie etwas, was wir gemeinsam hatten, Valerie und ich. Als sie anfing zu heilen, konnten wir über das Beten sprechen und das miteinander teilen. Und jetzt fließen unsere Gefühle ehrlich und offen zwischen uns beiden, ohne das ganze alte Gepäck, das unseren Umgang miteinander bisher so blockiert hat. Wir entwickeln uns persönlich und spirituell weiter. Gemeinsam, aber jeder für sich. Ich komme von meiner Alkoholsucht und Valerie von ihrem Mißbrauch, aber wir gehen beide denselben Weg. Ich weiß nicht, wohin er uns führen wird, aber ich weiß, daß die Richtung stimmt.

MARISES GESCHICHTE
»Sie arbeitet wirklich hart, und ich auch!«

Marise stammt aus einem »sehr schönen Elternhaus«. Sie war das fünfte von sieben Kindern. Sie und ihre Partnerin Jo sind seit sechs Jahren zusammen. Jo wurde von ihrem Bruder und ihrem Vater mißbraucht und hat sich während der letzten zwei Jahre mit ihren Erinnerungen beschäftigt.

Wir haben gerade unseren sechsten Jahrestag gefeiert. Wir waren viereinhalb Jahre zusammen, bevor sie irgendwelche Erinnerungen hatte. Und wir hatten während dieses Zeitraums eine Menge Konflikte. Wir konnten auf jedem anderen Gebiet gut kommunizieren, aber wenn es zum Thema Sex kam, ging eine Mauer hoch. Sie fällte ständig irgendwelche Werturteile, weil ich Sex sehr mochte und sie nicht. Wir versuchten dann immer, darüber zu sprechen. Und sie kam dann meistens an einen Punkt, an dem sie sagte: »Na ja, wahrscheinlich liegt's an mir.« Aber weiter ging sie nie. Und das, obwohl sie auf jedem anderen Gebiet unserer Beziehung den Dingen auf den Grund ging, um an die Ursache heranzukommen.

Vor zwei Jahren bekam sie dann ihre ersten Erinnerungen. Am Anfang machte mir das angst. Ich hatte Angst, sie würde mich verlassen. Die einzige andere Überlebende, die ich kannte, war eine Frau, der es wirklich schlechtging und die dann, als es langsam besser wurde, ihre Geliebte verlassen und jemand anders gefunden hat. Ich hatte Angst, Jo würde das mit mir auch so machen. Deshalb hab ich mir Sorgen gemacht, wir würden es nicht schaffen. Statt dessen haben wir uns gemeinsam verändert. Seit ihren Erinnerungen ist die Mauer weg. Jetzt können wir auf allen Gebieten intensiv miteinander reden. Wenn das kein Wachstum ist!

Eine Zeitlang hatte ich Angst, sie würde mich ausschließen. Und eine Zeitlang hat sie sich das auch wirklich überlegt. Sie hatte eine Phase, da dachte sie: »Ich könnte diese Beziehung abbrechen und die Sache allein durchstehen.« Aber sie beschloß, das nicht zu tun. Sie nahm sich vor, mich in ihr Leben einzubeziehen, auch wenn sie manchmal tatsächlich lieber allein wäre. Sie muß mit der Tatsache zurechtkommen, daß ich ihre Partnerin bin. Sie kann davor nicht weglaufen. Auch wenn es ihr ganz mies geht, bin ich da. Ich bin nie ganz ausgeschlossen. Manchmal muß sie allein sein, und das ist in Ordnung, aber sie blockt mich nicht ab. Sie ist entschlossen, mich in ihr Leben einzubeziehen. Sie kann mich nicht holen, wenn sie mich braucht, und zurückstoßen, wenn sie mich nicht braucht. Ich bin ein vollständiger Mensch. Ich bin da. Ich fühle mich nicht unsichtbar. Wenn es mir schlechtgeht, habe ich ein Recht auf meine Gefühle. Sie hilft mir, ich selbst zu sein.

Als sie anfing, sich mit dem Mißbrauch zu beschäftigen, reagierte ich darauf, indem ich ihr verschwieg, wenn es mir schlechtging, weil ihre Probleme so viel schlimmer waren als meine. Schließlich wurde ich ihr gegenüber aber dann doch ehrlicher und ließ sie mehr an meinen Gefühlen teilhaben. Es bedeutete für sie eine Erleichterung, über die Probleme von jemand anderem nachdenken zu können. Es gefiel ihr zu wissen, daß sie für mich dasein konnte und daß sie nicht nur nahm, sondern auch gab. Erst hab ich mich zurückgenommen, doch als ich mich dann mehr öffnete, war es sogar hilfreich für sie.

Ich hatte für mich schon beschlossen, daß ich lieber allein sein wollte als in einer schlechten Beziehung zu leben. Aber jetzt sind die guten Zeiten mit ihr so schön, daß es mir durch die schlechten Zeiten hindurchhilft. Ich zweifle eigentlich nie an dieser Beziehung.

Ich bin ein leidenschaftlicher Mensch

Wir haben uns oft gestritten, weil sie nicht soviel Sex wollte wie ich, und dann wurde es noch weniger. Aber wenn sie da ist, ist die Qualität jetzt eine ganz andere. Während der ersten vier Jahre unserer Beziehung fühlte sie sich manchmal so schuldig, weil sie keinen Sex wollte, daß sie trotzdem mit mir ins Bett ging. Aber dann war sie gar nicht richtig da, irgendwie war sie dann außerhalb ihres Körpers. Wenn sie jetzt Sex will, ist sie wirklich präsent. Das ist viel besser als die vielen Male, als sie nur so halb da war.

Am Anfang hat sie mich so oft zurückgewiesen, daß ich schon anfing, meine Sexualität zu unterdrücken. Es tat mir zu weh, Lust auf Sex zu haben, wenn sie keine Lust hatte. Sex wurde langsam zu etwas Unangenehmem. Jetzt ist das anders.

Dazu mußte ich mir bewußt machen, wie sehr mein Selbstwertgefühl davon abhing, ob sie gerade Lust auf Sex hatte oder nicht. Anstatt meine Sexualität von mir zu trennen, mußte ich lernen, ihre Sexualität von meiner zu trennen.

Es ist unser gemeinsames Ziel, daß jede von uns zu ihrer Sexualität stehen kann. Jo will von ihren Wunden und ihrem Schmerz heilen. Sie bemüht sich, offener zu werden. Mein Ziel ist es, mir selbst treu zu sein. Wenn ich Lust auf Sex habe, ist das in Ordnung. Ich bin jemand, für die alles mögliche erotisch oder sexuell sein kann. Wenn der Wind über meine Haut streicht ...

Ich lerne jetzt, daß es in Ordnung ist, leidenschaftlich zu sein. Jo hat das am Anfang ganz schön angst gemacht. Leidenschaft bedeutete für sie, die Kontrolle über sich zu verlieren. Nicht nur sexuelle Leidenschaft, sondern leidenschaftliches Leben überhaupt. Am Anfang traute ich mich nicht, meine Leidenschaft rauszulassen – leidenschaflichen Zorn, leidenschaftliche Freude, Leidenschaft bei allem möglichen, was ich gerade tat. Ich versuchte, alles mit angezogenen Bremsen zu machen. Aber ich bin nicht lebendig, wenn ich die Leidenschaft in mir verleugne, und mir wurde klar, daß ich so nicht leben kann.

Es ist ein schönes Gefühl, Leidenschaft wieder zuzulassen. Ich versuche, es bewußt zu spüren, wenn ich sexuelle Lust empfinde, und es nicht geheimzuhalten. Ich versuche, es einfach zu sagen, ohne etwas von ihr zu erwarten. Ich muß mir selbst bestätigen: »Das bin ich, und so fühle ich mich gerade. Richtig geil.« Jo kann meine Sexualität jetzt positiv sehen. Sie sagt sogar, daß sie mich um meine sexuelle Unbefangenheit beneidet.

Manchmal bin ich trotzdem noch frustriert, aber es ist jetzt nicht mehr so schlimm, daß ich mir deshalb vor Verzweiflung die Haare raufen würde. Sie ist jetzt so weit, daß wir öfter Liebe machen können. Und ich kann allein sein und masturbieren und mich gut dabei fühlen.

Warum es die Sache wert war

Ich bin erstaunt, wie gut wir miteinander kommunizieren können. Das ist mir unheimlich viel wert. Ich bin damit nicht groß geworden, und das ist mir jetzt sehr wichtig. In den ersten vier Jahren haben wir damit eine solide Grundlage geschaffen. Und diese Grundlage verbreitet sich immer mehr.

Mein Arbeitsleben hat sich verändert. Zum ersten Mal in meinem Leben habe ich einen Job, der mich fordert. Ich lerne ständig etwas dazu und entwickele mich weiter. Ich werde gut bezahlt. Das hatte ich vorher nie. Ich glaube, daß dieser Job ein Ergebnis unserer gemeinsamen Arbeit ist. Da brauche ich die Kommunikationsfähigkeit, die ich für unsere Beziehung entwickelt habe.

Jo kann jetzt viel besser loslassen und braucht nicht mehr alles unter Kontrolle zu haben. Das ist eine der besten Entwicklungen. Jo war ein totaler Kontroll-Freak und eine Perfektionistin. Wir machten damals Renovierungsarbeiten für andere Leute. Und einmal hab ich Farbe auf den Griff von meinem Pinsel gekleckert, und sie ist richtig ausgeflippt. Ich hab den Pinsel hingelegt und gesagt: »Jetzt reicht's mir!« Heute ist sie viel entspannter, und es macht richtig Spaß, zusammen zu arbeiten.

Jos Fortschritte spornen mich auch in meinem eigenen Wachstum immer wieder an. Ich habe jetzt mehr Selbstvertrauen und gehe Herausforderungen nicht mehr aus dem Weg. Meine persönliche Entwicklung kriegt immer mehr Substanz. Ich sehe mir Erlebnisse aus meiner Vergangenheit an, die mich die ganze Zeit im Griff hatten, ohne daß mir das bewußt war. Mein religiöser Hintergrund zum Beispiel oder meine Familie. Das ist eine tolle Erfahrung.

Im großen und ganzen läuft unsere Entwicklung parallel. Sie arbeitet wirklich sehr intensiv daran und ich auch. Ich hab mir vorgenommen, zu ihr zu halten und die Sache mit ihr zusammen durchzustehen. Das ist für mich überhaupt keine Frage.

NOAHS GESCHICHTE
Krise und Kultmißbrauch

Noah ist einundzwanzig Jahre alt und Schauspieler. Er und Jade, vierundzwanzig, sind seit viereinhalb Jahren zusammen und seit vier Jahren verheiratet. Jade wurde von ihrem Vater und später auch noch im Rahmen eines Teufelskults sexuell mißbraucht. Sie haben eine dreijährige Tochter, Gracie.

Ich dachte immer, ich hätte die perfekte Kindheit gehabt. Jetzt entdecke ich langsam, daß das nicht stimmt. Meine Eltern waren nicht gewalttätig, bei uns ging alles ganz leise vor sich. Ich bekam alles, was ich wollte. Meine Eltern zeigten mir ihre Liebe vor allem in Form von Geld. Mit zwölf schickten sie mich ins Internat. Mit fünfzehn bin ich von der Schule abgegangen und hab ein Jahr lang gearbeitet. Dann ging ich auf die Schauspielschule. Dort traf ich Jade.
Es ist schon komisch, wie wir zusammengekommen sind. Es war so unwahrscheinlich. Wir sind völlig unterschiedlich. Ich bin ein eher ruhiger Typ. Sie ist ein Wirbelwind. Sie ist älter als ich. Sie hatte schon soviel mehr Erfahrung. Sie war auch schon länger auf der Schauspielschule.
Am Anfang waren wir nur befreundet. Und langsam hat es sich dann weiterentwickelt. Bald wohnten wir zusammen. Wir stritten uns ständig, über alles mögliche. Ich wollte sie nicht verlieren: »Verlaß mich nicht!« Und sie sagte: »Ich gehe jetzt!« Zum Teil machen wir das immer noch, nach viereinhalb Jahren, aber nicht mehr so oft.
Sie war meine erste Frau. Wir haben zum ersten Mal miteinander geschlafen, als wir schon vier Monate zusammen wohnten. Es hat unsere Beziehung gestärkt, zu warten. Ich hatte soviel Angst vor allem, was mit Sex zu tun hatte. Sie auch. Das war damals noch nicht so offensichtlich. Sie war sehr empfindungslos.
Wir waren einfach Kinder. Wir wußten nicht, was wir taten. Wir sprachen darüber, daß sie schwanger werden könnte, und dann war es auch schon passiert. Anfangs wollte sie mich nicht dabeihaben, aber wir sind dann doch zusammengeblieben.
Nachdem Gracie geboren war, bekam Jade schlimme Angst- und Panikanfälle und Alpträume. Sie konnte nicht mehr schlafen. Sie rastete bei allen möglichen Sachen aus und kriegte Wutanfälle. Ständig ging sie wegen irgendwas hoch. Dann bekam sie Erinnerungen. Wir wußten, daß sie aus einer gewalttätigen Familie stammte, aber nicht, daß sie sexuell mißbraucht worden war. Sie reagierte mit Unglauben und Horror. Sie sagte: »Ich weiß, daß er mich geschlagen hat, aber so was nicht.« Und dann ging sie in eine Gruppe für Inzest-Überlebende. Das ging alles ziemlich schnell.
Wie ich reagiert habe? So gut ich konnte, ohne jedoch viel zu wissen. Ich hatte noch nie von sexuellem Mißbrauch gehört, ich wußte nicht mal, daß es so was gab, aber das Ganze klang plausibel. Ich hatte soviel über die Gewalttätigkeiten in ihrer Familie gehört, daß ich nicht überrascht war. Ich hielt zu ihr, so gut ich konnte. Ich versuchte, ihr Bestätigung zu geben. Ich

sagte: »Nach all dem, was ich über deine Familie weiß, ist das gut möglich.«

Damals habe ich nicht gearbeitet. Ich war die meiste Zeit zu Hause. Wir hatten keine Tagesmutter oder so. Im Grunde hingen wir meistens zusammen. Gracie war noch nicht mal ein Jahr alt. Das war das Schlimmste. Es ging nicht nur um das Zusammensein mit Jade. Was sollte ich machen, wenn sie irgendwelche Krisen hatte, und das Baby war da? Jade dissoziiert schon mal oder kriegt Angst. Sie gerät in Panik, und dann muß sie ins Krankenhaus. Was mache ich dann? Ich kann Gracie nicht allein lassen. Es ist nicht gut für sie, wenn sie das mitbekommt. Aber ich kann Jade auch nicht allein lassen. Ich habe Angst, sie tut sich was an. Manchmal muß ich mit Gracie aus dem Haus gehen, und Jade muß dann jemand anders anrufen. Was soll ich sonst machen?

Ich muß mich um alles kümmern: Geld ranschaffen, mich um Gracie kümmern, mich um Jade kümmern, kochen, putzen. Ich mache das schon automatisch. Ich denke oder fühle nicht mehr viel dabei. Ich sage mir: »Dies und das muß gemacht werden. Also los!«

Manchmal denke ich: »Das ist unfair. Warum muß *ich* das alles machen?« Aber meistens versuche ich, nicht darüber nachzudenken. Und wenn ich dieses Gefühl kriege, dann lenke ich es auf Jades Vater. Er hat das alles angerichtet. Was nicht fair ist – nicht nur für mich, sondern für uns alle –, ist das Leben, das wir führen müssen. Das ist kein normales Leben. Ich gehe ja nicht zur Arbeit und bringe Geld nach Hause. Wir sind total pleite. Wir leben von Sozialhilfe. Ich arbeite ein paar Tage pro Woche. Wir können kaum die Miete und das Essen bezahlen. Und das liegt nicht daran, daß wir nicht bereit wären zu arbeiten. Sondern daran, daß ihr Vater sie mißbraucht hat. Das macht mich verrückt. Wir müssen darunter leiden, wir alle als Familie, und nur seinetwegen.

Kultmißbrauch

Jade ist immer noch in einem kritischen Zustand. Es ist sogar noch schlimmer geworden. Sie hat sich daran erinnert, daß sie im Rahmen eines Teufelskults rituell mißbraucht worden ist. Sie hat eine multiple Persönlichkeit. Sie ist immer wieder im Krankenhaus. Im Rückblick war der sexuelle Mißbrauch nicht das Schlimmste. Ich meine, klar war das furchtbar. Aber es gibt viele Informationen über sexuellen Mißbrauch. Über rituellen Mißbrauch gibt es viel weniger. Und über multiple Persönlichkeiten so gut wie gar nichts. Wir haben jetzt also viel weniger, womit wir arbeiten können.

Ich vermute, daß sie immer unterschiedliche Persönlichkeiten hatte. Es ist nicht so eindeutig: »Das ist eine Persönlichkeit, und das ist eine andere.« Das ist subtiler. Sie hat vor allem eine Menge kleiner Kinder, die alle etwas Bestimmtes essen wollen. Ein Kind ist da, das will immer eine besondere Sorte Kekse. Seit Jahren kaufe ich diese Kekse. Wenn ich zurückblicke, war das eigentlich schon immer so, seit wir zusammen sind. Jetzt ist es deutlicher, aber es war eigentlich schon immer so. Wir wußten nur nicht, was es war.

Wenn die anderen Persönlichkeiten zum Vorschein kommen, muß ich immer aufpassen, daß ich sie auseinanderhalte. Wenn wir miteinander schlafen und sie ist gerade eins von diesen Kindern, dann ist das für sie, als wenn der ganze Mißbrauch wieder von vorne anfangen würde. Ich versuche nicht, sie zu mißbrauchen, aber Tatsache ist, sie ist ein Kind. Ein Kind hat sie, das hat einen wahnsinnigen Haß. Das schmeißt Teller und Tassen kaputt, schmeißt mit allen möglichen Sachen um sich, kratzt mich, versucht mich zu schlagen. Ich sag mir dann, daß ich es mit einem wütenden, verletzten Kind zu tun habe. Ich kämpfe nicht mit ihr, sondern versuche, mich mit ihr zu verbünden. Ich muß mich ständig umstellen. Einmal vertraut sie mir, und eine Minute später schon nicht mehr. Das hat nicht viel mit mir zu tun. Manchmal ist alles wunderbar, und fünf

Minuten später schlägt eine Bombe ein, und der Tag ist gelaufen. Das ist unser Leben.

Wie ich mit ihren Erinnerungen umgehe

Wenn sie Erinnerungen hat, halte ich sie im Arm. Ich sage ihr immer wieder, daß ich das bin. Ich sage ihr, daß sie in Sicherheit ist, daß ihr nichts passieren kann. Ich erinnere sie daran zu atmen und versuche sie dazu zu bringen, daß sie mir sagt, was sie sieht. Oft will sie nicht. Sie schreit oder krümmt sich zusammen und vergißt, woran sie sich erinnert hat. Deshalb frage ich sie, was los ist, und schreibe es für sie auf.

Im Moment tappe ich ein bißchen im dunkeln und weiß nicht genau, was los ist. Als sie nur mit ihrem sexuellen Mißbrauch beschäftigt war, hat sie ständig darüber geredet. Ich wußte immer, was los war. Aber jetzt, bei dem rituellen Mißbrauch, redet sie nicht viel darüber, weil sie dann sofort in Panik gerät. Das liegt an dieser Gehirnwäsche, die sie mit ihr gemacht haben. Sie hat Elektroschocks gekriegt. Und während dieser Elektroschocks haben sie ihr gesagt, wenn sie jemals darüber reden würde, müßte sie sterben. Das zeigt sich körperlich. Wenn sie kurz davor ist zu sprechen, tut es ihr genau da weh, wo die Elektroden gesessen haben: an der Brust und in der Bauchgegend. Sie hat buchstäblich das Gefühl, sterben zu müssen, wenn sie darüber redet. Deshalb ist es schwer für mich, Informationen zu bekommen. Das meiste, was ich weiß, habe ich gelesen oder in Workshops erfahren, oder ich weiß es aus den Erinnerungen, die ich mit ihr zusammen erlebt habe.

Die Erinnerungen an den rituellen Mißbrauch sind viel intensiver und nehmen sie viel mehr mit. Mit ihnen ist viel körperlicher Schmerz verbunden und panische Angst und Schreien und Weinen. Valerie hyperventiliert oft. Ihr Puls geht hoch auf 130. Als erstes sage ich ihr immer, sie soll atmen. Wenn sie sich ein bißchen beruhigt hat, gibt es zwei Möglichkeiten: entweder versuchen, es wieder wegzupacken und sich nicht darauf einzulassen, was eventuell in der Situation am besten wäre, oder die Sache durchstehen. Ich sage ihr: »Solange du wegrennst, wird die Angst nur noch schlimmer. Dreh dich um und guck es dir an, dann kann es dir nichts mehr tun. Dann hast du es in der Hand. Du bist diejenige, die diesem Ding auf der Spur ist. Je eher du der Sache auf den Grund gehst, desto eher sind wir wieder draußen. Also komm, machen wir das.«

Wir sind einander tief verbunden

Zwischen mir und meiner Partnerin besteht eine tiefe Verbundenheit. Ich glaube, das ist einer der Gründe, warum ich immer noch bei ihr bin. Auch für mich ist das ein Heilungsprozeß. Manchmal habe ich das Gefühl, daß ich nur Jade helfe, aber eigentlich hab ich bei dieser ganzen Sache auch viel für mich gelernt. Ich gebe ihr meine Liebe und Unterstützung, aber es ist, als ob ich sie gleichzeitig auch mir selbst geben würde. Ich kann es nicht mal richtig in Worte fassen. Schon von Anfang an, als sie gerade anfing, Erinnerungen zu bekommen, hatte ich das Gefühl: »Deshalb bin ich hier.« Manchmal ist sie glücklich. Manchmal geht es ihr gut. Sie gibt nicht auf. Sie bringt sich nicht um, und sie hört nicht auf, sich damit zu beschäftigen. Das macht mir viel Mut. Viele Überlebende rituellen Mißbrauchs schaffen es nie. Kinder sterben. Sie hat den Mißbrauch überstanden, und jetzt übersteht sie auch die Erinnerungen. Sie schafft das. Eines Tages wird sich unser Leben ändern.

Wegzugehen ist für mich keine Alternative. Ich könnte sagen: »Ich hab das nicht verdient«, aber das hat sie auch nicht. Ich will Jade helfen, diese Sache durchzustehen, aber ich wünsche es keinem andern.

Ich komme aus einer Familie, in der alles eitel Sonnenschein war, und hab eine Frau geheiratet, die rituell mißbraucht worden ist. Das hat mir die Augen geöffnet. Ich sehe jetzt, was wirklich in der Welt vor sich geht. Und ich will, daß das aufhört. Ich habe das Gefühl, ich bin Teil eines Kreuzzugs gegen sexuellen Mißbrauch. Ich möchte einen guten Teil meines Lebens Menschen widmen, die rituell und sexuell mißbraucht wurden, und gegen den Mißbrauch kämpfen.

Was ist mit meinen Bedürfnissen?

Ich kann eigentlich nicht erklären, warum ich das mache. Das ist eine gute Frage, aber ich kann sie nicht beantworten. Manchmal fühle ich mich einsam und bin deprimiert. Nicht nur wegen der Sachen, die Jade durchmacht, sondern weil unser ganzes Leben darunter leidet. Ich würde jetzt gerne wieder als Schauspieler arbeiten. Ich muß irgendwas machen, was ich gerne tue und was uns Geld bringt. Dazu muß ich vorsprechen, aber ich weiß nicht, wie ich das hinkriegen soll. Aber ich muß es schaffen, sonst werde ich verrückt. Sonst kriege ich solche Depressionen, daß ich niemandem mehr helfen kann. Aber wenn ich Arbeit bekomme, weiß ich gar nicht, ob ich die Verpflichtungen einhalten könnte.

Ich träume von einem einfachen Leben, wo wir einmal in der Woche ausgehen und uns amüsieren oder am Wochenende wegfahren. Ich würde Valerie gern den Hof machen, um sie werben. Und ich stelle mir vor, wie sie mit mir flirtet. Das haben wir nie gemacht. Ich würde gern mit ihr zusammen irgendwohin fliehen. Mit Spaß und Licht und Exotik und romantischen Liebesnächten. Wir sind beide Schauspieler. Ich würde so gerne irgendwann mit ihr zusammen arbeiten. Aber unser Leben ist nicht so. Wir streiten oft. Wir schlafen nicht viel. Es gibt Zeiten, da schlafen wir im Durchschnitt vier Stunden pro Nacht. Das ist dann so eine Mischung aus Baby versorgen und Erinnerungen. Und das kann monatelang dauern. Gewöhnlich sind wir dann total erschöpft. Manchmal wünsche ich mir, es würde sich mal jemand um mich kümmern. Aber ich kann jetzt nicht zusammenbrechen. Wenn Jade dissoziiert und ich kochen muß und Gracie heult, weil sie Hunger hat, und das Telefon klingelt und wir kein Geld haben und fast nichts zu essen, was passiert denn dann, wenn ich schlappmache? Ja, was wäre denn dann, verdammt noch mal? Vielleicht würde Jade zurückkommen und sich kümmern. Aber ich denke nicht darüber nach. Ich bin jemand, der immer für andere Leute da ist. Ich mache einfach automatisch weiter und setze das Essen auf und sorge für die beiden. Das ist leichter, als wenn ich irgendwas anderes riskieren würde. Ich bin ein Kontroll-Freak. Ich erzähle Jade ständig, wie sie auf sich aufpassen soll. Und ich will immer perfekt sein. Manchmal sage ich: »Nein, das kann ich nicht«, aber das kommt selten vor. Ein Teil von mir glaubt immer noch, ich müßte für Jade sorgen, damit ich sie verdiene. Deshalb stelle ich meine Bedürfnisse zurück, aber das ist für keinen von uns gut. Wenn ich überhaupt nichts für mich habe, kann ich nicht als Partner oder Vater dasein. Seit kurzem ist Gracie bei einer Tagesmutter, die uns gut gefällt. Jetzt haben wir mehr Zeit für uns, und Gracie kann mit anderen Kindern spielen. Und wir haben vereinbart, daß ich gewisse Sachen machen muß, um selbst nicht zu kurz zu kommen.

Letzte Woche bin ich zur Massage gegangen. Ich spiele jetzt jede Woche Squash, das ist unheimlich gut, um meinen Frust loszuwerden. Und ich hab selbst eine Therapie angefangen. Ich versuche, mich jetzt auf mich zu konzentrieren.

Aber ich benutze Jade immer noch, um mich vor mir selbst zu verstecken. Es ist leicht, alles auf sie zu schieben, weil sie so viel durchmacht. Ihr Schmerz ist immer größer. Meine Probleme sind nie so dramatisch. Ich benutze das, was Jade durchmacht, um mich vor meinen eigenen Ängsten, meinen Depressionen, meiner Traurigkeit und meinem Zorn zu verstecken. Die Umstände machen es mir so verdammt leicht. Manchmal drehe ich Sachen so hin, daß es aussieht, als hätte sie was falsch gemacht, dabei ist es in Wirklichkeit mein Ding. Zum Beispiel habe ich bei Sex große Hemmungen. Wenn sie sich mir sexuell nähert, sage ich nicht: »O Mensch, das macht mir eine Heidenangst« und gebe zu, was in mir vorgeht, sondern ich verhalte mich cool und sehe sie an, als wollte ich sagen: »Was ist denn mit *dir* los?« Eigentlich glaube ich, daß ich derjenige bin, der für unsere sexuellen Probleme verantwortlich ist. Ich bin erleichtert, wenn wir nicht miteinander schlafen. Manchmal gehen wir miteinander ins Bett, und es ist toll, aber das ist ganz bestimmt nicht der Kern unserer Beziehung. Im Gegenteil. Ganz im Gegenteil.

Ich muß selbst noch unheimlich viel an mir arbeiten. Ich hab viel gelernt, wie gesagt, und ich bin auch ein ganzes Stück weiter, aber ich muß noch viel schaffen, was nichts mit Jade zu tun hat, sondern mit mir. Ich erkenne langsam, daß ich nicht mit all diesen Hemmungen auf die Welt gekommen bin. Irgend etwas muß mit mir passiert sein, sonst hätte ich diese ganzen sexuellen Hemmungen nicht. Wir sagen manchmal im Spaß: »Wenn du fertig bist, bin ich vermutlich dran.« Vielleicht habe ich auch einen Mißbrauch überlebt. Und will es nur noch nicht wissen.

Manchmal haben wir das Gefühl, daß sich gar nichts ändert. Aber wie bei einem Baum oder einem Strauch im Winter findet alles im Wurzelwerk statt. Eine Freundin von uns hatte einen Strauch, der nicht wachsen wollte. Sie hat ihn ausgegraben. Es war ein Rosenstrauch, und er hatte Tausende und Abertausende von Wurzeln gebildet. Und im Frühling hat sie ihn zurück in die Erde gepflanzt, und er schlug aus wie verrückt. Bei uns ist es genauso. Oft ist Jade so ungeduldig und sagt: »Es ändert sich überhaupt nichts!« Aber jeden Tag *passiert* etwas, ändert sich etwas. Manchmal kommt eine kleine Knospe heraus, und man kann sie sehen.

Es ist ein langer Prozeß. Er dauert Jahre. Ihre ersten Mißbrauchserinnerungen hatte sie vor zwei Jahren, die Erinnerungen an den rituellen Mißbrauch seit einem Jahr. Sie kommt sehr schnell voran. Und ich dadurch auch. Mir kommt es sehr schnell vor. Ich meine, ich bin erst einundzwanzig. Die meisten Einundzwanzigjährigen, die ich kenne, gehen entweder noch zur Schule oder hängen auf der Straße rum. Dadurch, daß ich ein Kind habe und mich mit dem Mißbrauch beschäftigen muß, bin ich Lichtjahre weiter, als ich es sonst wäre.

Ich hab so viel gelernt. Ich sehe die Welt mit völlig anderen Augen, seit ich das alles mitbekomme. Ich interessiere mich mehr für andere Menschen. Ich mache alles viel bewußter. Ich bin sehr schnell erwachsen geworden. Ich wäre nicht der, der ich heute bin, wenn ich das alles nicht mit Jade zusammen durchstehen würde. Ich wäre ein Kind von einundzwanzig Jahren, das nicht viel zu sagen hätte.

ERICS GESCHICHTE
Die Hilfe anderer

Eric ist einundvierzig und Bauunternehmer. Seine Frau Sarah ist sechsunddreißig und wurde von ihrem Vater sexuell mißbraucht. Sie sind seit sechs Jahren verheiratet und haben drei Kinder. Die älteren beiden sind elf und neun und stammen aus Sarahs erster Ehe. Das Jüngste ist dreieinhalb.

Ich wurde von meiner Mutter großgezogen. Mein Vater starb, bevor ich fünf Jahre alt war, und meine Mutter hat erst wieder geheiratet, als ich erwachsen war. Ich habe keine Geschwister. Ich war so eine Art Muttersöhnchen.
Meine Mutter hat immer gearbeitet, um uns zu ernähren, aber es gab ein stillschweigendes Einverständnis, daß ich der Mann im Haus war. Wenn etwas kaputt ging, hab ich es repariert und mich auch sonst um vieles gekümmert. Sie hatte kein leichtes Leben, und ich wußte, ich sollte ein lieber Junge sein und ihr keine Sorgen bereiten. Ich hab als Kind meine Streicheleinheiten dafür bekommen: »Du bist so ein lieber Junge, Jimmy.«
In meiner Kindheit gab es keine starken männlichen Personen. Ich hatte nie ein Rollenmodell, von dem ich hätte lernen können, wie ein Ehemann oder Vater, ein erwachsener Mann sein soll. Deshalb war das erste Jahr unserer Ehe, bevor die Sache mit dem Inzest hochkam, ganz schön anstrengend für mich. Nachdem ich zehn Jahre allein gelebt hatte, hatte ich über Nacht plötzlich eine Frau und zwei Stiefkinder. Das war eine riesige Verantwortung. Ich hab mir vor Angst fast in die Hose gemacht. Ich nahm alles sehr ernst, vielleicht zu ernst. Ich dachte, ich müßte alles richtig machen. Diese Vatersache hinkriegen. Und den Ehemann auch. Und ich hatte keine Ahnung, wie. Ich hatte keine Vorbilder.
Etwa ein Jahr nach unserer Hochzeit entdeckte Sarah, daß sie als Kind mißbraucht worden war. Als Jugendliche hatte es bei ihr jahrelang deutliche Anzeichen gegeben, daß da etwas ganz und gar nicht stimmte. Als Teenager war sie ständig irgendwo in Therapie gewesen. Der Mißbrauch kam nie zutage. Damals wußte man auch nicht viel darüber. Wir sind zusammen zu einer Paarberatung gegangen. Auch da war von Inzest nicht die Rede.
Sie hatte »komische Träume« und »komische Gedanken«, wie sie es nannte. Als wir uns kennenlernten, arbeitete sie in einer Therapie daran. Den ganzen Tag über sah sie immer wieder diese Bilder vor sich. Das kostete sie viel Energie. Dann bekam sie Träume und Erinnerungsblitze, die sie sich nicht erklären konnte. Und eines Tages kapierte sie schließlich. Während einer Therapiesitzung wurde ihr klar, woher diese Erinnerungen kamen. Und von dem Tag an hat sich unser Leben radikal verändert.
Ich kann mich noch gut an den Tag erinnern. Sie kam nach Hause und saß am Tisch. Ich stand an der Küchentheke, und sie erzählte es mir. Ich konnte erst gar nichts damit anfangen. Ich hab es gar nicht begriffen. Ich hatte gar keine Vorstellung davon, wie sich der Inzest

auf Sarah auswirkte. Jetzt tut mir das leid, aber mir war die Bedeutung, die Dimension, einfach nicht klar. Wie brutal und verheerend so etwas sein kann ... Ich hab es tatsächlich heruntergespielt.

Von dem Tag an änderte sich alles. Als würde ein Hurrikan um mich herum toben. Sarah dachte nur noch an Inzest. Ich verlor sie als Ehefrau und Mutter. Ob sie wach war oder schlief, sie beschäftigte sich nur mit diesem Thema. An manchen Tagen kam ich von der Arbeit und wußte nicht, wo Sarah sein würde: oben im Bett, wo sie schon seit vier Stunden heulte, oder unten in der Küche beim Essenmachen oder einfach nicht da.

Ich wußte nie vorher, ob sie den jeweiligen Tag bewältigen würde. Das konnte sich von einem Tag auf den anderen ändern. Wegen der Kinder war das problematisch, einer mußte sich doch um sie kümmern. Ich mußte oft in letzter Minute einspringen. Und ich war ständig darauf gefaßt: »Ob ich die Kinder heute zur Schule bringen muß? Das Mittagessen machen? Abendbrot machen?«

Während der ersten zwei Jahre passierten die verrücktesten Sachen um mich herum. Ich kämpfte mich Tag für Tag gerade noch so durch. An mich selbst hab ich gar nicht mehr gedacht. Meine Gefühle hatte ich weggepackt. Darin hatte ich genug Erfahrung. Meistens empfand ich gar nichts und versuchte nur noch, alles im Griff zu behalten. Ich versuchte, den Haushalt in Gang zu halten und mich um die Kinder zu kümmern, weil ich wußte, daß ich von Sarah nicht viel erwarten konnte. Ich will sie deswegen nicht kritisieren. Das war einfach so.

Sarah redete zwei Jahre lang täglich von Selbstmord. Ich hatte solche Angst. Und ich hab es immer wieder geleugnet: »Es wird nicht passieren.« Und dann: »Was ist, wenn sie es macht? Wie kann ich sie davon abbringen?« Manchmal wachte ich mitten in der Nacht auf, und sie war weg, und das Auto war weg, und ich wußte nicht, wo sie war. Ich mußte einfach darauf vertrauen, daß sie in Sicherheit war.

Mit zwei Kindern zu Hause konnte ich sie nicht suchen gehen. Und dann kam sie nach Hause und erzählte, daß sie an der Küste gewesen war, auf einer Klippe gestanden und überlegt hatte, ob sie nicht runterspringen sollte. Ich wußte nicht, wie ich darauf reagieren sollte. Ich war fassungslos. Ich sagte zu ihr: »Ich bin froh, daß du nicht gesprungen bist.« Und innerlich war ich verrückt vor Angst. Ich hab mir jedesmal vor Angst fast in die Hose gemacht, wenn sie verschwand. Das ging so weit, daß ich eine Umarmung und einen Kuß haben wollte, bevor sie irgendwo hinging. Sie wollte zum Laden, um einen Liter Milch zu holen, und ich sagte wie zum Spaß: »Komm, drück mich und gib mir einen Kuß, bevor du gehst. Ich weiß ja nicht, ob ich dich noch mal wiedersehe!« Doch innerlich meinte ich es ernst.

Ich hätte Sarah nie im Stich gelassen. Ich war mit ihr verheiratet. Aber manchmal fragte ich mich: »Was ist eigentlich los? Ist das die Sache wert? Sieht so eine Beziehung aus? Dieses ewige Chaos?« Ich fragte mich, warum ich nicht Schluß machte mit dieser Beziehung. Was sprang für mich dabei heraus? Manchmal gar nichts. Ich überlegte mir, ob ich nicht aufgeben sollte, aber ich fühlte mich verpflichtet zu bleiben. Ich liebte Sarah, und wir würden es schaffen, aber ich beobachtete, wie alles immer schlimmer wurde.

Ich ging dann auch zu ihrem Therapeuten, zum Teil wegen meiner eigenen Sachen, aber vor allem, um zu wissen, was Sarah machte. Mir kam es so vor, als hätte das alles nicht mehr viel mit der Heilung von sexuellem Mißbrauch zu tun. Doch ich hab diesem Typ blind vertraut. Er versicherte mir ständig: »Es ist alles in Ordnung. Das ist ganz normal. In ein oder zwei Jahren ist alles in Ordnung.« Das war, als ob er mir eine Möhre vor die Nase hielt, damit ich weiter mitmachte.

»Es wird besser werden.« Ich hab das wohl geglaubt. Ich hab dem Kerl vertraut. Dann stellte sich heraus, daß er sich nicht korrekt verhalten hat, sexuell und emotional.

Mißbrauch durch den Therapeuten

Sarah war bei dem Mann eineinhalb Jahre lang in Therapie. Er hat sie während des letzten halben Jahres mißbraucht.

Die meisten Erinnerungen, die Sarah hatte, waren Körpererinnerungen. Sie teilte sie ihrem Therapeuten mit, indem sie sie durch Körperhaltung und Bewegungen nachspielte. Er bat sie, Teile ihrer Erinnerungen mit ihm zusammen durchzuspielen. Er forderte sie auf, ihn zu schlagen, sich auf ihn draufzulegen, ihr geschlechtliches Empfinden für ihn auszudrücken. Einmal sagte er sogar zu ihr: »Das ist völlig in Ordnung, was wir hier machen, aber das können wir natürlich nicht draußen im Korridor tun.«

Ich wußte nicht in allen Einzelheiten, was er machte, aber ich hatte das Gefühl, daß da etwas nicht stimmte. Ich fragte ihn, was da passierte. Er sagte: »Das ist bloß Übertragung. Wenn sie erst einmal in der Lage ist, diese Gefühle für mich zu empfinden, kann sie sie auch für Sie haben.« Ich wußte nicht, wovon er sprach. Als ich herausfand, was tatsächlich vor sich ging, war ich außer mir vor Wut. Ich fühlte mich total verarscht.

Bei Sarah kamen durch diesen Mißbrauch die ganzen Schamgefühle aus ihrer Kindheit wieder hoch. Und je länger die Therapie mit ihm dauerte, desto selbstmordgefährdeter wurde sie. Schließlich fragte sie sich selbst, ob das richtig war, was er mit ihr machte. Sie fragte ein paar andere Therapeuten, die ihr sagten, daß Therapie anders aussähe und daß sie mißbraucht würde.

Sarah brach die Therapie bei ihm ab und ging zu einer Therapeutin. Am Anfang bezweifelte sie, daß er sie wirklich mißbraucht hatte, aber irgendwann wurde sie wütend und nahm all ihren Mut zusammen und zeigte ihn bei der Kammer an, die in unserem Bundesstaat für die Zulassung von Psychotherapeuten zuständig ist. Die Kammer lehnte es ab, die Sache vor Gericht zu bringen; sie sagten, es gäbe nicht genug Beweise. Sie erstattete auch Anzeige bei der Ethikkommission des amerikanischen Bundesverbandes der Therapeuten. Die untersuchten den Fall. Sie befragten den Therapeuten, und dann befragten sie uns. Sie schrieben uns und teilten uns mit, daß sie beschlossen hätten, den Mann zu bestrafen, aber sie wollten uns nicht sagen, welcher Art die Strafe sein würde. Wir wissen immer noch nicht, ob sie ihm bloß eins auf die Finger gegeben haben oder eine Geldstrafe verhängt oder ob sie ihm seine Lizenz entzogen haben.

Begegnung mit anderen Partnern

Von Anfang an hätte ich Hilfe gebraucht. Ich war verwirrt und einsam. Ich nahm an, daß außer mir kein anderer Mensch auf der Welt diese Probleme hätte. Ich brauchte zwei Jahre, um zu merken, daß es noch andere Überlebende und andere Partner gab. Ich hab das mal ausgerechnet: Ich ging davon aus, daß jede dritte oder vierte Frau als Kind mißbraucht wird. Das bedeutet, daß es verdammt viele Partner geben muß, ob sie es wissen oder nicht. Die Hälfte aller Männer ist garantiert Partner einer Überlebenden oder ist es wenigstens zu irgendeinem Zeitpunkt einmal gewesen, und keiner spricht darüber.

Ich sah dann eine Anzeige, in der ein Workshop für Partner angekündigt wurde, und ging hin. Die Begegnung mit anderen Partnern war ein richtiger Wendepunkt für mich. Es hat mir sehr geholfen. Die Tatsache, daß sie sich genauso fühlten wie ich, hat mich sehr bestätigt und mich unterstützt.

Ich hab dann mit einer Selbsthilfegruppe angefangen. Das war eine hervorragende Sache. Ich wünschte, ich hätte so etwas vom ersten Tag an gehabt, von dem Tag an, als Sarah klar wurde, daß sie mißbraucht worden war. Ein paar von uns haben sich zusammengetan. An manchen Abenden meckerten und stöhnten wir nur herum, wie schlimm die Woche mit unserer Überlebenden wieder gewesen war und wie verkorkst und verrückt das alles war.

Wir mußten unsere Gefühle rauslassen. Einen Teil davon kann man der Überlebenden zeigen, aber man muß vorsichtig sein. Mit drei oder vier anderen Partnern zusammen kann man richtig loslassen und die Wut rauslassen. »Jetzt haben wir drei Monate lang nicht miteinander geschlafen. Das ist verrückt! Ich hab echt die Schnauze voll. Dazu hab ich nicht geheiratet.« Wenn ich in der Gruppe Dampf abgelassen hatte, fiel es mir leichter, Sarah dasselbe auf sanftere Weise zu sagen.

Die Gruppe half mir, eine Identität als Partner zu entwickeln. Ich hab daraus viel Selbstwertgefühl gezogen. In der letzten Zeit habe ich nicht mehr so stark das Bedürfnis, mich als Partner zu identifizieren. Seit kurzem gehe ich in eine Selbsterfahrungsgruppe für Männer. Die meisten wissen nicht mal, daß ich Partner bin. So wie die Dinge sich jetzt entwickelt haben, ist dieses Etikett für mich nicht mehr so wichtig.

Rachephantasien

Nachdem Sarah sich an den Mißbrauch erinnert hatte, dauerte es noch eine Weile, bis sie die Verbindung zu ihrem Vater abbrach. Irgendwann wurde ihr klar, daß sie den Kontakt nicht aufrechterhalten konnte, denn er stritt alles ab und warf ihr vor, sie wäre verrückt. Es gab viel Ärger mit der Familie. Erst bei der zweiten Konfrontation war Sarah stark genug, aufzustehen und zu sagen: »Nein, ich will dich nicht mehr sehen!«

Es fiel mir schwer, wütend auf Sarahs Vater zu sein. Ich habe großen Respekt vor Eltern. Wenn Eltern etwas sagen, dann gilt das. Eltern sind für mich in einer anderen Kategorie als andere Menschen. Ich konnte mir gar nicht vorstellen, wie jemand auf seinen Vater oder seine Mutter wütend sein kann. Es dauerte eine ganze Weile, bis ich an meinen Zorn auf ihren Vater herankam. Ich kann mich noch gut daran erinnern. Ich war in einem Workshop für Partner und hörte mir die ganze Wut der anderen an. Und allmählich spürte ich meine eigenen Gefühle. Zum ersten Mal wurde ich wütend auf ihren Vater wegen all dem, was er Sarah angetan hat und was er unserer Beziehung angetan hat. Es klingt lächerlich, wenn man einen alten Mann am liebsten zusammenschlagen würde, aber so hab ich mich gefühlt. Irgendwann wollte Sarah ein bißchen von ihrer Wut und ihrer Feindseligkeit abreagieren. Und als Bauunternehmer und Zimmermann hatte ich Hammer und Holzblöcke und Nägel. Wir malten die Umrisse ihres Vaters auf einen großen Holzblock, und sie haute Nägel rein. Ich fing immer an, bis sie hielten, und sie haute dann drauf, so fest sie konnte, und trieb sie hinein. Sie hat die Nägel mit solchem Enthusiasmus reingehauen, daß meine Finger fast mal zerschmettert worden wären. Irgendwann vergaß sie die Nägel und haute nur noch auf dem Holzklotz herum, sie haute ihn richtig in Stücke. Sie löschte die Figur auf dem Holz förmlich aus; sie hat sich da richtig reingesteigert. Und sie hat es sehr genossen.

Ich habe meine eigenen Rachephantasien. Ich besitze ein Oberhemd, das mir ihr Vater vor ein paar Jahren geschenkt hat. Er legt immer großen Wert darauf, daß man weiß, was seine Geschenke wert sind. Er hat das Preisschild drangelassen. Es hat hundert Dollar gekostet. Ich hab es noch nie angehabt. Es wird mir sicher guttun, wenn ich es aus dem Schrank hole und kaputtmache. Ich hab daran gedacht, es zu verbrennen, aber das geht zu schnell. Ich möchte es langsam zerstören und gleichzeitig etwas Erniedrigendes damit machen. Vielleicht stecke ich es in den Reißwolf. Oder ich binde es an mein Auto und schleife es hinter mir her und stelle mir vor, er stecke in dem Hemd drin.

Sexualität

Unsere sexuelle Beziehung hat sich radikal verändert, als der Inzest ans Tageslicht kam. Alles wurde ganz seltsam. Es war schwer, überhaupt den ersten Schritt zu tun. Sarah stieg aus und war einfach weg. Oder sie mußte mittendrin aufhören, weil sie Erinnerungsblitze hatte.

Und wenn wir doch mal miteinander geschlafen hatten, wurde sie hinterher von einer Flut von Gefühlen überschwemmt. Das hat mich total durcheinandergebracht. Ich kam mir vor, als würde ich ihr etwas Schreckliches antun. Ich wollte nicht, daß es ihr schlechtgeht. Wenn wir miteinander geschlafen hatten, ging sie ins Bad, um sich zu übergeben. Wie kann man so etwas nicht persönlich nehmen? Ich kam mir manchmal vor wie ein Vergewaltiger, nur weil ich mit meiner Frau schlief. Schließlich fühlte ich mich immer nur noch total mies. Das hat unseren sexuellen Aktivitäten schon einen Dämpfer aufgesetzt.

In einer normalen Beziehung ist Sexualität ein gemeinsames Erlebnis. Aber Sarah mußte alles unter Kontrolle haben. Zum Schluß haben wir gar nicht mehr miteinander geschlafen. Das war immer so ein Streß, daß ich aufgab. Es war die Sache einfach nicht wert.

Ich hab viel masturbiert. Na wenn schon. Am Anfang fiel es mir schwer. Sarah und ich hatten eine Beziehung miteinander. Normalerweise hätten wir es zusammen machen sollen, und nicht jeder für sich in einem anderen Zimmer und zu unterschiedlichen Zeiten.

Ich hab deshalb oft rumgemeckert und gejammert. Und da war es dann gut, daß es die Partnergruppe gab. Wir saßen alle im gleichen Boot.

Ich war frustriert und wütend. Es half, wenn ich Sarah sagte, was ich fühlte. Sie benahm sich dann vielleicht nicht anders, aber die Tatsache, daß sie es wußte, nahm mir etwas von dem Druck. Aber es fiel mir immer noch schwer, geduldig zu sein. Ich drängte ständig: »Das kann so nicht weitergehen. Wir müssen was tun. Wir müssen das in den Griff kriegen.«

Schließlich haben wir uns dann auf ein sexuelles Moratorium geeinigt: keine sexuellen Erwartungen mehr. Wenn wir darüber reden wollten, prima, aber es sollte keine Erwartungshaltung mehr dahinterstecken. Das haben wir vier Monate lang gemacht. Wir hatten das vorher noch nie versucht, und ich hätte alles ausprobiert. Da sexuell sowieso nichts lief, machte es keinen großen Unterschied. Ich dachte, vielleicht hilft es. Und es hat geholfen. Wir standen beide nicht mehr unter diesem Druck. Wir konnten liebevoll miteinander umgehen, ohne Sex zu erwarten.

Ich neige dazu, Zuneigung und Sex zu verwechseln. Und weil Sex so belastet war, war es mit dem liebevollen Umgang zwischen uns auch nicht weit her. Es gab keine körperlichen Zeichen unserer Zuneigung, kein Berühren und kein Herumalbern und so. Das war alles ziemlich düster. Und diese sexuelle Pause gab uns beiden Gelegenheit, einander ohne Risiko unsere Zuneigung zu zeigen, weil wir ja wußten, wir landen nicht im Bett.

Sex ist immer noch das Thema, mit dem wir am schwersten zurechtkommen, und auch das, was wir am längsten vor uns herschieben. Nachdem wir die ersten Krisenjahre überstanden hatten, fingen wir an, auch an unseren sexuellen Problemen zu arbeiten, aber wir mußten immer wieder abbrechen. Sarah fühlte sich nie sicher genug. Wir haben es dann immer wieder aufgeschoben. Jedesmal, wenn wir kurz davor standen, uns mit diesem Thema zu beschäftigen, kam garantiert die nächste Krise, auf die wir uns konzentrieren mußten. Das ist jetzt seit zwei Jahren so, und es frustriert mich sehr.

Sarah hat mir gesagt, am liebsten würde sie sich nie wieder mit Sex beschäftigen; wenn sie alleinstehend wäre, würde sie auf Sex verzichten. Manchmal sagt sie aber auch, sie möchte daran arbeiten. Jetzt heilt sie seit fünf Jahren, und erst seit kurzem ist sie langsam in der Lage, sich auf sexuelle Dinge zu konzentrieren und dabeizubleiben.

In allen anderen Bereichen haben wir Fortschritte gemacht. Und auf sexuellem Gebiet werden wir das auch schaffen. Es ist nur eine Frage der Zeit.

Ich wußte gar nicht, was ein »Thema« ist

Als Partner einer Überlebenden bin ich gezwungen, mich auch mit mir selbst zu beschäftigen. Sarah erfuhr auf jeden Fall sehr viel über sich. Unsere Beziehung hätte nicht funktioniert, wenn ich dasselbe nicht auch gemacht hätte. Ich war gezwungen, auch an mir zu arbeiten. Ich lernte, mir meine eigenen Themen anzusehen. Anfangs wußte ich nicht mal, was ein »Thema« ist. Der erste und offensichtlichste Punkt, den ich mir angucken mußte, war: »Ich habe keine Gefühle.« Und da hat sich seitdem viel getan.

Am Anfang war ich sehr abhängig von Sarah und ständig bemüht, ihr alles recht zu machen. Ich gab auch immer nach. Meine Haltung war: »Was kann ich tun, um dir zu helfen? Was kann ich für dich tun?« Wegen der fehlenden starken männlichen Vorbilder in meiner Kindheit besaß ich nicht das Selbstvertrauen oder die Stärke, ich selbst zu sein und Sarah soliden Widerstand entgegenzusetzen. Und wenn ich nicht sicher und klar auftrete, hat sie keine Ahnung, wer ich bin. Dann verwechselt sie mich leicht mit ihrem Mißbraucher. Wenn ich weiß, wer ich bin und wo meine Grenzen liegen, zeige ich ihr, daß ich anders bin. Daß ich Eric bin und nicht ihr Vater. Ich gebe ihr etwas, worauf sie sich stützen kann. Das ist ganz schön schwierig, aber ich lerne es langsam.

Ich lerne, mehr Selbstbewußtsein zu entwickeln, meine männliche, maskuline Seite auszubauen. Ich trete jetzt entschlossener auf und vertrete meinen Standpunkt, wenn es um die Erfüllung meiner Bedürfnisse geht. Ich hab gelernt, Grenzen festzulegen. Ich sage jetzt manchmal nein, wenn ich etwas nicht tun will. Sarah meint, daß es ihr besser geht, wenn sie genau weiß, wo ich stehe. Sie fühlt sich sicherer. Als sie erkannt hat: »Du bist auch hier«, hat ihr das gutgetan.

Ich glaube, es gibt so eine Dynamik, die dafür sorgt, daß bestimmte Leute sich mit bestimmten anderen Leuten verbinden. Sarah wußte nicht mal, daß sie Überlebende ist, als wir uns kennenlernten und heirateten. Der Inzest trat erst zutage, als sie sich sicher und geborgen genug fühlte, um damit umzugehen. Sie wartete, bis wir verheiratet waren. Ich entlastete sie und gab ihr die Sicherheit, diese Sache angehen und durchstehen zu können. Es kann nicht nur Zufall sein, daß ich aus meiner Vergangenheit auch Dinge mitgebracht habe, die zu ihren Themen passen. Wir merken wirklich, wie zwischen meinem Hintergrund und ihrem oft eine Dynamik, eine Art Wechselwirkung besteht.

Wie sich die Dinge geändert haben

Am Anfang machte Sarah unablässig irgendwelche Krisen durch. Wir suchten ständig nach Hinweisen, an denen wir unsere Fortschritte festmachen konnten. Und wir klammerten uns daran, so klein sie auch waren.

Nach ein paar Jahren stabilisierte sich die Situation langsam. Wir sahen jetzt konkretere Fortschritte. Wir konnten zurückblicken und sagen: »Schau, wie wir uns entwickelt haben. Schau, was wir geschafft haben. Schau, womit wir angefangen haben. Schau, wo wir jetzt sind. Wer sagt, da hätte sich nichts verändert?« Die fünf Jahre waren nicht leicht, und ich weiß nicht, ob ich das freiwillig noch mal machen würde. Es ist manchmal schwer gewesen, aber die Widerstände, mit denen wir zu kämpfen hatten, haben zwischen uns eine so starke Verbindung geschaffen, wie sie sich sonst niemals entwickelt hätte. Natürlich kann ich mir nicht vorstellen, daß ich das für jemand anders als Sarah gemacht hätte. Das war überhaupt das Gute an der Sache: daß ich es mit Sarah gemacht habe. Ich hatte immer das Gefühl, sie ist es wert. Wir haben jetzt eine gute Beziehung. Und die wird immer stärker.

LORRAINES GESCHICHTE
Wir haben miteinander Schluß gemacht

Lorraine Williams wurde von ihrem Großvater sexuell mißbraucht. 1984 haben wir sie für Trotz allem *interviewt und nach ihren Erfahrungen bei der Konfrontation mit ihrer Familie befragt. Das folgende Interview fand sechs Jahre später statt, kurz nachdem sie ihre Beziehung mit Luci, einer weiteren Überlebenden, beendet hatte.*

Als Luci und ich uns kennenlernten, hatte ich bereits wieder festen Boden unter den Füßen und beschäftigte mich eigentlich nicht mehr mit dem Inzest. Ich hatte nach fünf Jahren gerade meine Therapie beendet. Ich fühlte mich richtig gut. Mein Dasein als Überlebende stand nicht mehr im Vordergrund. Der Mißbrauch nahm nicht mehr so viel Raum in meinem Leben ein. Ich hatte wirklich hart gearbeitet, und dank dieser Arbeit war ich jetzt zu größerer Nähe fähig und zu erfüllteren Beziehungen.

Ich fühlte mich zum ersten Mal in meinem Leben mit meiner Sexualität wohl und konnte sie voll ausleben. Ich war an einem Punkt angelangt, an dem ich verschiedene Formen und Facetten der Sexualität wirklich genießen konnte, ohne mich dabei gehemmt oder eingeschränkt zu fühlen. Ich probierte neue Dinge aus. Ich kam mir nicht mehr vor wie ein schlechter Mensch, weil mir Sex Spaß machte. Und mir machte Sex viel Spaß.

Als ich Luci kennenlernte, begann sie gerade die Tatsache wahrzunehmen, daß sie Mißbrauchserinnerungen hatte. Sie hatte einen Blick darauf geworfen und sie schnell wieder weggepackt. Sie war nicht bereit, sich damit zu beschäftigen. Erst ein Jahr nach Beginn unserer Beziehung fing sie wirklich an, sich ihren Mißbrauch genauer anzusehen, und dann kamen die ganzen Themen hoch.

Ich liebte Luci, und sie war mir wichtig. Es ging ihr schlecht, und sie hatte viele Erinnerungsblitze. Meine erste Reaktion war: »Okay, dann bist du eben Überlebende. Damit kommen wir klar.« Und ich fragte mich: »Was bedeutet das für mich? Was bedeutet das für meine Sexualität?« Ich distanzierte mich und spielte die Therapeutin. Insgeheim dachte ich: »Scheiße! Ich will das nicht!« Aber gleichzeitig liebte ich sie. Ich war hin- und hergerissen. Ich machte mir viele unrealistische Hoffnungen: »Ich hoffe, ihr Mißbrauch war nicht so schlimm wie meiner.« »Na gut, das muß ja nicht ihr gesamtes Leben umkrempeln.« »Vielleicht möchte sie doch weiter angefaßt werden.«

Aber so war es nicht.

Ich wollte mit einer Frau zusammen sein, die zu einer Beziehung bereit war, und plötzlich war alles zu Ende. Wir stritten uns. Sexuell lief gar nichts mehr. Oder wir schliefen miteinander, und plötzlich bekam sie einen Erinnerungsblitz. Ich lag dann da und tröstete sie, und innerlich kochte ich vor Wut. Ich war kurz davor, dieses wahnsinnig schöne Gefühl zu erleben, und jetzt mußten diese Scheiß-Inzesterinnerungen unbedingt hochkommen. Das war frustrierend. Und das war auch ein Konflikt, weil ich dachte, eigentlich dürfte ich nicht wütend sein. Manchmal sagte sie zu mir: »Du solltest dafür Verständnis haben. Du kennst das doch von dir.« Sie dachte, ich müßte alles können und wissen. Aber das stimmte nicht.

Und das andere war, daß wir zusammen irgendwelche Pläne machten und sie die Verabredungen dann ständig absagte. Sie war nicht in der Lage, für etwas die Verantwortung zu übernehmen oder emotional dabeizubleiben. Ich gab und gab und gab und kriegte nicht viel zurück. Sie konnte höchstens zehn Prozent geben.

Ich kam mir vor, als hätte ich es mit einem Zombie zu tun. Ich fragte mich: »War ich auch so?« Und ich dachte: »Nein, nie im Leben!«, aber ich hatte auch nicht versucht, in einer Beziehung zu leben, während ich das durchmachte.

Ich war sauer. Ich hatte so viel Zeit darauf verwendet, an mir zu arbeiten, und jetzt war ich mit einer Frau zusammen, die so geschädigt war? Jetzt sollte ich wieder von vorn anfangen?

Ich wurde immer ungeduldiger. Ich glaubte es der Beziehung schuldig zu sein, Geduld zu haben und Luci meine Unterstützung anzubieten. Aber tatsächlich hätte ich am liebsten nichts damit zu tun gehabt. Ich hatte die Nase voll von Mißbrauch. Ich wollte keine Beziehung mit jemandem, die so große Probleme hatte. Ich wollte nicht so lange warten müssen, bis sie den ganzen Heilungsprozeß durchgemacht hatte, das »Faß mich nicht an, ich komme damit nicht klar«, die Tränenausbrüche, das »Ich kann mich jetzt nicht öffnen«, all diese Sachen. Ich wollte das nicht jahrelang mitmachen. Und ich wußte, wenn sie fertig war, würde sie vielleicht gar nichts mehr mit mir zu tun haben wollen. Das Risiko war mir zu groß.

Und ich versuchte, abzuwarten und durchzuhalten, für sie dazusein und sie im Arm zu halten. Ich dachte: »Dazu ist eine Partnerin da.« Ich versuchte mich damit abzufinden, daß ich nicht viel Dank bekam, aber was meine Bedürfnisse anging, kam ich total zu kurz. Ich fühlte mich furchtbar isoliert.

Ich fühlte mich wahnsinnig schuldig. Ich dachte: »Ich sollte mehr Verständnis haben. Ich weiß doch, wie das ist.« Ich stellte mir vor, wie wunderbar es damals gewesen wäre, jemanden zu haben, die Verständnis gehabt hätte. Dann bekam ich immer ein ganz schlechtes Gewissen. Ich fragte mich: »Wieso kann ich ihr das nicht geben? Warum kann ich das nicht?« Und ein anderer Teil von mir gab die Antwort: »Ich kann das nicht. Und ich will das nicht.« Es laugte mich einfach aus. Ich fragte mich: »Bin ich egoistisch?« Und ich antwortete mir selber: »Ja. Ich bin egoistisch.« Manchmal konnte ich das akzeptieren und manchmal nicht.

Zu Weihnachten war dann das Maß voll. Die Feiertage waren furchtbar. Wir hatten vor, Heiligabend zusammen zu verbringen. Sie ging ein paar Freundinnen besuchen, um mit ihnen Geschenke auszutauschen. Ich blieb in ihrer Wohnung und machte unsere Wäsche. Wir wollten am nächsten Tag ein bißchen rausfahren. Ich saß da und hörte Musik, und plötzlich wußte ich, sie kommt nicht nach Hause. Eine halbe Stunde später rief sie an, um mir zu sagen, daß sie nicht nach Hause kommen würde, weil sie sich emotional nicht stark genug fühlte, um es mit der Welt aufzunehmen und zu verreisen. Sie sagte, wenn sie es versuchen würde, müßte sie sich entweder betrinken oder Selbstmord begehen.

Ich war nicht überrascht. Ich war verletzt und wütend und enttäuscht, aber ich war nicht überrascht. An dem Abend kam ich zu der Überzeugung, daß es sich für mich nicht lohnte, die Beziehung aufrechtzuerhalten. Es lohnte sich nicht, ständig enttäuscht zu sein. Ich steckte eine Menge Energie da rein, mehr als hundert Prozent, und was ich dafür bekam, war eine einzige Quälerei. Ich wollte keine Märtyrerin sein.

Als sie am nächsten Morgen nach Hause kam, nahm sie mich in den Arm und küßte mich und sagte: »Ich weiß, du bist sauer.« Ich hatte beschlossen, meinen Ärger zurückzustellen, damit wir den ersten Weihnachtstag zusammen verbringen konnten. Ich schaffte es, mich ein paar Stunden lang zu beherrschen. Dann mußten wir darüber reden. Ich sagte: »Das tut mir einfach zu weh.«

Wir fuhren dann doch zusammen weg. Und der Urlaub war nicht schlecht, aber körperliche Nähe gab es nicht. Wir haben nicht miteinander geschlafen. Damit hatten wir schon im November aufgehört. Ich hatte das Gefühl, sehr, sehr wenig zu bekommen.

Als wir zurückkamen, hatten wir beide viel nachgedacht. Uns war beiden klar, daß wir nicht zusammenbleiben konnten. Ich begriff auch endlich, daß Luci einfach nicht frei war, nicht zur Verfügung stand, und daß das vermutlich noch eine ganze Weile so bleiben würde. Ich hatte mir eingeredet, es würde besser werden, wir würden es schaffen und es wäre bald vorbei. Jetzt erkannte ich, daß es noch lange nicht vorbei sein würde. Mir wurde klar, daß ich nicht das Zeug dazu hatte, durchzuhalten. Das hieß nicht, daß ich sie nicht liebte oder mit ihr zusammensein wollte. Es hieß nur, daß es mir – und im Endeffekt auch ihr – zu weh tat, weil sie nichts zu geben hatte. Sie kam sich vor wie eine Niete, weil sie mich ständig enttäuschte und verletzte. Sie wollte mich nicht länger verletzen. Und ich wußte, wenn ich bliebe, würde ich sie irgendwann hassen. Und das wollte ich nicht. Ich wollte sie nicht irgendwann hassen.

Ich wollte nur, daß es vorbei wäre.

Es tat weh, aber wir gingen im guten auseinander. Wir wußten beide, daß es keinen Sinn hatte und daß wir nichts daran ändern konnten. Wir hielten einander lange im Arm und weinten. Wir wußten, wir hatten keine andere Wahl.

Ich habe im Laufe der Beziehung mehr geweint als bei ihrem Ende. Ich habe so sehr um Dinge getrauert, auf die ich verzichten mußte, als wir zusammen waren, daß ich nicht mehr viele Tränen übrig hatte, als wir schließlich Schluß machten.

Etwa einen Monat lang ging ich ihr aus dem Weg. Wir sahen uns kaum, vielleicht zwei Mal. Ich war noch sehr wütend auf sie und hatte eine Menge Rachephantasien. Ich fühlte mich, als hätte sie mich beraubt. Als hätte sie von mir nur genommen und mir nichts zurückgegeben.

Luci war wegen ihres Mißbrauchs in Therapie und beschäftigte sich dort damit, welchen Anteil sie an der Beendigung der Beziehung hatte. Nach einer Weile konnte sie sich eingestehen, daß sie mich sehr verletzt hatte. Und wir konnten damit beginnen, eine Freundschaft aufzubauen. Wir sind jetzt bessere Freundinnen als während unserer Liebesbeziehung. Sie ist zuverlässiger geworden, weil sie in ihrer Heilung weiter fortgeschritten ist. Ich erwarte weniger von ihr. Und sie steht nicht unter dem Druck, Nähe zulassen zu müssen.

Ich bin sicher, ich habe zu ein paar Freundinnen gesagt: »Ich beginne nie wieder eine Beziehung mit einer Überlebenden, die gerade anfängt, daran zu arbeiten.« Das ist keine leichte Entscheidung, denn viele Lesben sind Überlebende. Aber ich habe Glück gehabt. Ich bin jetzt mit einer Frau zusammen, die keine Überlebende ist. Es ist schön zu wissen, wir können miteinander schlafen, ohne daß diese dritte Person, die Schaden angerichtet hat, dazwischenfährt. Ich bin jetzt viel glücklicher. Ich bin sicher, meine Entscheidung war richtig.

RICHARDS GESCHICHTE
Ein Jahr nach dem anderen

Richard und Yvonne sind beide Mitte Dreißig. Richard ist Wirtschaftsprüfer, und Yvonne ist Strafverteidigerin. Sie sind seit zwölf Jahren verheiratet und haben keine Kinder. Yvonne wurde in einem Satanskult, dem auch ihre Eltern angehörten, sexuell und rituell mißbraucht.

Ich bin als jüngstes von drei Kindern im Mittleren Westen der USA aufgewachsen. Meine Mutter war eher dominant, und mein Vater ließ sie gewähren. Gefühle wurden in meiner Familie weggesteckt. Niemand zeigte seine Zuneigung. Meine Schwiegermutter war der erste Mensch, der mich als Erwachsener umarmt und geküßt hat.

Ich lernte Yvonne am College kennen. Wir waren im gleichen Semester. Das erste, was mich an ihr faszinierte, war ihre Intelligenz. Sie ist brillant, das fand ich wahnsinnig aufregend. Ich fühlte mich einsam und isoliert. Ich hatte noch nie eine Verabredung gehabt. Ich besaß sehr wenig Erfahrung mit Frauen und machte deshalb anfangs alle möglichen Fehler. Nachdem wir ungefähr ein Jahr miteinander gegangen waren, bedrängte ich Yvonne, mit mir zu schlafen. Schließlich gab sie nach. Es war für uns beide keine schöne Erfahrung. Sie hatte wahnsinnige Angst, und ich fühlte mich hinterher schuldig. Es war schlimm, aber es brachte uns nicht auseinander. Wir gingen weiter miteinander ins Bett und heirateten schließlich. Wir waren uns einig, daß wir keine Kinder wollten. Wir wollten uns auf unsere Karrieren konzentrieren. Yvonnes Karriere bekam Priorität, und die hat sie immer noch. Ich bin froh, daß wir das so gemacht haben.

Als wir fünf Jahre verheiratet waren, bekam Yvonne Alpträume. Wir hatten plötzlich sexuelle Probleme. Egal, was ich machte, ihr sexuelles Interesse an mir ging zurück. Ich dachte, mit mir würde etwas nicht stimmen. Ich war sehr verwirrt. Ich hatte noch nie mit jemand anderem geschlafen. Ich dachte dauernd: »Ob Sex immer so ist? Soll das alles sein, was ich für den Rest meines Lebens zu erwarten habe?«

Ich kam auf die Idee, es würde vielleicht helfen, wenn Yvonne mit einem anderen Mann schliefe. Zusammen mit einem Freund von mir gründeten wir eine Dreierbeziehung. Nach einem halben Jahr zog er bei uns ein. Das Ganze dauerte ein Jahr. Irgendwann schmissen wir ihn raus, aber zu dem Zeitpunkt war Yvonne schon so durcheinander, daß sie auch auszog. Es war alles ein Riesenmist und hätte unsere Ehe fast zerstört.

Ich fing eine Therapie an. Ich bat Yvonne, mitzukommen, und sagte ihr, andernfalls würde ich keine große Hoffnung mehr für unsere Ehe haben. Wir fingen eine Paartherapie an. Mein Ziel war es, wieder zusammenzufinden. Sie wollte ihre Sachen aufdröseln und herausfinden, was sie wirklich wollte. Wir beschäftigten uns mit Kommunikationsproblemen und Abgrenzung und lernten, wie man Grenzen setzt. Das meiste war neu für uns.

Nach vier oder fünf Monaten zogen wir wieder zusammen. Wir gingen weiter zur Therapie, einzeln und auch gemeinsam. Während einer ihrer Einzelsitzungen mit unserem Therapeuten begann Yvonne, sich zu erinnern und den sexuellen Mißbrauch zu entdecken. Sie erzählte mir nur nach und nach davon. Als würde man eine Zwiebel pellen. Das ist jetzt auch noch so.

Am Anfang versuchte ich mit allen Mitteln, sie zu unterstützen. Ich wollte ihr die Last abnehmen, den Schmerz mit ihr teilen. Ich engagierte mich sehr und erkämpfte jeden Schritt des Weges mit ihr zusammen.

Ich nahm an mehreren Workshops für Partner von Überlebenden teil. Jeder empfand starken Schmerz, und ich hatte bis dahin gar nicht erkannt, wie groß mein Schmerz war. Jeder in der Gruppe versuchte, übermenschlich zu sein. Keiner von uns war glücklich. Unglaublich viele waren völlig ausgebrannt. Zu einem Zeitpunkt waren wir acht Partner, die sich wöchentlich trafen, und nach einem halben Jahr hatten sich bis auf zwei alle Paare getrennt. Das hat mich sehr geschockt. Ich sagte mir: »Diese Jungens lassen sich wirklich zum Hampelmann machen.« Die Männer waren alle sehr selbstlos, zu selbstlos. Und was hatte es ihnen gebracht? Ihre Beziehungen gingen kaputt.

Ich erkannte, daß ich zu sehr versuchte, für Yvonne dazusein. Ich konnte nicht weiterhin ihre Gefühle teilen, während meine eigenen Bedürfnisse nach Nähe und Sexualität unerfüllt blieben. Ich hörte damit auf. Inzwischen hatte sich Yvonne ein großes Netzwerk von Freundinnen aufgebaut. Sie hatte mit verschiedenen Therapeutinnen und Therapeuten gearbeitet. Ich ließ zu, daß sie sich stärker auf ihr eigenes Netzwerk stützte. Unserer Beziehung ist das gut bekommen.

Eine Affäre mit einer anderen Frau

Mir kommt es vor, als ob unser Sexualleben immer schlechter würde, je mehr Yvonne aufdeckt und erinnert. Yvonne kann mit mir schlafen, aber sie kann mich nicht innig und zärtlich küssen. Wenn Leute oder Dinge in die Nähe ihres Gesichts kommen, rastet sie aus. Es fiel mir sehr schwer, mich damit abzufinden. Ich fühle mich immer noch zurückgewiesen.

Einige Jahre nachdem der Mißbrauch zutage kam, hatte ich eine Affäre mit einer gemeinsamen Freundin. Ich wollte Yvonne nicht verletzen oder damit etwas demonstrieren. Ich war gerade dreißig geworden, und Yvonne war die einzige Frau, mit der ich jemals geschlafen hatte. Ich wollte wissen, ob Sex mit jemand anderem anders ist.

Das war eine einmalige Sache, aber ich bekam einen ganz neuen Bezugsrahmen. Ich hätte nie gedacht, daß mich jemand so begehren könnte. Ich fühlte mich plötzlich kompetent und gut im Bett, und das Gefühl hatte ich mit Yvonne noch nie gehabt. Mir wurde klar, daß Sex völlig anders sein konnte, als das, was ich in meiner Ehe erlebte.

Für Yvonne muß die Zeit danach die Hölle gewesen sein. Ich verliebte mich in diese andere Frau. Ich war so aufgeregt, daß ich tagelang nicht arbeiten konnte. Es kam mir vor, als hätte mir jemand etwas Wundervolles eröffnet.

Ich erzählte Yvonne sofort von dieser Affäre. Ich erzählte ihr sogar, was das für eine tolle Erfahrung für mich gewesen war. Ich war sehr naiv. Ich dachte, sie würde sich für mich freuen. Statt dessen war sie eifersüchtig und verletzt. Je mehr ich von dem wunderbaren Sex erzählte, den wir erlebt hatten, desto ungenügender fühlte sich Yvonne. Ich glaube, sie hatte Angst, mit der anderen Frau verglichen zu werden.

Trotzdem glaube ich, daß diese Geschichte uns geholfen hat. Ich konnte die Erwartungen zurückschrauben, die ich an Yvonne hatte. Ich war nicht so fordernd, wie ich es sonst vielleicht gewesen wäre. Ich hatte das Gefühl, aufgetankt zu haben. Obwohl es auch in den folgenden Jahren bei Yvonne mit Nähe und Sex nicht weit her war, trugen mich die guten

Gefühle, die ich aus dieser Geschichte mitgenommen hatte, eine ganze Weile.
Aber schließlich brach unsere Kommunikation, was Sex betraf, völlig zusammen. Am Anfang hatten wir dem Thema Sex viel Zeit eingeräumt, wenn wir bei unserem Therapeuten waren, aber später wollte Yvonne dann meist lieber an anderen Themen arbeiten. Ich fühlte mich total mißverstanden. Yvonne hatte keine Ahnung, was mir fehlte.
Vor einem knappen Jahr hatte ich eine zweite Affäre. Die Frau war eine Freundin, und wir übernachteten zusammen in einem Hotel. Ich hab mich nicht leichtfertig darauf eingelassen. Ich wußte, was auf dem Spiel stand, und es fiel mir auch schwer. Ich fühlte mich schuldig, schämte mich und hatte Angst. Ich wußte, ich würde Yvonne davon erzählen, und ich war nicht sicher, wie sie reagieren würde. Ich wußte, sie würde mich vielleicht rausschmeißen, aber ich mußte es trotzdem tun. Es klingt furchtbar, aber die Wirkung der ersten Affäre ließ langsam nach. Ich hatte vergessen, wie das war, wenn mich jemand wirklich begehrte.
Ich kam von dem Wochenende zurück und erzählte es Yvonne sofort. Am Anfang war sie wie vor den Kopf geschlagen. Sie konnte es nicht glauben. Dann wurde sie sehr wütend. Sie sagte, daß sie unsere Beziehung beenden wolle.
Nach der ersten schlimmen Wut machte Yvonne eine ganze Menge richtig. Sie legte Grenzen fest. Sie sagte, ich dürfte mit der Frau nicht sprechen, solange wir an dieser Sache arbeiten. Sie bestand darauf, daß wir wieder in die Paartherapie gingen (wir hatten eine Zeitlang damit aufgehört) und daß wir uns mehr auf Themen aus meiner Vergangenheit konzentrierten. Sie sagte, sie wollte, daß ich das nicht noch einmal mache.
Nachdem sich der Rauch verzogen hatte, sprachen wir offener über Sex. Yvonne konnte nicht gutheißen, was ich getan hatte, aber sie konnte zugeben, daß sie das Ausmaß meiner sexuellen Frustration nicht erkannt hatte. Noch vor zwei Jahren erzählte sie mir ständig, ich hätte einen zu starken Sexualtrieb und wäre unnormal, weil ich öfter als einmal in der Woche mit ihr schlafen wollte. Das machte mich verrückt. Jetzt ist sie bereit, zuzugeben, daß meine sexuellen Bedürfnisse legitim sind.
Im Moment hat Yvonne mit ein paar ganz schlimmen Erinnerungen zu kämpfen, und sie hat mir klar gesagt, daß ich in der nächsten Zeit keine großen sexuellen Veränderungen erwarten sollte. Sie kann sich jetzt noch nicht mit sexuellen Dingen beschäftigen. Sie hat so schon genug zu tun. Ich bin froh, daß sie mir immerhin mitteilen kann, wo sie steht, aber ich kriege immer noch nicht, was ich brauche. Im Moment kann ich damit leben. Ich bin jetzt viel geduldiger als früher.

Wenn ich an die Zukunft denke

Früher habe ich viel über die Zukunft nachgedacht: wo ich in zehn Jahren stehen werde, ob diese Beziehung für mich das Richtige ist. Jetzt denke ich immer nur ein paar Monate oder ein Jahr voraus. Yvonne stört das. Sie möchte sich länger auf mich verlassen können. Aber das ist mein Limit. Ich kann ihr nichts für alle Zeiten versprechen. Ich kann nicht sagen: »Ja, ich werde immer für dich da sein.«
Viele Jahre lang kam für mich eine Scheidung überhaupt nicht in Betracht. Ich hatte nicht das Gefühl, diese Wahl zu haben. Irgendwann wurde es so schlimm, daß ich Yvonne in meinen Phantasien bei einem Autounfall sterben ließ. Ich wollte nicht, daß sie stirbt, aber das war die einzige Möglichkeit, die ich mir vorstellen konnte, um aus dieser Beziehung herauszukommen: Entweder sie verließe mich oder sie hätte einen Unfall. Als ich mich bei diesen makabren Vorstellungen von ihrem Tod ertappte, wurde mir klar, daß ich mir selbst die Möglichkeit geben mußte, zu gehen. Ich mußte mir sagen, daß ich kein schlechter Mensch war, weil ich darüber nachdachte. Und ich wäre auch kein schlechter Mensch, wenn ich tatsächlich beschließen würde, zu gehen.

Ich habe mich auch schon umgehört und mit Freunden gesprochen, die eine Scheidung hinter sich haben. Yvonne und ich reden von Zeit zu Zeit darüber. Wir sind beide nicht sicher, ob es für uns das beste ist, wenn wir zusammenbleiben. Aber wir sind gute Freunde. Uns verbindet eine lange Geschichte. Ich bin unheimlich gern mit jemandem zusammen, die so intelligent und warmherzig und mitfühlend ist wie Yvonne. Das ist ein großer Anreiz, um zusammenzubleiben. Ich will mehr, aber im Moment reicht es, um mich zu tragen.

Warum es sich gelohnt hat

Vielleicht beschließe ich eines Tages, daß es mir reicht, aber ich werde diese Beziehung nie bereuen. Sie war und ist schwierig, aber ich bin enorm daran gewachsen. Ich wäre heute nicht derselbe Mensch, wenn ich nicht die letzten zwölf Jahre mit Yvonne verbracht hätte. Ich wäre viel unreifer. Der Reifeprozeß war schmerzhaft, aber es war die Sache wert.

Manchmal übertreibe ich ein bißchen, wenn ich über die Fortschritte spreche, die wir im Laufe der Jahre erzielt haben, und die Stürme, die wir überstanden haben, aber wir haben beide Anerkennung verdient. Ich bin stolz auf das, was wir geschafft haben. Die meisten Paare hätten schon nach den Affären das Handtuch geschmissen. Wir haben das durchgestanden.

Unser emotionales Wachstum verläuft ähnlich wie beim Bockspringen: mal sehe ich die Sachen klarer und meine Klarheit hilft uns, voranzukommen, und mal ist Yvonne vorneweg. Wenn wir irgendwo in einem Problem steckenbleiben, ist sie meistens diejenige, die uns aus dem Schlamassel herausholt und wieder auf den Weg bringt. Ich bin deswegen sehr stolz auf sie.

Ich liebe Yvonne. Sie hat furchtbare Dinge erlebt, und ich habe enormen Respekt für das, was sie macht. Ich liebe den Zugang, den Yvonne zum Leben hat: zu Menschen und zu Tieren. Sie beflügelt mich. Sie ist wie eine Blume, die langsam erblüht.

SCOTTS GESCHICHTE
Langsam Vertrauen bilden

Scott und sein Partner Jim haben seit acht Jahren eine Beziehung miteinander. Sie leben in der Nähe von Boston und wollen jetzt zusammenziehen. Scott ist sechsunddreißig, hat jahrelang ein eigenes Reinigungsunternehmen gehabt und ist jetzt arbeitsunfähig. Jim ist zweiunddreißig und Anwalt. Jim wurde von seinem Vater sexuell mißbraucht.

Ich bin im Mittleren Westen der USA aufgewachsen. Mein Vater war Pastor bei den Baptisten. Er hat immer Vertretungen übernommen, deshalb zogen wir oft um. Wir haben in Süddakota gewohnt und in Oklahoma und in Kansas und überall dazwischen.

Meine Mutter haßte es, die Frau eines Predigers zu sein. Sie ließ ihren Frust an uns aus. Sie hat mich und meine Schwester auf alle mögliche Art und Weise mißhandelt. Einmal verprügelte sie mich so schlimm, daß ich ins Krankenhaus mußte. Sie lief mit einem Schlachtermesser hinter mir her, aber natürlich hätte kein Mensch geglaubt, daß die Frau eines Predigers so etwas tun würde.

Ich hab die meiste Zeit meines Lebens in Therapie verbracht und versucht, herauszufinden, warum meine Mutter mich so mißhandelt hat. Ich fühlte mich betrogen. Ich fragte immer wieder: »Warum? Warum ist es bei uns nicht so gewesen wie in *Lassie* oder *Unsere kleine Farm*? Warum konnte ich nicht so eine Mutter haben?« Ich war deswegen sehr wütend. Inzwischen bin ich an einem Punkt angelangt, an dem ich sie zur Rede stellen konnte. Jetzt versuchen wir beide, herauszufinden, was diese Mißhandlung für uns bedeutet hat. Sie macht jetzt auch eine Therapie und ist sich inzwischen vieler eigener Probleme bewußt geworden.

Mein Vater war im Grunde eher passiv. Er hat nie versucht, einzugreifen, wenn meine Mutter uns mißhandelte. Bevor er vor einem Jahr starb, sprach ich mit ihm darüber. Und zum ersten Mal konnte er vieles zugeben. Er umarmte mich und sagte mir, daß er mich sehr liebe. Ich denke jetzt ohne Groll an ihn.

Die frühen Jahre

Ich hab geheiratet, als ich gerade mit der High-School fertig war. Aber meine Gefühle für Männer blieben. Ich dachte, ich wäre der einzige schwule Mann auf der ganzen Welt. Kein Mensch sprach darüber, schon gar nicht bei uns in der Gegend, im »Land der Bibel«. Irgendwann ging ich zu meiner Frau und sagte es ihr. Ich sagte: »Ich bin anders und komme mit einer Ehe nicht zurecht.« Ich glaube, ich hoffte, sie würde mich retten, und sie erwartete, daß ich mich in die Ehe fügen würde. Aber es ging nicht. Es gab auf beiden Seiten viel böses Blut. Nach drei Jahren ließen wir uns schließlich scheiden.

Meine Mutter kam mit der Tatsache, daß ich

schwul bin, nur sehr schwer zurecht. Sie ging damit um, als wäre es eine Krankheit, und fühlte sich irgendwie dafür verantwortlich. Sie verbot mir, zu ihr nach Hause zu kommen. Das war vermutlich das beste, was sie je für mich getan hat, denn dadurch bekam ich endlich etwas Abstand von ihr.

Nachdem ich mich mit zweiundzwanzig zu meinem Schwulsein bekannt hatte, habe ich gelebt, wie man sich das bei einem Schwulen vorstellt. Ich hab schon immer großen Wert auf Beziehungen gelegt und überall nach Liebe gesucht. Ich ging von einer Beziehung zur nächsten und brachte es nirgends allzuweit, weil ich mir immer wieder Leute aussuchte, die mich mißbrauchten oder ausnutzten. Ich manövrierte mich immer wieder in Situationen hinein, in denen ich mißhandelt wurde, und zwar, weil ich nichts anderes kannte.

Als ich Jim kennenlernte, fing ich gerade an, mich damit auseinanderzusetzen, daß meine Mutter mich mißhandelt hatte. Er begann gerade, sich mit dem sexuellen Mißbrauch durch seinen Vater zu beschäftigen. Während unserer ersten Monate verbanden uns vor allem unsere Gewalterfahrungen. Wir heulten uns gemeinsam unseren Schmerz aus dem Leib, was eine sehr kathartische, befreiende Wirkung auf uns hatte. Die Beziehung war für uns ein Ort, an dem wir einander unser Herz ausschütten konnten, und während des ersten halben Jahres kam da viel zum Vorschein.

Dadurch war unsere Beziehung aber auch ziemlich verrückt. Ich erhielt von Jim eine Menge widersprüchlicher Botschaften. Einmal verhielt er sich mir gegenüber warm und offen, und das nächste Mal war er richtig feindselig und abweisend. Er sagte: »Ich liebe dich. Komm doch näher.« Und wenn ich mich ihm dann näherte, stieß er mich heftig von sich. Er war schrecklich verwirrt. Er hatte das Gefühl: »Ich liebe dich und will dir vertrauen, aber du wirst mich genauso verletzen wie mein Vater.«

Zu Beginn unserer Beziehung arbeitete ich als Dressman in New York. Ich verdiente viel Geld. Ich versuchte ständig, alles mögliche für uns beide zu arrangieren: tolle Hotelsuiten, Rosen, Champagner, tolle Autos und Eintrittskarten für *Cats*. Er fühlte sich von der ganzen Aufmerksamkeit überwältigt und bedroht. Er rief meinen Mitbewohner an und hinterließ die Nachricht: »Sag Scott, daß ich das nicht kann.« Und dann flüchtete er, und ich verbrachte ein miserables Wochenende allein in New York.

Ich liebte ihn und wollte ihm nahe sein. Deshalb bedrängte ich ihn. Und je mehr ich drängte, desto mehr ging er auf Abstand.

Jim hielt meine Zuneigung immer wieder für Zudringlichkeit. Er reagierte sehr stark, wenn ich ihm meine Zuneigung zeigte, vor allem körperlich. Er hatte große Schwierigkeiten, mich und seinen Vater auseinanderzuhalten. Er verwechselte uns ständig miteinander.

Einmal, zu Beginn unserer Beziehung, besuchte ich ihn an Silvester. Er hatte ein paar Freunde zu Besuch. Ich ging zu ihm hin und gab ihm einen dicken Kuß. Er sah mich an und sagte: »Wie kannst du es wagen! Wie kommst du dazu, mich so zu behandeln!« Und ich sagte: »Wie behandeln?« Für mich war das natürlich und normal. Ich war doch bloß zärtlich. Doch für ihn war es eine unangemessene Zudringlichkeit. Ich war verwirrt und wütend. Und ich wehrte mich: »Das ist dein Ding. Du solltest auf den Menschen wütend sein, der dich verletzt hat, und nicht auf mich.«

Nach solchen Vorfällen waren wir immer beide verärgert, und jeder zog sich in seine Ecke zurück, um seine Wunden zu lecken. Manchmal dauerte das ein paar Tage. Manchmal ein halbes Jahr. Und so ging das die ersten vier oder fünf Jahre unserer Beziehung.

Wenn wir uns eine Weile nicht sahen, half mir das, klarer zu sehen, wer ich als Mensch eigentlich war. Ich setzte mich manchmal mit mir hin und sagte: »Mensch, ich bin kein Mißbraucher. Ich hab Jim gern. Ich versuche nicht, ihn zu manipulieren. Ich liebe ihn, und er ist mir wichtig. Wir arbeiten auf eine gesunde Beziehung hin.« Und auch Jim hatte

Gelegenheit, sich anzusehen, wer er war und wer ich in seinem Leben war.
Diese vorübergehenden Trennungen gingen von uns beiden aus. Ich konnte sie kommen sehen. Er fühlte sich dann sehr von meiner Sexualität bedroht, und meine Nähe wurde ihm immer unbehaglicher. Die Luft wurde dicker, und irgendwann bat er mich zu gehen. Er wies mich zurück und sagte mir, ich sei es nicht wert. Das war genau das, was ich mein Leben lang gehört hatte.
Einmal hatten wir schon eine ganze Weile aneinander herumgenörgelt und gestritten. Ich war sehr verwirrt und verletzt, und schließlich rief ich ihn an und sagte:»Jim, ich muß zu dir rüberkommen und mit dir reden.« Ich ging rüber und sagte: »Ich brauche Abstand von dir. Ich hab dich wirklich gern, aber es geht mir nicht gut. Ich brauche ein bißchen Zeit, um mir das, was du mir gesagt hast, durch den Kopf gehen zu lassen.« Er war sauer und hatte das Gefühl, ich würde ihn im Stich lassen. Wir fühlten uns beide sehr verletzt.
Während unserer Trennungen schrieben wir uns manchmal Briefe. Telefonieren konnten wir nicht. Manchmal war es zu riskant für ihn, auch nur meine Stimme zu hören. Er legte ständig auf, wenn ich anrief. Er war in mich verliebt und hatte Angst davor, daß unsere Liebe die Oberhand über ihn gewinnen würde. Es reichte nicht, ihm zu sagen, daß ich anders war als sein Vater. Er mußte es selbst merken.
Selbstverständlich ging ich während unserer Trennungen mit anderen Männern aus. Ich versuchte, Jim durch andere Menschen zu ersetzen. Aber jedesmal wurde mir klar, daß dies nicht wirklich das war, was ich wollte. Ich war in Jim verliebt. Ich wollte ihn.
Jim hatte kein großes Interesse an anderen Beziehungen. Manchmal ging er mit anderen Männern aus, aber manchmal verzichtete er auch ganz auf Sex. Er fühlte sich wohl, wenn er keine sexuelle Leistung bringen mußte.
Jedesmal wenn wir wieder zusammenkamen, mußten wir die ganzen Sachen durchgehen, die in der Zwischenzeit passiert waren. Er war eifersüchtig auf die Männer, mit denen ich zusammen gewesen war. Und ich war von diesem Gefühl auch nicht ganz frei.
Am Anfang schien es, als würden wir jedesmal Schluß machen, wenn wir uns eine Weile nicht sahen. Wir wußten nicht, wie wir sagen sollten: »Wir brauchen eine Pause voneinander.« Später, als wir einander näher waren und mehr Vertrauen entwickelt hatten, konnten wir sagen: »Wir brauchen beide etwas Abstand voneinander«, und wir waren dann beide nicht so verletzt.

Zwei verletzte kleine Jungen

Ich habe den Eindruck, manchmal glauben Menschen, die sexuell mißbraucht worden sind, sie könnten sich jetzt alles erlauben: »Ich bin verletzt worden, also darf ich mich so benehmen.« Jim war der Meinung, er hätte einen Freibrief, ständig ein ungezogener Junge zu sein. Und ich war nicht damit einverstanden. Ich sagte zu ihm: »Es tut mir wirklich leid, was dir passiert ist. Aber weil du mißbraucht wurdest, hast du nicht das Recht, mich zu mißbrauchen.« Und er sagte dann: »Du hast vollkommen recht, aber ich möchte es trotzdem tun.« Ich antwortete: »Pech. Ich habe auch Rechte.« Und dann mußten wir beide lachen. Humor spielt bei uns eine große Rolle. Daß man über sich selbst lachen und sagen kann: »Hab ich das wirklich gesagt?« Es geht um eine ernste Sache, aber manchmal ist es auch ganz schön lustig.
Er hat einen verletzten kleinen Jungen in seinem Innern und ich auch. Manchmal sagt er zu mir: »Ich hasse dich.« Und ich sage dann: »Ich hasse dich auch.« Und dann lachen wir beide. Hier sprechen eindeutig nicht die Erwachsenen, die einander lieben. Es sind die verletzten kleinen Jungen.
Manchmal empfanden wir es als ganz großen Pluspunkt, daß wir beide mißbraucht bzw. mißhandelt worden waren, aber manchmal auch als ganz großen Minuspunkt. Jeder von uns

verstand den Schmerz des anderen. Wir konnten einander trösten. Aber wir wußten auch, wie wir einander verletzen konnten. Es gab Zeiten, da versuchten wir, einander zu zerstören, da waren wir kein bißchen konstruktiv. Wir hatten riesige Machtkämpfe. Keiner von uns beiden hatte jemals in seinem Leben etwas unter Kontrolle gehabt, also wollten wir natürlich jetzt beide so viel wie möglich kontrollieren.

Einmal haben wir uns furchtbar angeschrien. Er brüllte: »Ich bin schrecklich mißbraucht worden! Ich bin ein Opfer, und darum geht es! Du tust jetzt genau, was ich will, oder die Beziehung ist zu Ende!« Und ich schrie: »Aber ich bin mißhandelt worden und bin auch ein Opfer! Du wirst dich wohl daran gewöhnen müssen!« Er sagte: »Das kann ich nicht.« Und ich sagte: »Na gut. Ich auch nicht.« Wir steckten in einer Sackgasse und trennten uns für eine ganze Weile.

Dann kam er zurück zu mir und sagte: »Weißt du was? Wir benehmen uns beide wie Opfer, oder?« Und ich sagte: »Ja. Und weißt du was? Wir sind keine Opfer. Wir sind Überlebende. Und das ist ein Unterschied.« Es gelang uns, das, was wir erlebt hatten, zu wenden und daraus zu lernen. Aber es war nicht leicht. Wir mußten beide eine ganze Menge Schmerz loslassen und ein Risiko eingehen. Wir mußten auf das Etikett Opfer verzichten. Wir mußten einander vertrauen. Und bei unserem Hintergrund war das sehr schwierig.

Auch wenn er manchmal sagte: »Ich liebe dich nicht«, wußte ich immer, daß wir einander lieben. An ein Mal erinnere ich mich ganz besonders. Wir saßen im Auto. Wir hatten einander eine Weile nicht gesehen. Und er sagte zu mir: »Ich bin nicht sicher, ob ich im Moment in meinem Leben eine feste Beziehung brauchen kann.« Er klang sehr arrogant. Und ich guckte ihn an und sagte: »So? Wirklich? Dann solltest du dir das noch mal überlegen. Ich glaube nämlich, du hast schon eine.« Eigentlich fragte ich ihn: »Bist du bereit, die Tatsache zu akzeptieren, daß das stimmt?« Ich wußte, es stimmte, und auf einer gewissen Ebene wußte er es auch. Aber er wehrte sich dagegen.

Er sagte oft: »Wenn ich dir gegenüber nachgebe, hast du gewonnen.« Und ich fragte dann: »Gewonnen? Was denn? Eine Auszeichnung? Oder in der Lotterie? Was hab ich denn dann gewonnen?« Und er sagte: »Dann ist es dir gelungen, mich fertigzumachen.« Ich sagte: »Das will ich überhaupt nicht. Ich möchte, daß du so glücklich bist wie möglich, egal, ob mit mir oder ohne mich.«

Als ich ihm an dem Tag im Auto das Messer auf die Brust setzte, sah er mich an, und wir mußten beide lachen. Endlich hatte er es ein Stück weit akzeptiert.

Männer müssen Sex wollen

Männer erwarten von anderen Männern, daß sie Sex wollen. So sind wir sozialisiert worden. Das ist einer der größten Konflikte, die Jim mit mir hat. Ich bin sehr sex-orientiert. Bin ich mein Leben lang gewesen. Ich bin ein gutaussehender schwuler Mann, und ich hab auf der Ebene auch immer überall Bestätigung bekommen. Wegen der Fehlfunktion in meiner Familie war ich die ganze Zeit auf der Suche nach Liebe. Und deshalb hatte ich ständig Sex.

Jim hat zu Sex eine sehr zwiespältige Einstellung. Er fühlt sich zu Männern hingezogen, und ein Mann hat ihn mißbraucht. Das ist schwer für ihn. Er hat mir so viele unterschiedliche Botschaften über Sex vermittelt. Er besitzt eine gesunde und eine geschädigte Seite, die ständig miteinander im Clinch liegen. Manchmal akzeptiert er mich. Er sagt dann: »Du bist sehr männlich, Scott, und ich finde das toll.« Und zehn Minuten später sagt er dann: »Ich hasse dich, weil du so männlich bist, Scott.« Es war für uns beide ziemlich verwirrend. Ich wußte nie, wo er gerade stand oder wie lange das so bleiben würde.

Wir schliefen miteinander und alles war in Ordnung, und plötzlich, ohne ersichtlichen Grund, erstarrte er plötzlich, und nichts ging mehr. Am Anfang war ich sehr frustriert und wütend. Später achteten wir dann darauf, daß wir die ganze Zeit miteinander redeten. Das war für uns beide sehr riskant. Er sagte: »Ich habe große Angst. Ich weiß nicht, wo das herkommt.« Das allein zu sagen, half ihm schon, sich zu entspannen. Ich sagte dann: »Ich finde das auch nicht so toll. Ich will nicht, daß du dich zu irgend etwas gezwungen fühlst. Ich möchte, daß wir hier genauso miteinander umgehen und dasselbe füreinander empfinden wie sonst auch. Lieber hören wir ganz damit auf, als daß du dich dazu zwingst.«

Verständlicherweise hatte er bei allem, was mit Sex zu tun hatte, sehr stark das Bedürfnis, seine Wünsche und Vorstellungen durchzusetzen. Ich kam mir vor, als müßte ich ständig nach seiner Pfeife tanzen. Das paßte mir ganz und gar nicht. Schließlich gelang es mir doch noch, ihm verständlich zu machen, daß ich ebensowenig benutzt werden wollte wie er.

AIDS und Inzest

Vor einem Jahr wurde festgestellt, daß ich AIDS habe. Ich lag mit einer interstitiellen Lungenentzündung im Krankenhaus. Schon ein Jahr vorher war bei mir ARC* diagnostiziert worden, jedoch nur mit schwachen Symptomen. Jim ist HIV positiv, weist aber auch nur ein paar schwache Symptome auf.

---

* ARC (Aids-Related Complex): eine lose Zuordnung mit AIDS in Zusammenhang stehender Symptome, die bei HIV-Infektionen auftreten können, jedoch nicht zur spezifischen Definition von AIDS-Fällen gehören. ARC ist kein fest umrissenes Krankheitsbild. In den USA ist die Unterscheidung zwischen ARC- und AIDS-Kranken wichtig, weil einige Sozialleistungen erst gewährt werden, wenn AIDS festgestellt wurde, und diese Leistungen Menschen mit ARC nicht gewährt werden, selbst wenn sie alle Symptome einer schweren Behinderung aufweisen. (Weiterführende Literatur: Diane Richardson: *Frauen und die AIDS-Krise* (Berlin 1987), Ines Rieder und Patricia Ruppelt (Hg.): *Frauen sprechen über AIDS* (Frankfurt 1991()

Meine AIDS-Diagnose hat einiges verändert. Das ist eine lebensgefährliche Krankheit, und wir haben diese Herausforderung angenommen. Den Inzest haben wir zurückgestellt. Er ist noch da, aber er besitzt nicht mehr die Macht, die er einmal hatte. Zum Teil liegt das an der ganzen Arbeit, die wir geleistet haben. Zum Teil liegt es auch daran, daß wir es jetzt mit etwas zu tun haben, das uns so viel unmittelbarer betrifft.

Es haben sich auch noch andere Veränderungen ergeben. Jim war es bisher gewöhnt, daß er nur zu winken brauchte, wenn er Sex wollte. Und plötzlich hat er keinen großen Einfluß mehr darauf. Ich bin jetzt derjenige, der nein sagt. Und manchmal ist mir einfach nicht danach. Und Jim weiß nicht, wie er damit umgehen soll, weil ich vorher immer verfügbar war. Ich glaube, es tut uns beiden gut, daß ich jetzt meinerseits auch ab und zu nein sage. Er hat jetzt erkannt, daß er sich nicht immer durchsetzen kann. Es ist auch nicht mehr so wichtig.

AIDS ist auf jeden Fall eine Krankheit, die einem die Würde nimmt. Ich kann nicht arbeiten. Ich bin jetzt arbeitsunfähig geschrieben. Wir versuchen, eine Sozialwohnung zu bekommen. Und wir ärgern uns mit der Krankenkasse und dem Sozialamt herum.

Wir wollen jetzt zusammenziehen. Das ist neu. Früher haben wir einander immer erzählt: »Ich werde nie mit dir zusammenziehen.« Dann hieß es: »Falls wir jemals zusammenziehen sollten« und später: »Wenn wir mal zusammen wohnen«. Jetzt heißt es: »Wir ziehen zusammen.« Dieser Anstieg verläuft parallel zu unserer Entwicklung als Paar. Es scheint, als würde unsere Arbeit endlich Früchte tragen. Wir haben einen Punkt in unserem Leben erreicht, an dem wir sagen können: »Wir haben es wirklich verdient, das Paar zu sein, auf das wir die letzten acht Jahre so hart hingearbeitet haben.« Wir freuen uns sehr darüber. Aber der Schatten von AIDS hängt über uns. Jim hat mir gesagt: »Ich habe Angst, mit dir zu leben, denn wenn ich mit dir lebe, bedeutet das, daß du sterben mußt.«

Wir haben das sehr gründlich diskutiert, und ich glaube, wir sind uns beide einig, daß das ein Anfang ist. Ob ich lebe oder sterbe oder ob er lebt oder stirbt, das hier wird uns niemand nehmen können. Wir werden die Befriedigung haben zu wissen, daß wir diesen Grad an Nähe erreicht haben. Wir haben beide sehr hart daran gearbeitet. Und wir werden weiterhin gemeinsam wachsen. Das ist das Schöne daran.

Das war eine wichtige Lebenserfahrung für mich. Es hätte eine Katastrophe werden können, wenn ich von meiner Persönlichkeit her noch nicht soweit gewesen wäre. Aber ich ruhte sicher genug in mir selbst, um sogar das Sperrfeuer von Jims Tests aushalten zu können: »Liebst du mich wirklich, oder nutzt du mich nur aus?« Diese Frage habe ich immer und immer wieder gehört, in tausend verschiedenen Formen. Einmal hat er sogar die Küchenspüle losgerissen und ist damit auf mich losgegangen.

Ich habe gelernt zu vertrauen. Ich habe Geduld gelernt. Ich habe auch gelernt, für jemanden dazusein, ohne mich selbst aufzugeben. Ich habe gelernt, wann ich loslassen muß und daß man erst dann wirklich bereit ist, einen anderen Menschen zu haben, wenn man ihn losläßt. Wenn du irgendwann sagen kannst: »Im Grunde ist es nicht so wichtig«, dann bist du dir deiner selbst sicher genug, um etwas zu bekommen.

Ich habe gelernt zu verhandeln, was ich vorher gar nicht konnte. Wir kommen jetzt viel schneller mit Konflikten zurecht. Früher haben wir vier Monate für etwas gebraucht, was wir heute in einer Stunde erledigen können. Vor fünf oder sechs Jahren hätte sich noch jeder von uns in seine Ecke zurückgezogen. Jetzt ist es viel leichter, und wir können uns gemeinsam eine Lösung überlegen. Wenn wir jetzt Abstand brauchen, können wir das sagen und uns für eine gewisse Zeit trennen, ohne daß die Beziehung zerbricht: »Ich habe eine Beziehung. Ich habe keine Beziehung. Ich habe eine Beziehung. Ich habe keine Beziehung.« Jetzt ist alles viel stabiler.

Das Defensive ist weg. Wenn jetzt etwas hochkommt, was mit sexuellem Mißbrauch zu tun hat, ist er eher bereit zu sagen: »O Gott, das hat mit dem Mißbrauch zu tun, oder?« Und ich sage dann: »Sieht so aus.«

Und irgendwie kommen wir wieder auf die alten Sachen zurück. Letzten Mittwoch haben wir *Cats* gesehen. Nicht in New York, sondern in Boston. Es war nicht dasselbe, aber wir konnten es uns endlich gemeinsam angucken. Ich war noch ziemlich sauer wegen dieser Geschichte von damals, und er fühlte sich noch schuldig. Wir sprachen nach der Vorstellung darüber und konnten es endlich loslassen. Es war schön. Da waren noch etliche Sachen, zu denen wir noch einmal zurückmußten, um sie loszulassen.

Ich bin sehr stolz auf uns. Ich bin stolz, daß ich durchgehalten habe. Es wäre oft so leicht gewesen, sich umzudrehen und zu gehen. Und ich bin froh, daß ich das nicht getan habe. Mein Instinkt hat mich nicht getrogen. Jim war es wert. Ich bin froh, daß ich an unsere Liebe geglaubt habe. Sie war sehr real, und sie ist es immer noch. Ich liebe ihn ebensosehr wie vor acht Jahren, wenn nicht noch mehr. Und ich glaube, das ist schon bemerkenswert. Bei allem Schmerz war und ist das eine unglaubliche Erfahrung.

VIRGINIAS GESCHICHTE
Ein festes Bündnis schmieden

Virginia ist fünfzig Jahre alt. Keith, ihr Mann, ist dreiundfünfzig. Sie sind seit zwanzig Jahren verheiratet. Sie haben sechs Kinder, zwei aus Virginias erster Ehe und vier gemeinsame. Die ältesten drei leben nicht mehr zu Hause. Die beiden Töchter im Teenageralter und der neunjährige Sohn wohnen mit ihnen in ihrem weitläufigen Haus in Minneapolis. Virgina hat zwölf Jahre lang in Frauenhäusern gearbeitet, und ihr Mann Keith ist Techniker. Keith wurde sowohl von seinen Eltern als auch von seinen Großeltern sexuell mißbraucht und beschäftigt sich seit drei Jahren mit Mißbrauchserinnerungen.

Beide Seiten meiner Familie stammen aus der Arbeiterklasse. Meine Mutter verließ die Schule mit fünfzehn, um in einer Fabrik zu arbeiten, und auch mein Vater arbeitete anfangs in einer Fabrik. Ich habe auf beiden Seiten indianisches Blut. Während meiner Jugend waren meine Eltern intensiv damit beschäftigt, ihre Wurzeln zu kappen. Sie versuchten, in die Mittelklasse aufzusteigen und ihre Vergangenheit hinter sich zu lassen. Sie bezahlten dafür mit massivem Alkoholmißbrauch. Meine Mutter war Alkoholikerin. Mein Bruder war schon mit sechzehn Alkoholiker. Mein Vater trank ebenfalls sehr viel und wurde später medikamentenabhängig. Ich war die einzige ohne Alkoholmißbrauch in meiner Familie.

Meine Rolle bestand darin, für alle zu sorgen. Als mein Bruder mit sechzehn versuchte, sich umzubringen, sagte mir meine Mutter, das hätte daran gelegen, daß ich aufs College ging und nicht mehr zu Hause wohnte. Ich war völlig fertig. Ich war die klassische Versorgerin. Ich fühlte mich immer für alles verantwortlich. Inzwischen habe ich sehr daran gearbeitet. Ich gehe seit Jahren zu Al-Anon.

Als ich gut zehn Jahre später Keith kennenlernte, war ich bereits geschieden und hatte zwei Kinder. Ich hielt mich unter falschem Namen in St. Paul versteckt, um meinem Mann zu entkommen, der mich schlug. Das war, bevor Gewalt gegen Frauen ein Thema war. Ich dachte, ich wäre an allem schuld.

Ich besuchte eine offene Therapiegruppe, und dort traf ich Keith. Zuerst waren wir nur befreundet. Ein halbes Jahr nach Ende der Gruppe fingen wir miteinander eine Beziehung an. Bevor ich Keith kennenlernte, war er bereits mehrfach in einer psychiatrischen Anstalt gewesen, und man hatte Schizophrenie diagnostiziert. Er erzählte mir davon, kurz nachdem wir uns kennengelernt hatten. Keith ist keiner, der etwas verschweigt. Ich machte mir Sorgen, ob Schizophrenie vielleicht erblich ist. Ich besorgte mir Bücher und fragte Fachleute. Etwa ein Drittel aller Schizophrenen wird spontan gesund, und Keith schien einer davon zu sein. Er brauchte keine Medikamente. Es schien ihm gutzugehen. Aber ich machte mir trotzdem Sorgen, darum fuhren wir zu der Klinik, in der er gewesen war, und ich sprach mit der Ärztin. Ich wollte wissen, wie die Chancen stünden. Sie machte mir Mut. Sie sagte, er sei in guter Verfassung. Sie hatte wirklich Wunder mit ihm vollbracht und viel dazu beigetragen, einen wunderbaren Menschen aus ihm zu machen. Aber natürlich hatte sie ihn nie nach sexuellem Mißbrauch gefragt. Das war damals nicht so wie heute. Damals sprach niemand über diese Dinge. Niemand stellte die richtigen Fragen. Man kannte so etwas nicht.

Die frühen Jahre

Das Hauptproblem in meiner Beziehung mit Keith war die Tatsache, daß ich ihm immer sagen wollte, wo es langging. Ich war es gewohnt, für meine Eltern und meinen Bruder zu sorgen. Ich wollte auch für Keith sorgen und ihn bevormunden. Und ich wurde sauer, wenn ich das nicht konnte.

Ich gewöhnte mir das erst vor ein paar Jahren ab, als ich anfing, zu feministischen Selbsterfahrungsgruppen zu gehen. Da war ich dann nicht mehr daran interessiert, für Keith zu sorgen, sondern verlangte, daß er seinen Anteil an der Hausarbeit und der Kindererziehung übernehmen sollte. Wir hatten den üblichen Streit darüber, aber meistens sah er es ein.

Vor zwölf Jahren brachte sich eine Freundin von mir um. Meine beste Freundin fragte mich damals: »Wie kommst du darauf, daß es in deiner Macht gestanden hätte, ihr Leben zu retten?« Das hat mich sehr beeindruckt. Ich legte langsam wieder eine Schicht meines Helferverhaltens ab. Ich ließ Keith sein eigenes Leben führen und seine eigenen Fehler machen. Ich fing an, ihn wie einen Erwachsenen zu behandeln, statt wie ein Kind.

Keith hatte schon immer Probleme mit der Arbeit. Und jedesmal konzentrierten wir uns auf das konkrete Problem, anstatt zu erkennen, daß die Schwierigkeiten ein Muster bildeten. Er ist brillant und sehr gut in dem, was er macht, aber diese unsägliche Angst bei der Arbeit hat er schon immer gehabt. Er hatte ständig diese Anfälle von Panik wegen irgendwelcher Dinge, die mit der Arbeit zu tun hatten. Und wenn solche Schwierigkeiten auftauchten, setzte ich ihm eine Frist, und er nahm sich zusammen und bekam die Situation in den Griff.

Die Arbeit scheint der einzige Bereich zu sein, in dem der Mißbrauch ihn heute noch belastet. Das ist ganz erstaunlich. Er war noch nie grob zu den Kindern. Er ist ein wunderbarer Liebhaber. Der Sex mit Keith war schon immer mit das Beste an unserer Ehe. In der Kategorie verdient er wirklich jedes feministische Lob. Er ist sehr zärtlich. Sein Penis ist für ihn sekundär. Er scheint sämtliche Ängste hinter sich zu lassen, wenn wir miteinander ins Bett gehen. Ich lese diese ganzen Bücher und habe immer das Gefühl: »Keith ist besser als alles, was in den Büchern steht.« Unser Sex hat uns gestärkt, zusammengeschweißt und durch unsere Heilung geholfen.

Als der Mißbrauch zutage trat, wußte wir eine Zeitlang ums Verrecken nicht, worüber wir miteinander reden sollten. Jedes Thema war tabu. Ich sagte: »Erzähl mir keine Erinnerungsblitze.« Und er wollte auch nicht, daß ich ihm Vorträge halte oder ihm erzähle, wie er sein Leben zu gestalten hat. Aber wenn ich ihm nicht gerade einen Vortrag hielt, war es eine Zeitlang wirklich schwierig, etwas zu finden, worüber wir hätten sprechen können. Wir konnten nicht mal übers Wetter reden. Aber wir konnten körperlich miteinander in Kontakt bleiben, und das hat uns sehr viel gegeben.

Die Erinnerungen kommen

Das umwälzende Ereignis, das dazu führte, daß der sexuelle Mißbrauch herauskam, war der Tod meines Vaters. Der hat uns wirklich beide sehr getroffen. Er trieb mich in die Therapie und stürzte Keith in tiefe Verwirrung. Seine Probleme auf der Arbeit fingen wieder an. Sonntags abends oder montags morgens, bevor er zur Arbeit gehen mußte, geriet er in Panik. Auf der Arbeit schlugen Wellen von Angst über ihm zusammen. Er hatte das Gefühl, jemand würde ihm über die Schulter sehen und ihn jeden Moment angreifen. Er hatte eine wahnsinnige Angst vor seinem Chef, einen richtigen Horror. Es war unerklärlich. Er haßte es, zur Arbeit zu gehen. Schließlich ermutigte ich ihn zu kündigen, und das tat er. Das alles belastete ihn sehr, und er fing eine Therapie an.

Wir verstanden mehrere Monate lang nicht, was los war. Wir dachten, er würde in der Therapie Hilfe für seine Arbeitsprobleme finden. Aber nach einem halben Jahr tauchten die ersten Erinnerungen an sexuellen Mißbrauch auf.

Keith wußte immer, daß er furchtbar schlecht behandelt worden war. Er wußte, daß seine Eltern ihn nicht wollten. Als Kind hatte er seine Mutter oft sagen hören, daß sie ihn hatte abtreiben wollen. Mit vierzehn hörte er, wie seine Eltern sagten, daß sie sich einen Sohn wünschten. Als würde er gar nicht existieren. Keith wußte also, daß er unerwünscht war und gehaßt wurde, und er wußte, daß sein Vater seine Mutter schrecklich verprügelte. Er erinnert sich noch daran, wie er sie blutig schlug, als sie im neunten Monat mit seinem Bruder schwanger war, und wie der Krankenwagen kommen mußte. Sein Vater verhielt sich gegenüber der ganzen Familie gewalttätig. Und Keiths Mutter ist medikamentenabhängig. Sie lebt seit dreißig Jahren von Aufputsch- und Beruhigungsmitteln. Als Keith ins College kam, konnte er sich aufgrund der Medikamente schon ausrechnen, daß sie vermutlich auch schizophren war.

Er verbrachte seine ersten fünf Lebensjahre bei seinen Eltern. Dann zog er zu seinen Großeltern, weil seine Eltern ihn nicht mehr wollten. Keith betrachtete seine Großeltern immer als seine Retter. Sie zogen ihn praktisch groß. Er war wie ein Sohn für sie. Alles andere hat er verdrängt.

Das erste, woran sich Keith in der Therapie erinnerte, war, wie seine Mutter versuchte, ihn als Baby zu ertränken. Seine Großmutter kam herein und rettete ihm das Leben. Er erinnerte sich auch daran, wie ihm seine Großmutter die Hosen herunterzog, als er drei oder vier war, und ihn auf Quetschungen und Blut untersuchte. Dann fiel ihm ein, wie sein Vater ihn sexuell mißbrauchte und wie seine Großmutter später dasselbe machte. Die Großmutter versprach ihm, wenn er mit ihr Sex hätte, würde sie verhindern, daß seine Mutter ihn umbringt. Damals war er noch keine acht Jahre alt.

Ungefähr zur gleichen Zeit, als Keith diese Erinnerungen bekam, besuchten wir seine jüngere Schwester. Sie erzählte uns, daß Keiths Vater die Mutter oft verprügelt und anschließend vergewaltigt hatte. Sie erinnerte sich auch daran, wie er Keith geschlagen hatte. Und sie erzählte uns von der Zeit, als sie zwölf Jahre alt war und ihren viel jüngeren Bruder an den Topf gewöhnen sollte. Ihre Mutter zog dem Baby die Hosen runter, und sein Penis war blutig und grün und blau angelaufen. Sie wandte sich an die Schwester und beschuldigte sie, das getan zu haben. Sie sagte: »Was hast du bloß mit ihm gemacht? So roh brauchst du auch nicht mit ihm umzugehen, damit er sauber wird.«

Multiple Persönlichkeit

Im vergangenen Sommer hat Keith von seiner Therapeutin erfahren, daß er eine multiple Persönlichkeit ist, aber er hat es mir erst im Januar erzählt. Da bin ich ausgerastet. Ich sehe keine multiplen Persönlichkeiten. Sie scheinen nur während der Sitzungen aufzutreten. Wenn er manchmal morgens Angst bekommt, ruft er seine Therapeutin vom Büro aus an, und dann sagt sie: »Laß mich mit der Persönlichkeit sprechen, die für die Arbeit zuständig ist.« Ich hab bis jetzt keinen Grund gesehen, das genauso zu machen, weil ich keine unterschiedlichen Leute erlebe. Ich hab viel darüber nachgedacht. Manchmal sehe ich, wie er unruhig wird und Angst bekommt. Ich sehe, wie deprimiert er ist. Ich sehe, wie er in sich selbst versunken ist. Aber ich sehe nicht, wie da jemand anders rauskommt. Keith meint auch, daß er das zu Hause nicht macht und daß das auf die Therapie beschränkt ist.

Keith und ich haben vereinbart, daß unsere Therapeutinnen miteinander sprechen dürfen. Ich hab meine Therapeutin gebeten, seine Therapeutin zu fragen: »Sind bei diesen Persönlichkeiten auch welche dabei, die gefährlich sind? Könnte es passieren, daß er ausrastet und mir oder den Kindern etwas tut?« Seine Therapeutin sagte: »Keine Sorge. Er ist in keiner Weise gefährlich.« Das hat mich beruhigt, aber ich hab immer noch Probleme, damit umzugehen.

Mich kann wirklich nicht mehr viel überraschen. Ich hab zwölf Jahre lang Frauenhäuser geleitet und mußte die Anzeigen wegen Kindesmißbrauch machen. Aber die Nachricht, daß er eine multiple Persönlichkeit ist, warf mich um. Ich dachte: »Ich will nicht mit einem Mann zusammenleben, der verrückt ist. Mir reicht's.« Keith und ich haben lange darüber gesprochen. Erst war ich wütend. Ich sagte: »Verdammte Scheiße! Jetzt hab ich die Schnauze voll!« Dann fing ich an herumzualbern und dummes Zeug zu erzählen: »Oh, super! Wie viele seid ihr, und wie heißt ihr alle?« Und schließlich sagte ich: »Zieh aus! Nimm dich und dich und all die andern, und verschwinde!« Aber wir haben einfach immer weitergeredet, und als wir fertig waren, konnte ich sagen: »Von mir aus soll es Hunderte von dir geben, das ist mir ganz egal. Aber ich möchte, daß du mir mit den Kindern hilfst. Ich möchte, daß du das Essen machst. Ich möchte, daß du auch an mich denkst. Ich möchte all das, was ich schon wollte, bevor ich davon erfahren habe. Und wenn du mir das geben kannst, schaffen wir das andere auch.«

Vielleicht wird diese Geschichte mit den multiplen Persönlichkeiten eines Tages unheimlich wichtig sein, aber im Moment beschäftige ich mich mehr mit den elementaren Themen von zwei Menschen, die versuchen, als Erwachsene das Leben und die Verantwortung für Kinder miteinander zu teilen. Ich hab ihm gesagt: »Ich glaube nicht mal, daß ich mir merken kann, was multiple Persönlichkeiten sind, und im Grunde interessiert es mich auch nicht. Mich interessiert, wie du dich verhältst. Mich interessiert, wie wir miteinander umgehen.« Ich lebe im Hier und Jetzt, und Tatsache ist, er macht das ganz gut. Wenn das so bleibt, bin ich völlig zufrieden.

Und sie hörten nicht auf

Vor etwa eineinhalb Jahren fing Keith wieder an zu arbeiten. Es fällt ihm immer noch sehr schwer. Er hat seine Erinnerungsblitze fast immer während der Arbeit. Das macht ihn fertig. Er hat einen sehr qualifizierten Job, und dann sitzt er an seinem Schreibtisch und fühlt sich wie ein verängstigter Zweijähriger.

Im vergangenen Frühjahr hatte er eine ganz furchtbare Erinnerung. Zu der Zeit, als er noch ein Baby war und seine Eltern und Großeltern und er noch zusammenlebten, wohnte Jane, eine Cousine seiner Mutter, auch dort. Sie hatte Gehirnhautentzündung und lag im Sterben. Er hatte diese Cousine wirklich sehr gern. Das wußte er noch. Jetzt erinnerte er sich daran, wie sie eines Tages unter furchtbaren Schmerzen auf dem Sofa lag und darum bettelte, getötet zu werden. Keith war zwei Jahre alt. Jane schickte ihn in die Küche, um ein Messer zu holen. Es sollten sich keine waffenähnlichen Gegenstände in Reichweite der Kranken befinden, aber hier handelte es sich offensichtlich um ein abgekartetes Spiel. Er brachte Jane das

Messer, sie legte ihre Hände um seine, stieß sich das Messer ins Herz und starb.
Als seine Mutter und seine Großmutter hereinkamen, nahm seine Mutter ihn hoch und warf ihn gegen die Wand. Sie nannte ihn einen Mörder und sagte, er müsse getötet werden. Sie fragte: »Wie machen wir das?« Und seine Großmutter antwortete: »Wir töten ihn nicht. Wir lassen ihn leiden. Es ist besser, ihn leiden zu lassen.« Deshalb kümmerte es sie danach nicht mehr, was sie ihm antaten. Sie betrachteten ihn als Mörder.
Keith erinnerte sich sehr genau an diese Szene. Ich finde es erstaunlich, daß er sich an jedes Detail erinnert, obwohl er erst zwei Jahre alt war. Im Grunde ist es erstaunlich, daß er überhaupt überlebt hat.
Vor kurzem hat er sich an rituellen Mißbrauch erinnert. Sein Großvater war Fundamentalist, mit viel Feuer und Verdammnis. Bis jetzt hat Keith nur Bruchstücke wiedergefunden. Er glaubt, daß er Morde beobachtet hat und daß sein Großvater dafür verantwortlich war. Aber daran erinnert er sich nicht so klar wie an seine Cousine. Bis jetzt ist das alles noch verworren. Die Erinnerungen an den rituellen Mißbrauch haben ihn völlig aus dem Gleichgewicht gebracht. Er hat wieder Probleme bei der Arbeit. Er geht jetzt zweimal pro Woche zu seiner Therapeutin, und sie haben die Erinnerungen an den rituellen Mißbrauch vorerst zurückgestellt, damit er sich darauf konzentrieren kann, sein Arbeitsleben zu stabilisieren.
Bis jetzt haben wir noch nicht herausfinden können, wieso diese Erinnerungen nur am Arbeitsplatz hochkommen. Es muß dort irgend etwas sein, was sie auslöst. Der einzige Grund, den wir uns vorstellen können, ist, daß Keith uns zu Hause nicht verletzen will. Nichts ist ihm so wichtig wie ich und die Kinder. Und wenn der Mißbrauch herauskommen muß, dann will er sich dem lieber bei der Arbeit aussetzen.

Mit den Kindern darüber sprechen

Als Keith damals die ganze Zeit nicht arbeitete, wollte er den Kindern nicht sagen, warum. Aber die größeren Kinder fragten: »Was hat Dad denn?« Ich antwortete dann etwas vage: »Er hat Probleme mit seinen Gefühlen, aber das müßt ihr ihn selbst fragen.« Ich fand, ich hatte nicht das Recht, es ihnen zu sagen.
Keith und ich haben ewig deswegen gestritten. Ich sagte zu ihm: »Sie machen sich wirklich Sorgen um dich. Sie werden glauben, sie wären daran schuld.« Schließlich beschloß er, es ihnen zu sagen. Er setzte sich mit den fünf Älteren hin und erzählte ihnen alles, einschließlich des Vorfalls mit seiner Cousine. Das hat mich wirklich geschockt. Ich hätte nicht gedacht, daß er ihnen von dem Messer erzählen würde. Aber das hat er getan.
Wir haben uns bei den Kindern entschuldigt. Wir haben ihnen gesagt, daß es uns wirklich leid tut, daß wir an diesem ganzen Mist aus der Vergangenheit zu tragen haben, der uns daran hindert, uns mehr um sie zu kümmern. Sie waren sehr lieb. Sie sagten, sie fänden, daß wir tolle Eltern sind. Wir haben reinen Tisch gemacht, und hinterher ging es uns allen besser. Er hat sie nicht mehr ausgeschlossen, und ich glaube, irgendwie fiel ihnen auch ein Stein vom Herzen. Sie wissen, daß es nicht ihre Aufgabe ist, auf Dad aufzupassen, sondern daß er das selbst machen muß, zusammen mit seiner Therapeutin.
Es hat die Kinder schon mitgenommen. Vor allem Judy, unsere Tochter. Sie war dreizehn, als Keith ihr von dem Vorfall mit dem Messer erzählte. Seitdem hat jede Geschichte, die sie schreibt, mit dem Tod zu tun. Sie ist eine richtige Künstlerin, und in unserem Wohnzimmer hängt ein ziemlich surrealistisches Bild von ihr. Es stellt einen Alligator dar, aus dessen Rücken ein Messer herausragt. Es ist grausig, aber irgendwie muß sie es ja verarbeiten.
Tommy, unserem Jüngsten, haben wir nur einen Teil von dem erzählt, was die anderen wissen. Als er sechs war und Keith nicht arbeitete,

sagte ich ihm: »Dad ist traurig und hat im Moment ein paar Probleme. Er hatte kein schönes Leben, als er klein war.« Keith und ich, wir sprechen beide auf diese Weise mit ihm, aber wir erzählen ihm keine Einzelheiten. Wir wollen ihm keine angst machen. Er ist noch zu jung.

Daß Daddy in seine Gruppe geht, egal was passiert, und daß Daddy und ich beide in Therapie sind, ist für Tommy ein fester Bestandteil seines Lebens. Er fragt mich, was ich da mache, und ich sage: »Ich sitze da und rede mit Fran, und dann geht es mir besser. So wie du, wenn du traurig bist. Dann frage ich dich, und du erzählst es mir, und dann geht es dir besser.« Normalerweise sagt er dann: »Ja«, und wir haben eine kleine Parallele gezogen.

Eines war für Tommy sehr verwirrend. Sie hatten Großelterntag in der Schule. Alle seine Freunde haben Großeltern, die ihnen Puppen und Spielzeug und Autos schenken. Meine Eltern sind tot. Keiths Eltern interessieren sich einen Dreck. Sie wollten noch nie was mit den Kindern zu tun haben. Tommy erzählte seiner Lehrerin, seine Großeltern wären tot. Ich setzte mich mit ihm hin und sagte ihm: »Daddys Eltern sind in Wirklichkeit nicht tot. Sie wohnen weit weg. Du hast sie noch nie gesehen. Sie haben Daddy weh getan, und es ist besser, wenn sie nicht kommen. Es ist schade, daß du sie nicht kennenlernen kannst, aber Mommy und Daddy haben das so beschlossen. Das sind böse Leute.«

Manchmal frage ich mich, ob ich ein schlechter Mensch bin, weil ich mir jemanden mit so einer schlimmen Vergangenheit ausgesucht habe. Ich habe große Schuldgefühle, weil ich – nicht einmal, sondern zweimal! – jemanden geheiratet und mit ihm Kinder gekriegt habe, der so viel mit seinen eigenen Teufeln zu kämpfen hat, daß er meinen Kindern nicht das geben kann, was sie verdienen. Keith ist ein guter Vater, und die Kinder lieben ihn, aber ich sehe, wie sie unter seinen Stimmungsschwankungen und seiner Unruhe leiden. Keith braucht manchmal eine Menge Abstand, und das verletzt die Kinder. Ab und zu frage ich mich: »Warum hab ich mir jemanden ausgesucht, der mir und meinen Kindern nicht das Optimum geben kann?« Ich weiß, warum. Weil ich daran gewöhnt war.

Daran glauben, daß sich etwas verändert

Meine Vergangenheit hat mich zynisch gemacht. Ich muß lernen, an Veränderungen zu glauben. Ich habe nie daran gezweifelt, daß Keith sich alle Mühe geben würde, aber es fällt mir sehr schwer, wirklich daran zu glauben, daß sich etwas ändern wird. Und wenn ich nicht daran glaube, daß Hoffnung auf Veränderung besteht, bekomme ich Angst und das Gefühl, in einer Falle zu sitzen. Ich habe dann das Gefühl, eine Marionette zu sein, die immer wieder dasselbe macht. Ich habe dieses Muster seit meiner Kindheit und scheine da nicht rauskommen zu können. Ich komme zu kurz. Meine Kinder kommen zu kurz. Wir konzentrieren uns alle auf jemanden, der in einer Krise steckt.

Ich weiß nicht, wann das mit diesen Erinnerungen aufhört. Jedesmal, wenn ich versuche, mich mit einer Sache abzufinden, kommt die nächste: Ich habe die Sache mit der körperlichen Mißhandlung hinter mich gebracht. Und das Ertränken. Und den sexuellen Mißbrauch. Und den Tod der Cousine. Und die multiple Persönlichkeit. Jetzt hat er neue Erinnerungen. Ich habe Angst, daß es nie aufhört. Daß es diesmal etwas ist, womit er sein Leben lang zu kämpfen haben wird, und daß er sich wieder wochenlang von uns zurückziehen wird, weil er total in Panik ist. Und ich habe Angst, daß wir uns trennen müssen, damit ich emotional überleben kann und damit er bekommt, was er braucht. Jedes Mal kostet Kraft, und ich weiß nicht, wieviel Kraft ich noch habe.

Ich denke immer wieder: »Das ist so furchtbar. Das muß jetzt aber alles sein.« Als er sich an

seine Cousine erinnerte, sagte er: »Das ist der dicke Brocken. Jetzt paßt alles zusammen.« Es war schrecklich, wir haben Qualen ausgestanden, aber wir haben uns damit getröstet, daß dies das letzte Stück war, was noch fehlte. Und jetzt gibt es noch mehr.
Ich will, daß endlich Schluß ist. Ich will keine neuen Erinnerungen mehr. Die alten sind mir egal, aber ich will ein Versprechen, daß es keine neuen mehr geben wird. Und natürlich gibt es so ein Versprechen nicht. Das macht mir angst.
Ich kann nicht zu Keith sagen: »Ich halte zu dir, egal, was passiert.« Das hängt ganz davon ab, wie gut ich damit umgehen kann und wieviel er mir geben kann, während er sich da durchkämpft. Denn ich bin nicht mehr bereit, meine Bedürfnisse zu opfern. Wenn er mir nicht ein bestimmtes Quantum geben kann, dann werden wir uns vielleicht trennen müssen, auch wenn er meine ganze Liebe und mein ganzes Verständnis hat. Das denke ich in meinen schlimmsten Momenten.
Wenn er jetzt seine Krisen hat, kümmere ich mich nicht mehr ausschließlich um ihn. Wenn er jetzt deprimiert ist, bittet er mich nicht mehr, für ihn dazusein. Er geht zu anderen Leuten. Aber ich fühle es. Ich liebe diesen Mann, und ich fühle seinen Schmerz in jeder Pore meiner Haut. Wir sind einander so nahe. Ich merke, wie es losgeht und schlimmer wird. Es macht mich fertig. Ich muß mich unheimlich anstrengen, um bei meinen eigenen positiven Gefühlen zu bleiben.
Es hilft, daß wir ab und zu getrennt Urlaub machen. Ich hatte mich in meiner ersten Ehe so vereinnahmen lassen, daß Keith und ich vereinbart haben, ich würde jedes Jahr einmal allein in Urlaub fahren. Das ist für mich ein richtiger Rettungsanker. Als es jetzt im Frühjahr so schlimm war, bin ich mit einer Freundin für eine Woche nach New Orleans gefahren. Wenn ich weg bin, gewinne ich wieder den Überblick. Dann bekomme ich die nötige Perspektive und die Einsamkeit, die ich brauche. Wenn ich nicht die Mittel hätte, ab und zu hier rauszukommen, wären wir heute nicht mehr zusammen.
Je kritischer die Situation ist, desto mehr tendiere ich dazu zu glauben, alles würde ohne mich zusammenbrechen. Die Fähigkeit zu sagen: »Ich fahre weg. Ihr müßt jetzt selbst sehen, wie ihr klarkommt!« rettet mich jedesmal. Dann muß er selbst für sich sorgen. Er muß sich überlegen, was er den Kindern zu essen geben soll. Und er hat es bisher jedesmal ganz toll gemacht. Und wir sind beide sehr verliebt ineinander, wenn ich zurückkomme.
Meine spirituelle Entwicklung hat mir auch geholfen. Ich bin von Hause aus nicht religiös, aber als ich anfing, zu Al-Anon zu gehen, erkannte ich, daß es in meinem Leben eine Leere, ein Loch gab. Ich wußte, die Kirche konnte dieses Loch nicht füllen, also hab ich mir meine eigene Spiritualität geschaffen. Das meiste davon basiert auf dem 12-Stufen-Modell. Keith und ich lesen einander jeden Morgen eine Meditation vor. Und ich mache auch ein indianisches Ritual. Wir machen von allem ein bißchen. Wir haben Plüschtiere, die wir ganz fest drücken können. Ich besitze alle Selbsthilfebücher, die jemals geschrieben wurden. Und was mir am meisten hilft, ist die Zeit, die ich draußen in der Natur verbringe. Da fühle ich, wie ich mit der Erde verbunden bin. Das gibt mir neue Kraft.

Wir schmieden ein Bündnis

Während der meisten Zeit meiner Ehe mit Keith hatte ich im Hinterkopf die Vorstellung: »Du hast eine Ehe überlebt. Wenn das hier nicht klappt, schaffst du es auch allein.« Und das könnte ich auch. Finanziell bin ich unabhängig. Aber jetzt im Frühjahr, als er mir all die furchtbaren Sachen erzählte und ich mich von ihm trennen wollte, wurde mir bewußt, daß ich ihn wirklich liebe und daß es nicht in Ordnung wäre, wenn wir uns trennen würden. Bisher hatte ich immer gesagt: »Wenn er stirbt, geht es mir eine Weile schlecht, aber ich überlebe es.«

Ich hatte immer gedacht, das einzige, was ich vielleicht nicht überleben würde, wäre der Tod eines meiner Kinder. Aber Keith und ich haben so viel zusammen durchgestanden. Er kennt seit so vielen Jahren so viel von mir, und ich weiß so viel von ihm, daß ich wirklich zu ihm gehöre. Es ist toll zu wissen, daß ich es endlich geschafft habe, eine gewisse Nähe herzustellen, aber es macht mir auch angst, weil ich das noch nie vorher erlebt habe. Ich habe niemals jemandem genug vertraut, um mir diese Verletzlichkeit zu gestatten. Abgesehen von meinen Kindern ist dies das erste Mal. Ich will diese Beziehung, und ich laß ihn nicht im Stich. Und das macht mir eine höllische Angst, denn wenn er sich nicht ändern kann, wenn er zusammenbricht, dann weiß ich nicht, was ich tun soll.

Aber es hat sich etwas verändert. Er beweist es immer wieder. Ich bitte ihn um etwas und bekomme es. Ich mußte lernen, um etwas zu bitten. Und meistens kann Keith es mir dann auch geben, egal, was gerade los ist.

Natürlich würde ich mir wünschen, daß er weiter gesund wird. Ich würde mich freuen, wenn seine Angst nachließe und er die Chance hätte, sein Potential besser zu nutzen. Aber ich glaube, im Moment macht er seine Sache verdammt gut. Ich glaube, so wie er jetzt ist, kann ich für immer mit ihm zusammenbleiben. Es geht ihm wirklich viel besser. Es kann wieder schlimmer werden, das weiß ich, aber wenn er für den Rest unseres Lebens so bleiben würde, wie er jetzt ist, schaffen wir das. Ich bin Realistin. Deshalb erwarte ich keine Perfektion. Ich habe gute Tage, und ich habe schlechte Tage. Aber meistens bekomme ich eine ganze Menge von diesem Mann. Meistens läuft es gut zwischen uns beiden und auch mit den Kindern. Und das ist es, was für mich wirklich zählt.

Ich habe gelernt, an die Liebe zu glauben. Ich habe so viele Geschichten gehört. Ich weiß, es gibt viel Elend und Unglück auf der Welt. Aber ich glaube, daß es möglich ist, den richtigen Weg zu finden. Wir Menschen sind in der Lage zu wählen, uns für das Gute zu entscheiden. Und die Tatsache, daß Keith niemals Kinder mißhandelt oder mißbraucht und mich nie geschlagen hat, daß er so ein guter Mensch ist und niemals einer Seele etwas zuleide getan hat, obwohl jede Statistik behauptet, er müßte ein Schläger oder Vergewaltiger oder Kindesmißbraucher sein, ist ein Wunder. Ich erlebe immer wieder solche Wunder bei anderen Menschen. Es gibt Menschen, die sich gegen jede Wahrscheinlichkeit für das Gute entscheiden. Ich glaube daran.

Wenn du in einer Beziehung lebst, und es passiert euch so etwas, dann muß das nicht das Ende der Beziehung bedeuten. Das habe ich gelernt. Es ist zu schaffen. Wenn ich mich bewußt für die Beziehung und für Keith entscheide, dann tue ich das, glaube ich, auch für andere Menschen. Ich zeige damit, daß man mehr tun kann, als einfach Schluß zu machen und wegzulaufen. Ich zeige, daß es eine andere Möglichkeit gibt. Und sollte ich diese Beziehung doch beenden, dann nicht, weil ich Angst habe und weglaufe, sondern weil es für uns beide das Beste ist.

AUSWAHLBIBLIOGRAPHIE

Die amerikanische Originalausgabe dieses Buches enthält eine ausführliche Bibliographie der zahlreichen englischsprachigen Veröffentlichungen zu sexuellem Mißbrauch und verwandten Themen. In die folgende Auswahlbibliographie haben wir deutsch- und englischsprachige Titel aufgenommen. Bei DONNA VITA, Fachhandel für Bücher und Materialien gegen sexuellen Mißbrauch (Ruhnmark 11, W-2395 Maasbüll, Tel. 04634/1717, Fax: 04634/1702), sind ein ausführlich kommentierter Katalog sowie neben vielen deutschsprachigen Titeln auch einige englischsprachige erhältlich.

Für PartnerInnen und andere Vertrauenspersonen von Überlebenden

Adams, Charen und Jennifer Fay: *Ohne falsche Scham. Wie Sie Ihr Kind vor sexuellem Mißbrauch schützen können* (Reinbek: Rowohlt, 1989)

Besten, Beate: *Sexueller Mißbrauch und wie man Kinder davor schützt* (München: Beck, 1991)

Byerly, Carolyn: *The Mother's Book. How to Survive the Incest of Your Child* (Dubuque, IA: Kendall-Hunt Publishing, 1985)

Daugherty, Lynn B.: *Why me? Help for Victims of Child Sexual Abuse (Even if They Are Adults Now)* (Racine, WI: Mother Courage Press, 1984)

Dorpat, Christel: *Welche Frau wird so geliebt wie du?* (Berlin: Rotbuch Verlag, 1982)

Enders, Ursula: *Mütter melden sich zu Wort. Sexueller Mißbrauch an Mädchen und Jungen* (Köln: Volksblatt Verlag, 1991)

Forward, Susan: *Vergiftete Kindheit. Vom Mißbrauch elterlicher Macht und seinen Folgen* (München: C. Bertelsmann Verlag, 1990)

Gil, Eliana: *Outgrowing the Pain Together. A Book for Partners and Spouses of Adults Abused as Children* (New York: Dell Bantam Doubleday, 1991)

Graber, Ken: *Ghosts in the Bedroom: A Guide for Partners of Incest Survivors* (Deerfield Beach, FL: Health Communications, 1991)

Hansen, Paul: *Survivors and Partners: Healing the Relationships of Adult Survivors of Child Sexual Abuse* (zu beziehen über: Paul Hanson, 7548 Cresthill Drive, Longmont, CO 80501, USA)

Smith, Shauna: *Making Peace with Your Adult Children* (New York: Plenum, 1991)

Allgemeine Informationen zum Thema sexueller Mißbrauch

Baurmann, Michael C.: *Sexualität, Gewalt und psychische Folgen*, hg. vom Bundeskriminalamt, Forschungsreihe Band 15 (Wiesbaden 1983)

ders.: *Praxisbezogene Zusammenfassung* vom o.g. Band (Wiesbaden 1985)

Bormann, Elke u.a. (Hg.): *Wir sind längst LAUT geworden* (Berlin: Donna Vita Verlag, 1991). Das Buch zum Film: *Wir möchten noch viel LAUTER sein. Wie Mädchen und Frauen ihre Erfahrungen mit sexuellem Mißbrauch verarbeiten*

Butler, Sandra: *Conspiracy of Silence. The Trauma of Incest* (San Francisco: Volcano Press, 1985; überarbeitete Neuauflage)

de Salvo, Louise: *Virginia Woolf. Die Auswirkungen sexuellen Mißbrauchs auf ihr Leben und Werk* (München: Antje Kunstmann Verlag, 1990)

Finkelhor, David: *Sexually Victimized Children* (New York: Free Press, 1979)

ders. u.a: *A Sourcebook on Child Sexual Abuse* (Beverley Hills: Sage Publications, 1986)

Glöer, Nele und Irmgard Schmiedeskamp-Böhler: *Verlorene Kindheit. Jungen als Opfer sexueller Gewalt* (München: Antje Kunstmann Verlag, 1990)

Gutjahr, Anke und Elke Schrader: *Sexueller Mädchenmißbrauch. Ursachen, Erscheinungen, Folgewirkungen und Interventionsmöglichkeiten* (Köln: Papyrossa Verlag, 1990)

Hunter, Mic: *Sexually Abused Boys* (Lexington, MA: Lexington Books, 1990)

Kavemann, Barbara und Ingrid Lohstöter: *Väter als Täter. Sexuelle Gewalt gegen Mädchen. »Erinnerungen sind wie eine Zeitbombe«* (Reinbek: Rowohlt, 1985)

dies. u.a.: *Sexualität. Unterdrückung statt Entfaltung* (Opladen: Leske & Budrich Verlag, 1985)

Kazis, Cornelia (Hg.): *Dem Schweigen ein Ende. Sexuelle Ausbeutung von Kindern in der Familie* (Basel: Lenos Verlag, 1988)

Nitsche, Sylvia und Anne Voss: *Mädchenhäuser*. Schriftenreihe Sexueller Mißbrauch, Band 3 (Berlin: Donna Vita Verlag, 1990)

Patton, Michael Quinn (Hg.): *Family Sexual Abuse. Frontline Research and Evaluation* (Newburg Park, CA: Sage Publications, 1991)

Rijnaarts, Josephine: *Lots Töchter. Über den Vater-Tochter-Inzest* (München: dtv, 1991)

Rush, Florence: *Das bestgehütete Geheimnis. Sexueller Kindesmißbrauch* (Berlin: Orlanda Frauenverlag, 1985)

Russell, Diana: *The Secret Trauma. Incest in the Lives of Girls and Women* (New York: Basic Books, 1986)

Senn, Charlene Y.: *Gegen jedes Recht. Sexueller Mißbrauch und geistige Behinderung* (Berlin: Donna Vita Verlag, 1992; in Vorbereitung)

Spitzl, Martina und Sahika Yüksel: *Mädchen aus der Türkei*. Schriftenreihe Sexueller Mißbrauch, Band 4 (Berlin: Donna Vita Verlag, 1992)

Trube-Becker, Elisabeth: *Gewalt gegen das Kind* (Heidelberg: Kriminalistik Verlag, 1982)

Walter, Joachim (Hg.): *Sexueller Mißbrauch im Kindesalter* (Heidelberg: HVA Edition Schindele, 1989)

Wildwasser Wiesbaden e.V.: *Sexueller Mißbrauch an Mädchen ist Gewalt. Dokumentation eines Öffentlichkeitsprojektes* (Wiesbaden: Selbstverlag, 1989)

Wildwasser Marburg e.V.: *Sexueller Mißbrauch* (Marburg: Selbstverlag, 1988)

Beratung / Diagnostik / Therapie

Baumgart, Ursula: *Kinderzeichnungen: Spiegel der Seele. Kinder zeichnen Konflikte in ihrer Familie* (Zürich: Kreuz Verlag, 1985)

Enders, Ursula: *Zart war ich, bitter war's. Sexueller Mißbrauch an Mädchen und Jungen. Erkennen – Beraten – Schützen* (Köln: Volksblatt Verlag, 1990)

Fegert, Jörg und Marion Mebes: *Anatomisch ausgebildete Puppen. Hilfsmittel für Therapie und Diagnostik*. Schriftenreihe Sexueller Mißbrauch, Band 1 (Berlin: Donna Vita Verlag, 1990; erweiterte Neuausgabe in Vorbereitung)

Fortune, Marie M.: *Sexual Abuse Prevention. A Study for Teenagers* (New York 1984)

Garbe, Elke: *Martha. Psychotherapie eines Mädchens nach sexuellem Mißbrauch* (Münster: Votum Verlag, 1991)

Hartwig, Luise: *Sexuelle Gewalterfahrungen von Mädchen. Konfliktlagen und Konzepte mädchenorientierter Heimerziehung* (Weinheim/München: Juventa, 1990)

dies. und Monika Weber: *Sexuelle Gewalt und Jugendhilfe. Bedarfssituation und Angebote der Jugendhilfe für Mädchen und Jungen mit sexuellen Gewalterfahrungen*, hg. vom Institut für soziale Arbeit e.V. (Münster: Votum Verlag, 1991)

MacFarlane, Kee, Jill Waterman u.a.: *Sexual Abuse of Young Children* (London/New York: The Guilford Press, 1986)

Masson, Jeffrey M.: *Was hat man dir, du armes Kind, getan? Sigmund Freuds Unterdrückung der Verführungstheorie* (Reinbek: Rowohlt, 1986)

Mebes, Marion und Gabi Jeuck: *Sucht*. Schriftenreihe Sexueller Mißbrauch, Band 2 (Berlin: Donna Vita Verlag, 1989)

Schnack, Dieter und Rainer Neutzling: *Kleine Helden in Not. Jungen auf der Suche nach Männlichkeit* (Reinbek: Rowohlt, 1990)

Soukup, Ruth, Sharon Wickner und Joanne Corbett: *Three in Every Classroom. The Child Victim of Incest: What You as a Teacher Can Do* (Sexual Assault Programm, 1984)

Steinhage, Rosemarie: *Sexueller Mißbrauch an Mädchen. Ein Handbuch für Beratung und Therapie* (Reinbek: Rowohlt, 1989)

dies.: *Sexuelle Gewalt. Kinderzeichnungen als Signal* (Reinbek: Rowohlt, 1992, in Vorbereitung)

Prävention

Bateman, Py: *Aquaintance Rape. Awareness and Prevention for Teenagers* (Seattle, o.J.)

Besten, Beate: *Sexueller Mißbrauch und wie man Kinder davor schützt* (München: Beck, 1991)

Braun, Gisela: *Ich sag' NEIN. Arbeitsmaterialien gegen den sexuellen Mißbrauch an Mädchen und Jungen* (Mühlheim: Verlag An der Ruhr, 1989)

Child Assault Prevention Project: *Strategies for Free Children: A Leader's Guide to Child Assault Prevention* (Columbus, OH: Selbstverlag, 1983)

Dahrendorf, Malte und Peter Zimmermann (Hg.): *Sexueller Mißbrauch. Unterrichtseinheit* (zu dem Band: Margret Steenfatt: *Nele. Ein Mädchen ist nicht zu gebrauchen*) (Reinbek: Rowohlt, 1987)

Nelson, Mary und Kay Clark (Hg.): *The Educator's Guide to Preventing Child Sexual Abuse* (Santa Cruz, CA: Network Publications, 1987)

Stringer, Gayle M. und Deanna Rants-Rodriguez: *So What's it to Me? Sexual Assault Information for Guys* (Renton, WA: King County Sexual Assault Resource Center, 1987)

dies.: *So What's it to Me? Activity Guide* (Renton, WA: King County Sexual Assault Resource Center, 1987)

Mebes, Marion: *Stück für Stück. Sicher, Stark und Selbstbewußt. Ein Würfelspiel für die Arbeit mit Mädchen und Frauen ab zwölf Jahren rund um die persönliche Sicherheit* (Berlin 1991, überarbeitete Auflage)

Mißbrauch durch TherapeutInnen

Bates, Carolyn und Annette Brodsky: *Sex in the Therapy Hour. A Case of Professional Incest* (New York: Guilford Press, 1989)

Deutsche Gesellschaft für Verhaltenstherapie e.V.: *Sexuelle Übergriffe in der Therapie. Kunstfehler oder Kavaliersdelikt? Dokumentation des öffentlichen Hearings am 19. Januar 1991 in Bonn* (Tübingen: DGVT Verlag, 1991)

Gabbard, Glen (Hg.): *Sexual Exploitation in Professional Relationships* (Washington, DC: American Psychiatric Press, 1989)

Heyne, Claudia: *Tatort Couch. Sexueller Mißbrauch in der Therapie. Ursachen, Fakten, Folgen und Möglichkeiten der Verarbeitung* (Zürich: Kreuz Verlag, 1991)

It's Never OK. A Handbook for Victims and Victim Advocates on Sexual Exploitation by Counselors and Therapists (zu beziehen über: Minnesota Department of Corrections, Victim Services Unit, 300 Bigelow Building, 450 North Syndicate Street, St. Paul, MN 55104)

Pope, Kenneth S. und J.C. Bouhoutsos: *Als hätte ich mit einem Gott geschlafen. Sexuelle Beziehungen zwischen Therapeuten und Patienten* (Hamburg: Hoffmann und Campe, 1992)

Rutter, Peter: *Verbotene Nähe. Wenn Männer mit Macht das Vertrauen von Frauen mißbrauchen* (Düsseldorf/New York/Wien: Econ Verlag, 1991)

Wirtz, Ursula: *Seelenmord. Inzest und Therapie* (Zürich: Kreuz Verlag, 1989)

Religion/Ritueller Mißbrauch

Im deutschsprachigen Raum ist die Thematik »Ritueller Mißbrauch« bislang kaum erforscht. Englischsprachige Informationen sind zu beziehen über:

Believe the Children, P.O. Box 1358, Manhattan Beach, CA 90266

Families of Crimes of Silence, P.O. Box 2338, Canoga Park, CA 91306

Healing Hearts, c/o Bay Area Women Against Rape, 1515 Webster Street, Oakland, CA 94612

Marshall Resource Center, Children's Institute International, 711 South New Hampshire, Los Angeles, CA 90005

Burson, Malcolm u.a.: *Discerning the Call to Social Ministry: An Alban Institute Case Study in Congregational Outreach* (Washington, DC: The Alban Institute, 1990); zu beziehen über: The Alban Institute, 4125 Nebraska Avenue NW, Washington DC 20016)

Fortune, Marie: *Sexual Violence: The Unmentionable Sin. An Ethical and Pastoral Perspective* (New York: Pilgrim Press, 1983)

dies.: *Is Nothing Sacred? When Sex Invades the Pastoral Relationship* (San Francisco: Harper & Row, 1989)

Galey, Iris: *Die Seelenvergewaltiger* (Bern: Zytgloggc, 1990)

Kahaner, Larry: *Cults That Kill* (New York: Warner Books, 1988)

Pellauer, Mary, Barbara Chester und Jane Boyajian: *Sexual Assault and Abuse: A Handbook for Clergy* (San Francisco: Harper & Row, 1986)

Ritual Abuse: Definitions, Glossary, the Use of Mind Control (Los Angeles County Commission for Women, 1989; zu beziehen über: L.A. County Commission for Women, 383 Hall of Administration, 500 W. Temple Street, Los Angeles, CA 90012, USA)

Rossetti, Stephan: *Slayer of the Soul. Child Sexual Abuse and the Catholic Church* (Mystic, CT: Twenty-Third Publications (P.O.Box 180, Mystic, CT 06355), 1990)

Smith, Michelle und Lawrence Pazder: *Michelle Remembers* (New York: Pocket Books, 1987) (autobiographischer Bericht über rituellen Mißbrauch)

Spencer, Judith: *Suffer the Child* (New York: Pocket Books, 1989) (autobiographischer Bericht über rituellen Mißbrauch und daraus entstehende multiple Persönlichkeiten)

StarDancer, L.J.: *Turtleboys and Jet the Wonderpup. A Therapeutic Comic for Ritual Abuse Survivors* (zu beziehen über: StarDancer, P.O. Box 1284, Lakeport, CA 95453, USA)

SurvivorShip. A Forum on Survival of Ritual Abuse, Torture & Mind Control (monatlich erscheinende Zeitschrift; zu beziehen über: 3181 Mission Street 139, San Francisco, CA 94110, USA)

Wöller, Hildegunde: *Vom Vater verwundet. Töchter der Bibel* (Zürich: Kreuz Verlag, 1991)

Multiple Persönlichkeiten

Benson, Betty: *Shadow Lives*, Roman über einen männlichen Überlebenden (New York: Bart, 1988)

Braun, Bennett: *Treatment of Multiple Personality Disorder* (Washington, DC: American Psychiatric Press (1400 K Street NW, Suite 1101, Washington, DC 20005, USA), 1986)

Casey, Joan Frances: *Ich bin viele. Eine ungewöhnliche Heilungsgeschichte* (Reinbek: Rowohlt, 1992)

Chase, Truddi: *Aufschrei* (Bergisch Gladbach: Bastei Lübbe, 1988)

Gil, Eliana: *United We Stand: A Book for People with Multiple Personalities* (Walnut Creek, CA: Launch Press (P.O. Box 31493, Walnut Creek, CA 94598), 1990)

Investigations Nr. 3/4, Vol. 1 (1985), hg. von Brendan O'Reagan (zu beziehen über: The Institute of Noetic Sciences, 475 Gate Five Road, Suite 300, Sausalito, Ca 94965, USA)

Many Voices: A National Bi-monthly Self-Help Publication for Persons with Multiple Personalities or a Dissociative Process (zu beziehen über: Many Voices, P.O. Box 2639, Cincinnati, OH 45201-2639, USA)

MPD Reaching Out: A Newsletter About Multiple Personality Disorder (c/o Public Relations Department, Royal Ottawa Hospital, 1145 Carling Avenue, Ottawa, Ontario, Canada K1Z 7K4) (PatientInnen-Zeitschrift)

Schreiber, Flora Rheta: *Sybil. Persönlichkeitsspaltung einer Frau* (Frankfurt/M.: Fischer, 1984)

Sexuelle Gewalt im gesellschaftlich-kulturellen Kontext

Barry, Kathleen: *Sexuelle Versklavung von Frauen* (Berlin: Orlanda Frauenverlag, 1983)

Bendkowsky, Halina und Irene Rotalsky (Hg.): *Die alltägliche Wut. Gewalt – Pornographie – Feminismus* (Berlin: Elefanten Press, 1987)

Brownmiller, Susan: *Gegen unseren Willen. Vergewaltigung und Männerherrschaft* (Frankfurt/M.: Fischer, 1980)

Brückner, Margit: *Die Liebe der Frauen. Über Weiblichkeit und Mißhandlung* (Frankfurt/M.: Fischer, 1988)

Burns Maryviolet, M. (Hg.): *The Speaking Profits Us: Violence in the Lives of Women of Color/El Decirlo Nos Hace Bien A Nostras: La Violencia en las Vidas de las Mujeres de Color* (Seattle: Center for the Prevention of Sexual and Domestic Violence (1914 N. 34th Street, 105, Seattle, WA 98103, USA), 1986)

Cameron, Deborah und Elizabeth Frazer: *Lust am Töten. Eine feministische Analyse von Sexualmorden* (Berlin: Orlanda Frauenverlag, 1990)

Frauen gegen Gewalt e.V., Bonn (Hg.): *verGewaltigung gegen Frauen* (Mülheim: Verlag An der Ruhr, 1988)

Friebel, Harry: *Die Gewalt, die Männer macht. Lese- und Handbuch zur Geschlechterfrage* (Reinbek: Rowohlt, 1991)

Millhagen, Susann: *Gefühle kann man nicht kaufen. Das Buch zum Thema Jugendprostitution* (Reinbek: Rowohlt, 1986)

Sander, Helke und Barbara Johr (Hg.): *BeFreier und Befreite. Krieg, Vergewaltigung, Kinder* (München: Antje Kunstmann Verlag, 1992)

Savier, Monika u.a.: *Licht- und Schattenseiten. Forschungspraxis Mädchenarbeit* (München: Frauenoffensive, 1987)

Schmerl, Christiane: *Frauenfeindliche Werbung. Sexismus als heimlicher Lehrplan* (Reinbek: Rowohlt, 1983)

Terre des Femmes (Hg.): *Tod als Ehrensache. Frauenschicksale* (Berlin: Verlag für Wissenschaft und Bildung, 1987)

Thönissen, Ann und Klaus Meyer-Andersen: *Dunkelziffer. Das geheime Geschäft mit der schmutzigen Pornographie* (München: Goldmann, 1990)

Trube-Becker, Elisabeth: *Mißbrauchte Kinder: Sexuelle Gewalt und wirtschaftliche Ausbeutung* (Heidelberg: Kriminalistik Verlag, 1992)

Männer als Täter

Engelfried, Constanze: *Vergewaltigung. Was tun mit den Männern? Bestandsaufnahme und Analyse eines Männerproblems aus Frauensicht* (Braunschweig: Gerd J. Holtzmeyer Verlag, 1990)

Godenzi, Alberto: *Bieder, brutal. Frauen und Männer sprechen über sexuelle Gewalt* (Zürich: Unionsverlag, 1989)

Gondolf, Edward und David Russell: *Man to Man. A Guide for Men in Abusive Relationships* (Brandenton, FL: Human Services Institute (P.O. Box 14610, Brandenton, FL 34280, USA), 1987)

Island, David und Patrick Letellier: *Men Who Beat the Men Who Love Them. Battered Gay Men and Domestic Violence* (New York: Haworth Press, 1991)

Martin, Del: *Battered Wives* (San Francisco: Volcano Press, 1981)

Sonkin, Daniel Jay und Michael Durphy: *Learning to Live Without Violence* (San Francisco: Volcano Press, 1989)

Rutter, Peter: *Verbotene Nähe. Wenn Männer mit Macht das Vertrauen von Frauen mißbrauchen* (Düsseldorf/New York/Wien: Econ Verlag, 1991)

Wyre, Raye und Anthony Swift: *Und bist du nicht willig ... Die Täter* (Köln: Volksblatt Verlag, 1991)

Heil werden/Selbsthilfe

Bass, Ellen und Laura Davis: *Trotz allem. Wege zur Selbstheilung für sexuell mißbrauchte Frauen* (Berlin: Orlanda Frauenverlag in Zusammenarbeit mit Donna Vita, 1990)

Brandau, Heidrun u.a.: *Wege aus Mißhandlungsbeziehungen* (Pfaffenweiler: Centaurus-Verlagsgesellschaft, 1991)

Burgard, Roswitha: *Mut zur Wut. Befreiung aus Gewaltbeziehungen* (Berlin: Orlanda Frauenverlag, 1988)

Caignon, Denise und Gail Groves (Hg.): *Schlagfertige Frauen. Wider die alltägliche Gewalt* (Berlin: Orlanda Frauenverlag, 1990)

Cole, Autumn und Becca Brin Manlove: *Brother-Sister Sexual Abuse. It Happens and It Hurts. A Book for Sister Survivors* (Ely, MN: Beccautumn Books (c/o Sexual Assault Program of Northern St. Louis County, 505 12th Avenue West, Virginia, MN 55792), 1991)

Daugherty, Lynn B.: *Why me? Help for Victims of Child Sexual Abuse (Even if They Are Adults Now)* (Racine, WI: Mother Courage Press, 1984)

Davis, Laura: *The Courage to Heal Workbook* (New York: Harper & Row, 1990)

Dürmeier, Waltraud u.a. (Hg.): *Wenn Frauen Frauen lieben und sich für Selbsthilfe-Therapie interessieren* (München: Frauenoffensive, 1990)

Ernst, Sheila und Lucy Goodison: *Selbsthilfe Therapie. Ein Handbuch für Frauen* (München: Frauenoffensive, 1990)

Estrada, Hank: *Recovery for Male Victims of Child Sexual Abuse* (Santa Fe: Red Rabbit Press (P.O. Box 6546, Santa Fe, NM 87502-6545, USA), 1990)

Evert, Kathy und Inie Bijkerk: *When You're Ready. A Woman's Healing from Childhood Physical and Sexual Abuse by Her Mother* (Walnut Creek, CA: Launch Press, 1988)

Friedman, R.M. und L. Lerner (Hg.): *Zur Psychoanalyse des Mannes* (Berlin, Heidelberg, New York: Springer Verlag, 1991)

Grubman-Black, Stephen: *Broken Boys/Mending Men. Recovery from Child Sexual Abuse* (Blue Ridge Summit, PA: Tab Books (Human Services Institute, Inc., P.O. Box 14610, Brandenton, FL 34280, USA), 1990)

Hagen, Kay: *Internal Affairs. A Journalkeeping Workbook for Self-Intimacy* (New York: Harper Collins, 1990)

Lew, Mike: *Victims No Longer. Men Recovering from Incest and Other Sexual Child Abuse* (New York: Harper & Row, 1990)

NiCarthy, Ginny: *Getting Free. A Handbook for Women in Abusive Relationships* (Seattle: Seal Press, 1986)

dies.: *The Ones Who Got Away: Women Who Left Abusive Partners* (Seattle: Seal Press, 1987)

dies. u.a.: *Talking It Out: A Guide to Groups for Abused Women* (Seattle: Seal Press, 1984)

Petersen, Betsy: *Meines Vaters Tochter. Analyse eines Mißbrauchs* (Reinbek: Rowohlt, 1991)

Randall, Margaret: *This is About Incest* (Ithaca: Firebrand Books, 1987)

Thomas, T.: *Men Surviving Incest. A Survivor Shares the Recovery Process* (Walnut Creek, CA: Launch Press, 1990)

Westerlund, Elaine: *Starting from Scratch: The Incest Resources Group Model* (zu beziehen über: Incest Resources, 46 Pleasant Street, Cambridge, MA 02139)

White, Evelyn C.: *Chain Chain Change. For Black Women Dealing with Physical and Emotional Abuse* (Seattle: Seal Press, 1985)

White, Louise: *The Obsidian Mirror. An Adult Healing from Incest* (Seattle: Seal Press, 1988)

Sexualität/Körper/Beziehungen

Barbach, Lonnie: *For Yourself. Die Erfüllung weiblicher Sexualität* (Frankfurt/M., Berlin, Wien: Ullstein, 1984)

Bisinger, Matthias, Ulla Büntjen u.a. (Hg.): *Der ganz normale Mann. Frauen und Männer streiten über ein Phantom* (Reinbek: Rowohlt, 1992)

Boston Women's Health Collective: *Unser Körper, unser Leben. Ein Handbuch von Frauen für Frauen*, Band 1 und 2, erweiterte Neuausgaben (Reinbek: Rowohlt, 1991)

dies., Paula Brown Duress und Diana Laskin Siegel: *Unser Körper, unser Leben. Über das Älterwerden. Ein Handbuch für Frauen* (Reinbek: Rowohlt, 1991)

Burgard, Roswitha und Birgit Rommelspacher (Hg.): *Leideunlust. Der Mythos vom weiblichen Masochismus* (Berlin: Orlanda Frauenverlag, 1989)

Clio – periodische Zeitschrift zur Selbsthilfe, hg. vom Feministischen Frauen Gesundheits Zentrum e.V. (Bamberger Str. 51, 1000 Berlin 30, Tel. 030/213 95 97)

Covington, Stephanie und Liana Beckett: *Leaving the Enchanted Forest: The Path from Relationship Addiction to Intimacy* (New York: Harper & Row, 1988)

Dodson, Betty: *Die Lust am eigenen Körper* (München: Goldmann, 1989)

Föderation der Feministischen Frauen Gesundheits Zentren, USA (Hg.): *Frauenkörper – neu gesehen. Ein illustriertes Handbuch* (Berlin: Orlanda Frauenverlag, 1992 (Neuauflage))

Hendrix, Harville: *Getting the Love You Want. A Guide for Couples* (New York: Harper & Row, 1990)

Hollstein, Walter: *Nicht Herrscher, aber kräftig. Die Zukunft der Männer* (Reinbek: Rowohlt, 1990)

Kritsberg, Wayne: *Healing Together* (Deerfield Beach, FL: Health Communications, 1990)

Lerner, Harriet: *The Dance of Anger* (New York: Harper & Row, 1986)

Leyrer, Katja: *Hilfe! Mein Sohn wird ein Macker* (Frankfurt/M.: Fischer, 1990)

Lobel, Kerry (Hg.): *Naming the Violence. Speaking Out About Lesbian Battering* (Seattle: Seal Press, 1986)

Loulan, JoAnn: *Lesbian Sex* (San Francisco: Spinsters/ Aunt Lute, 1984)

dies.: *Lesbian Passion: Loving Ourselves and Each Other* (San Francisco: Spinsters/Aunt Lute, 1987)

dies. u.a. (Hg.): *Lesben Liebe Leidenschaft. Texte zur feministischen Psychologie* (Berlin: Orlanda Frauenverlag, 1992)

Maltz, Wendy: *The Sexual Healing Journey* (New York: Harper Collins, 1991)

dies. und Beverly Holman: *Incest and Sexuality. A Guide to Understanding and Healing* (Lexington, MA: Lexington Books, 1987)

Richardson, Diane: *Frauen und die AIDS-Krise. Das Handbuch* (Berlin: Orlanda Frauenverlag, 1987)
Rieder, Ines und Patricia Ruppelt (Hg.): *Frauen sprechen über AIDS* (Frankfurt/M.: Fischer, 1991)
Rush, Anne Kent: *Getting Clear. Ein Therapie-Handbuch für Frauen* (Landsberg: mvg, 1978)
Valverde, Mariana: *Sex, Macht und Lust* (Berlin: Orlanda Frauenverlag, 1989)
Westerlund, Elaine: *Women's Sexuality After Childhood Incest* (New York: W.W. Norton & Company, 1992)
Wieck, Wilfried: *Wenn Männer lieben lernen* (Zürich: Kreuz Verlag, 1990)

Erfahrungsberichte, Romane, Erzählungen

al-Scheich, Hanan: *Sahras Geschichte,* Roman aus dem Libanon (Basel: Lenos Verlag, 1989)
Angelou, Maya: *Ich weiß, daß der gefangene Vogel singt* (Frankfurt/M.: Fischer, 1983)
Armstrong, Louise: *Kiss Daddy Goodnight. Aussprache über Inzest* (Frankfurt/M.: Suhrkamp 1985)
Bachmann, Ingeborg: *Malina* (Frankfurt/M.: Suhrkamp, 1980)
Bass, Ellen und Louise Thornton (Hg.): *I Never Told Anyone: Writings by Women Survivors of Child Sexual Abuse* (New York: Harper & Row, 1983)
Bormann, Elke u.a.: *Wir sind längst LAUT geworden. Ein Buch zum Film: Wir möchten noch viel LAUTER sein. Wie Mädchen und Frauen ihre Erfahrung mit sexuellem Mißbrauch verarbeiten* (Berlin: Donna Vita Verlag, 1991)
Cardella, Lara: *Ich wollte Hosen* (Frankfurt/M.: Fischer, 1990)
Cardinal, Marie: *Schattenmund* (Reinbek: Rowohlt, 1979)
Chick: *Meine Mutter, dieser Mann und ich* (Frankfurt/M.: Alibaba Verlag, 1989)
Czurda, Elfriede: *Kerner. Ein Abenteuerroman* (Reinbek: Rowohlt, 1987)
Danica, Elly: *Nicht!* (München: Frauenoffensive, 1989)
Dirks, Liane: *Die liebe Angst* (Reinbek: Rowohlt, 1989)
Forrest, Katherine: *Die Tote hinter der Nightwood Bar,* Ariadne Krimi (Hamburg: Argument Verlag, 1989)
Fraser, Sylvia: *In meines Vaters Haus* (Frankfurt/M.: Fischer, 1990)
Galey, Iris: *Ich weinte nicht, als Vater starb* (Bern: Zytglogge, 1988)
George, Elisabeth: *Gott schütze dieses Haus,* Kriminalroman (München: Goldmann, 1991)
Gom, Leona: *Unverhoffte Ankunft,* Kriminalroman (Berlin: Orlanda Frauenverlag, 1991)
Gordon: *Ich tanze so schnell ich kann* (Reinbek: Rowohlt, 1983)
Halvorsen, Ida: *Harter Asphalt. Autobiographie* (München: Frauenoffensive, 1987)
Karedig, Anne: *Zieh dich schon mal aus, ich hol' inzwischen den Stock. Versuch einer Aufarbeitung* (Frankfurt/M.: Fischer, 1990)
Lappessen, Katharina: *Was ist mit Anna?* (München: Frauenoffensive, 1991)
Merian, Svende: *Vaters Hände* (Frankfurt/M.: Luchterhand, 1990)
Merz, Helene: *Die verborgene Wirklichkeit. Geschichte einer Verstörung* (Frankfurt/M.: Fischer, 1988)
Moggach, Deborah: *Rot vor Scham. Geschichte einer zerstörten Unschuld* (Reinbek: Rowohlt, 1985)
Morrell, Mary: *Letzte Sitzung,* Kriminalroman (Berlin: Orlanda Frauenverlag, 1992)
Morris, Michelle: *Diesmal überlebe ich* (Berlin: Orlanda Frauenverlag, 1988)
Morrison, Toni: *Sehr blaue Augen* (Reinbek: Rowohlt, 1979)
Piontek, Maria: *Mißbraucht. Meine verratene Kindheit* (Frankfurt/M.: Eichborn Verlag, 1991)
Rochefort, Christine: *Die Tür dahinten* (Frankfurt/M.: Suhrkamp, 1990)
Saadawi, Nawal el: *Ich spucke auf euch. Bericht einer Frau am Punkt Null* (München: Antje Kunstmann Verlag, 1984)
dies.: *Ringelreihen,* Erzählung (München: Frauenbuchverlag, 1990)
Schilling, Bea: *Wiegenlied mit Spätfolgen. Aus dem Leben einer Co-Alkoholikerin* (Frankfurt/M.: Fischer, 1990)
Spring, Jaqueline: *Zu der Angst kommt die Scham. Die Geschichte einer sexuell mißbrauchten Tochter* (München: Kösel Verlag, 1988)

Walker, Alice: *Die Farbe Lila* (Reinbek: Rowohlt, 1984)

Williams, Donna: *Ich könnte verschwinden, wenn du mich berührst. Erinnerungen an eine autistische Kindheit* (Hamburg: Hoffmann und Campe, 1992)

Wilson, Barbara: *Sisters of the Road*, Kriminalroman (Gießen: Focus, 1987)

Für Jugendliche

Abrahamsen, Aase Foss: *Wie ein endloser Schrei* (Würzburg: Arena Verlag, 1990)

Bain, Quainé und Maureen Sanders: *Wege aus dem Labyrinth. Fragen von Jugendlichen zu sexuellem Mißbrauch* (Berlin: Donna Vita Verlag, 1992; in Vorbereitung)

Bass, Ellen: *I Like You to Make Jokes With Me, But I Don't Want You to Touch Me* (Chapel Hill: Barclay, 1981)

Brandes, Sophie: *Total blauäugig* (Weinheim: Beltz & Gelberg, 1988)

Fehrmann, Helma und Peter Weismann: *Und plötzlich willste mehr. Die Geschichte von Paul und Paulas erster Liebe* (München: Antje Kunstmann Verlag, 1979)

Fülscher, Susanne: *Schattenmonster* (Bad Homburg, Verlag Cornelia Riedel, 1991)

Gee, Robyn und Susan Meredith: *Wachsen und Erwachsenwerden* (Ravensburg: Ravensburger Verlag Otto Maier, 1987)

Glade-Hassenmüller, Heidi: *Gute Nacht, Zuckerpüppchen* (Recklinghausen: Georg Bitter Verlag, 1989)

Hadley/Irwin: *Liebste Abby* (Weinheim/Basel: Beltz & Gelberg, 1986)

Howard, Ellen: *Lilians Geheimnis* (Wien/Heidelberg: Ueberreuter Verlag, 1988)

Kühn, Frauke: *Es fing ganz harmlos an* (Basel/Freiburg/Wien: Herder, 1990)

Kunstmann, Antje und Franziska Krauch: *Mädchen. Das Aufklärungsbuch. Liebe & Lust, Angst & Frust, Sexualität & Erotik* (München: Antje Kunstmann Verlag 1991 (Neuauflage))

Mebes, Marion und Eva Wagendristel: *Katrins Geheimnis* (Berlin: Donna Vita Verlag, 1992)

Miklowitz, Gloria D.: *Hast du schon gehört, was mit Andrea passiert ist?* (Bergisch Gladbach: Bastei Lübbe, 1987)

Reher-Juschka, Gabriele und Christel Biebrach: *Blutrot. Was Menstruation bedeutet* (Berlin: Donna Vita Verlag, 1992)

Provoost, Anne: *Tränen sind für die Augen, was der Regenbogen für den Himmel ist* (Kevelaer: Anrich Verlag, 1992)

Schneider, Sylvia und Birgit Rieger: *Das Aufklärungsbuch* (Ravensburg: Otto Maier, 1991)

Steenfatt, Margret: *Nele. Ein Mädchen ist nicht zu gebrauchen* (Reinbek: Rowohlt, 1986)

Talbert, Mark: *Das Messer aus Papier* (Kevelaer: Anrich Verlag, 1989)

Theater Rote Grütze: *Darüber spricht man nicht! Ein Stück vom Kindermachen und Kinderkriegen, vom Liebhaben und Schämen und was sonst noch alles vorkommt* (München: Antje Kunstmann Verlag, 1984)

dies.: *Mensch, ich lieb dich doch. Ein Stück zur Drogenproblematik* (München: Antje Kunstmann Verlag, 1980)

dies.: *Was heißt hier Liebe? Ein Spiel um Liebe und Sexualität für Leute in und nach der Pubertät* (München: Antje Kunstmann Verlag, 1977)

Wyss, Hedi: *Das rosarote Mädchenbuch. Ermutigung zu einem neuen Bewußtsein* (Frankfurt/M.: Fischer, 1990)

Für Kinder

Aliki: *Gefühle sind wie Farben* (Weinheim: Beltz & Gelberg, 1987)

Bellows, Cathy: *Die Grizzly-Schwestern* (Berlin: Donna Vita Verlag, 1992)

Braun, Gisela und Dorothee Wolters: *Das große und das kleine NEIN!* (Mühlheim: Verlag An der Ruhr, 1991)

Cole, Babette: *Prinzessin Pfiffigunde* (Hamburg: Carlsen, 1988)

dies.: *Prinz Pfifferling* (Hamburg: Carlsen, 1988)

Degener, Volker W.: *Geht's uns was an?* Erzählung (Reinbek: Rowohlt, 1981)

Enders, Ursula und Dorothee Wolter: *Schön blöd. Schöne Gefühle machen gute Laune, blöde Gefühle machen schlechte Laune* (Köln: Volksblatt Verlag, 1991)

Johnston-Phelps, Ethel (Hg.): *Kati Knack-die-Nuß und andere Geschichten von schlauen Mädchen* (Berlin: Elefanten Press, 1987)

Kehoe, Patricia: *Wenn ich darüber reden könnte ... Eine Geschichte um sexuellen Mißbrauch* (Berlin: Donna Vita Verlag, 1991)

Mai, Manfred und Dagmar Geisler: *Vom Schmusen und Liebhaben* (Bindlach: Loewes Verlag, 1991)

Mayer, Mercer: *Da liegt ein Krokodil unter meinem Bett* (Ravensburg: Otto Maier, 1991)

Mebes, Marion und Lydia Sandrock: *Kein Küßchen auf Kommando,* Schreibschriftfassung (Berlin: Donna Vita Verlag, 1988); auch als Malbuch erhältlich

dies.: *Kein Anfassen auf Kommando,* Schreibschriftfassung (Berlin: Donna Vita Verlag, 1991); auch als Malbuch erhältlich

Møller, Liller: *Kinder machen geht so!* (Berlin: Altberliner Verlag, 1992)

Rosen, Björn Graf von: *Das Märchen von der ungehorsamen Adeli-Sofi und ihre furchtbare Begegnung mit dem Wassermann* (Zürich: Atlantis Verlag, 1987)

Snunit, Michal und Na'ama Golomb: *Der Seelenvogel* (Hamburg: Carlsen, 1991)

Tost, Gita und Claudia Lange: *Wen, Do und der Dieb* (Berlin: Donna Vita Verlag, 1992)

Wachter, Oralee und Barbara Gräcmann: *Heimlich ist mir unheimlich* (Berlin: Donna Vita Verlag, 1991)

Juristische Auseinandersetzungen und Leitfäden

Armstrong, Louise: *Home Front. Notes from the Familiy War Zone* (New York: McGraw-Hill, 1984)

Crewsdon, John: *By Silence Betrayed. Sexual Abuse of Children in America* (New York: Little, Brown & Co., 1988)

Dziech, Billie Wright und Judge Charles Shudson: *On Trial. America's Courts and Their Treatment of Sexually Abused Children* (New York: Little, Brown & Co., 1989)

Hechler, David: *The Battle and the Backlash. The Child Sexual Abuse War* (Lexington, MA: Lexington Books, 1989)

Wildwasser Nürnberg: *Gegen sexuellen Mißbrauch an Mädchen. Juristischer Leitfaden für Helfer/innen* (Nürnberg 1991, überarbeitete Ausgabe)

Zenz, Gisela: *Kindesmißhandlung und Kindesrechte. Erfahrungswissen, Normstruktur, Entscheidungsrationalität* (Frankfurt/M.: Suhrkamp, 1981)

Aktuelle Adressen und Literatur

Adressenverzeichnisse und Literaturlisten sind ständigen Aktualisierungen unterworfen. Wir verweisen deshalb auf den Donna Vita Fachhandel, der sowohl eine Liste von Anlaufstellen und Selbsthilfegruppen für Überlebende (zum Beispiel Wildwasser, Zartbitter, Mädchenhäuser und Notrufgruppen) als auch jedes Jahr einen aktuellen Buchkatalog zum Thema sexueller Mißbrauch herausgibt. Bezugsadresse:

Donna Vita Fachhandel
Ruhnmark 11
24973 Maasbüll
Telefon 04634 / 1717

Für Partnerinnen und Partner von Überlebenden gibt es bislang kaum Selbsthilfegruppen. PartnerInnen können sich jedoch an die Anlaufstellen für Überlebende wenden und über diese Kontakte knüpfen oder Gruppen initiieren.

STICHWORTVERZEICHNIS

Abhängigkeit s. Sucht
Abspalten s. Dissoziieren
Abwehr s. Zurückweisung
Älterwerden kann Erinnerungen
 auslösen 116
Ärger s. Wut
Affären 228
Aids 235
Al-Anon 55f., 237, 243
Alkoholmißbrauch 204, 208, 237
 s.a. Sucht
Alpträume 29, 98f., 227f.
Anonyme Alkoholiker 204, 208f.
Anonyme Mißbrauchsüberlebende 135 Fn.
Arbeit 32f.
 Berufswahl 32f.
 Erinnerungsblitze am Arbeitsplatz 240
 Panikattacken in Verbindung mit dem
  Arbeitsplatz 239
 Beziehungen am Arbeitsplatz 32f.
 Workaholics 32f.
Armstrong, Louise 108 Fn.
Arztbesuche können Erinnerungen auslösen
 106
Auslöser 89f., 94f., 105f., 213f., 239
 Über Auslöser sprechen 161
 Ein Gespür dafür bekommen 161
 Sexuelle Auslöser 161f., 234
 Auslöser für Selbstmord 102
Aussteigen s. Dissoziieren

Bass, Ellen 36, 51, 108 Fn., 112
Battle and the Backlash, The (Hechler)
 108 Fn.

Bedürfnisse
 Die Bedürfnisse beider PartnerInnen
  unter einen Hut bringen 58f., 64f.
  70ff., 208f.
 Wenn Bedürfnisse einander auszu-
  schließen scheinen 142
 Wenn beide Überlebende sind 58f.
 Eine Liste machen 73f., 144f.
 Wer kann deine Bedürfnisse erfüllen? 74
 Bedürfnisse des Partners (der Partnerin)
  64f., 70-76, 208f., 216, 242
 Bedürfnisse einstufen 80f.
 Deine Bedürfnisse erkennen 73f.
 Sexuelle Bedürfnisse s. Sex
 Bedürfnisse vermitteln, statt Forderungen
  zu stellen 75, 142, s.a. Verhandeln
Beratung s. Therapie und TherapeutInnen
Bereitschaft zu Sex 155f.
Berührung kann Erinnerungen auslösen 89f.,
 105f.
BeschützerInnenrolle von PartnerInnen 66f.
Beschwerden 143
Besuch von der Familie der (des)
 Überlebenden 184
Beziehung beenden s. Trennung
Beziehungen zwischen zwei Überlebenden
 s. Wenn beide Überlebende sind
Bisexualität 172
Burson, Malcolm 111 Fn.
Butler, Sandra 108 Fn.
By Silence Betrayed (Crewsdon) 108 Fn.

Chaos s. Krisenstadium
Chaos und Sicherheit 126
Conspiracy of Silence, The (Butler) 108 Fn.

Courage to Heal Workbook (Bass und Davis) 36, 97, 103, 164, 181
Crewsdon, John 108 Fn.

Das bestgehütete Geheimnis (Rush) 108 Fn.
Dauerkrise 87f.
Davis, Laura (Autorin) 36, 112, 134, 164 Fn.
Demütigung 31
Depressionen 29, 93
    aufgrund des Kontakts mit der Familie 31f.
Dichtmachen s. Dissoziieren
Discerning the Call to Social Ministry: An Alban Institute Case Study (Burson et. al.) 111 Fn.
Dissoziieren 30, 116, 119, 204f., 213
Distanz 127f.
Dominantes Verhalten 143
Drogen- und Medikamentenmißbrauch 29, 116, 239
Drohung 143
Dziech, Billie Wright 108 Fn.

Eheberatung s. Paarberatung
Eifersucht 44f.
Einfluß s. Kontrolle in Beziehungen
Ekel 31
Elektroschocks 215
Elternschaft
    Opfer als Täter 29, 32, 111, 192f.
    Nicht die gleichen Fehler machen wie die Eltern 193f.
    Mißbrauchst du ein Kind? 192
    Elternschaft lernen 193f.
    Elternschaft kann Erinnerungen auslösen 106
    Wenn PartnerInnen Überlebenden einen Elternteil ersetzen sollen 66f.
    Kinder beschützen 32, 185ff., 192
    Wer oder was kann euch helfen, gute Eltern zu sein? 194
    Mit euren Kindern über den Täter sprechen 188f., 206f., 241
    Dein Kind als Opfer 190f.
Emotionaler Mißbrauch 192
Enthaltsamkeit 31, 153f., 165f., 221

Entspannungscassetten 96, 99
Entspannungsübungen 96, 101
Erfolg
    Eigen-Sabotage 29
Erics Geschichte 218-223
    Erics Hintergrund 218
    PartnerInnengruppen 220
    Rachephantasien 221
    Selbstbestätigung 223
    Sexuelle Beziehungen 221
    Selbstmordgedanken 218ff.
    Sarahs Erinnerungen tauchen auf 219
    Mißbrauch durch den Therapeuten 220
    Dauer des Heilungsprozesses 223
Erinnerungen 37, 215
    Körpererinnerungen 220
    Unvollständige Erinnerungen an den Mißbrauch 107
    Unterdrückte Erinnerungen 105
    Auftauchen von Erinnerungen 105f., 210-214, 218f., 239-242
    Trigger s. Auslöser
    Visuelle Erinnerungen 107
    s.a. Erinnerungsblitze
Erinnerungsblitze 37, 89f., 204f., 224
    Welche Formen gibt es? 157
    Beim Sex 31, 157-161, 204f.
    Am Arbeitsplatz 240
Eßstörungen 29
    s.a. Gewichtsveränderungen

Falle
    Das Gefühl, in der Falle zu sitzen 83
Fallstudien s. Geschichten der PartnerInnen
Familie der (des) Überlebenden 31f., 206
    Wir wollen ihre Fehler nicht wiederholen 193f.
    Konfrontation der Familie 40, 180ff., 206, 221
    Keiths Erinnerungen 239f.
    Verlust der Schwiegereltern 179
    Gefühle der PartnerInnen dem Täter gegenüber 177f., 180, 206, 221
    Wenn PartnerInnen die Familie der (des) Überlebenden verteidigen 53f.

Eure Kinder vor der Familie beschützen 185ff., 192, 206f.
Das Verhalten der Familie widerspiegeln 183
Wenn Überlebende ihre Familie verteidigen 183
Die Gefühle der Überlebenden ihrer Familie gegenüber 177f., 221
Mit der Familie über den Mißbrauch sprechen 139, 206f.
Mit euren Kindern über den Täter sprechen 188f., 206f., 241
Familienbesuche 184
Euer Kind als Opfer 190f.
s.a. Täter
Father-Daughter-Incest (Herman) 108 Fn.
Feminismus 113f., 238
Flashbacks s. Erinnerungsblitze
Flexibilität 27, 129
Forderungen
Bedürfnisse vermitteln, statt Forderungen zu stellen 75, 142
Fortune, Marie 111 Fn.
Fragen von PartnerInnen 25-194
Freude 77
FreundInnen von Überlebenden ihre Rolle 61f.
Frustration
Mit wem kannst du über deinen sexuellen Frust sprechen? 163

Gebet 208f.
Geduld 27
Gefahr
Die Suche nach Gefahr 29
Gefühle
dem Täter gegenüber s. Täter
Angst vor »schönen« Gefühlen 29
PartnerInnen darf es auch manchmal gutgehen 77
Gefühle unterdrücken 29, 51
Gehirnwäsche 215
Gerichte 108
Geschichten von PartnerInnen 201-244
Eric und Sarah 218-223
Jack und Valerie 203-209

Lorraine und Luci 224-226
Marise und Jo 210-212
Noah und Jade 213-217
Richard und Yvonne 227-230
Scott und Jim 231-236
Virginia und Keith 237-244
Gesellschaft
Mißbrauch ist in unserer Kultur verankert 113
Sex in der Werbung 79, 158f.
Getting the Love You Want (Hendrix) 90 Fn.
Gewalt gegen Frauen 113, 237, 239
Gewalttätige sexuelle Phantasien 170f.
Gewalttätiges Verhalten 90 Fn., 92
Wird Männern zugeschrieben 113ff.
Feministinnen gegen gewalttätiges Verhalten 113
In Verbindung mit sexueller Erregung 170
Gewichtsveränderungen 105
s.a. Eßstörungen
Gil, Eliana 120 Fn.
Glauben, daß es passiert ist 37
Grenzen 68ff.
Definition 68
Deine Grenzen kennen 27
Übung zum Entdecken von Grenzen 69
Nähe und Grenzen 68
starre Grenzen 69
Grenzen setzen 90, 133
schwache Grenzen 69, 78
Griff (alles im Griff haben) s. Kontrolle in Beziehungen
Großeltern als TäterInnen
Wie könnt ihr euer Kind schützen? 185ff.

Hechler, David 90 Fn., 108 Fn.
Heilungsprozeß 36-40
Fähigkeit zu heilen 34f.
Nach dem Heilungsprozeß 196f.
Wut 39
Glauben, daß es passiert ist 37
Erkennen, daß du keine Schuld trägst 38
Das Schweigen brechen 37f.
Den Täter konfrontieren 40
Die Entscheidung zu heilen 36
Krisenstadium 36

Trauern 39
Den Kontakt zu dem Kind in dir herstellen 39
Die Bereitschaft, damit anzufangen 55f.
Erinnerungen 37, 215
Loslassen und weitergehen 40, 111
Das Sexualleben während des Heilungsprozesses 151f.
Der zeitliche Rahmen 34f., 53f., 126, 204ff., 217, 223
s.a. Wenn beide Überlebende sind
HelferInnen-Rolle 237f.
Heterosexualität 172f.
Hilflosigkeit 166
Hoffnung 93
Hoffnungslosigkeit 93
Home Front (Armstrong) 108 Fn.
Homophobie 172f.
Homosexualität 172f.
s.a. Lesben, Schwule
Humor 27, 59, 233
Hyperventilation 215

I Never Told Anyone (Bass) 108 Fn.
Inkonsequenz s. Unzuverlässigkeit
Inzest s. Sexueller Kindesmißbrauch

Jacks Geschichte 203-209
    Hintergrund 203
    Die richtigen Worte wählen 204
    Der Umgang mit Valeries Familie 206
    Der Umgang mit Valeries Schmerz 204
    Die Entscheidung, zu einer Beratung zu gehen 203
    Die Entscheidung, zusammenzubleiben oder zu gehen 206
    Unsere sexuellen Aktivitäten nehmen immer mehr ab 203
    Dissoziierung 205
    Erinnerungsblitze 205
    Das innere Kind 204f.
    Jack hört auf zu trinken 204, 208
    Gemeinsam heilen 208
    Jacks Frau als Überlebende 203
Jade s. Noahs Geschichte
Jim s. Scotts Geschichte

Jo s. Marises Geschichte
Job s. Arbeit

Karriere s. Arbeit
Kimmell, Paul 116 Fn., 119 Fn.
Kind
    Den Kontakt zu dem Kind in dir herstellen 39, 94ff., 119, 204
Kinder von Überlebenden
    Mißbrauch durch den Überlebenden (die Überlebende) 29, 32, 111
    Nicht die gleichen Fehler machen wie die Eltern 193f.
    Überlebende beschützen ihre Kinder 185ff., 192, 206f.
    Mit den Kindern über den Täter sprechen 188f., 206f., 241
Kindesmißbrauch s. Sexueller Kindesmißbrauch
Kindliches Verhalten (Regression) 39, 94ff., 119, 204f., 192f.
Kirche
    Die christliche Lehre 111
    Wenn der Täter ein Geistlicher oder ein Angestellter der Kirche ist 123
Körperarbeit 105
Körper-Bewußtsein s. Dissoziieren
Körpererinnerungen 220
Koffein 98
Kommunikation 210f., 228, 238
    Mangelhafte Kommunikation 136f.
    »Ich kann nicht ständig zuhören« 134f., 208f.
    Wenn PartnerInnen mit anderen Menschen über die Überlebenden sprechen 38, 138f.
    Kommunikation während einer Trennungsperiode 232
    Über den Täter sprechen s. Sprechen über den Mißbrauch
    s.a. Verhandeln
Kompromisse schließen 142f.
Konflikte 142, 197
Konfrontation des Täters 40, 180ff., 206, 221
Kontrolle in Beziehungen 130, 211, 216f.
    Sex als Machtinstrument 167, 234

Krisenstadium 36
Kritik 140f.
Kult 25, 116ff.
   Teufelskult 102, 116ff., 214ff., 240

Langzeitfolgen des Mißbrauchs 28-33
   Körperbewußtsein 30
   Die Familie der (des) Überlebenden 31f.
   Gefühle 29f.
   Nähe 30
   Die Folgen überwinden 33
   Elternschaft 32
   Selbstwertgefühl 28f.
   Sexualität 31
   Arbeitsplatz 32
Lesben 224ff.
   Gewalt in lesbischen Beziehungen 92
   Lesben mit Mißbrauchserfahrungen 172f.
   Lorraines Geschichte 224ff.
   Wenn die (der) Überlebende seine (ihre) sexuelle Orientierung in Frage stellt 172f.
Lesbian Sex (Loulan) 156
Leugnen und verdrängen
   Täter 182
   PartnerInnen 53f., 219
Liebe 243f.
   als Resultat 147
Liste
   Eine Liste deiner Bedürfnisse aufstellen 73f., 144f.
Lorraines Geschichte 224-226
   Die Beziehung beenden 225f.
Loulan, JoAnn 156
Loslassen 40, 111
Lucy
   Lorraines Geschichte 224-226
   Die Beziehung beenden 225f.

Machtkampf s. Kontrolle in Beziehungen
Männer
   Negative Gefühle Männern gegenüber 113ff. 169
   »Sexuelle Monster« 169

Märtyrer-Rolle 143
Making Peace With Your Adult Child (Smith) 191 Fn.
Maltz, Wendy 171
Manipulation 143
Massage 105
Marises Geschichte 210-217
   Kommunikation 210ff.
   Kontrolle 212
   Die Entscheidung, zusammenzubleiben oder zu gehen 210f.
   Sexuelle Probleme 210f.
   Jos Erinnerungen tauchen auf 210
Medikamentenmißbrauch s. Drogen- und Medikamentenmißbrauch
Meditation 209
Mehrfach-Persönlichkeit 94f., 116, 119ff., 214, 239
   Als Form der Dissoziierung 119
Miller, Alice 111
Mißbraucher s. Täter
Mißhandlung, körperliche
   Formen 192
   Scotts Geschichte 213-236
Mitgefühl 27
Moulds, Robin 119 Fn.
Multiple Persönlichkeiten s. Mehrfach-Persönlichkeit
Music Box 188f.

Nacht
   Ängste in der Nacht 29, 97ff., 227f.
   Ein Gefühl von Sicherheit schaffen 97ff.
   Schlaflosigkeit 97ff.
   »Angst, allein aufs Klo zu gehen« 97ff.
Nähe und Intimität 243
   Grenzen und Nähe 68
   Nähe und Rückzug 127f.
   Spontane Nähe 128
   Probleme mit Nähe 30, 127f.
   Nähe ohne Sex 169
   s.a. Sex
New-Age 111
Nicht-Selbstmord-Pakt 102f.

Noahs Geschichte 213-217
  Geburt eines Kindes 213
  Kontrolle 216
  Kultmißbrauch 214f.
  Umgang mit Erinnerungen 214f.
  Tiefe Verbundenheit 215
  Zusammenleben mit Jade 213
  Mehrfach-Persönlichkeiten 214
  Noahs Bedürfnisse 216
  Sexuelle Beziehung 213, 216f.
  Jades Erinnerungen tauchen auf 213
  Dauer des Heilungsprozesses 217
»Normal«, die Sehnsucht nach einer »normalen« Beziehung 125
Notfälle
  Im Notfall dasein 80
  Hilfe holen 80f.
  Selbstverletzung 100f.
  s.a. Selbstmord
Notruf 102, 192

On Trial (Dziech und Shudson) 108 Fn.
Orgasmus während des Mißbrauchs 171

Paarberatung 59, 203, 227f.
Pädophilie 79
Panikanfälle 29, 213ff.
  Nachts 98f.
  Am Arbeitsplatz 238
Parade Magazine 193
PartnerInnen von Überlebenden
  Wenn PartnerInnen mit dem Täter verwechselt werden 66, 89ff.
  Zorn 39, 41f., 53, 76, 177, 213f.
  Männerfeindliche Gefühle von Überlebenden 113ff., 169
  Glauben, daß der Mißbrauch geschehen ist 37, 107
  »Nur« die beste Freundin (der beste Freund) 61f.
  Grenzen 68ff., 78, 89f.
  HelferInnenrolle 71f.
  Veränderungen in eurer Beziehung zulassen 50
  Charaktereigenschaften, die PartnerInnen haben sollten 27
  PartnerInnen (Gründe für unsere Wahl) 48f., 223, 241
  Wenn PartnerInnen mit anderen Menschen über die Überlebenden sprechen 37f., 138f.
  Umgang mit Krisensituationen 87f.
  PartnerInnen leugnen den Mißbrauch 53f., 219
  Wenn Überlebende sich zurückziehen 127f.
  Was bedeutet es, mit einer(m) Überlebenden zusammenzusein? 26
  Erwartungen der Überlebenden an PartnerInnen 66f.
  PartnerInnen fühlen sich ausgeschlossen 44f.
  Ich habe das Gefühl, die Spielregeln haben sich geändert 47
  Streit 140ff., 197, 233
  Trauer 39
  Schuldgefühle 75
  In schlimmen Phasen aushalten 82
  Eifersucht von PartnerInnen 44f.
  PartnerInnen darf es auch manchmal gutgehen 77
  Mangelnde Kommunikation 136f.
  »Ich kann nicht ständig zuhören« 134f., 208f.
  Bedürfnisse der PartnerInnen 64f., 70-76, 209, 216, 242
  Nächtliche Ängste der Überlebenden 97ff.
  Sehnsucht nach einer »normalen« Beziehung 125
  BeschützerInnenrolle 66f.
  Fragen von PartnerInnen 25-194
  Regression der Überlebenden 94ff.
  Sicherheit und Krise 126
  Die eigenen Bedürfnisse erkennen 60, 223
  Überlebende verletzen sich selbst 100f.
  Geschichten von PartnerInnen 201-244
  Wo bekommen PartnerInnen Unterstützung? 41ff., 53, 173ff., 220, 227f.

Welche Unterstützung können
PartnerInnen leisten? 35, 39f.
Die (der) Überlebende ist völlig mit sich
selbst beschäftigt 41f.
Die (der) Überlebende ist nicht bereit,
an dem Mißbrauch zu arbeiten 55f.
Reaktion auf Mißbrauch durch den
Therapeuten 122f., 220
PartnerInnen brauchen eine Pause 80f.
Vertrauenswürdigkeit 131f.
Gewalttätiges Verhalten 90 Fn.
Wieso ich? 48f.
s.a. Erinnerungen
Kontrolle in Beziehungen
Mehrfach-Persönlichkeiten
Selbstmord
Sex
Trennung
Verhandeln
Wenn beide Überlebende sind
Pausen für PartnerInnen 80f.
Perfektion 29
Pornografie 113
Privatangelegenheiten 138f.

Rache 180, 206, 221
Realitätsprüfung 87f.
Rechtssystem 108, 190, 220
Regeln
Ich habe das Gefühl, die Spielregeln
haben sich geändert 47
Die Regeln ändern sich ständig 133
Regression 94ff.
Religion 208f.
Vergebung und Religion 111f.
Richards Geschichte 227-230
Affären 228
Paarberatung 227, 229
Familienhintergrund 227
Was wird die Zukunft bringen? 229
PartnerInnengruppe 228
Warum es sich gelohnt hat 230
Sexuelle Beziehung 227ff.
Rigidität s. Starres Verhalten
Ritueller Mißbrauch 25, 116ff., 214ff.
s.a. Teufelskult

Rollenmodelle 93, 218
Rossetti, Stephen 111 Fn.
Rush, Florence 108 Fn.

Sadismus 170
Sadomasochismus 170
Sarah s. Erics Geschichte
Satanskult s. Teufelskult
Scham 31, 170, 216f.
Weil dein Kind mißbraucht wurde 191
Weil dein Mißbrauch dich sexuell
erregt hat 170f.
Scheidung 147
Schizophrenie 238f.
Schlaflosigkeit 97
Schlafschwierigkeiten 98f.
Die Ursachen finden 98
Alpträume 29, 98f., 227f.
Der PartnerInnen 97ff.
Schmerz 31, 34f., 45
Den Schmerz aushalten 82
Der Schmerz der PartnerInnen 44f.
Selbstverletzung 100f.
Schrader, Susan 116 Fn., 119 Fn.
Schuldgefühle 75, 83, 224ff.
Schuld an dem Mißbrauch hat der
Täter 38
Wer hat schuld an Problemen, die nichts
mit dem Mißbrauch zu tun haben? 54
Fühlst du dich schuldig, weil du deine
Bedürfnisse aussprichst? 75
Gibst du dir die Schuld, weil dein Kind
mißbraucht wurde? 191
Schule und Ausbildung 32
Schwangerschaft kann Erinnerungen
auslösen 106
Schweigen
Das Schweigen brechen s. Sprechen über
den Mißbrauch
Schwiegereltern
Verlust der Schwiegereltern 179
s.a. Familie der (des) Überlebenden
Schwule
Gewalt in schwulen Beziehungen 92
Schwule mit Mißbrauchsvergangenheit 172f.
Scotts Geschichte 231-236

Scotts Geschichte 231-236
   Wie zwei verletzte kleine Jungen 233
   Aids 235
   Familienhintergrund 231
   Jim arbeitet an seinem Mißbrauch 231f.
   Zeitweilige Trennungen 232ff.
   Mißhandlung 231
   Warum es sich gelohnt hat 235f.
   Sexuelle Vergangenheit 231
   Sexuelle Beziehung zwischen Scott und Jim 231f., 234f.
Selbstbefriedigung 162, 170, 211, 222
Selbsthaß 28f., 140
Selbstverletzung 28, 100f.
Selbsthilfegruppen 96
   Funktion 51
   Für Eltern 194
   Selbstmordgedanken und Selbsthilfegruppen 102f.
   Zeit, die Überlebende in Selbsthilfegruppen verbringen 51f.
Selbstmord 28f., 102
   Kult und Selbstmord 102, 116
   Nicht-Selbstmord-Pakt 102f.
   Wie gehen PartnerInnen damit um? 102f., 218ff.
   Verhindern 102f.
   Qualifizierte Hilfe 102f.
   Selbstmordgedanken 28f., 36, 93, 102f., 218ff., 237
Selbstmord-Notruf 102
Selbstvergessenheit der Überlebenden 41f., 136
Selbstverteidigungskurse 97
Selbstwert 28f., 140f., 204f., 211
Selbstzerstörerisches Verhalten 29, 36, 100f.
Sex 148-175
   Erwachsenes Sexualleben 31
   Zuneigung 221f., 231f.
   Nach der Therapie 149f.
   »Gut im Bett« sein 167
   Enthaltsamkeit 31, 153f., 165f.
   Sex als Machtinstrument 31, 167, 234
   Sex in der Werbung 79, 158
   Die Beziehung beenden, weil kein Sex stattfindet? 174f.

Unterschiedliche Bedürfnisse unter einen Hut bringen 164ff.
Gefühlsmäßig unbeteiligt sein 149
Erinnerungsblitze beim Sex 31, 157-160, 204f.
Mit wem kannst du über deinen sexuellen Frust sprechen? 163
Offenheit im sexuellen Bereich 149
Die Initiative übernehmen 204, 221
Nähe ohne Sex 169
Sex, eine Phase gegen Ende der Heilung 151f.
Schreib auf, was Sex für dich bedeutet 157-160
Selbstbefriedigung 162, 170, 211, 221f.
So tun, als ob ... 149
Promiskuität 31
Sex mit PartnerIn gemeinsam neu definieren 159f.
Sadomasochismus 170
Sicher oder angenehm 164ff.
Sexuelles Begehren 155f.
Sexuelle Orientierung 172f.
Sex in den Geschichten der PartnerInnen 203-206, 208, 210f., 213, 216f., 221ff., 225f., 228, 231f., 234f., 238
Sex mit TherapeutInnen 122f., 220
Zu viel Sex 167f.
Sex kann Erinnerungen auslösen s. Auslöser
Gefährlicher Sex 29, 164
Gewalttätige sexuelle Phantasien 170f.
Bereitschaft zu Sex 155f.
Männer als »sexuelle Monster« 169
s.a. Nähe und Intimität
   Sexueller Kindesmißbrauch
   Zurückweisung
Sexual Healing Journey, The
   (Maltz) 171
Sexualität
   Erregung s. Sexuelle Erregung
   Gefühle, die mit Sexualität verbunden sind 31
   Sexuelle Entwicklung 31
Sexual Violence: The Unmentionable Sin
   (Fortune) 111 Fn.

Sexuelle Erregung
   der PartnerInnen, wenn von Mißbrauch die Rede ist 79, 171
   der Überlebenden bei Gewalt oder Gewaltphantasien 79, 170
Sexueller Kindesmißbrauch
   Das Opfer als Täter 29, 32, 111, 192f.
   Konfrontation des Täters 40, 180ff., 206, 221
   »indirekter« Mißbrauch 25
   Definition 25
   Feminismus und Kindesmißbrauch 113f.
   Hilf deinem mißbrauchten Kind 190f.
   Notruf 192
   Kinder vor sexuellem Mißbrauch schützen 185ff., 192
   »Wie ist so etwas nur möglich?« 110f.
   Wenn das Thema dich sexuell erregt 79
   s.a. Heilungsprozeß
      Langzeitfolgen des Mißbrauchs
      PartnerInnen von Überlebenden
      Ritueller Mißbrauch
      Täter
      Überlebende von sexuellem Kindesmißbrauch
Sexueller Mißbrauch
   Von Kindern s. Sexueller Kindesmißbrauch
   Formen 192
   Durch TherapeutInnen 122f.
Sexuelles Begehren 155f.
   Welche Faktoren spielen eine Rolle? 155
   Sicherheit und sexuelles Begehren 156
   Sexuelle Bereitschaft 156
   s.a. Sexuelle Erregung
Sexuelle Orientierung
   In Frage stellen 172f.
   s.a. Lesben, Schwule
Sexuelle Phantasien 170f.
Sicherheit
   Krise und Sicherheit 126
   Unflexibles Verhalten, um Sicherheit zu schaffen 129
   Gefühl der Sicherheit 97ff.
   Sexuelle Lust und Sicherheit 156

Slayer of the Soul: Child Sexual Abuse and the Catholic Church (Rossetti) 111 Fn.
Smith, Shauna 84f., 191 Fn.
Spaß s. Freude
Sport 98, 106
Sprechen über den Mißbrauch 37f., 134f., 208
   Wenn PartnerInnen mit anderen Menschen über die Überlebenden sprechen 37f., 138f.
Starres Verhalten 130
Strafe für Täter 108, 190, 220
Streit 140ff., 197, 233
Struve, Jim 119 Fn.
Sucht 101
   Alkoholmißbrauch 29, 116, 204, 208, 237
   Drogen- und Medikamentenmißbrauch 29, 116, 239
   Heilung von der Sucht kann Erinnerungen auslösen 116

Täter
   Das Opfer als Täter 29, 32, 111, 192f.
   Konfrontation des Täters 40, 180ff., 206
   Der Täter leugnet die Tat 182
   Die Wut auf den Täter lenken 60, 177, 213
   Der Täter als Familienmitglied s. Familie der (des) Überlebenden
   Hilfe für den Täter 192
   Gemischte Gefühle dem Täter gegenüber 178
   Wenn PartnerInnen mit dem Täter verwechselt werden 66
   Die Gefühle der PartnerInnen gegenüber dem Täter 177f., 180
   Strafverfolgung des Täters 108, 190
   Kinder vor dem Täter schützen 185ff., 192, 206f.
   Schutz des Täters durch die Überlebenden 177f.
   Den Täter bestrafen 108, 190
   Warum kommen sie ungeschoren davon? 108f.
   Wenn der Täter seine Verantwortung eingesteht 182

Die Partei des Täters ergreifen 53f.
Mit euren Kindern über den Täter sprechen 188f., 206, 241
Teufelskult 116ff., 214ff., 240
    Selbstmord von Teufelskult-Überlebenden 102f.
Therapie und TherapeutInnen 216f., 228, 239, 241f.
    Paarberatung 58f., 203f., 227ff.
    Depressionen 93
    Funktion der Therapie 51f.
    Regression der (des) Überlebenden und Therapie 95f.
    Selbstverletzung 101
    Sexueller Mißbrauch durch TherapeutInnen 122f., 220
    Selbstmordgedanken und Therapie 102f.
    Cassetten 96, 99
    Zeit, die Überlebende mit Therapie verbringen 51f.
Toilette
    »Angst, nachts allein aufs Klo zu gehen« 97f.
Trauern 39
Trennung 59, 147
    Mit Schuldgefühlen umgehen 83
    Wissen, wann es Zeit wird, zu gehen 83
    Langzeitbeziehungen 84
    Die Entscheidung, zusammenzubleiben oder zu gehen 84f., 174f., 204ff., 210f., 215f., 219, 229f., 243
    In neuen Beziehungen 83f.
    Wenn PartnerInnen gehen 49f., 83ff., 225f.
    Zeitweilige Trennungen 232f.
    Getrennt Urlaub machen 242f.
    Sexuelle Probleme führen zur Trennung 160, 174f.
    Pause machen 80f.
Trotz allem (Bass und Davis) 112, 164 Fn., 181, 224
Überlebende von sexuellem Kindesmißbrauch
    Als Täter 29, 32, 111, 192f.
    Nach der Therapie 196f.
    Männerfeindliche Gefühle 113ff., 169

Nicht die gleichen Fehler machen wie die Eltern 193f.
Konflikte 142, 197
Konfrontation des Täters 180f., 221
Überlebensstrategien 87
Umgang mit Krisensituationen 87f.
Wenn Überlebende sich zurückziehen 127f.
Streiten 140f., 197, 233
Das innere Kind 39, 94ff., 119, 204
Vereinbarungen einhalten 133
Mangelnde Kommunikation 136f.
Überlebende richten ihre Wut auf die falsche Person 89ff.
Nächtliche Ängste 29, 97ff., 227f.
Überreaktionen 87f.
Mangelnde Flexibilität von Überlebenden 129
Selbstverletzung 29, 100f.
Über sexuellen Mißbrauch sprechen 37f., 134f.
Mißbrauch durch TherapeutInnen 122f., 220
Therapie für Überlebende s. Therapie und TherapeutInnen
Wenn PartnerInnen mit dem Täter verwechselt werden 66f., 89ff.
Dein Kind als Überlebende(r) 190f.
s.a. Auslöser
    Erinnerungen
    Familie der (des) Überlebenden
    Mehrfach-Persönlichkeiten
    Nähe und Intimität
    PartnerInnen von Überlebenden
    Regression
    Selbsthilfegruppen
    Selbstmord
    Sex
    Verhandeln

Überlebensstrategien 87
Überreaktion der Überlebenden 87f.
Übertragung 66, 220

Unabhängigkeit innerhalb einer Beziehung 60
Unflexibilität s. Starres Verhalten
United We Stand: A Book for People with Multiple Personalities (Gil) 120 Fn.
Unterdrücken von Gefühlen 29, 51
Unterstützung 60, 134
    Gruppe s. Selbsthilfegruppen
    Durch PartnerInnen s. PartnerInnen von Überlebenden
    Für PartnerInnen 41ff., 60, 173, 175, 220, 227f.
    s.a. Therapie und TherapeutInnen
Unzuverlässigkeit 133
Urlaub, getrennt 242f.

Valerie s. Jacks Geschichte
Veränderungen in Beziehungen 59
Verallgemeinern (Männerbild) 113ff., 169
Verbannte Wissen, Das (Miller) 111
Verdrängen s. Leugnen und verdrängen
Vereinbarungen einhalten 133
Vergeben 111f.
Vergewaltigung 113
Verhandeln 58, 69f. 142-146, 235
    Pläne und Vorsätze 146
    Unverzichtbare Minimalforderungen 144
    Über eure Listen von Bedürfnissen sprechen 144ff.
    Grundregeln für Verhandlungen 145
    Listet eure Bedürfnisse auf 73f., 144f.
    Persönliche Ziele 146
    Kämpfen, anstatt zu verhandeln 143
    Bedürfnisse einstufen 80f.
Verheimlichen 136
Vernachlässigen 192
Vertrag (Nicht-Selbstmord-Pakt) 102f.
Vertrauen 235f.
    Aufbauen 131f., 168, 243
    Ungerechtfertigtes Vertrauen 30
    Vertrauensverlust 29f.
    Vertrauenswürdigkeit 131f.
Verzeihen s. Vergeben
Verzweiflung s. Hoffnungslosigkeit
Virginias Geschichte 237-244
    Gewalt gegen Frauen 237
    HelferInnen-Rolle 237
    Entscheidung, zusammenzubleiben 243
    Beginn der Beziehung mit Keith 238
    Familienhintergrund 237
    Keiths Schizophrenie 237
    Mehrfach-Persönlichkeiten 239
    Kultmißbrauch 240
    Getrennt Urlaub machen 242f.
    Sexuelle Beziehung 238
    Keiths Erinnerungen tauchen auf 239-242
    Sie sprechen mit ihren Kindern darüber 241
Visuelle Erinnerungen 107
    »Warum ich?« fragen PartnerInnen 49f.

Wenn beide Überlebende sind 33
    Eure Bedürfnisse gleichmäßig berücksichtigen 58f.
    Und eine(r) von beiden erkennt es nicht 57, 78
    Scotts Geschichte 231-236
Wut
    Gewaltanwendung im Zorn 92
    Wut auf den Täter 60, 177, 213f.
    Wut ausdrücken 76
    Wut im Heilungsprozeß 39
    Fehlgerichtete Wut 89
    Wut des Partners (der Partnerin) 39, 41, 60, 76, 177, 213f.
    Wut herauslassen (im Sport etc.) 39, 76
    Selbstverletzung als Ausdruck von Wut 100f.
    Wut der (des) Überlebenden 39, 89, 92, 100f.

Yvonne s. Richards Geschichte

Zahnärztliche Behandlung
    Als Auslöser für Erinnerungen 106
Zeit
    Dauer des Heilungsprozesses 34f., 53f., 126, 204ff., 217, 223
    In Selbsthilfegruppen verbrachte Zeit 51f.
    Mit Therapie verbrachte Zeit 51f.
Ziele 145f.

Zorn s. Wut
Zuhören, wenn die (der) Überlebende über Mißbrauch spricht 134f., 208f.
Zuneigung 221, 231f.
Zurückweisung 169, 204f., 208, 211, 228, 232f.
Zuverlässigkeit s. Vertrauen

Zurückhalten von Gefühlen 143
Zurückziehen, sich s. Distanz
Zusammenbleiben
    Die Entscheidung, die Beziehung zu beenden oder zusammenzubleiben 84f., 174f., 206, 210, 215, 218f., 225f., 229f., 243

DONNA VITA

Fachhandel für pädagogisch-therapeutische Bücher und Materialien

1988 wurde unser Angebot zum Spezialbereich Sexueller Mißbrauch und angrenzenden Gebieten in Berlin begründet. Seit 1992 nun sind wir im **schleswig-holsteinischen Maasbüll** ansässig, besser gesagt: im **Ortsteil Ruhnmark**. Nicht nur unser Standort hat sich verändert. Auch das von uns angebotene Spektrum wurde wesentlich erweitert.

Sie finden ein Fülle von Materialien mit so phantastischen Namen wie **Wutbrocken** oder **Zornziegel**, es gibt Handpuppen und Masken, Spiele, Filme und Bücher. Besonders schön sind unsere **Folkmanis-Handpuppen** und **Kuscheltiere**, eine wertvolle Anregung im Alltag mit Kindern. Sie beflügeln die Phantasie und verleiten selbst uns Erwachsene zum Spielen.

Für den umfangreichen Katalog **Wissen macht Mut**, der von hier nicht nur durch die gesamte Bundesrepublik, sondern auch über die Grenzen hinaus nach Österreich, Italien, in die Schweiz und die Beneluxländer geschickt wird, wählen wir mit größter Sorgfalt aus.

Kostenlosen Katalog anfordern bei

Donna Vita Fachhandel
Silke Noack
Postfach 5 - Post Husby
D - 24 973 Ruhnmark
Telefon 0 46 34 / 17 17
Fax 0 46 34 / 17 02

Sexueller Mißbrauch durch Frauen

Michele Elliott (Hg.)

Frauen als Täterinnen

Sexueller Mißbrauch an Mädchen und Jungen

Aus dem britischen und amerikanischen Englisch von Karin Ayche

Ohne Zweifel wird sexueller Mißbrauch überwiegend von Männern begangen. Dennoch ist sexueller Mißbrauch durch Frauen existent.

Sich dem zu stellen, fällt schwer. Schon der Begriff „Sexualstraftäterin" wirkt ungewohnt. Ihre Opfer haben große Ängste, über die durch Frauen erlebte Gewalt zu sprechen.

Michele Elliott greift dieses umstrittene Thema auf – zusammen mit einer Gruppe von AutorInnen, die für ihre engagierte, innovative Arbeit bekannt sind; darunter **Suzanne Sgroi** und **Norah Sargent**, **Kate Hunter** und **Jane Kinder Matthews**. Das Sachwissen, das sie uns damit zugänglich machen, ist einmalig.

Einmalig ist auch die rückhaltlose Offenheit, mit der uns Frauen und Männer Einblick in ihre persönlichen Erfahrungen erlauben. Die geschilderten Erlebnisse erschüttern – und helfen hoffentlich vielen anderen, sich nicht mehr allein zu fühlen mit ihren Erinnerungen.

Frau Dr. Barbara Kavemann, Leiterin der ersten Fachtagung in der Bundesrepublik zu diesem Thema, beleuchtet den Stand von Forschung und Praxis im deutschsprachigen Raum und läßt über den Handlungsbedarf keinen Zweifel.

DONNAViTA

DONNA ViTA VERLAG
Marion Mebes OHG

Postfach 5 – Post Husby
D -24 973 Ruhnmark

Telefon (0 46 34) 17 11
Telefax (0 46 34) 17 02

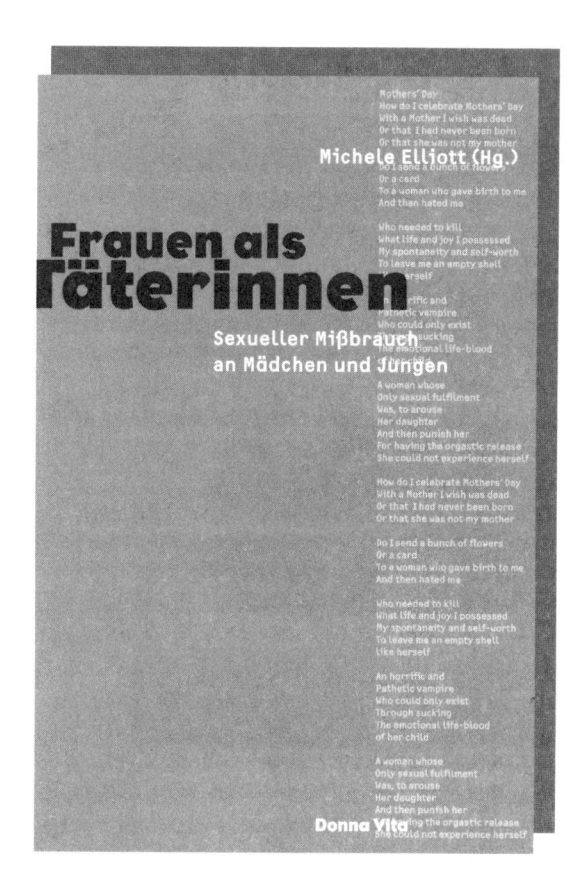

ZEUGINNEN DER ANKLAGE

Friesa Fastie
ZEUGINNEN DER ANKLAGE
Die Situation sexuell mißbrauchter Mädchen und junger Frauen vor Gericht

Orlanda Frauenverlag

Friesa Fastie
Zeuginnen der Anklage
Die Situation sexuell mißbrauchter Mädchen und junger Frauen vor Gericht

Sexueller Mißbrauch von Mädchen zu Hause und im Umfeld der Familie ist an der Tagesordnung. Diese Tatsache ist endlich ein öffentliches Thema geworden.

Doch was geschieht, wenn der Mißbrauch bekannt wird? Immer noch führen die wenigsten Fälle zur Anzeige, noch weniger zur Gerichtsverhandlung und Verurteilung der Täter. Denn vor Gericht findet eine erneute Traumatisierung der Mädchen und jungen Frauen statt. Die persönliche Situation und die kindlichen Erfahrungen der Opfer finden hier nur selten Berücksichtigung. Die Mädchen und Frauen hingegen sind den Tätern gegenüber rechtlich im Nachteil und wissen meist nicht, was sie in der Verhandlung erwartet.

Diese erste Untersuchung der Situation sexuell mißbrauchter Mädchen und Frauen in Gerichtsverhandlungen bietet Betroffenen und professionellen Helferinnen und Helfern grundlegende Informationen.

Orlanda Frauenverlag
Großgörschenstraße 40 · 10827 Berlin

DIE KONFRON-
TATION

Leona Gom
Unverhoffte Ankunft
Ein Kriminalroman

Aus dem kanadischen Englisch
von Margarete Längsfeld

Für Pat Duvalier wird ein Alptraum Wirklichkeit: Sie wird entführt! Parallel dazu entfaltet sich die Geschichte von Pats Tochter Chris, deren Beziehung zur Mutter seit vielen Jahren von Enttäuschung geprägt ist: die Mutter wollte ihre Erfahrung sexuellen Mißbrauchs nie wahrhaben. Im Laufe der dramatischen Ereignisse entwickeln beide Frauen ungeahnte Kräfte und wachsen über sich selbst hinaus.

Weit mehr als nur ein Kriminalroman, ein Roman voll psychischer Spannung, beißendem Humor und scharfer Charakterzeichnung, in dem Frauen ihre Opferrolle besiegen.

«Ein hintergründiger Krimi - UNVERHOFFTE ANKUNFT behandelt sexuellen Mißbrauch, Vergewaltigung und Entführung auf kluge Weise.» *Quill and Quie*

Orlanda Frauenverlag
Großgörschenstraße 40 · 1000 Berlin 62